# AMÉRICA LATINA
## lado B

**Ariel Palacios**

# AMÉRICA LATINA
## lado B

O *cringe*, o bizarro
e o esdrúxulo de
presidentes, ditadores
e monarcas dos
vizinhos do Brasil

GLOBOLIVROS

Copyright © 2024 by Editora Globo S.A. para a presente edição
Copyright © 2024 by Ariel Palacios

Todos os direitos reservados. Nenhuma parte desta edição pode ser utilizada ou reproduzida — em qualquer meio ou forma, seja mecânico ou eletrônico, fotocópia, gravação etc. — nem apropriada ou estocada em sistema de banco de dados sem a expressa autorização da editora.

Texto fixado conforme as regras do Acordo Ortográfico da Língua Portuguesa (Decreto Legislativo nº 54, de 1995)

*Editora responsável:* Amanda Orlando
*Assistente editorial:* Isis Batista
*Revisão:* Bianca Marimba, Bruna Brezolini, Laize Oliveira e Mariana Donner
*Diagramação:* Carolinne de Oliveira
*Capa:* Renata Zucchini
*Imagem de capa:* nuvolanevicata/Shutterstock

1ª edição, 2024 — 1ª reimpressão, 2024

---

CIP-BRASIL. CATALOGAÇÃO NA PUBLICAÇÃO
SINDICATO NACIONAL DOS EDITORES DE LIVROS, RJ

P176a

Palacios, Ariel
  América Latina lado b : o cringe, o bizarro e o esdrúxulo de presidentes, ditadores e monarcas dos vizinhos do Brasil / Ariel Palacios. - 1. ed. - Rio de Janeiro : Globo Livros, 2024.
  448 p.; 23 cm.

  Apêndice
  ISBN: 978-65-5987-162-9

  1. América Latina - História. I. Título.

24-88793
CDD: 980
CDU: 94(8)

Gabriela Faray Ferreira Lopes — Bibliotecária — CRB-7/6643

---

Direitos exclusivos de edição em língua portuguesa para o Brasil adquiridos por Editora Globo S.A.
Rua Marquês de Pombal, 25 — 20230-240 — Rio de Janeiro — RJ
www.globolivros.com.br

*Este livro está dedicado às crianças Victoria Palacios De Paoli (minha filha), Eduardo Kramer Barbosa, Julia Meirelles Chacra, Antonio Meirelles Chacra, Isadora Palacios Stein, Eduarda Flesch dos Santos, Martim Arraes Macêdo, Siena Sartorio, Eduardo Durand Cohen, Joaquim Freitas Soares, Ana Luiza de Queiróz, Maria Muylaert Zanderer, Francisco Cura Tonin Fernandes, João Vicente David Lindo, Celeste Cebrian Midlej, Rael Collet Cruz, Malu Goes Carvalho Barreira, Serena Pedri Hagi, Thomas Carvalho Palatnik, Gabriel Carvalho Palatnik, Amalia Santamarina Andreani, Lucio Santamarina Andreani, Marcos Santamarina Andreani, Martin Bastos Oliveira Reis, Frida Cimenti Caceres, Gabriel Moura Aarão Reis, Bernardo Moura Aarão Reis, Tiago Camarotti Nogueira da Gama, Maria Eduarda Camarotti Nogueira da Gama, Violeta Luz Balloussier Ferreira, Pérola Luz Balloussier Ferreira, Eva Cohen Guedes, João Sadi Rizek Lopes, Pedro Sadi Rizek Lopes, Francesco Avila Servidio, Caterina Avila Servidio, Olivia Duailibi de Mello Prata, Daniel Duailibi de Mello Prata, Doralice Vigasio Caldas (cuja mãe deu a ideia para o título deste livro) e todas as outras crianças da América Latina, com meus profundos desejos de que não precisem passar por governos de políticos bizarros, tal como tem acontecido nos últimos duzentos anos na região.*

# Sumário

Prefácio .................................................................................. 9
Prólogo ................................................................................ 13

México: O presidente que comandou o funeral
da própria perna ................................................................. 19

Equador: Rock e leilão do bigode presidencial ..................... 39

Argentina: O país necromaníaco, o leitão afrodisíaco
e o defunto conselheiro presidencial canino ......................... 55

Bolívia: "Vamos invadir a Grã-Bretanha!" ...........................121

República Dominicana e Haiti: Uma ilha, dois países:
a Trujillolândia e os dois "Docs" .........................................145

América Central: A terra original das repúblicas
das bananas .........................................................................167

PERU: A primeira renúncia presidencial por fax do mundo ........... 219

PARAGUAI: Do "El Supremo" à vitalidade espermática clerical ...... 241

CHILE: Do cruel ditador de voz de falsete ao civil
campeão de gafes ................................................................. 265

CUBA: Chanel na terra de Fidel .................................................. 295

SURINAME: O país do presidente condenado por
tráfico de drogas .................................................................... 317

GUIANA: O país que corre o risco de encolher em 75% ................ 321

PORTO RICO: O país (?) de status *sui generis* ........................... 329

COLÔMBIA: As narcoextravagâncias ............................................ 335

VENEZUELA: A conexão ornitológica com o além ........................ 357

URUGUAI: Do presidente que virou verbo ao presidente
mais pobre do planeta ............................................................ 399

O argentino CEO de Deus na Terra ............................................. 411

Durante a pandemia de Covid-19, a América Latina
turbinou seu lado "Macondo" ................................................. 429

EPÍLOGO ................................................................................... 439
POSFÁCIO ................................................................................. 445

# Prefácio

Anos atrás, brinquei durante o *Globonews Em Pauta* ao dizer que o Ariel Palacios ainda possuía marcos alemães de um mochilão pela Europa que fez na juventude. Em uma fração de segundos, ele abriu uma gaveta e tirou notas da antiga moeda alemã. Em outra oportunidade, ainda antes da Guerra da Síria, disse que um de seus sonhos era conhecer o Crac de Chevaliers, um dos mais bem conservados castelos cruzados no território sírio. Entusiasta da história contrafactual, sempre questiona o que, por exemplo, teria ocorrido com o mundo caso Winston Churchill tivesse morrido quando foi atropelado por um carro na Quinta Avenida em Nova York pouco menos de uma década antes da eclosão da Segunda Guerra. São situações como essas que tornam o Ariel uma figura única e uma das raras unanimidades positivas no jornalismo brasileiro. Jamais vi um colega de profissão criticá-lo. Todos o idolatram.

O mais impressionante do Ariel, no entanto, é seu conhecimento histórico enciclopédico. Fala de batalhas na Primeira Guerra nos Balcãs como se estivessem ocorrendo agora. Sabe dissertar sobre chineses, persas e hindus. Polivalente, pode falar sobre os meandros da política do Vaticano, sobre os grandes compositores clássicos e, acredite, até mesmo sobre futebol. Para ficar claro, não é fanático, embora seja torcedor do Londrina, time da cidade onde foi criado. No passado, escrevemos em conjunto um livro sobre a história do futebol argentino. Prefere Messi a Maradona tanto como jogador quanto como pessoa. Chegou a conversar com o papa Francisco quando o líder da Igreja Católica ainda era conhecido como o cardeal Jorge Bergoglio e caminhava pelas ruas de Buenos Aires. Sua grande paixão é a Mafalda. Uma de suas coberturas mais emocionantes foi sobre a morte de seu ídolo, Quino, quando ficou visivelmente emocionado no ar. Cobriu inúmeras eleições e também um terremoto no Chile.

De seu escritório com vista para o cemitério da Recoleta, localizado em uma das áreas mais tradicionais de Buenos Aires, Ariel entra ao vivo múltiplas vezes diariamente na Globonews e na TV Globo. Uma vez por semana, grava comigo e o Fernando Andrade o programa *O Mundo em Meia Hora*, na CBN. Por décadas, foi correspondente do jornal *O Estado de S. Paulo* na Argentina. Tenho o privilégio de dividir as telas com ele. Tive a sorte de ser seu "concorrente" quando trabalhei pela *Folha* na capital argentina. Na verdade, mesmo quando trabalhávamos para empresas que competiam entre si, o Ariel foi como um mentor para mim. Cada conversa com ele era — e ainda é — uma aula. Quem o acompanha nas transmissões televisivas já está acostumado a ouvir suas saborosas histórias sobre uma região do mundo chamada de América Latina, que se estende da Terra do Fogo, no Sul, até o Rio Grande, no Norte, onde o México faz fronteira com os Estados Unidos.

Este livro busca justamente se aprofundar em muitos desses episódios da história dessa região *sui generis*, como o Ariel sempre gosta de falar. Algumas vezes, muitos brasileiros imaginam que haja certas singularidades na história do nosso país. Ao ler as páginas escritas pelo Ariel, vemos que talvez o "realismo fantástico" de Gabriel García Márquez e outros escritores latino-americanos seja bem próximo da realidade. Pode não ter existido um Aureliano Buendía, mas houve casos que tranquilamente poderiam integrar *Cem anos de solidão*. Um deles é o do ditador salvadorenho Maximiliano Martinez, contemporâneo de Getúlio Vargas. Um de seus filhos teve uma apendicite. Como relata Ariel, "os médicos afirmaram que era necessário que fosse operado com urgência, mas o ditador proibiu qualquer espécie de intervenção por parte dos médicos. Ele disse que resolveria o problema por conta própria com as 'águas azuis', isto é, litros de água que haviam estado por muitas horas dentro de garrafas de cor azul sob a luz do sol". O menino, que agonizava lentamente, morreu. O ditador explicou que precisava se resignar, já que "os médicos invisíveis" não quiseram salvar seu filho.

Outros capítulos nos ajudam a entender um pouco sobre a formação dos países vizinhos ao nosso, como o Suriname, que surgiu a partir da troca de Willoughbylândia por Nova Amsterdã. Segundo o Ariel, na época, parecia um negócio justo para acertar a paz entre a Inglaterra e a Holanda, selada em 1667 pelo Tratado de Breda. Desta forma, os holandeses, que haviam fundado Nova Amsterdã, a entregaram aos ingleses. E estes entregaram Willoughbylândia aos holandeses. Nova Amsterdã, na foz do rio Hudson, foi rebatizada de Nova York. E Willoughbylândia, na tórrida costa sul do Caribe, virou Suriname (que, de forma paralela, foi chamada de Guiana Holandesa até a independência). Ao longo do livro, Ariel também explica como um drinque conhecido internacionalmente está relacionado à independência de Cuba. Há ainda bastante espaço para as atrocidades cometidas por ditaduras na Argentina, Chile, Venezuela e em uma série de outros países da região. Há também algumas histórias positivas, como o Uruguai.

Já faz dezoito anos que moro em Nova York. Para roubar uma expressão de Edward Said, aqui nos Estados Unidos há uma espécie de "orientalismo" aplicado aos latino-americanos, que coloca nações bem distintas entre si, como a Argentina e Honduras, no mesmo bloco. O livro do Ariel ajuda a desmistificar muitos desses clichês, mostrando as particularidades de cada uma dessas nações. A leitura nos faz sentir como se estivéssemos conversando no café La Biela, na avenida Quintana, tomando um cortado e comendo um sanduíche de pão de miga com o Ariel. Se, quando chegar a conta, você achar caro, ele certamente irá te explicar que se trata do "preço de mesa", para evitar que alguns permaneçam o dia todo ocupando as cadeiras do café sem consumir nada. Mas fique tranquilo. O Ariel pagará a conta e você voltará para casa com muito mais conhecimento do que antes de se sentar com o nosso eterno correspondente na Argentina. Entretanto, como sei que nem todos podem ter o meu privilégio de tomar café com o Ariel, recomendo a leitura de *América Latina lado B*.

**Guga Chacra**

# Prólogo

*Em política, um absurdo não é um obstáculo.*
NAPOLEÃO BONAPARTE

"A DIFERENÇA ENTRE A *verdade* e a *ficção* é que a *ficção* faz mais *sentido*." A frase do escritor americano *Mark Twain* (1835–1910) aplica-se à saraivada de presidentes *sui generis* (e também ao punhado de reis) que os países da América Latina e do Caribe tiveram nos últimos dois séculos. Várias das ações parecem inverossímeis, piadas de mau gosto ou dignas de estar em um filme de Federico Fellini ou de Pedro Almodóvar (e muitos também poderiam ser protagonistas daquelas tragédias shakespearianas com overdoses de assassinatos e tramas macabras). No que concerne aos líderes políticos da região, a realidade supera amplamente a ficção. Não é à toa que o cotidiano da América Latina — principalmente dos países colonizados pela Espanha (a América Hispânica) — gerou o movimento literário Realismo Fantástico, no qual a realidade tem um grande condimento de delirante fantasia.

Neste livro conto alguns dos *highlights* de bizarros líderes políticos, já que fazer um relato de todos os atos peculiares dos presidentes da área implicaria produzir uma colossal enciclopédia. Por isso, é uma antologia de excentricidades, loucuras, comportamentos corruptos, frivolidades, exorbitâncias financeiras destinadas a uma *dolce vita* pessoal — mas com o dinheiro público — recheadas de crueldades, perversões, ambições e passionalismos, além de egocentrismos turbinados praticados por presidentes (civis e militares, ditadores e eleitos) dos países da América Hispânica e do Caribe.

"E daí? Em todos os países do mundo existe corrupção." Essa é a frase que várias pessoas utilizam para relativizar as propinas, os subornos e desvios de fundos de seus ídolos ou chefes. No entanto, em alguns países, os níveis de apropriação dos bens alheios são baixos (e, quando ocorrem, são repudiados pela maioria da população). Já em outros, a corrupção tem altíssimos níveis (e muitos setores da sociedade respaldam ou ficam omissos... ou acham que isso é uma coisa "natural").

"E daí? Ele é um ditador, mas construiu hospitais e estradas, protegeu o país do..." (substitua as reticências por "imperialismo" ou "comunismo"). Essa é outra frase que alguns utilizam para relativizar o fato de que líderes totalitários sequestram civis, os torturam, assassinam, censuram, atacam a liberdade de imprensa e de expressão, levam milhares ao exílio e proíbem eleições (ou fazem eleições *fake* para tentar manter uma fachada democrática).

A reação dos políticos perante as denúncias de seus próprios atos de corrupção também ilustra muito sobre eles. Em diversas ocasiões, quando no Japão os políticos são descobertos roubando, a vergonha os leva a cometer o *seppuku* (palavra preferida pelos japoneses, já que o termo *haraquiri,* mais popular no Ocidente, é considerado vulgar por eles). Se os políticos da América Latina, ao serem descobertos, também se matassem, um dos melhores *business* do momento seria ser acionista de uma fábrica de *katanas*.

Durante quatrocentos anos, os países daquilo que seria no futuro chamado de América Latina (um modismo consolidado em meados do século XIX pela *intelligentsia* francesa a serviço do imperador Napoleão III) e Caribe viveram sob o domínio da Espanha e de outras potências colonizadoras da Europa. Parte dos habitantes originais, dos astecas aos incas, passando por outros povos, havia sido cruel e corrupta, e muitos de seus líderes eram egocêntricos, autoritários e medíocres, mas os arrivistas colonizadores conseguiram ser mais incapazes do que os inquilinos prévios desta área. Os conquistadores espanhóis foram hors-concours em matéria de massacres, fanatismo religioso, administrações provincianas, protecionismo comercial, monopólios, exemplos de atraso técnico e de preguiça, além de terem sido os protagonistas da expansão da corrupção por toda a região.

No entanto, tal como afirmou o escritor colombiano Gabriel García Márquez quando, em 1982, recebeu o Prêmio Nobel de Literatura, "a independência do domínio espanhol não nos colocou a salvo da demência" dos governantes de plantão. Esse foi o caso do mexicano Antonio López de Santa Anna, que perdeu a perna direita na Guerra de los Pasteles (Guerra dos Bolos) e a enterrou — ele próprio — em um funeral de Estado, com toda pompa. Ou da presidente argentina Cristina Kirchner, que dedicou vastos minutos em rede nacional de TV para exaltar à população as benesses afrodisíacas (segundo ela) da carne suína. Além disso, a América Latina é a região das fugas de presidentes que poderiam ter sido cenas de filmes dos irmãos Marx, como a do peruano Alberto Fujimori, que escapou de seu país, viajou até o Japão e de lá enviou sua renúncia por fax (o primeiro e até agora único caso mundial de renúncia registrado nessa modalidade).

Os anos da pandemia de Covid-19 também propiciaram um superávit de medidas e declarações negacionistas de líderes latino-americanos.

A região foi marcada por presidentes e primeiras-damas (e também primeiros-cavalheiros) que dilapidaram os cofres públicos em uma escala colossal, muito mais do que os gastos que levaram Maria Antonieta a perder a cabeça sob a guilhotina em Paris na hora do almoço do 16 de outubro de 1793. Outros presidentes dedicaram-se a massacrar seus opositores de uma tal forma que eclipsariam mafiosos americanos como Al Capone e Lucky Luciano.

No entanto, a região também conta com excentricidades presidenciais positivas, como as protagonizadas pelo presidente José "Pepe" Mujica, do Uruguai, que usava como meio de transporte um Fusca todo escangalhado, declinando dos luxos fúteis que o cargo poderia ter lhe propiciado.

Muitos presidentes se apresentaram como os "namorados" da pátria, mas depois se transformam em maridos abusadores. Alguns confundem o exercício da presidência com uma vida de celebridade. E muitos deles, como tietes VIP, aproveitam o cargo para longas reuniões com cantores e atores em vez de trabalhar. Outros usaram os cadáveres de presidentes para promover a suposta grandeza dos sucessores vivos.

Vários presidentes não completaram seus mandatos. Uns foram derrubados por seus inimigos, ciumentos de seus sucessos. E muitos outros foram derrubados por suas próprias incapacidades, em meio ao caos social, sem que seus inimigos tivessem que se esforçar para removê-los do poder.

No século xix, os golpes de Estado que tiveram êxito (e as tentativas fracassadas de golpe) eram algo do cotidiano. As faixas presidenciais trocavam de dono tão rápido que às vezes os pintores ainda não haviam concluído o novo quadro oficial e já precisavam iniciar outro retrato com a cara do caudilho que passava a ocupar o poder. No século xx, embora em menor volume do que no período anterior, a região padeceu mais de setenta golpes (ou tentativas), enquanto, no início do século xxi, ocorreram várias ações similares (e também de golpistas que levaram golpes).

Contudo, nesses dois séculos de história, houve um fenômeno mais frequente do que golpes, rebeliões ou tentativas reais de derrubada de poder: os anúncios de governos que alegavam a existência de supostas conspirações contra seus líderes. Denunciar uma hipotética trama macabra sempre é uma ótima — e barata — forma de tentar desviar a atenção (pelo menos temporariamente) dos problemas econômicos e dos escândalos políticos.

Os magnicídios (assassinatos de presidentes) também foram um hobby dos inimigos de plantão. Na Bolívia, desde a independência em 1825, catorze presidentes e ex-presidentes foram para o "além" de forma não natural. O Chile, na contramão, não teve assassinatos, mas dois presidentes se suicidaram.

Em 1846 o presidente salvadorenho Francisco Malespín foi decapitado. Sua cabeça foi pendurada em Ciudad Delgado em uma área que posteriormente a população batizou de Ladeira da Caveira. Em 1980 o ex-presidente nicaraguense Anastasio Somoza foi descontinuado ao levar um tiro de bazuca no Paraguai. Em dois casos na região, ocorridos no século xx, presidentes foram linchados até a morte. E em 2016, um vice-ministro boliviano foi linchado por mineradores.

Este livro narra fatos da nossa história, alguns mais do passado, outros mais recentes, "frescos" em nossas memórias; apresenta os atores do poder da maioria dos países da América Hispânica e do Caribe sem máscaras — monarcas, presidentes, vices, primeiras-damas e primeiros-cavalheiros —, com suas peculiaridades, suas esquisitices, suas atitudes benéficas, ou, infelizmente, na maioria dos exemplos, vergonhosas e nefastas.

Alguém poderia me perguntar por que não cubro o Brasil. De fato, meu país não está incluído neste livro, que é uma antologia dos governos das outras nações desta grande região que tanto têm em comum (e também enormes diferenças). Talvez nosso (re)conhecimento se dê de forma mais clara quando olhamos para os outros, para que, a partir de comparações, diferenças e semelhanças saltem aos olhos.

E, além do mais, nós, brasileiros, já conhecemos o vasto arsenal de besteiras feitas por nossos políticos nativos, que com frequência emulam o mítico personagem de Dias Gomes, Odorico Paraguaçu, cuja cabeleira tingida de uma cor preta intensa, como as asas da graúna, foi inspirada no cabelo pintado do presidente Perón. E, citando o peculiar prefeito de Sucupira, "vamos botar de lado os entretantos e partir para os finalmentes" e passar para o primeiro capítulo.

# México:
## O presidente que comandou o funeral da própria perna

Antonio de Padua María Severino López de Santa Anna y Pérez de Lebrón, mais conhecido como Antonio López de Santa Anna, foi o primeiro grande caudilho da história mexicana. Entre 1833 e 1855 foi presidente onze vezes, a maior parte das quais por poucos meses. No total, entre idas e vindas, esteve no controle da nação de forma direta por um total de cinco anos e seis meses. Porém, em minha opinião, ele conseguiu, durante esse pouco tempo, fazer um dano enorme ao México, mais do que outros que dispuseram de mais tempo.

Na juventude Santa Anna alistou-se no Exército espanhol e combateu o movimento de independência mexicano. No entanto, anos depois mudou de lado e passou a ser um entusiasta do fim do domínio colonial espanhol. Santa Anna respaldou a posse do espanhol Agustín de Iturbide como imperador, mas, pouco depois, já estava envolvido no movimento para derrubar o monarca e proclamar a República. Na sequência, apoiou um punhado de governos que depois foram derrubados por colegas. Finalmente, em 1833, ele chegou à presidência do México.

## Guerra gastronômica

Grande organizador de exércitos — mas um estrategista catastrófico —, Santa Anna foi convocado pelo presidente Anastasio Bustamante para enfrentar os franceses em 1838 em um conflito bélico que teve um nome gastronômico, a Guerra dos Bolos, já que o estopim do confronto foi quando oficiais de Santa Anna entraram no restaurante de propriedade de um francês na cidade de Tacubaya e degustaram os refinados bolos do dono e chef, o *monsieur* Remontel. Depois de se refestelarem, os oficiais foram embora sem pagar. Furioso, Remontel reclamou perante às autoridades mexicanas, que não lhe deram bola. Na sequência, foi reclamar ao cônsul. Dezenas de outros estrangeiros residentes no país aproveitaram para também apresentar reclamações sobre badernas, calotes e outras atitudes por parte de oficiais mexicanos em seus estabelecimentos.

O governo francês turbinou as reclamações de seus compatriotas e deu um ultimato: o México deveria pagar uma multa de 600 mil pesos, dinheiro inexistente na época nos cofres desse deficitário país.

Em 5 de dezembro, os franceses desembarcaram em Veracruz e enfrentaram os mexicanos, mas, no fim do dia, as tropas invasoras retrocederam. Santa Anna deu a ordem de atacar e, liderando duzentos homens, avançou rapidamente. No entanto, os franceses haviam colocado um canhão na entrada do cais e dispararam. Santa Anna foi atingido pelos estilhaços. Os danos em uma de suas pernas foram tão graves que um médico teve que amputá-la imediatamente. Ainda no leito, enquanto se recuperava, o general ditou uma carta de quinze folhas na qual relatava a batalha ao governo, carregando nos tons épicos. Pouco depois, sua perna foi enterrada — com honras — no jardim de uma fazenda que Santa Anna tinha perto da cidade.

Transportado em uma liteira, Santa Anna foi à capital, a cidade do México, onde foi aclamado como herói. Semanas depois, era novamente presidente.

## Funeral de um membro

Depois da guerra deflagrada pelos bolos mais caros da história (no fim das contas, o México pagou os 600 mil pesos), e com o status presidencial, em 1842 Santa Anna decidiu fazer um funeral para sua perna. Para essas exéquias de um membro inferior, organizou um monumental desfile militar, de magnitude sem precedentes no México até aquela época, com sete bandas militares que interpretaram diversas marchas fúnebres. Integravam o cortejo da perna presidencial a cúpula da Igreja Católica mexicana, embaixadores, parlamentares e representantes dos diversos estados mexicanos. O próprio Santa Anna presidiu o funeral de Estado de uma parte de seu corpo, que teve direito a missa de réquiem na igreja de Zempoala. A perna do "Salvador da Pátria" foi colocada dentro de um caixão de madeira de lei coberto com a bandeira mexicana.

Santa Anna ordenou a fabricação de uma prótese feita com cortiça. Enquanto isso, era apelidado de "Quinze Unhas", em alusão às unhas que tinha nas duas mãos e na perna restantes. Na realidade, Santa Anna tinha catorze unhas, já que, na batalha contra os franceses, também havia perdido um dedo de uma mão.

Santa Anna tinha um ego anabolizado. Ele se fazia chamar oficialmente de "Alteza Sereníssima" (embora fosse presidente), além de "Napoleão do Oeste", o "Protetor da Nação", o "César Mexicano" e o "Visível Instrumento de Deus na Terra". Santa Anna protagonizou diversas guerras com os Estados Unidos, perdendo todas. E, de forma geral, essas derrotas tinham consequências terríveis, incluindo uma ocupação da capital do país por tropas norte-americanas.

No entanto, tal como ocorria em várias ocasiões na história da América Latina, Santa Anna era derrubado, multidões festejavam a queda do tirano e, tempos depois, o ex-ditador voltava ao poder aclamado pelo mesmo público.

## Imposto sobre cães

O presidente, além das auto-honrarias, era engenhoso na hora de criar impostos para cobrir os buracos da administração pública. Entre os tributos estava o imposto canino: o pagamento por cada cão que uma pessoa tinha. Além dele, Santa Anna implantou um tributo que as famílias deveriam pagar por cada janela e porta existentes em suas casas.

Santa Anna foi o responsável pela perda de metade do território mexicano para os Estados Unidos, tanto por venda como por anexação resultante de derrotas em guerras. Entre eles estava o território de Mesilla, atualmente localizado no sul do Arizona e do Novo México, vendido aos EUA em 1853 pela bagatela de 10 milhões de dólares (equivalentes hoje a 230 milhões).

Em uma das várias vezes nas quais Santa Anna foi derrubado, em 1844, uma multidão foi até o cemitério, "profanou" a perna ali enterrada e a arrastou pelas ruas, como vingança pelo sofrimento gerado por Santa Anna nas tantas guerras nas quais envolveu o país.

A perna feita de cortiça tampouco teve um final heroico, já que, na batalha de Cerro Gordo contra o Exército dos Estados Unidos, em 1847, Santa Anna teve que abandonar o acampamento às pressas, carregado por seus soldados, ali deixando sua perna falsa. No entanto, soldados do estado de Illinois encontraram dinheiro nos cofres da tenda do general/presidente mexicano, além de sua prótese e um frango em uma bandeja de prata pronto para ser devorado pelo caudilho. Os soldados entregaram o dinheiro a seus oficiais, devoraram o frango e ficaram com a prótese, que foi colocada no Museu da Guarda em Springfield, Illinois. Contudo, em 2014 a prótese de Santa Anna desatou uma disputa entre Illinois e o museu de San Jacinto, localizado no Texas, que exigia essa extremidade artificial, alegando que eles tinham mais direito a ostentar esse "troféu", já que haviam derrotado Santa Anna antes, em 1836, quando os texanos declararam independência do México. O pessoal de Illinois contra-argumentou que em 1836 Santa Anna ainda tinha suas duas pernas biológicas.

## A SESTA DE SAN JACINTO

Aliás, a perda do Texas foi fruto de vários erros de Santa Anna. Por um lado, seu inflado ego. Além disso, o improviso. E, de quebra, uma sesta.

Em 1836, o Texas pertencia ao México, porém a maioria da população era proveniente dos Estados Unidos (o fluxo contrário dos tempos atuais). Sem se identificar com os mexicanos, os texanos declararam sua independência.

"Fixarei a linha divisória entre o México e os Estados Unidos com a boca de meus canhões", disse Santa Anna antes de marchar rumo ao Texas. No começo, a frase fanfarrona do presidente-general teve sincronia com a realidade, já que ele venceu várias batalhas contra os norte-americanos. Isso o entusiasmou para continuar avançando Texas adentro.

Quando estava perto das forças texanas comandadas por Sam Houston (sim, o seu nome seria usado para batizar a cidade que atualmente é a maior do Texas), Santa Anna decidiu acampar em um lugar que definiu como uma vantagem sobre o inimigo: com um pântano na retaguarda e um bosque denso em um dos flancos. De quebra, o general autorizou seus homens a comer e dormir uma sesta de três horas. E, em vez de colocar vigias para alertar sobre a proximidade do inimigo — *just in case* —, o presidente disse que não era necessário. E, assim, sem colocar um guarda sequer dentro do bosque, todos foram dormir. Passaram-se quatro horas... cinco horas... seis horas. Sete horas depois chegaram os texanos — e justamente pelo bosque.

Os texanos atacaram, e as tropas de Santa Anna continuaram dormindo. Desta forma, 630 mexicanos foram massacrados, enquanto outros 7.330 foram aprisionados. O combate durou dezoito minutos. O próprio Santa Anna roncava quando os texanos entraram em sua tenda e o acordaram. No entanto, não o reconheceram. Sua identidade só foi revelada, sem querer, quando outros prisioneiros o saudaram com um "senhor presidente".

Essa foi a Batalha de San Jacinto, também conhecida como "A sesta de San Jacinto".

Santa Anna foi capturado e obrigado a assinar o Tratado de Velasco, no qual se resignava a aceitar a independência do Texas. Depois, foi levado para Washington, onde ficou preso por sete meses. Enquanto isso, o Parlamento mexicano se recusava a aceitar o tratado, alegando que carecia de validade, já que havia sido assinado por um presidente encarcerado. Uma década depois o Texas deixaria de ser independente e passaria a ser parte dos EUA.

## Acionista de sua própria ditadura

Décadas depois de Santa Anna, o México seria governado pelo general Porfirio Díaz, que comandou o país entre 1876 e 1911, permanecendo no poder, por intermédio de fraudes, graças a sete reeleições. O general mexicano deu um impulso sem precedentes à construção de ferrovias, ao crescimento do sistema bancários e à industrialização. Porém, em meio ao frenesi, o ditador aproveitava para expandir seus negócios financeiros: desviava dinheiro do Estado para abrir empresas que ficaram sob sua propriedade nas áreas da mineração, agrícola, imobiliária, além de companhias de seguros e usinas hidrelétricas. Todas essas empresas prestavam, de alguma forma, serviços para as obras públicas que seu próprio governo encomendava.

Os defensores de Díaz afirmam que ele estimulou a produção artística. Seus críticos recordam que a produção de objetos de arte (vasos, estátuas e bustos de bronze dos mais variados tamanhos) era vendida como decoração aos ministérios e demais repartições públicas.

Díaz foi mais além de receber propinas: ele tornava-se acionista das empresas que havia inicialmente pressionado para que "molhassem sua mão". Dessa forma, o ditador transformou-se em acionista de sua própria ditadura ao receber participações acionárias nos três bancos mais importantes do país. O ditador também entregou, depois de receber propinas, várias concessões de mineração (entre outros setores) a empresas estrangeiras que contavam com uma generosa isenção de impostos. Por esse motivo, seus contemporâneos chamavam Porfirio Díaz ironicamente de "mãe dos estrangeiros e madrasta dos mexicanos".

Durante o "Porfiriato", as autoridades colocavam regularmente na cadeia os editores de jornais críticos. Os opositores podiam se candidatar nas eleições que ele realizava regularmente, já que eram todas *fake*. A verdade é que os opositores não representavam perigo algum para a figura do autoritário presidente. E, volta e meia, quando despontava um novo líder opositor de peso, este "desaparecia". Os dias passavam e — misteriosamente — o opositor nunca mais era visto.

Os aliados do autocrata começaram a se preocupar quando Díaz foi ficando idoso, mas não preparava herdeiros para sucedê-lo. Em 1910, Díaz anunciou que faria eleições livres e justas. Afastado da realidade, acreditou que poderia vencer. Quando viu que o escritor e empresário Francisco Madero o derrotaria nas urnas, prendeu o opositor e o expulsou do México. Madero, uma figura ambiciosa que em matéria de ideologia era similar a Díaz, embora apenas com um caráter mais democrático, convocou os mexicanos à rebelião.

Isso foi o estopim para uma série de revoltas populares que deram início à "Revolução Mexicana" (1910–1920), que, além do próprio Madero, teve como protagonistas Emiliano Zapata, um líder camponês idealista, e Pancho Villa, um ladrão de estradas que viu sua chance de dar um upgrade na própria vida por meio de uma revolução.

Díaz teve que deixar o poder quando ficou claro que seria impossível para seu regime deter a Revolução Mexicana. Em 1911, partiu de seu país rumo a um milionário exílio em Paris no vapor *Ypiranga*, navio irmão-gêmeo do *Corcovado* (que apesar dos nomes tipicamente brasileiros, pertenciam a uma companhia marítima alemã).

O historiador Alejandro Rosas considera que Díaz implantou os vícios que o sistema político mexicano manteria ao longo de todo o século xx por intermédio de um partido que surgiria devido à revolução que o depôs, o Partido Revolucionário Institucional (PRI): "Díaz fundamentou um estilo autoritário, de simulação, onde nunca deixaram de ser feitas eleições. Domesticou o Poder Legislativo e o Judiciário. O Congresso Nacional era seu clube de amigos. Perseguiu ou comprou a imprensa".

O escritor mexicano Octavio Paz considera que o PRI impediu que o país fosse governado por ditaduras militares, mas acabou com a iniciativa política, legalizou a corrupção e introduziu a mentira como forma de poder. Segundo Paz, o PRI — que esteve no poder de forma ininterrupta até o ano 2000 — foi "autoritário, mas não totalitário". Outro escritor, mas de outra nacionalidade, o peruano Mario Vargas Llosa, definiu em 1990 o PRI ironicamente como "a ditadura perfeita". Segundo Vargas Llosa, o governo do PRI era "uma ditadura camuflada, que tem as características da ditadura: a permanência, não de um homem, mas sim de um partido. E de um partido que é inamovível". Mais tarde, o escritor peruano arrematou: "Não acredito que exista na América Latina nenhum outro caso de ditadura que tenha recrutado os intelectuais de forma tão eficiente, subornando-os de forma tão sutil".

## A revolução

A partir daí começou uma luta de quase todos contra todos, orquestrada em capítulos, uma novela que duraria uma década. Madero foi apoiado por Pascual Orozco, líder de tropas irregulares do estado de Chihuahua, no sul do México; por Pancho Villa, no norte (ele ficou conhecido por sua ousada e rápida cavalaria, que lhe rendeu a alcunha de "Centauro do Norte"); e por Emiliano Zapata, líder de camponeses do Sul.

A fuga de Díaz encerrou uma ditadura que durou 35 anos. Madero tomou posse, mas logo enfrentou a rebelião de Orozco, gerada pela insatisfação com o descumprimento das promessas de reformas sociais feitas pelo novo presidente. Madero enviou o general Victoriano Huerta para acabar com Orozco. Zapata também se rebelou e Huerta foi igualmente atrás do líder camponês.

Vamos fazer uma pausa, pois precisamos saber quem é Huerta. Ele era um descendente de espanhóis e indígenas que, como militar, havia se dedicado, sob as ordens de Díaz, a reprimir rebeliões dos povos originários, arrasando vilarejos e destruindo suas plantações. Huerta, ao acordar, dava seus primeiros goles de brandy, e continuava bebendo até ir para a cama. Quando Díaz caiu, Huerta começou a trabalhar para Madero.

No entanto, em 1912, Madero, sem os aliados do início da Revolução, dependia do general Huerta. Em 1913, o presidente Madero foi pego de surpresa por uma rebelião militar. Huerta fazia pose de ser o maior aliado de Madero, mas estava negociando com os rebeldes. O irmão do presidente o descobriu conspirando e o prendeu, mas Madero ordenou sua libertação, pois acreditava na palavra do general.

Dias depois, Huerta derrubou o ingênuo chefe e o enviou com o vice-presidente para a cadeia. Entretanto, no caminho para a prisão, Madero e o vice """"tentaram fugir"""" e foram mortos. O "tentaram fugir" vai com aspas tríplices mesmo, já que o ato foi uma armação de Huerta para tentar manter as aparências. O general também destituiu o presidente da Suprema Corte.

Na ordem de sucessão mexicana da época, teria que assumir o ministro das Relações Exteriores, Pedro Lascuráin, que se tornou o novo presidente do México às cinco e quinze da tarde do dia 25 de abril de 1912. A primeira medida de Lascuráin foi designar o general Huerta para o posto de ministro das Relações Exteriores. Houve apertos de mãos e discursos. Na sequência, Lascuráin fez o segundo — e último — ato de seu governo: o de renunciar. Foi a presidência mais breve da história do México e uma das mais curtas da história mundial. Huerta, dessa forma, assumia a presidência.

Tecnicamente, em termos legais, a sucessão havia ocorrido dentro das normas, mas todos sabiam que o novo presidente havia assassinado Madero e o vice. E, a partir dali, todos — Villa e Orozco, além do governador de Coahuila, Venustiano Carranza, e o general Álvaro Obregón — estiveram contra Huerta, que começou a ser mais detestado do que Porfirio Díaz havia sido. Após derrotas graves em batalhas, Huerta fugiu para os EUA. Morreu de cirrose em uma prisão no Texas, acusado de incitar revoltas no país vizinho. O mundo estava em plena Primeira Guerra Mundial e os Estados Unidos não queriam bagunça na fronteira sul.

Carranza era o primeiro chefe do Exército Constitucionalista, o que lhe deu poder para assumir a presidência. Era um homem altíssimo para a época, de 1,92 metro, sem carisma, calado, com fama de carecer de senso de humor. Não inspirava lealdade, mas fazia um bom marketing pessoal ao se vender como "o homem sábio, uma pessoa de consenso".

Tempos depois, Carranza enviou o general Obregón para combater seu antigo aliado Pancho Villa, que novamente liderava rebeliões motivadas pela falta de reformas sociais. Depois de neutralizar Villa, foi atrás de Zapata, que foi assassinado.

Carranza prometeu apoiar Obregón nas eleições de 1920, mas pegou gosto pelo poder e mudou de ideia, optando por candidatar um títere. Obregón reuniu um exército e derrubou Carranza, que foi assassinado. Obregón foi eleito. Anos depois mandou assassinar Villa, que tempos depois de morto teve seu túmulo profanado, e o que restara de seu corpo foi decapitado. A decapitação como uma forma ainda mais profunda de vingança era um clássico dos tempos de guerras civis mexicanas, herdada tanto dos astecas como dos conquistadores espanhóis.

Carranza, visto como o quixotesco líder da busca pela paz, Zapata, o purista ideológico, Villa, o ex-bandido que virou Robin Hood, e Obregón, o homem que pacificou o país, embora à custa de mais sangue, são considerados os "Quatro Grandes" da Revolução. Todos morreram tragicamente durante esse período, com exceção de Obregón, que encerrou seu mandato em 1924 e passou a faixa presidencial a Plutarco Elías Calles. Contudo, em 1928, sete dias depois de ser eleito para um novo mandato, foi assassinado por um fanático religioso enfurecido com a política laica do presidente.

Durante a Revolução, esses protagonistas guerrearam uns contra os outros, muitas vezes chegando a assassinar aqueles que antes consideravam aliados. No entanto, os nomes de todos estão gravados em letras douradas nas paredes da Câmara de Deputados Mexicana.

A Revolução foi um divisor de águas para as mulheres. O estado de guerra permanente durante uma década levou muitas delas a lutarem como "las soldaderas". Sozinhas ou com os maridos, foram ao combate e começaram a participar da política. Quando a guerra acabou, não quiseram mais voltar à vida de donas de casa. Por tabela, a Revolução inspirou artistas como Diego Rivera e teve slogans que seriam replicados por outras revoluções no resto do planeta, como "melhor morrer de pé do que viver toda uma vida ajoelhado" e "a terra é de quem a trabalha".

## O presidente que destituiu Papai Noel

Pascual Ortiz Rubio foi eleito presidente em 1930 por conta de inúmeras fraudes nas urnas. Na realidade, era um político sem carisma, sem poder (era um títere do ex-presidente Plutarco Elías Calles) e sem inteligência (seus críticos o chamavam de "Ortiz Burro"). Na época, havia um *revival* do nacionalismo em todo o planeta, e o México não ficava atrás, especialmente depois da Revolução.

Pouco antes do Natal daquele ano, em novembro, o ministro de Educação Pública, Carlos Trejo y Lerdo de Tejada, se reuniu com o presidente

Ortiz Rubio e lhe propôs dar uma guinada mais nacionalista para o Natal. A ideia era proibir a figura de Papai Noel, que era estrangeira, e substituí-la pela figura de Quetzalcóatl, um dos *top five* deuses da mitologia mexicana. Para ser mais específico, uma deidade olmeca, maia e asteca, que é representada como uma cobra com penas. O argumento era que: "Papai Noel é um senhor que viaja em trenó e usa luvas. O que mais poderia ser antimexicano?". (Bom, o cristianismo é uma religião importada do Oriente Médio, mas a maioria não se preocupa com isso...) Contudo, setores do clero reagiram furiosos, alegando que a serpente emplumada era um deus pagão e que não tinha a ver com o Natal. E, na contramão do deus asteca, explicavam, Papai Noel (a figura de são Nicolau) fazia parte da tradição natalina.

Aí apareceram membros do governo para tentar justificar a troca do homem do "ho-ho-ho" pela serpente todo-poderosa com uma teoria de que Quetzalcóatl era um dos doze apóstolos de Cristo, são Tomé, que teria fugido da Judeia para migrar às terras mexicanas (!!!!!!!). Para convencer os católicos, ressuscitaram essa teoria formulada no século XVIII pelo jesuíta Carlos de Sigüenza y Góngora.

Dessa forma, o governo organizou, para o dia 2 de dezembro daquele ano, uma grande festa no Estádio Nacional, na capital, no qual o presidente Ortiz Rubio distribuiu presentes para milhares de crianças. No meio do gramado, uma pirâmide maia, feita de madeira, servia de cenário para um homem, que, vestido de Quetzalcóatl, entregava os presentes. Enquanto isso, poemas à deidade eram declamados pelos estudantes. Tudo isso com pinheiros europeus de Natal no meio do cenário.

No entanto, entre a figura do rechonchudo homem barbudo e a serpente com plumas, as crianças preferiram a imagem do Papai Noel. E, assim, em 1931, ele estava de volta e Quetzalcóatl retornou às páginas dos livros de mitologia.

## UMA NECROTÉRICA PRESIDÊNCIA

Em 1988, foi eleito presidente Carlos Salinas de Gortari. Os primeiros resultados indicavam que o vencedor das eleições seria Cuauhtémoc Cárdenas, mas uma chamativa e oportuna falha no sistema eletrônico que fazia a contabilidade dos votos impediu o fornecimento dos relatórios com os resultados parciais. Os dias passavam e o governo não dava os números. Estes só apareceram uma semana depois e indicavam que o governista Salinas de Gortari havia vencido. A oposição denunciou fraude, mas essa acusação não foi levada em conta. Anos depois, em 2004, o ex-presidente Miguel de la Madrid confessou em sua autobiografia que aquelas eleições haviam sido manipuladas pelo PRI.

A vida de Salinas de Gortari, além de irregularidades, esteve marcada por mortes. Seus críticos indicam que a primeira ocorreu quando ele, com quase quatro anos, seu irmão Raúl, de cinco, e um amigo de oito anos assassinaram "brincando" uma menina de doze anos que trabalhava na casa como empregada ao dispararem uma espingarda calibre 22 que seu pai, um senador, havia deixado na casa. Segundo o jornal *Excélsior*, Carlos ufanou-se: "Eu a matei, sou um herói". A manchete do dia 18 de dezembro de 1951 foi: "Brincando de guerra, três meninos 'fuzilaram' uma empregada".

Salinas de Gortari tomou uma série de medidas para "modernizar" a economia, realizando privatizações, mas também gerou um enorme gasto público que alarmou os credores de títulos da dívida mexicana, acarretando o "Efeito Tequila" — denominação irônica da crise de confiança nos mercados sobre as economias latino-americanas, em alusão à mais famosa bebida mexicana —, que afetou as economias de vários países da região.

Antes de encerrar seu mandato em 1994, o candidato do PRI à sucessão, Donaldo Colosio, com o qual havia tido várias divergências, foi assassinado. O partido designou outro candidato, Ernesto Zedillo, que venceu as eleições. O novo presidente iniciou uma série de investigações que trouxeram à tona a corrupção de Salinas de Gortari. Seu irmão Raúl foi condenado a cinquenta anos de prisão por ser o mentor do assassinato de José Francisco Ruiz Massieu, que era irmão do ex-cunhado de Gortari, Mario Ruiz Massieu, que, coincidentemente, era o promotor de Justiça encarregado de investigar a morte de Colosio. Segundo o *Wall Street Journal*, o irmão presidencial era chamado de "Mister 10%", em alusão às propinas que pedia aos empresários que queriam realizar negócios com o governo de Salinas de Gortari.

Em meio a esses imbróglios, Salinas de Gortari tentou sensibilizar a opinião pública declarando-se em greve de fome até que os "ataques contra sua honra" fossem contidos. No entanto, ninguém levou a sério suas palavras por conta da esdrúxula duração da abstinência alimentícia alardeada pelo ex-presidente: 36 horas.

Na sequência, Salinas de Gortari partiu do país em autoexílio. Uma década depois, em 2004, seu outro irmão, Enrique Salinas de Gortari, apareceu morto por sufocamento com a cabeça dentro de uma sacola de plástico em seu carro. Tudo indica que foi uma vendeta de credores que exigiam o pagamento de propinas. Enrique morreu quando a Justiça da França estava a ponto de abrir um processo contra ele por lavagem de dinheiro.

O ex-presidente voltou para o México no início do século XXI, mantendo-se *low profile*. Em 2013 a revista americana *Forbes* incluiu seu irmão Raúl — que, depois de passar dez anos na prisão, foi absolvido e exonerado das acusações de enriquecimento ilícito — na lista de dos dez mexicanos mais corruptos da história.

## "Apareceu morto"

E o que aconteceu com Mario Ruiz Massieu, irmão do ex-cunhado de Salinas de Gortari e responsável pela investigação do assassinato de seu irmão José Francisco? Anos depois, ele foi envolvido em seu próprio escândalo de corrupção, fugiu do país e foi sentenciado nos Estados Unidos a uma pena de prisão domiciliar que deveria ser cumprida em sua residência, em Nova Jersey. Em setembro de 1999, dois dias antes de ter que comparecer perante uma corte norte-americana por um processo de lavagem de dinheiro, apareceu morto devido a uma overdose de antidepressivos. No entanto, o "apareceu morto" é uma forma de falar. Ou melhor, essa foi a informação que diplomatas mexicanos deram, admitindo que não haviam visto o corpo, mas repassavam informações fornecidas por autoridades norte-americanas — sem dar seus nomes — que diziam que haviam visto o cadáver de Ruiz Massieu. No entanto, ninguém oficialmente admitiu em primeira pessoa que viu seu corpo.

A viúva descartou o traslado do corpo do marido "morto" (as aspas são minhas) para o México. Dessa forma, sem túmulo conhecido pelo público, em 2008 surgiram intensos rumores de que o ex-promotor ainda estava vivo.

## Corruptour

O "Corruptour", ideia que surgiu inicialmente em 2014 em Monterrey e em 2017 passou a ser realizada também na Cidade do México, consistia em um tour que passava pelos principais pontos que foram cenários dos casos de corrupção ou estão relacionados com os políticos corruptos. O passeio de uma hora de duração tinha início no tradicional Paseo de la Reforma, onde há um monumento encomendado pelo ex-presidente Felipe Calderón (2006–2012), chamado popularmente de "A Estrela Milionária", para celebrar os duzentos anos de independência e que teria custado seis vezes mais do que o orçamento original. O próximo ponto era a "Casa Branca", mansão que o presidente Enrique Peña Nieto (2012–2018) comprou para a primeira-dama por intermédio do grupo empresarial Higa, holding que foi beneficiada por sua administração com oitenta contratos na época na qual era governador.

O Corruptour passa também por pontos *sine qua non* da corrupção mexicana: o palácio presidencial de Los Pinos e o Senado, e também pela Linha Doze do metrô, que foi inaugurada em 2012 e que, dois anos depois, teve doze de suas vinte estações fechadas porque já estavam em estado catastrófico devido a erros na construção e nos trilhos. O tour tinha o objetivo de chamar a atenção dos mexicanos para os escândalos de corrupção que assolam o país. Segundo os cálculos otimistas de organizações não governamentais, a corrupção custaria ao México 10% de seu produto interno bruto. Ou, segundo os cálculos mais pessimistas, como os fornecidos pela ONG Transparência Internacional, custaria 30% do PIB.

Os mexicanos têm várias frases relativas à corrupção. Uma delas é "me ajude a te ajudar" — ou seja, a pessoa em questão pede dinheiro para resolver o problema de outra. Já "deixo isso a seu critério" é uma forma de sugerir que, com uma "molhada de mão", é possível resolver um assunto. Os mexicanos citam com frequência uma frase do escritor espanhol Noel Clarasó:

"Um político é aquele que passa metade de sua vida fazendo leis e a outra metade ajudando seus amigos a não cumpri-las".

## O "esquerdista" conservador e antifeminista

Em 2018, o PRI, desgastado pelo governo de Peña Nieto, não conseguiu deter o avanço de Andrés López Obrador, do partido "Morena" — sigla do Movimento de Regeneração Nacional — nas urnas. Era a terceira vez que Obrador se candidatava a presidente. Ele se apresentava como sendo de esquerda, mas chegou ao poder com o respaldo de igrejas evangélicas e um discurso contra a legalização do aborto. Além disso, tinha posições contra o casamento entre pessoas do mesmo gênero. López Obrador dizia que o empresariado era a "máfia do poder", mas contratou diversos empresários para serem seus assessores. Ou, como me disse um veterano diplomata europeu que trabalhou no Brasil, na Argentina e no México, sobre os paradoxos do novo presidente: "López Obrador dança xaxado e tango ao mesmo tempo em que entrega o cartão de visitas onde está escrito 'professor de boleros'".

Sua relação com os grupos feministas sempre foi tensa, mas esse clima ríspido aumentou com o passar dos anos, já que ele volta e meia minimizava os feminicídios que assolam o México, segundo diversas pesquisas considerado um dos países mais violentos com as mulheres no Ocidente. Além disso, minimizava a dimensão das enormes manifestações feministas na Cidade do México, afirmando que esses eventos tinham "mais jornalistas do que participantes". Em 2021 ele causou estupefação ao afirmar que o feminismo e a ecologia haviam sido criados pelo neoliberalismo: "O que fez o neoliberalismo? Uma das coisas que fez foi promover no mundo os denominados 'novos direitos' para poder saquear à vontade, para que as pessoas não reparassem. Por isso, impulsou o feminismo, a ecologia, a defesa dos direitos humanos e a proteção dos animais".

López Obrador também ficou famoso por suas "mañaneras", denominação irônica das entrevistas coletivas que realizava praticamente todas as manhãs durante os dias úteis da semana. "Mañaneras", por sua vez, é uma forma de referir-se, no mundo hispano-falante, ao sexo matinal. Nessas longas sessões, o presidente dava sua versão dos acontecimentos, respondia principalmente às perguntas dos jornalistas mais dóceis com o governo e aproveitava para desferir críticas contra a imprensa não alinhada com ele.

Além das "mañaneras", López Obrador cunhou e se apropriou de uma série de outras expressões dignas de nota que merecem um breve glossário. A mais famosa é "Cala-te, chachalaca!", frase que usava para indicar que alguém fechasse a boca. A "chachalaca" é uma das aves mais barulhentas do território mexicano. Outra é um clássico mexicano para indicar que algo é muito complicado: "Estar de la chingada".

AMLO, como é popularmente chamado, pela sigla de seu nome, chegou à presidência quando o presidente americano Donald Trump chamava os mexicanos de *"bad hombres"* e prometia construir um muro na fronteira dos Estados Unidos com o México para impedir a entrada de migrantes. No entanto, analistas indicavam que López Obrador e Trump tinham a mesma *vibe*, já que ambos eram egocêntricos e populistas. O presidente mexicano foi um dos últimos a reconhecer a vitória de Joe Biden como sucessor de Trump, e optou por não condenar de forma intensa (tal como outros presidentes da região) a invasão do Capitólio por multidões trumpistas, dizendo que o México "não deve interferir nos assuntos internos dos Estados Unidos".

Em 2007 o então presidente Felipe Calderón havia determinado que as forças armadas realizariam tarefas policiais para combater o narcotráfico. No entanto, os militares fracassaram nessa tarefa, já que os narcos se expandiram, a criminalidade se espalhou, surgiram também grupos paramilitares e a violência disparou em todo o país. Aliás, entre 2007 e 2022, o México acumulou o saldo de 340 mil pessoas assassinadas. Apesar disso, em 2022, López Obrador — que antes de chegar ao poder criticava o uso dos militares no combate aos cartéis do narcotráfico — mobilizou seus parlamentares para aprovar uma reforma que estende até o ano 2028 a militarização do país, isto é, a participação do Exército e da Marinha nas operações de segurança interna. O prazo inicial era 2024, mas foi estendido devido aos constantes índices elevados de criminalidade. Dessa forma, meio milhão de integrantes do Exército, da Marinha e da Guarda Nacional passaram a se encarregar da segurança.

Também em 2022, o próprio Obrador convocou um plebiscito para verificar se os mexicanos queriam que ele permanecesse até o fim de seu mandato ou se deveria renunciar imediatamente. Os analistas indicaram que esse referendo foi uma forma de mostrar respaldo para tentar encaminhar alguns projetos no Parlamento e para começar a preparar sua sucessão presidencial. Os presidentes mexicanos cumprem mandatos de seis anos, período que eles chamam de "sexenio". No México, não existe reeleição consecutiva. Portanto, os presidentes aspiram sempre a fazer um sucessor para tentar manter alguma espécie de influência posterior.

Quando os resultados saíram, López Obrador celebrou: 91,42% dos eleitores que compareceram às urnas votaram a favor de sua continuidade no cargo, enquanto apenas 7,03% votaram a favor de sua saída da presidência da República.

Os resultados pareceriam avassaladores. No entanto, 15 milhões haviam votado a favor de AMLO, enquanto o total do eleitorado era de 93 milhões de pessoas. Portanto, apenas 16% do eleitorado havia votado a favor da permanência do presidente no cargo. A imensa maioria dos eleitores (87%) se absteve, sem interesse algum na consulta. O voto não é obrigatório no México.

## Rifa do avião

Quando tomou posse, López Obrador afirmou que seu governo seria marcado pela austeridade, e que venderia o *José Maria Morelos y Pavón*, o avião presidencial, um dos símbolos da ostentação da classe política mexicana. Porém, os meses passavam e passavam e não aparecia nenhum comprador. Finalmente, López Obrador anunciou que rifaria o avião. Durante meses, ele fez propaganda da rifa quase todos os dias. Isso desatou uma saraivada de piadas entre os mexicanos, sobre onde seria possível estacionar o avião e o preço que um flanelinha cobraria. A aeronave, comprada em 2012, custou 218 milhões de dólares. Sua redecoração e manutenção nesse período custaram outros 530 milhões. O avião só foi usado por dois anos. Porém, como antes de ser avião presidencial havia sido um avião de testes, sua cotação era baixa no mercado. Entretanto, um detalhe importante, que só foi anunciado tempos depois: o grande prêmio, o avião, foi substituído por uma mera quantia em dinheiro. E, como o governo não conseguiu vender nem um terço dos "cachitos" (como são chamados os tíquetes da rifa), o próprio Estado os comprou e distribuiu para pacientes e funcionários de hospitais. Dessa forma, foram premiadas cem pessoas. O resto do dinheiro arrecadado foi destinado para a compra de equipamentos médicos para a pandemia.

Essa rifa, afirmam alguns analistas políticos, foi mais uma amostra de governos mexicanos que vivem de símbolos e que não tomam as medidas concretas. A revista financeira britânica *The Economist* definiu o caso do avião como "um símbolo dos excessos do passado que se transformou em um sinal da inépcia do presente".

Mas e o *José Maria Morelos y Pavón*? Bom, acabou sendo vendido, em 2023, ao Tajiquistão por 92 milhões de dólares.

## Duas monarquias mexicanas

Antes de encerrar o capítulo mexicano, uma peculiaridade sobre a história do país: ele foi o cenário de duas monarquias!

Após a independência, os líderes mexicanos convidaram príncipes europeus para reinar. Ninguém aceitou, já que a instabilidade por ali era enorme. Sem poder importar um rei, a solução foi instalar um *made in Mexico*: Agustín de Iturbide, herói da independência, entronizado com toda pompa em 1822 como Agustín I.

Iturbide, desde o início das lutas da independência, havia sido um militar mexicano a serviço do rei da Espanha, combatendo os independentistas, só que, após dez anos de combates, mudou de lado. Retomou a guerra da independência, que estava indo mal, e conseguiu expulsar os espanhóis. Isto é, passou de vilão a herói sem *pit stops*.

Seu governo teve mais paradas militares e cerimônias de homenagens do que medidas concretas. Um ano depois de seu entronamento, Iturbide foi derrubado, uma república foi implantada e ele partiu para o exílio. Voltou em 1824 com o plano de retomar o poder, porém foi fuzilado antes que pudesse tomar qualquer medida concreta para isso.

Agustín é uma figura incômoda na história mexicana. Por um lado, foi o herói que conseguiu a independência — já os outros líderes independentistas foram fuzilados durante as batalhas contra os espanhóis. Porém, por outro, traiu os ideais republicanos e se tornou monarca.

Em 1863 o México estava um caos. O país tinha guerras civis frequentes e deposições de presidentes. E, de quebra, o maluco do Santa Anna volta e meia reaparecia. Foi então que alguns setores começaram a especular: "Peraí! E se tentarmos mais uma vez uma monarquia ao estilo europeu, só que, dessa vez, com um europeu de verdade?". E, assim, a monarquia voltou ao México com um estrangeiro, o austríaco Maximiliano de Habsburgo-Lorena, primo-irmão do nosso dom Pedro II pelo lado da imperatriz Leopoldina. Os interesses confluíram: parte da elite mexicana queria um monarca e existia um interesse dos franceses em ter influência no México, já que o país lhes devia uma imensa soma de dinheiro. Apoiado por tropas francesas, o príncipe austro-húngaro Maximiliano — um títere do imperador francês Napoleão III — chegou ao México.

A oligarquia nativa respaldou Maximiliano, que ordenou uma série de obras públicas, dentre as quais a avenida hoje conhecida como Paseo de la Reforma. Maximiliano promulgou uma nova Constituição, que era liberal demais para a elite conservadora mexicana. O monarca os irritou ao decretar a redução de horas de trabalho para os trabalhadores do campo e também entrou em rota de colisão com a Igreja Católica, na qual tentou colocar limites. Ele permitiu uma inédita liberdade de imprensa e criou, para os trabalhadores das cidades, jornadas de trabalho de doze horas com duas horas de descanso e um dia de descanso na semana, algo que pode parecer abusivo para os dias de hoje, mas foi revolucionário na época.

Por outro lado, muitos mexicanos consideravam Maximiliano um invasor, e ele enfrentou a dura resistência de grandes setores da sociedade. Em resumo: o rei não conseguiu agradar nem gregos, nem troianos, e deu tudo errado para ele. Maximiliano foi abandonado pelos franceses. O imperador Napoleão III, vendo que a aventura de colocar Maximiliano no poder havia fracassado e sofrendo críticas dentro da França, decidiu retirar as tropas do México. E o desagrado que ele causou aos mexicanos deu início a um novo movimento republicano. Em 1867, Maximiliano foi preso e morto. Seu fuzilamento deu origem ao famoso quadro de Édouard Manet *A execução de Maximiliano*, terminado em 1868.

# Equador:
## Rock e leilão do bigode presidencial

Gabriel García Moreno foi presidente do Equador entre 1861 e 1865 e novamente entre 1869 e 1875. Foi conhecido por ser autoritário, pela perseguição à imprensa, pela reinstalação de tribunais eclesiásticos, além de dar à Igreja Católica mais poder do que havia tido na época da colônia espanhola. García Moreno, que havia sido seminarista na juventude, também decretou que o catolicismo seria a única religião permitida no Equador, que o Estado deveria ter como principal função a promoção desse credo e que governaria de acordo com os princípios do "Cristo-Rei". Os liberais ficaram horrorizados com García Moreno, mas os sacerdotes católicos estavam exultantes com o presidente, já que sua influência e poder aumentavam sobre a sociedade equatoriana.

Entretanto a alegria foi breve. García Moreno continuou com suas medidas para instaurar uma moral férrea, inclusive dentro do clero equatoriano cujos padres estavam acostumados — apesar da lei canônica — a ter mulheres fixas, amantes e filhos e, volta e meia, protagonizar cenas de bebedeira. Ele foi assassinado em 1875, supostamente por homens da maçonaria — pelo menos é o que seus ministros argumentaram.

García Moreno tornou-se o primeiro — e o último, por enquanto — chefe de Estado no continente que não foi velado na posição horizontal, isto é, deitado em seu caixão. Também foi o primeiro e último governante a presidir seu próprio funeral (Santana, o presidente mexicano, havia presidido o funeral de somente um pedaço de seu corpo, uma das pernas), já que três dias depois de seu assassinato, seu cadáver foi sentado na cadeira presidencial — embalsamado, claro —, e com uniforme militar completo, chapéu com penacho, sabre e a faixa presidencial cruzada sobre o peito. O presidente havia sido colocado ali com a boca aberta, como se estivesse a ponto de dizer algo. As pessoas ficaram surpresas, pois era como se estivessem vendo o presidente vivo, recebendo a visita de milhares de cidadãos.

Depois do velório na catedral de Quito, García Moreno foi colocado no caixão (deitado, dessa vez) e enterrado dentro do templo. Porém, em 1895, uma revolução agitou o país e um grupo de padres decidiu esconder o cadáver em outro lugar, de forma a evitar uma eventual profanação, mas a operação secreta foi tão confidencial que os religiosos envolvidos esqueceram de deixar anotada a localização para futuras gerações. Dessa forma, depois de muitas investigações, o corpo foi reencontrado apenas em 1975.

O Equador, em 197 anos de vida independente, padeceu 38 golpes de Estado (ou tentativas de golpe), isto é, um a cada cinco anos.

Um dos presidentes poderia simbolizar a instabilidade institucional que o Equador padeceu na maior parte de sua história: José Velasco Ibarra, que nasceu em 1893 e morreu em 1979. Ele poderia ser definido como o político de maior sucesso da história de seu país — e de toda a América Latina — já que foi o único a atingir a marca de ser eleito cinco vezes livremente nas urnas.

Formado em universidades em Quito e em Paris, Ibarra foi considerado um dos maiores oradores de seu país, além de ser indicado como o responsável direto pela eliminação dos vestígios da economia colonial que ainda predominavam no início do século xx. Nenhum outro presidente o superou na construção de rodovias ou escolas. Além disso, foi a figura dominante do cenário político durante quatro décadas.

"Se me derem uma sacada em cada cidade, serei presidente", dizia Velasco Ibarra, que apostava em seu carisma e na oratória para vencer qualquer eleição. No entanto Ibarra também poderia ser classificado como um dos políticos com maior nível de fracasso na História do Equador, e de toda a América Latina, por não ter conseguido concluir quatro de seus cinco mandatos. Eleito pela primeira vez em 1934 em meio à crise econômica mundial, chegou ao poder com respaldo dos conservadores, mas logo afastou-se desses grupos para deslanchar um programa de reforma agrária. Em 1935, foi derrubado por um golpe militar.

Em 1944, foi eleito novamente, mas ficou menos de três anos no poder. Foi removido pelos militares e teve que partir para o exílio. Ao voltar ao país em 1952, foi eleito para o único mandato (o terceiro) que completou graças à prosperidade que o país desfrutou na época pelo *boom* da produção de bananas. Em 1960, foi eleito novamente, mas ficou apenas duas semanas no poder. Dessa vez foi destituído pelo Parlamento. Em 1968, foi eleito para seu quinto e último mandato. Influenciado pela Revolução Cubana, pregou o "esmagamento da oligarquia". Foi derrubado pelos militares na terça-feira de carnaval de 1972, cinco meses antes de terminar seu mandato. Um tom tragicômico encerrou seu derradeiro governo quando a população batizou o golpe de "El Carnavalazo" (O Carnavalaço) por transcorrer durante a terça--feira de Carnaval.

Em 1977, dois anos antes de morrer, seus aliados o procuraram em Buenos Aires, onde morava em uma modesta casa e locomovia-se em metrô e ônibus. Os aliados lhe pediram que retornasse do exílio e comandasse o "sexto velasquismo". Velasco Ibarra, aos 84 anos, declinou o convite: "Renuncio a essa vaidade...".

No entanto, o período de maior instabilidade ocorreu a partir de 1996, com a posse do presidente Abdalá Bucaram, que ostentava (e se orgulhava disso) o apelido de "El Loco". "Soy un loquito" ("Sou um louquinho"), dizia o presidente, que — de forma paralela — deslanchou uma carreira musical com o grupo Los Iracundos, transformando a canção "Loco de amor" em um hit durante meses. Na época, Bucaram tentou convencer o então presidente argentino Carlos Menem a gravar cinco tangos e uma faixa com outro estilo a ser definido.

A situação da economia equatoriana era um caos. Diariamente havia cortes de energia elétrica, os telefones não funcionavam e o Estado controlava todas as companhias de serviços públicos. Além disso, 45% da receita do país provinha da companhia estatal de petróleo. Bucaram queria privatizar e instalar no Equador um sistema monetário similar ao da Argentina, onde a moeda nacional estivesse equiparada ao dólar. Para isso contratou o ex-ministro da Economia da Argentina, Domingo Cavallo, que recebeu 500 mil dólares pelo serviço. Entretanto, a estratégia de Bucaram naufragou quando aumentou as tarifas dos serviços públicos e eliminou subsídios antes da aplicação do plano. E em vez de um anúncio surpresa da reforma econômica, Bucaram alardeou a tarefa de Cavallo seis meses antes. O resultado foi uma onda de aumento de preços que fez com que a população estocasse alimentos temendo a escassez.

Bucaram, além de comandar os destinos de seu país, também acumulava a tarefa de presidir o Barcelona de Guayaquil. Para jogar uma só noite nesse time, Bucaram ofereceu ao argentino Diego Maradona o dobro do que investiu em Cavallo: 1 milhão de dólares. O presidente queria que Maradona transformasse seu filho adolescente, Jacobo Bucaram, em uma estrela. Na época, com 120 quilos, "Jacobito", como era conhecido, tentava treinar sobre o gramado, movendo-se com dificuldade. Os mais profissionais do Barcelona não estavam satisfeitos com sua presença roliça, mas suportavam o rapaz por ordens presidenciais.

Enquanto isso, Bucaram desatava uma série de medidas *sui generis*, entre as quais a proibição da venda de bebidas alcóolicas aos domingos e o funcionamento de bares durante a madrugada. Na sequência, apresentou um programa de TV no qual, entre quadros de dança e cantoria, leiloou seu bigode estilo Adolf Hitler.

Em janeiro de 1997, o embaixador dos Estados Unidos leu um discurso no qual denunciava a corrupção alastrada do governo Bucaram e no qual alertava os investidores americanos a não colocar um centavo no Equador.

Em março daquele ano o Congresso Nacional destituiu Bucaram com o argumento de "incapacidade mental para governar", embora sem a realização de um exame psiquiátrico. A vice-presidente Rosalía Arteaga declarou-se presidente, mas, meses antes, o Parlamento havia revogado o artigo da Carta Magna que determinava que o vice podia suceder o presidente. Dessa forma, o Congresso Nacional decidiu designar como presidente o deputado Fabián Alarcón, que era o presidente do Poder Legislativo.

No entanto, Bucaram não havia renunciado à presidência, Rosalía Arteaga dizia que era a nova presidente, enquanto Alarcón afirmava que era ele quem deveria ocupar o cargo.

O caos institucional era tão grande que nem as Forças Armadas quiseram se meter. Os militares declararam em rede nacional de TV à população que ficariam neutros e que os civis resolvessem sozinhos o imbróglio. De madrugada, Bucaram abandonou o palácio Carondelet e resignou-se à destituição, além de reconhecer Rosalía Arteaga como presidente. Com esse novo cenário, Alarcón renunciou a seu posto de presidente interino. Essas horas são chamadas no Equador de "A Noite dos Três Presidentes".

Como se fosse um filme dos Três Patetas ou uma comédia dos Irmãos Marx, o Congresso voltou atrás e designou Rosalía como presidente temporária até que se definisse um novo, mas ela decidiu renunciar e cedeu o posto a Alarcón, que tomou posse como presidente (e com Rosalía como vice).

Em 1998 foi eleito o presidente Jamil Mahuad, mas ele também durou pouco, já que no ano 2000 o Equador voltou a ser o cenário de turbulências sociais, quando, após o caos causado pela desvalorização da moeda e a adoção do dólar como divisa nacional — e de quebra, um confisco das contas bancárias — Mahuad foi obrigado a renunciar por setores militares, sindicais e indígenas. Seu vice, Gustavo Noboa, completou o mandato — aos trancos e barrancos, mas conseguiu chegar até o final.

Em 2003 tomou posse o novo presidente, o coronel Lucio Gutiérrez, mas, novamente, os problemas econômicos levaram o presidente à renúncia em 2005. Gutiérrez fugiu do palácio Carondelet em um helicóptero que pousou no aeroporto onde o esperava um avião militar, que já tinha os motores ligados para fazer uma fuga acelerada. No entanto manifestantes invadiram a pista, impedindo sua partida. Dessa forma, Gutiérrez refugiou-se na embaixada do Brasil, da qual saiu dias depois disfarçado de policial. Dali foi ao aeroporto, onde embarcou em um outro helicóptero que o levou à cidade de Latacunga, onde subiu em um avião da Força Aérea Brasileira no qual partiu do Equador rumo ao Brasil. Dois meses depois, seguiu para os Estados Unidos.

Mais uma vez foi necessário um presidente interino. O novo presidente era Alfredo Palacio, que até a véspera havia sido o vice.

Em 2007 o economista Rafael Correa tomou posse na presidência. Com um discurso "bolivariano", Correa rapidamente fez alianças políticas com a Venezuela e a Bolívia. Além disso, declarou respaldo ao governo dos irmãos Castro em Cuba e aproximou-se intensamente do governo do PT no Brasil e do casal Kirchner na Argentina.

Ao contrário do chavismo na Venezuela, Correa foi mais *light* nas estatizações, poupando as grandes empresas de mineração, petróleo e gás, além do sistema financeiro, que permaneceu sem inconvenientes. Em 2016, dando uma guinada em sua política, anunciou que pretendia promover privatizações de estatais aéreas e bancárias. Correa, que define-se como "cristão social", ameaçou renunciar em 2013 quando um grupo de deputados de seu partido anunciou que pretendia apresentar um projeto para despenalizar o aborto. Correa afirmou que seus deputados eram "traidores" e que o projeto era uma "punhalada ao processo revolucionário". Correa também declarou-se categoricamente contra o casamento entre pessoas do mesmo gênero, além de contrário à adoção de crianças por pessoas homoafetivas. Correa afirmou que as crianças devem ser criadas dentro do que chamou de "família tradicional".

Na quinta-feira, 30 de setembro de 2010, os policiais se amotinaram contra uma lei que reduzia seus benefícios salariais. Os protestos abalaram o Equador. Os policiais fecharam o aeroporto de Quito e impediram que pessoas entrassem no Parlamento. O presidente Correa tentou debelar a crise indo ao principal quartel da capital para negociar diretamente com os revoltosos. Em um clima tenso, Correa abriu o paletó, mostrou o peito e, aos gritos, declarou, em terceira pessoa: "Se querem matar o presidente, aqui está. Matem-no!". Com um joelho machucado devido à confusão, Correa foi levado ao hospital da polícia. Embora tenha sido detido pelos rebeldes, o presidente deu várias entrevistas para estações de rádio por celular. Finalmente, as forças de segurança leais ao presidente, depois de um tiroteio com os policiais, entraram no hospital e resgataram Correa, que ficou onze horas em cativeiro.

Os policiais afirmavam que haviam se amotinado em protesto pelas questões salariais. No entanto, Correa alegou que tratava-se de uma tentativa de golpe de Estado. O fato é que motim ou "tentativa de golpe" terminou em menos de 24 horas com o saldo de três policiais mortos e oitenta feridos. A oposição criticava o presidente, acusando-o de ter magnificado uma rebelião policial para se fazer de vítima. Entretanto, em poucas horas os chanceleres dos países da União das Nações Sul-americanas (Unasul) reuniram-se em Quito para declarar respaldo a Correa.

Se o país havia estado sob o risco de um golpe de Estado, no dia seguinte, uma sexta-feira, os quitenhos estavam se comportando como se estivessem em um universo paralelo, passeando normalmente nos shoppings centers, nos cinemas e nos bares da cidade. Outro sinal da calmaria foi o jantar que o chanceler Ricardo Patiño ofereceu a seus colegas da Unasul no palácio Najas, sede da diplomacia equatoriana. Ao longo do repasto — composto por frango com molho de mostarda e folheado de batatas — a rebelião policial e o cenário político ficaram em segundo plano, perdendo protagonismo para o relato de Patiño sobre como havia sido agredido pelos policiais durante o conflito.

No jantar estavam os então chanceleres Nicolás Maduro (era na época o ministro de Hugo Chávez) da Venezuela; Antonio Patriota, do Brasil, entre outros. Eu, que havia ido a Quito cobrir a rebelião, e Janaína Figueiredo, enviada especial de *O Globo*, havíamos entrado no palácio Najas antes da chegada dos ministros e conversamos com os funcionários do ministério sobre o estilo arquitetônico do palácio (eles supuseram que éramos de uma comitiva estrangeira). Quando os ministros chegaram, acreditamos que seríamos removidos dali, mas nos aproximamos de Patiño, explicamos quem éramos e ele nos convidou a ficar, embora não tivesse revelado quem éramos para os outros chanceleres.

Depois do relato da agressão sofrida por Patiño, em vez do motim/golpe no Equador, a conversa focalizou-se nas explicações do chanceler chileno Alfredo Moreno sobre as medidas para o resgate dos 33 mineiros presos na mina de Copiapó, no norte do Chile, história que se transformou em uma saga. No entanto, enquanto os ministros perguntavam detalhes sobre como os mineiros estavam sendo alimentados e quais eram os planos para retirá-los do fundo da mina destruída, Maduro perguntava com especial interesse detalhes da história do mineiro que tinha duas esposas — e eu, enquanto ouvia os chanceleres, saboreava o delicioso frango com molho de mostarda.

Volta e meia Correa afirmava que a oposição planejava golpes de Estado contra ele. Em 2015, até sustentou que a oposição preparava um golpe para derrubá-lo antes da visita do papa Francisco, mas nada aconteceu, nem Correa denunciou os supostos conspiradores perante a Justiça. Um dos alvos das críticas de Correa era a imprensa. Ocasionalmente, em seu programa semanal *Enlace Ciudadano*, Correa rasgava algum jornal que o criticava —

como se houvesse apenas um único exemplar em circulação. Ele também mostrava para todo o país jovens tuiteiros que o criticavam pelas redes sociais, citando seus nomes. Além disso, convocava seus militantes para contra-atacar esses tuiteiros. "Somos muito mais", dizia Correa em tom de ameaça.

O humorista britânico John Oliver, impressionado com o comportamento de Correa, ironizou em 2015: "Deixe de googlear a si próprio... o senhor é o presidente do Equador!". Correa irritou-se com Oliver e durante uma semana publicou mensagens pelo Twitter contra o humorista. "O *talk show* desse gringo é mais desagradável do que um diurético." Correa também xingou jornalistas pessoalmente, entre elas Sandra Ochoa, jornalista do *El Universo*, à qual — com palavras pouco presidenciais — chamou de "gordinha horrorosa". Na sequência sustentou que jornalistas são "bestas selvagens".

Em 2015, a Superintendência de Informação e Comunicação do governo Correa multou em 350 mil dólares o jornal *El Universo*, da cidade de Guayaquil, que é o de maior circulação do Equador. A multa equivalia a 10% do faturamento do jornal dos últimos três meses. O motivo: o veículo publicou uma matéria que indicava falhas no financiamento dos hospitais públicos e sua ineficácia. O presidente Correa alegou que sua dignidade e honra haviam sido atingidas e ordenou a réplica. O jornal a publicou, mas sem o título colocado pelo autor do texto, o ministro da Economia. Por isso o governo decidiu aplicar a multa.

No entanto, o jornal alega que a lei não obriga a colocar o título e afirma que as demandas do governo representam "interferência editorial" e que a Constituição permite o direito de resistência perante ações do Estado que vulnerem as garantias constitucionais. Dessa forma, em menos de um mês, o *El Universal* transformou-se no segundo jornal equatoriano a declarar-se em resistência perante a Superintendência de Comunicação. O anterior foi o *La Hora* de Quito, multado por não cobrir mais uma cerimônia das inúmeras que o prefeito governista da cidade de Loja havia realizado. Segundo o governo, o jornal havia omitido assuntos de "interesse público". O jornal, por sua vez, alegava que publicava as notícias que considerava que fossem de verdadeiro interesse, sem depender da opinião de quem estivesse no Poder Executivo.

Em 2022, os donos do *El Universo* foram multados em 95 mil dólares por uma caricatura crítica do governo Correa. O autor foi o cartunista Xavier Bonilla, que foi obrigado a reformular uma das charges na qual originalmente mostrava a polícia entrando violentamente em sua casa, confiscando seus papéis e computadores. Bonilla refez o desenho, que ficou melhor do que o original, acatando a ordem, mas deixando o governo em ridículo: na nova versão, ele mostrava a polícia gentilmente tocando a campainha e sendo recebida com alegria pelo próprio caricaturista, que dizia que podiam levar tudo, sem problema...

Correa também se irrita com adolescentes "insolentes". Em 2015, o presidente passava em caravana, quando um jovem de dezessete anos, Luis Calderón, mostrou seus polegares para baixo e na sequência fez um gesto de "banana". Correa pulou do carro, pegou o rapaz pelo colarinho e gritou: "Garotinho malcriado, vai aprender a respeitar o presidente!". A Secretaria de Comunicação, por sua vez, afirma que Correa perguntou: "Por que você está desrespeitando o presidente?". O fato é que o adolescente ficou detido durante várias horas em uma delegacia.

Correa foi eleito pela primeira vez em 2007, mas em 2009 realizou uma reforma constitucional que permitia reeleições, algo inédito no país. Nesse mesmo ano encerrou seu mandato pela metade e foi candidato novamente. Correa foi eleito para novos quatro anos no poder. Em 2013, teria que passar o bastão, já que havia exercido dois mandatos. No entanto, alegou que estava terminando seu primeiro exercício, já que o anterior era na antiga Constituição. E, dessa forma, pôde se apresentar novamente à reeleição, com um mandato que encerrou-se em 2017.

Na ocasião Correa sustentou que não pretendia mudar a Carta Magna outra vez e que esse seria seu derradeiro mandato. No entanto, em 2015 aprovou uma lei de reeleições indefinidas que gerou um rebouliço exponencial, com manifestações a granel. A saída foi colocar uma cláusula que indicava que a decisão só entraria em vigor a partir de 2021, isto é, quatro anos depois do fim do mandato de Correa, de forma que ele não poderia usufruir dessa lei. Segundo a norma, Correa só poderia ser candidato de novo em 2021.

Em 2016, o Equador foi abalado pelo segundo maior terremoto de sua história, com um saldo de setecentos mortos e 18 mil feridos. Correa foi visitar as áreas devastadas, mas pessoas que tiveram as casas atingidas e parentes dos mortos começaram a lhe pedir providências urgentes. O presidente, irritado, esbravejou: "Aqui ninguém chora ou grita, seja homem, mulher, velho ou criança, que eu mando botar na prisão!".

Correa protagonizou três mandatos presidenciais consecutivos. Nos dois últimos, a dívida pública disparou de 10 bilhões de dólares para 43 bilhões. Ao deixar o poder, tentou emplacar seu amigo Jorge Glas (seu último vice) como sucessor, mas Glas não decolava nas pesquisas. A única chance para o governismo foi apresentar Lenín Moreno (seu primeiro vice) como candidato, que venceu nas urnas.

Ao terminar o mandato e passar o poder a Moreno, Correa partiu para uma temporada sabática na Bélgica, terra de sua esposa. Deixou Moreno no comando do país, acreditando que o plácido ex-vice seria obediente e tomaria conta da "lojinha" até que voltasse a ser candidato presidencial quatro anos mais tarde.

Moreno, cujo nome composto é "Lenin Voltaire" (seu pai era fã do líder soviético Vladimir Ilych Lenin e do filósofo iluminista francês Voltaire) é um médico e psicólogo que ficou paraplégico em 1998, quando levou um tiro durante um assalto. Nos anos seguintes, Moreno escreveu uma dezena de livros sobre como enfrentar a frustração com humor e criou uma fundação para ajudar os cadeirantes. Isso o levou à política. Ele foi vice-presidente de Rafael Correa entre 2007 e 2013.

Moreno — considerado na época da posse um "bolivariano *light*" — prometeu durante a campanha que seu objetivo era combater "a corrupção de ontem e a de hoje". Ninguém imaginava que o "hoje" incluía o grupo de Correa. Seu vice, o correísta Jorge Glas, foi detido meses depois da posse e condenado a seis anos de cadeia pelo recebimento de propinas do caso Odebrecht no Equador. Essas ações desataram a fúria de Correa, que começou a chamar Moreno de "traidor". Nesses dois anos no poder, Moreno rachou com a Venezuela de Nicolás Maduro e, deixando de lado a política de confronto de Correa, abriu o diálogo com a oposição. Moreno faz equilíbrios entre o progressismo e o neoliberalismo. Além disso, não colocou obstáculos à Justiça, quando os tribunais avançaram com um processo sobre corrupção contra Correa. Houve um julgamento, e — sem a presença do caudilho — o condenaram à revelia a oito anos de prisão.

De quebra, para aumentar a fúria de Correa com Moreno, seu sucessor fez um plebiscito no qual 64% dos eleitores acabaram com o sistema de reeleições indefinidas. Correa não poderá voltar ao palácio Carondelet, pois a nova lei indica que um presidente só pode ter dois mandatos. No entanto, a lei não impedia que Correa pudesse ser, por exemplo, candidato a prefeito de sua cidade, Guayaquil. Isto é, sem poder mais aspirar à presidência, ele teria que se resignar a um papel *influencer* em um único setor da política equatoriana. Seus críticos afirmam que ele fez exatamente isso, estimulando as manifestações contra seu antigo "delfim", Moreno.

Os analistas indicavam que Correa desejava a queda de Moreno para desativar os processos na Justiça que enfrenta e assim retornar à política equatoriana. No entanto, Moreno aguentou a duras penas até o final, sobrevivendo à crise política de 2019, quando o Equador foi assolado por intensos protestos. Certo dia, com Quito parcialmente ocupada pelos manifestantes, Moreno transferiu temporariamente o governo para Guayaquil.

## Virgem giratória

Em 2021, os equatorianos voltaram às urnas para eleger um novo presidente, que substituiria Lenin Moreno, cujo governo foi marcado por revoltas populares e por uma caótica gestão do combate à pandemia. Os principais concorrentes eram Andrés Arauz, o candidato do ex-presidente Correa, e Guillermo Lasso, ex-banqueiro, neoliberal, que foi ministro da Economia na virada do século. Lasso foi um ministro desastroso: ficou no cargo por apenas um mês no ano 2000 e causou a falência de vários bancos.

No primeiro turno os dois candidatos apresentaram propostas peculiares. Lasso prometeu instalar um mecanismo embaixo de uma estátua de 40 metros de altura da Virgem Maria em um bairro ao sul de Quito para que ela gire. O problema, segundo os moradores da área meridional da estátua, é que o monumento olha para o norte. Os bairros do sul reclamaram que a Virgem não olhava para eles. Assim, a solução seria tornar a Virgem giratória.

Enquanto isso, Arauz propôs uma guinada na mineração ao retirar as porções microscópicas de ouro dos celulares velhos, o que, segundo ele, propiciaria enormes lucros para o Equador.

Em 2021, nos meses prévios às eleições, existia um grande descrédito com a classe política equatoriana. A expectativa era de uma elevada abstenção para o segundo turno, mas aconteceu exatamente o oposto. O pleito contou com a maior participação da história equatoriana, com 82,7% dos eleitores. E também foi uma surpresa a vitória, no segundo turno, com 52,4% dos votos para o neoliberal Guillermo Lasso. Seu rival, Andrés Arauz, teve 47,5%. E assim foi a pique naquela ocasião, a tentativa de retorno ao poder do "correísmo".

No entanto, Lasso tomou posse com — vale a redundância — uma minúscula minoria no Parlamento. Sem poder fazer reformas ou projetos ambiciosos, teve que surfar em meio à crise econômica e à violência crescente devido à instalação e expansão dos cartéis mexicanos de drogas, verdadeiras multinacionais do crime. O país não produz cocaína, mas seus vizinhos Peru e Colômbia são os maiores produtores do planeta. O Equador, com grandes portos pouco policiados, se transformou em um *hub* para o escoamento da droga produzida nos territórios peruano e colombiano.

Por trás do crescimento dos cartéis estrangeiros existem vários fatores. Por um lado, a crise econômica que abalou o Equador em 2019. Depois veio a pandemia e a situação ficou pior. Além disso, o país conta com fracos controles financeiros desde que a moeda nacional foi substituída pelo dólar no ano 2000, o que facilitou operações de lavagem de dinheiro.

Nesse contexto, o Equador, país outrora relativamente pacato, agora tem um índice de homicídios de 25 por cada 100 mil habitantes, um dos mais altos da América Latina. Além disso, em 2009, o governo equatoriano não prorrogou aos Estados Unidos o arrendamento da base militar de Manta, que era usada para a decolagem de aviões que interceptavam transportes de drogas, devido à proximidade da Colômbia e do Peru. Sem a base, o controle da fronteira norte do Equador, com o território colombiano, ficou muito mais difícil de ser realizado.

# Western Spaghetti

Em maio de 2023, o presidente Lasso estava em pleno processo de impeachment. Ele era suspeito de ter conhecimento das irregularidades de contratos da empresa estatal de transporte de petróleo. No entanto, Lasso afirmava que esses contratos foram fechados antes de sua presidência.

O Parlamento preparava-se para votar sobre sua destituição, mas quatro dias antes Lasso aplicou uma lei que tem um nome retumbante, e lembra algo dos *Western Spaghetti*: *"muerte cruzada"*. Essa é a forma como no Equador se chama a dupla possibilidade constitucional do parlamento destituir o presidente da República e que também o presidente possa dissolver o parlamento. Em ambos os casos aplica-se o encerramento antecipado dos mandatos tanto do presidente como dos deputados (no Equador não existe o senado). Essa medida só pode ser aplicada uma única vez e só nos primeiros 3 anos do mandato. O mecanismo da "morte cruzada" foi criado em 2008 pelo então presidente Correa, inimigo de Lasso.

A Justiça Eleitoral convocou o primeiro turno das eleições para o dia 20 de agosto, mas, dez dias antes da ida às urnas, um grupo de narcotraficantes assassinou o candidato Fernando Villavicencio, que se autodenominava de esquerda e propunha um intenso combate aos narcos.

Villavicencio foi um famoso jornalista investigativo que denunciou os casos de corrupção do então presidente Rafael Correa. Durante seus primeiros anos como parlamentar, Villavicencio foi alvo da perseguição de Correa, e por isso teve que se esconder durante um ano e meio na mata, em uma comunidade indígena, mas, mesmo dali, continuou divulgando casos de corrupção pela internet. A causa indigenista também foi uma de suas bandeiras.

O crime foi reivindicado por pessoas encapuzadas ostentando armas de grande porte, que divulgaram um vídeo pelas redes sociais, afirmando que faziam parte da organização criminosa Los Lobos, que tem vínculos com o cartel mexicano Jalisco Nueva Generación. No entanto, horas depois, como se fosse uma tenebrosa comédia à la Quentin Tarantino, veio à tona outro vídeo, com outro grupo, mas dessa vez com as caras descobertas, dizendo que eles eram Los Lobos reais e que os outros eram falsários. Esses outros supostos Los Lobos indicaram que não foram os autores do assassinato. Esses outros criminosos pediram às autoridades equatorianas que investigassem e descobrissem os verdadeiros criminosos. O fato é que, dias antes do atentado, Villavicencio havia recebido ameaças do Cartel de Sinaloa, também mexicano, inimigo do Jalisco Nueva Generación.

Outros candidatos sofreram ameaças de morte. Por esse motivo, Christian Zurita, que substituiu Villavicencio como representante de seu partido, foi votar com colete a prova de balas, capacete e escudo.

Outro candidato foi Jan Topic, de direita, um ex-integrante da Legião Estrangeira francesa, que afirma que foi mercenário da Guerra da Síria, e que prega uma intensificação das medidas de segurança. Coincidentemente, sua família tem empresas de segurança.

Para o segundo turno ficaram como candidatos a "correísta" Luísa González em primeiro lugar; e, em segundo, Daniel Noboa, de centro-direita, da coalizão Ação Democrática Nacional (ADN), fundada em 2022, que até duas semanas antes estava na rabeira das pesquisas, mas, na reta final, como o *sprint* da corrida de cavalos, avançou rapidamente ao chamar a atenção do eleitorado pelo desempenho no debate presidencial uma semana antes das eleições. Daniel Noboa Azín é filho de uma das pessoas mais ricas do Equador, o empresário bananeiro Álvaro Noboa Pontón. O pai tentou cinco vezes a presidência da República, mas fracassou em todas.

Nos doze meses antes das eleições de 2023 foram assassinados supostamente pelos narcos um candidato presidencial, três prefeitos, três candidatos a prefeitos, um candidato a vereador, um candidato a deputado e um líder partidário municipal.

## A instabilidade equatoriana desde a volta da democracia

Em 1979, a democracia voltou ao Equador, mas desde aquela época foi como uma montanha-russa política. O primeiro presidente civil foi Jaime Roldós Aguilera, que faleceu apenas dois anos depois em um misterioso acidente de avião.

Desde 1979, o país teve catorze presidentes, mas apenas quatro completaram seus períodos regulares de quatro anos de mandato: León Febres Cordero, Rodrigo Borja, Sixto Durán Ballén e Lenin Moreno. Somente um foi reeleito (Rafael Correa). Além disso, três presidentes eleitos caíram antes de completar seus mandatos: Abdalá Bucaram, Jamil Mahuad e Lucio Gutiérrez. Outro, Guillermo Lasso, encerrou voluntariamente seu mandato antecipado aplicando a "morte cruzada".

Três vice-presidentes chegaram à presidência depois da saída de seus líderes das chapas: Rosalía Arteaga, Gustavo Noboa e Alfredo Palacio. Um presidente do parlamento, Fabián Alarcón, chegou ao posto de presidente da República.

O país teve três constituições desde a volta da democracia, mas, desde a independência, foram vinte, isto é, uma carta magna a cada nove anos e meio.

## Bonus track

O nome do país não parece muito rebuscado, já que se chama Equador porque por ali passa a linha de mesmo nome. No entanto, essa linha que divide o mundo entre os hemisférios norte e sul passa por outros doze países e nenhum deles faz referência em seu nome à famosa divisória. Outro país, a Guiné Equatorial, ostenta uma referência à linha, mas esta não passa por seu território. Passa perto, mas não dentro. Entretanto, durante séculos, a região que hoje é o Equador era geralmente chamada de Quito, em referência à sua capital.

O país, poderíamos dizer, teve três independências. A primeira, em 1809, foi quando cidadãos da elite de Quito organizaram a Junta Soberana, destituindo o presidente da Real Audiência, removendo, assim, as autoridades espanholas e em seu lugar começaram a mandar os locais. Foi o início do processo da independência, que teve altos e baixos, idas e vindas, com a ocupação do território por tropas espanholas.

A segunda independência ocorreu em 1822, quando foi declarada a independência da Espanha. No entanto, na ocasião, a região que hoje é o

Equador passou a integrar a "Grande Colômbia", que reuniu os atuais Venezuela, Colômbia e Equador. As pessoas nascidas na Grande Colômbia, em sua breve existência, eram denominadas "grancolombianos".

Entretanto as tensões entre as diferentes regiões e as disputas entre as lideranças militares e políticas, levaram à fragmentação da Grande Colômbia nos três países. Primeiro partiu a Venezuela e depois o Equador, em 1830, que a partir dali ficou novamente independente.

# Argentina:

## O país necromaníaco, o leitão afrodisíaco e o defunto conselheiro presidencial canino

Desde 1928 até 2023, a Argentina teve apenas seis presidentes eleitos nas urnas de forma "normal", que completaram seus respectivos mandatos. Esse baixo volume é um dos sinais da crônica instabilidade que assola o país e que, apesar de seus governos (e das oposições), consegue sobreviver. Além da caótica administração da República — tanto por parte de civis como de militares —, o país padeceu com a corrupção em grande escala. Chocado com o descaro dos nativos no que concerne a propinas e desvios de fundos públicos, em 1910, o estadista francês Georges Clemenceau declarou que "a economia da Argentina só cresce, porque, à noite, políticos e empresários dormem e não podem roubar. Enquanto isso, de madrugada, o trigo cresce e as vacas fornicam com luxúria".

De quebra, a política argentina foi marcada por um acentuado personalismo. E este personalismo não era exclusivo do chefe de plantão no Poder Executivo. No caso do governo do presidente e general Juan Domingo Perón, ele também foi aplicado à primeira-dama, Eva Duarte de Perón, mais conhecida como Evita.

A esposa de Perón era uma espécie de relações-públicas do marido, exercendo funções paragovernamentais, já que ela nunca teve um cargo dentro da estrutura do Estado argentino, embora usasse a máquina estatal para sua Fundação Eva Perón.

No entanto a história deu uma guinada em 1952 quando a denominada "porta-estandarte dos humildes" estava morrendo por um devastador câncer no útero que ela não quis tratar. Mesmo antes de sua morte, o governo deslanchou um processo de mitificação da primeira-dama que até incluiu o que os especialistas denominam de "egocartografia", isto é, a manifestação do culto à celebridade combinada com o planejamento urbano. O primeiro caso surgiu quando Evita, que ainda estava agonizando no leito, foi homenageada com o rebatismo da província de La Pampa, que se transformou em província Eva Perón. Um ano depois, para não ficar atrás, os deputados estaduais do Chaco anunciaram o rebatismo de sua província para "Província Presidente Juan Domingo Perón". Outro caso de egocartografia foi o da "Ciudad Evita", distrito do município de La Matanza, na Grande Buenos Aires, que além de ostentar o nome da "Mãe dos Pobres", homenageia Evita com seu próprio traçado urbano. Fundada em 1947, a cidade, vista de cima, é uma reprodução do perfil de Evita, incluindo seu tradicional coque.

O plano de Perón era construir um megamausoléu que teria 45 metros a mais do que a Estátua da Liberdade e seria três vezes maior que o Cristo Redentor. O nome do mausoléu: "El Descamisado". Esse anabolizado e funéreo monumento seria o lugar de descanso do sarcófago de Evita, feito com 400 quilos de prata. Seria um mix de pirâmide de Quéops com altura quase equivalente à Catedral de Notre Dame. Tudo isso com um *look* característico das esculturas fascistas que foram moda na Europa dos anos 1930 e 1940.

Nesse meio-tempo, o corpo de Evita passava por uma odisseia. Horas depois do óbito, passou por um tratamento de embalsamamento inicial e foi levado ao Ministério do Trabalho, atual Assembleia Legislativa de Buenos Aires. Depois, foi levada ao Congresso Nacional, onde foi velada por catorze dias. Dois milhões de pessoas lhe deram seu último adeus. Na sequência, o cadáver foi levado à sede da central sindical, Confederação Geral do Trabalho (CGT), a maior central sindical argentina, historicamente vinculadíssima ao Partido Peronista, onde o tratamento de embalsamamento foi finalizado pelo dr. Pedro Ara.

Só que em 1955 Perón foi derrubado. A construção de El Descamisado foi paralisada. Os militares sequestraram o corpo de Evita, que até 1957 peregrinou clandestinamente por várias instalações do exército e pelas casas de oficiais. Em 1957, o cadáver foi levado pelo governo de Pedro Eugenio Aramburu, com a ajuda do Vaticano, para Milão, onde foi enterrado no Cemitério Maior com o nome de Maria Maggi de Magistris. Levar o cadáver para longe era a melhor forma de garantir que os peronistas não encontrariam o corpo de Evita. Escondê-lo dentro da Argentina implicaria mais riscos. Enterrá-lo fora, na Itália, com um nome falso, tornaria a busca mais difícil.

Em 1971, depois de um acordo entre o ditador argentino Alejandro Lanusse e Perón, que estava exilado na Espanha, o corpo foi exumado e transportado para a casa do ex-presidente no bairro madrilenho de Puerta de Hierro. Em 1974, o corpo é devolvido a Buenos Aires e colocado em uma sala na residência presidencial de Olivos ao lado do então também falecido Perón.

Quando o general Videla derrubou Isabelita Perón (a última esposa de Perón, que havia assumido a presidência depois da morte do marido, que se elegera novamente presidente), os dois corpos foram separados. Evita foi enviada ao cemitério da Recoleta e Perón, ao de Chacarita.

O escritor Tomás Eloy Martínez, autor de *Santa Evita*, romance baseado na peregrinação do cadáver da ex-primeira-dama, (que, por sinal, também faleceu em 2010), me disse em 2006, pouco depois do segundo funeral de Perón (sobre o qual falarei na sequência), que "A necromania é uma coisa típica dos argentinos, tal como o doce de leite". Essa palavra designa a obsessão dos *hermanos* pelos cadáveres. É uma verdadeira necrolatria, a adoração dos corpos dos mortos. Martínez dizia que se trata de uma "doença costumeira" de seus compatriotas, pois não está somente presente na cultura e no cotidiano, mas também paira de forma ostensiva sobre a política nativa. Na Argentina, para um presidente, um governador, um senador ou um líder sindical, o corpo de um morto famoso pode ser um capital político de imenso peso.

## "Acorda, faraó!"

José López Rega, apelidado de "El Brujo" (O Bruxo), foi um ex-policial que se transformou em mordomo de Juan Domingo Perón no exílio, ao mesmo tempo que era astrólogo seu e de sua segunda esposa, María Estela Martínez de Perón, mais conhecida como "Isabelita". Com a volta do exílio, López Rega foi designado ministro e criou a Tríplice A, uma organização para-militar financiada com o dinheiro do governo peronista que assassinou mais de quatro centenas de civis. O termo "bizarro" seria o adequado para designar essa figura de incômoda lembrança para a classe política argentina. No entanto ele foi além desse adjetivo quando, às dez da manhã do dia 1º de julho de 1974, o presidente Juan Domingo Perón, então com 78 anos, começou a perder o ar.

Sentado em uma poltrona, com dificuldade para respirar, Perón abria a boca, desesperado. Uma enfermeira o abanava com um leque. O caudilho teve uma série de rápidas convulsões, murmurou "Estou indo, estou indo embora" e caiu no chão. O velho general, que havia tido uma vida cansativa dando golpes de Estado (e sofrendo um), assumido três mandatos presidenciais turbulentos, passado dezoito anos em exílio, feito um polêmico retorno à Argentina e governado um país dividido, estava com o organismo alquebrado. Naquele dia, teve um ataque cardíaco.

Os médicos irromperam no quarto da residência presidencial de Olivos apressados, acotovelando-se para tentar impedir a morte do presidente. No entanto já era tarde. O monitor cardíaco indicava que a vida de Perón havia se transformado em uma linha reta.

No canto do quarto, observava em silêncio a vice de Perón, que também era sua esposa, a ex-dançarina de um cabaré no Panamá, Maria Estela Martínez de Perón. Nesse instante, entrou El Brujo. "O general já morreu uma vez e eu o ressuscitei!", ele gritou, empurrando os médicos. Segurando o corpo pelas canelas de Perón, o esdrúxulo El Brujo fechou os olhos e começou a gritar: "Meu faraó, não vá embora!", enquanto sacudia o cadáver diante dos olhares estupefatos dos presentes. "Acorda, meu faraó!", insistia.

Depois de vários minutos aos gritos, fazendo "passes mágicos" na tentativa de ressuscitar o homem mais poderoso da Argentina, López Rega desistiu. Perón não ressuscitou. López Rega culpou os médicos que estavam na sala de terem atrapalhado sua concentração.

Duas horas mais tarde, El Brujo comunicava aos argentinos que o presidente havia falecido. Nos três dias seguintes, o país ficou virtualmente "isolado" do resto do mundo, já que foram proibidas todas as notícias na mídia que não fossem relativas ao defunto líder, seus funerais e repercussões.

A viúva de Perón assumiu como presidente. Era a primeira vez na história mundial que uma mulher ocupava o cargo de presidente da República. El Brujo, porém, se transformava no verdadeiro poder. O país entrava um dos períodos mais turbulentos e sombrios de sua trajetória. O lado místico do governo, enquanto isso, se acentuava: em Olivos, El Brujo deitava Isabelita em cima do caixão de Evita para que obtivesse os "fluidos energéticos" da ex-primeira-dama para extrair dela o carisma do qual carecia.

Entretanto, antes da queda de Isabelita, López Rega fugiu do país. Um golpe militar derrubou a presidente em 1976 e reaproveitou grande parte da Tríplice A. López Rega foi detido no exterior anos depois, durante a democracia, e extraditado para a Argentina. El Brujo morreu no dia 9 de junho de 1989.

## Sem as mãos

Juan Domingo Perón morreu em 1974. Mais de 1 milhão de pessoas foi às ruas acompanhar seu velório. Posteriormente, foi enterrado no túmulo de sua família no cemitério de La Chacarita. No entanto, em julho de 1987 o zelador do cemitério percebeu que o jazigo havia sido violado. O corpo jazia dentro com seu uniforme de gala, só que sem as mãos — que foram as mais famosas extremidades da história do país, um símbolo com o qual saudava o povo em seus discursos. Os membros haviam sido decepados e roubados. Até hoje seu paradeiro é desconhecido. Também ignora-se o autor da profanação. E jamais ocorreram reivindicações da autoria do crime.

No entanto, qual é o objetivo de roubar as mãos de alguém? E de ficar em silêncio sobre isso? Algumas versões sustentam que os responsáveis foram um grupo de fanáticos ocultistas pertencentes a alguma misteriosa *loggia* integrada por políticos peronistas que precisavam de um pedaço do cadáver de Perón para realizar alguma espécie ritual. Outras especulações indicam que as mãos eram necessárias para abrir uma caixa forte com a lendária fortuna nunca encontrada de Perón, supostamente guardada na Suíça. E não faltaram versões que sustentavam que tratava-se de uma vendeta de inimigos históricos de Perón pelas profanações de mortos rivais realizadas nos anos 1970 pelos simpatizantes do defunto general.

Em 2006, um grupo de políticos peronistas insistiu em colocar o ex-presidente em um mausoléu de luxo, até que conseguiram permissão para remover o corpo, levá-lo pela cidade de Buenos Aires, fazendo pit-stops em lugares emblemáticos como a Casa Rosada e a sede da CGT — a maior central sindical do país — até San Vicente, onde o novo mausoléu foi erguido. Perón teve uma chácara na cidade nos anos 1940, onde passava os fins de semana com Evita. Décadas depois, um grupo de políticos peronistas comprou o imóvel, que já havia passado para outros donos depois de Perón, e a doaram para que o mausoléu fosse construído ali.

No entanto, ao chegar no destino final, dois grupos de sindicalistas iniciaram um tiroteio, já que cada um queria ter a honra de levar as alças do caixão. O funeral terminou em balbúrdia, o quepe do general que estava em cima do caixão sumiu, e o sabre que o acompanhava teve seu metal dobrado. No meio da confusão, a histórica Guarda de Granaderos teve que colocar às pressas o caixão no mausoléu enquanto um padre tentava jogar água benta sobre o féretro, que até havia caído no chão. Essa cena transcorreu com a banda militar tocando o hino nacional, enquanto um grupo cantava a marcha "Los muchachos peronistas" e as pessoas corriam de um lado para outro.

## SERIAL KILLER INSTITUCIONAL E PIROMANÍACO

Muitos generais morrem em campo de batalha, outros são assassinados em revoluções e golpes de Estado. Alguns morrem na placidez do leito em suas casas dizendo, com seu último suspiro, alguma frase patriótica retumbante. Mas o ex-general e ex-ditador Jorge Rafael Videla morreu em um âmbito de menor teor heroico: o vaso sanitário de sua cela. Ali, o outrora todo-poderoso ditador, com as calças do pijama arriadas, bem longe da pose militar, foi encontrado pelos guardas, que o viram sentado, reclinado para a frente, ao lado do rolinho de papel higiênico.

Esta forma de encerrar a carreira não abunda na tradição militar. É um óbito que entra para os anais da história. Videla, protagonista da mais sangrenta ditadura da América do Sul no século XX, cumpria prisão perpétua na penitenciária de Marcos Paz pelo sequestro, tortura e assassinato de civis, além do roubo de bebês, filhos das desaparecidas.

E, falando em filhos, Videla escondeu durante décadas a existência de um filho com distúrbios mentais, já que isso "envergonhava" a família. O garoto, Alejandro Videla, foi criado em um asilo por duas freiras francesas, com muito carinho, até que morreu em 1971 aos 19 anos. Cinco anos depois, já no início da ditadura, essas freiras começaram a ajudar as mães dos desaparecidos durante o regime, um pequeno grupo que depois seria conhecido como as Mães da Praça de Maio. Por seu apoio ao grupo, elas foram presas. Videla foi informado do fato, mas nada fez para liberá-las. Elas foram torturadas e mortas.

Em 2011, a revista satírica *Barcelona* lançou a iniciativa de declarar o 2 de agosto como o "Dia do filho da p...". A efeméride aludia a Videla, nascido em 1925 nesse dia, considerado o emblema dos merecedores desse epíteto no país. Videla poderia ter inspirado um personagem de William Shakespeare: o autor do golpe que, em março de 1976, derrubou a presidente civil Isabelita Perón, ia à missa todas as manhãs. Depois, reunia-se com seus oficiais e decidia as medidas de repressão do dia. Ditador de um regime responsável pela morte de 10 mil civis, segundo a Comissão Nacional de Pessoas Desaparecidas, ou de 30 mil, segundo as organizações de defesa dos direitos humanos, desatou uma corrida armamentista contra o Chile que endividou o país, fracassou na política econômica com a disparada da inflação, aumentou a máquina estatal e inchou o déficit fiscal.

Além de ser um *serial killer* com cargo presidencial, Videla foi um piromaníaco, já que ordenou incinerações de livros. Na lista de autores considerados suspeitos pelos militares constavam nomes como Gabriel García Márquez, passando por Julio Cortázar, Sigmund Freud e até Marcel Proust. O regime proibiu o ensino da teoria matemática dos conjuntos, por considerá-la "comunista". A palavra *"vetor"* também foi proibida nas escolas, já que os militares consideravam que era utilizada na terminologia marxista. Em 1980, proibiram a leitura de O *pequeno príncipe,* do francês Antoine de Saint-Exupéry, nas escolas, por considerá-lo *"subversivo"*.

Um dos mais famosos colegas de Videla na Junta Militar era o almirante Emilio Massera, um *"serial killer* com sorriso de Gardel", tal como era definido este militar casanova que não hesitava ao mandar matar homens cujas mulheres ambicionava. Depois, consolava as viúvas. Além de sequestrar pessoas, também roubava seus bens e até montou uma imobiliária para vender os apartamentos dos presos que foram assassinados. Massera controlava a Escola de Mecânica da Armada, o maior centro de torturas da Argentina. Vaidoso, tentava desesperadamente dissimular o tom citrino de sua pele. Para isso, bronzeava-se constantemente. Desta forma, quem o visse, pensaria que era um homem de pele branca intensamente bronzeado. Para destacar mais ainda que estava "bronzeado" e que não era um "morocho" (termo que significa "moreno", ocasionalmente usado em tom despectivo), vestia uniformes brancos, mesmo no inverno.

Outro *serial killer* institucional da ditadura era Luciano Benjamín Menéndez, chefe do Terceiro Corpo de Exército, que controlava a área central, oeste e parte do norte da Argentina. Em 1978, foi designado para comandar a invasão ao Chile. Famoso por sua prepotência, Menéndez havia fanfarroneado, afirmando que atravessaria o Chile com suas tropas para "urinar no Pacífico". No entanto o ataque foi cancelado graças à intervenção do papa João Paulo II, que conseguiu evitar a guerra entre os dois países, e os militares argentinos redirecionaram seus esforços bélicos contra as ilhas Malvinas. Menéndez teve que continuar esvaziando sua bexiga em seu próprio país.

## Não beba antes de ordenar uma invasão

Sósia do ator americano George C. Scott no filme *Patton*, imitador dos gestos histriônicos do ditador italiano Benito Mussolini e consumidor diário de vastas quantidades de *scotch*, o general Leopoldo Fortunato Galtieri chegou ao poder em 1981 por intermédio de um "golpe dentro de um golpe", isto é, derrubando seu colega de ditadura militar, o general e presidente Roberto Viola. Ele não perdia uma ocasião para aparecer diante da imprensa com seus melhores uniformes, botas de cano alto e luvas de couro. Tomou posse de uniforme branco, com certo ar de caudilho.

Sempre que podia, realizava longas e ostensivas manobras militares, mas a administração do país não era fácil. A política econômica do regime ia de mal a pior e, pela primeira vez em vários anos, os sindicatos desataram uma série de protestos. No dia 30 de março de 1982, 40 mil pessoas marcharam em direção à Praça de Maio, onde exigiram o fim da ditadura.

Galtieri percebeu que podia cair e ativou o plano de invasão das ilhas Malvinas, operação que garantiria o apoio frenético da população argentina. Na noite do dia 1º de abril, as tropas argentinas desembarcaram no arquipélago controlado pelos britânicos. Galtieri, para evitar gozações internacionais pelo "Dia da Mentira", anunciou a data oficial como o dia 2 de abril, que permanece até hoje. No dia seguinte (na verdade, no famigerado 2 de abril), uma multidão lotou a Praça de Maio para saudar o ditador. Galtieri acreditava que era invencível e que a primeira-ministra britânica Margareth Thatcher não passava de uma "dona de casa". Ele achava que "uma mulher" não se animaria a uma aventura militar a milhares de quilômetros das principais bases militares de seu país. No entanto o general havia se enganado. A "dama de ferro" ordenou o rápido envio de tropas às Malvinas.

Dias depois, em um novo discurso à multidão, que em frenesi foi gritar-lhe glórias na Praça de Maio, Galtieri esbravejou, com a língua embrulhada: "Que venha o principezinho!", em alusão ao príncipe Andrew de Windsor, que fazia parte da força-tarefa britânica.

Um dos submarinos argentinos enviados por Galtieri tinha torpedos que não explodiam. Outro submarino teve problemas mecânicos e foi obrigado a dar meia-volta após sair de sua base em Mar del Plata. Galtieri organizou uma megacoleta nacional de alimentos e roupas para seus soldados, mas, nos últimos dias da guerra, vários setores da população perceberam que os chocolates, com cartinhas de crianças desejando aos soldados sorte nos combates, além de cachecóis e blusas estavam sendo vendidos pelos oficiais no continente.

Para poupar que o topo da casta militar se arriscasse no campo de batalha, o ditador havia enviado recrutas sem treinamento para as Malvinas. Além disso, considerou que os Estados Unidos deixariam de lado seu tradicional aliado na Otan para respaldar a Argentina, que era "o principal bastião contra o comunismo na América do Sul". O ditador, porém, se enganou. Os EUA ficaram do lado britânico. O anticomunista Galtieri, desesperado, pediu ajuda ao líder cubano Fidel Castro, que, para consternação da esquerda mundial, declarou apoio ao regime direitista argentino.

A Argentina ia perdendo a guerra, mas o general, bêbado, de seu balcão na Casa Rosada, com voz rouca afirmava que estava ganhando. Ele manteve esse discurso até um dia antes da assinatura da rendição em 14 de junho.

Os argentinos, que Galtieri havia entusiasmado com a reconquista das Malvinas, ficaram furiosos com o general. Milhares de pessoas, que dias antes haviam-lhe gritado "vivas", começaram a protestar contra o ditador, que passou a ser caricaturizado constantemente com um copo de uísque na mão. "*Galtieri, borracho, mataste a los muchachos*" (Galtieri, seu bêbado, você matou os rapazes) foi o grito mais ouvido durante dias, nos quais os argentinos enfrentaram a polícia na Praça de Maio, exigindo a retomada da guerra. O beberrão general durou poucos dias no poder. No dia 17, as forças armadas retiraram seu apoio ao governo e colocaram em seu lugar o general Reynaldo Bignone, que começou imediatamente uma abertura política, que levou às eleições presidenciais de dezembro de 1983.

Com a volta da democracia, Galtieri foi acusado na Justiça civil de sequestros, torturas e assassinatos. Além disso, foi condenado pela Justiça militar de ser o responsável pelo fracasso nas Malvinas. No entanto, em 1989, o então presidente Carlos Menem o indultou. A meados dos anos 1990, Galtieri exigiu a aposentadoria de ex-presidente, mas a Justiça declinou seu pedido, argumentando que o general havia tomado o cargo de forma não constitucional. Na virada do século, foi processado pelo sequestro de outros grupos de civis que não haviam entrado no julgamento original e foi colocado em prisão domiciliar. Com a saúde prejudicada por décadas de ingestão de etílicos, morreu de câncer de pâncreas em 2003.

## A presidência como diversão

Carlos Saúl Menem foi presidente da Argentina entre 1989 e 1999. Nascido no município de La Rioja, esse baixinho, esmirrado e de ombros estreitos estrategicamente camuflados pelas ombreiras de seus ternos, com o cabelo tingido de negro azulado (tal como a Iracema, de José Alencar, com os cabelos negros como a asa da graúna), perdia uma hora diária para cuidar da sua cabeleira implantada. Nos anos 1990, Menem não saía de casa se não estivesse muitíssimo maquiado para tentar camuflar suas rugas. Ele completava seu *mise-en-scène* com sapatos com uma plataforma interna que o faziam parecer mais alto. Ou menos baixo.

Menem realizava uma estratégia no melhor estilo Dorian Grey com um *entourage* de mulheres muito mais jovens do que ele. Em 2001, aos 71 anos, casou-se com uma ex-Miss Universo, a chilena Cecilia Bolocco, que na época tinha 36 anos. Em 2007, depois de seis anos mais focado no golfe do que na ex-miss, separou-se, ao ver fotos de sua esposa flagrada à beira de uma piscina em Miami com um playboy italiano.

"Os outros presidentes gostavam do poder, mas depois de tê-lo perdido, continuaram suas vidas normalmente, mas Menem, não. O poder era sua vida. Era mais importante que seus filhos, suas esposas", me contou no ano 2000 a escritora Silvina Walger. Autora da crônica mais emblemática do "menemismo", o livro *Pizza com champagne*, ela sustentava que Menem usou a presidência para cair na gandaia.

Mulherengo, jantava com estrelas do teatro de revista e com modelos argentinas. Porém, no âmbito internacional, fracassou em suas empreitadas de Casanova de costeletas. Ele tentou — embora sem sucesso — seduzir celebridades mundiais estrangeiras. "Foi terrível ter aquele homem pequeno suando e olhando meu decote sem parar", disse Madonna à revista *Vanity Fair*, relatando quando, em 1996, esteve em Buenos Aires para rodar *Evita* e foi convidada por Menem para um chá na residência de Olivos.

Sem se importar com o que a oposição e a imprensa diziam a respeito de suas atitudes, Menem cumpriu uma série de sonhos da adolescência enquanto esteve na Casa Rosada: jogou futebol com a seleção do país, viajou em jatos da Força Aérea, comandou um tanque de guerra e encontrou-se com estrelas do rock, como os Rolling Stones. Nas viagens, levava uma corte de mais de cinquenta pessoas, entre as quais seu cabeleireiro pessoal, Tony Cuozzo, pois dentro do luxuoso avião presidencial, o *Tango 01*, existia uma cadeira de barbearia só para atender os cabelos de Menem. Em uma ocasião o avião presidencial foi usado para transportar como único passageiro de Buenos Aires até La Rioja um bolo de aniversário para *"el presi"*.

Só por diversão, um de seus principais seguidores, Armando Gostanián, diretor da Casa da Moeda, imprimiu em papel-moeda notas com a efígie de "*El Jefe*". O custo do desperdício nunca foi levado em conta.

Menem também encontrava tempo para fazer planos futuristas para a Argentina. Na empobrecida província de Salta, onde faltam as principais condições de infra-estrutura, discursou diante de um grupo de estudantes, afirmando que em quatro anos a Argentina seria um centro de partida de naves espaciais. Dentro do tráfego doméstico planetário, previu: "Os argentinos poderão viajar em foguete da cidade de Córdoba a Tóquio em duas horas".

A pobreza, durante seu governo, triplicou, mas Menem tinha uma explicação para isso, retirada, segundo ele, da Bíblia: "Sempre existirão pobres, disse Jesus". Enquanto isso, os casos de corrupção cresciam de forma exponencial. Menem e o casal Kirchner seriam considerados por analistas e pela opinião pública como as gestões mais corruptas da história argentina.

Depois que deixou o poder, Menem parecia um leão que perdeu as garras, a juba e os dentes. Aquele que havia controlado todo o peronismo, que havia sido "*El Jefe*" durante dez anos só contava com o respaldo de dois deputados e um senador — respectivamente uma amiga, um sobrinho e seu irmão. O ex-primeiro-ministro italiano, Bettino Craxi, tinha uma tirada sarcástica perfeita para o caso de Menem: "poder desgasta principalmente aqueles que não o possuem".

Entretanto Menem pretendia voltar. E entrou em campanha nas eleições de março de 2003. "Só existe um homem que pode salvar a Argentina. E esse homem é Menem", afirmava, em terceira pessoa. Ele percebeu, porém, que perderia o segundo turno e renunciou à candidatura. Dessa forma, Néstor Kirchner, por W.O., ficou com a presidência do país.

Menem, que havia tido o casal Kirchner como aliado nos anos 1990, agora os tinha como inimigos mortais, embora no peronismo, o pragmatismo pesa mais do que eventuais divergências. E Menem e os Kirchners perceberam que tinham mais convergências do que diferenças. Assim, a partir de 2006, Menem, que na época era senador, tornou-se peça crucial para que o kirchnerismo tivesse maioria. Menem até apoiava a reestatização que os Kirchners fizeram da YPF, (*Yacimientos Petrolíferos Fiscales*, que, em tradução livre, seria "Jazidas Petrolíferas Estatais"), que nos anos 1990 havia sido privatizada com o respaldo dos próprios Kirchners...

"El Turco", como era chamado pela imensa maioria da população, havia sido esquecido pela opinião pública. No entanto, "... ele não era filho de turcos... mas sim de sírios. Só que, na Argentina, os sírios e os libaneses eram chamados turcos devido ao fato de que, quando eles migraram para a América do Sul, a Síria e o Líbano faziam parte do Império Otomano, o império turco. A questão, porém, era que apenas os Kirchners precisavam dele. No entanto Menem só conseguiu um pouco mais de protagonismo quando seu filho ilegítimo, Carlos Nair, participou da versão argentina do *Big Brother*. O jovem tornou-se uma celebridade nacional quando, no meio do programa, os integrantes descobriram que o filho do ex-presidente tinha um aparelho reprodutor de substanciais dimensões. Carlos Nair tornou-se famoso em toda a Argentina com o apelido de "*La Anaconda*", em alusão à gigantesca cobra que habita a Amazônia. Menem — que até então negava ser o pai do rapaz — não perdeu tempo e reconheceu oficialmente seu filho ilegítimo, algo que não havia feito em 27 anos. "Só podia ser filho meu", afirmou Menem na época. No entanto, ex-amantes de Menem ressaltaram na época que, nesse caso, não se aplicava o velho ditado de "tal pai, tal filho".

## Salvo por um tamanduá lilás

A fama de chato de Fernando De la Rúa começou quando, aos 9 anos de idade, ele se tornou presidente do CPE (o clube "Caça de Pássaros com Estilingue", criado por De la Rúa e seus amiguinhos). Ao tomar posse, redigiu uma declaração de princípios, preparou um estatuto e determinou uma mensalidade a ser paga pelos sócios. Foi seu primeiro cargo público.

Formado em Direito, entrou na política. Em 1973, o histórico líder da União Cívica Radical (UCR), Ricardo Balbín, o convidou para ser seu candidato a vice, contra Juan Domingo Perón, que os derrotou. Em 1983, disputou a presidência pela UCR contra seu colega Raúl Alfonsín. De la Rúa perdeu. Posteriormente foi senador, deputado e em 1996 tornou-se o primeiro prefeito eleito da capital argentina. Antes disso, o prefeito de Buenos Aires era escolhido a dedo pelo presidente da República.

Em 1999 — com o slogan de campanha "Dizem que sou um tédio" (para diferenciar-se do festivo e frívolo menemismo) — este amante da ornitologia e da jardinagem foi eleito presidente da República. O candidato peronista derrotado, Eduardo Duhalde, definiu assim seu vitorioso rival: "É um medíocre com sorte".

Só que a sorte foi breve, já que seu governo começou a sofrer os efeitos da crise política e do agravamento da recessão. Na época, foi acusado de "relapso" e "esclerosado". Os caricaturistas o retratavam vestido com um pijama.

No dia 21 de dezembro do ano 2000, um ano antes de sua queda, milhões de argentinos se surpreenderam quando viram — ao vivo — o sisudo presidente De la Rúa participando do programa de auditório de maior audiência do país, apresentado por Marcelo Tinelli. No palco, o De la Rúa real — fazendo um esforço de marketing para melhorar sua abalada imagem pública — contracenava tímido, com um de seus imitadores. Subitamente, um jovem militante de esquerda, Ernesto Belli, pulou sobre o palco e, sacudindo o presidente pela lapela, pediu, aos gritos, o fim da prisão de ex-guerrilheiros que participaram de um ataque ao quartel La Tablada em 1989.

Estupefatos, os guarda-costas de De la Rúa ficaram imóveis, acreditando que aquilo era parte do esquete. De la Rúa — que tampouco conseguiu reagir — foi salvo por um dos personagens de Tinelli, "Arturo", um imenso tamanduá de cor lilás, que puxou o rapaz. Era a primeira vez na história mundial que um chefe de Estado era salvo por uma pessoa fantasiada de tamanduá.

Após a constrangedora cena, De la Rúa — embora nervoso — conseguiu manter a pose e conversou durante alguns minutos sobre política com Tinelli. Depois, cumprimentou seu imitador, Freddy Villarreal, que havia popularizado a sarcástica imagem de um De la Rúa em constante estado de distração. Na sequência, o presidente pareceu emular sua paródia: sem saber por onde sair, caminhou erraticamente pelo palco até encontrar a saída.

A agonia da imagem presidencial prolongou-se por mais um ano. Os abalos de um escândalo de propinas no Senado e da renúncia de seu vice, Carlos "Chacho" Alvarez, foram coroados por uma fuga de divisas recorde que levou a economia ao colapso. No início de dezembro de 2001, De la

Rúa decretou o *corralito*, um confisco bancário sem precedentes no país que gerou a pior crise social, econômica e política da história argentina.

No dia 20 daquele mesmo mês, De la Rúa preparava-se para renunciar e fugir em um helicóptero que decolou do terraço da Casa Rosada. Uma multidão furiosa com o *corralito* manifestava-se na Praça de Maio para exigir sua renúncia. A polícia reprimia a multidão e matava civis. Antes de ir para o terraço, De la Rúa passou por seu escritório para pegar os objetos pessoais que ainda estavam ali. A foto feita na ocasião pelo fotógrafo oficial da presidência, Victor Budge, mostra o pacato e sonolento ex-presidente abrindo uma gaveta. Aquela seria sua última foto na Casa Rosada. Um ano mais tarde, a *Gente*, uma tradicional revista de fofocas, publicou essa mesma imagem ampliada, mostrando que De la Rúa retirava da gaveta da escrivaninha duas caixas de amostras grátis de um vigorizante sexual de nome *Optimina Plus*, recomendado para casos de impotência. As caixas do medicamento traziam uma ilustração de uma fileira de gnomos cuja ponta dos gorros ia ficando gradualmente ereta. Essa foi a última ação de De la Rúa como presidente. Minutos depois, renunciou.

## Do motel à Casa Rosada

Os irmãos Adolfo e Alberto Rodríguez Saá governam com mão de ferro San Luis desde a volta da democracia, em 1983. Eles eram chamados de "caudilhos com pedigree", já que sua família, que teve poder nessa província desde os tempos da independência argentina, controla a mídia, a burocracia provincial e até a Justiça.

Adolfo e Alberto fizeram de San Luis uma das poucas províncias que conseguem manter superávit fiscal na costumeiramente deficitária Argentina. Além disso, conseguiram elevados índices de industrialização e de investimentos, baixo desemprego e pobreza. Os puntanos, como são chamados seus habitantes, afirmam que os Rodríguez Saá "roubam, mas fazem... e fazem muito" (ao contrário de outros caudilhos, que somente roubariam).

Em 1993, Rodríguez Saá protagonizou um *sui generis* escândalo sexual. Em uma tarde plácida de outubro, o então governador apareceu repentinamente na TV para explicar que havia sido sequestrado e colocado à força no motel "Y... no c" (jogo de palavras equivalente a 'E... não sei'). Nesse lugar estava La Turca, *nom de guerre* de Esther Sesín, uma mulher de curvas abundantes. O próprio Rodríguez Saá explicou que nesse sequestro havia sofrido um grave abuso sexual. Ele relatou que um grupo de pessoas tentava extorqui-lo, gravando cenas *hardcore*. O governador explicou que sequestradores o largaram em uma estrada poeirenta, depois de espancá-lo e de terem feito a ameaça de divulgar o vídeo caso ele não lhes entregasse 3 milhões de dólares.

A polícia imediatamente encontrou e deteve La Turca e o mentor do dito sequestro. As poucas pessoas que souberam do conteúdo do vídeo indicaram que o suposto "abuso" incluía um vibrador de dimensões substanciais.

Os inimigos de Rodríguez Saá afirmam que tudo foi uma jogada do caudilho, que agiu rápido, dando sua própria versão da história sobre o vídeo.

O hábil governador conseguiu que rapidamente o assunto fosse esquecido. Nunca perdeu a popularidade. Seu eterno sorriso é à prova de qualquer escândalo.

E, nessas guinadas da vida, no dia 23 de dezembro de 2001, em meio à grave crise política e econômica, Rodríguez Saá foi designado presidente provisório da Argentina. Sua primeira medida foi declarar o calote da dívida pública com os credores privados. Uma semana depois, alvo de panelaços e sem o apoio dos governadores, renunciou. Nos anos posteriores, desfrutando de alta popularidade em San Luis, foi reeleito senador diversas vezes.

Seu irmão Alberto também é considerado uma pessoa peculiar. Ele afirma que está em contato com os habitantes de um planeta chamado Xilium. Na virada do século, sustentou que os xilumenses abririam uma embaixada em San Luis. Até agora, porém, isso não aconteceu. No entanto, em sua fazenda há estátuas que representam seus amigos interplanetários. Ele também pinta quadros com paisagens "típicas" do planeta.

Entre as peculiaridades locais, a província conta com o mastro da bandeira mais alto do país, no meio de um deserto. E San Luis organizou quase todos os anos, desde 2010, um desfile de Carnaval realizado em uma versão menor do sambódromo da Marquês de Sapucaí, que conta com a presença de pelo menos uma escola de samba carioca especialmente contratada para a ocasião. Em 2010, a atriz Sônia Braga abriu o desfile em um Mercedes-Benz conversível.

## SCHWARZENEGGER

A profunda crise econômica foi acompanhada de uma inusitada crise política. Em apenas treze dias — entre o 20 de dezembro de 2001 e o 2 de janeiro de 2002 — o *sillón* de Rivadavia (a "cadeira de Rivadavia", denominação da cadeira presidencial) teve cinco ocupantes: De la Rúa, Ramón Puerta, Adolfo Rodríguez Saá, Eduardo Camaño e Eduardo Duhalde, que ficaria um ano e meio no comando.

Mesmo na distante Los Angeles, na Califórnia, o ator austro-americano Arnold Schwarzenegger não poupou um entrevistador de um canal de TV da Argentina de comentários jocosos: "Argentina? Você é daquele país que teve dez presidentes em uma semana?". O jornalista respondeu com um murmúrio: "Não... foram cinco presidentes em duas semanas".

## AS INSÓLITAS — MAS MUITO ÚTEIS — MOEDAS PARALELAS

Entre 2001 e 2003, quando o país afundava na pior crise financeira, social e econômica de sua história, a Argentina teve catorze "moedas paralelas", ou "pseudomoedas", além do próprio peso, a moeda nacional — e do dólar, a moeda que os argentinos usam para resguardar suas economias.

Cada um desses governos provinciais emitiu esses dinheiros como se fossem notas normais, pois haviam se transformando na única alternativa (embora desesperada) encontrada pelas províncias para tentar driblar por um tempo o colapso total. As províncias não contavam com pesos e ninguém era insano de emprestar dinheiro para elas. Portanto, a saída foi imprimir suas próprias moedas. Eram como notas do jogo Banco Imobiliário. Porém as pessoas, desesperadas, as aceitavam porque não havia outra saída.

As moedas paralelas haviam surgido muito antes, na década de 1980, com Carlos Menem, na época governador da província de La Rioja. Sem fundos provinciais devido à sua incompetência como administrador, ele emitiu bônus com a efígie de seu caudilho favorito, Facundo Quiroga, um famoso caudilho da província de La Rioja, que durante vários anos exerceu poder sobre outras seis províncias do oeste da Argentina. Audacioso, ele ignorava as leis determinadas em Buenos Aires, governando como um senhor feudal. Era famoso por seu caráter tirânico e pelo populismo. Quiroga foi uma das principais figuras da conturbada política argentina entre 1820 e seu assassinato, degolado, em 1835.

No entanto, essa alternativa esdrúxula só se tornou comum em meados de 2001, quando mais da metade das províncias começaram a imprimir suas próprias moedas. Elas não contavam com respaldo financeiro algum, mas não existia outra saída. Além das províncias falidas, o próprio governo federal teve que emitir uma moeda paralela própria, o lecop. Essa moeda foi usada para pagar os funcionários públicos federais e os fornecedores do Estado, além de realizar envios de fundos às províncias.

Rapidamente as moedas paralelas constituíram mais de um terço do total do circulante monetário na Argentina. Várias delas eram aceitas em todo o território do país, principalmente o patacón, da província de Buenos Aires, e o lecor, de Córdoba. Ambas tinham mais credibilidade e conseguiam manter uma paridade de um a um com o peso.

No entanto, outras moedas paralelas que haviam sido emitidas por governos sem credibilidade valiam até 50% menos do que sua denominação numérica, embora existissem ainda casos piores, como o cecacor, da arruinada província de Corrientes. Os cecacor não chegavam à metade de seu valor numérico — ou seja, um funcionário público provincial que recebia mil cecacors mensais na realidade tinha nas mãos pouco mais de 450 pesos.

No final de 2001, quando o país afundava como o *Titanic*, elas constituíam 15,8% do circulante monetário na Argentina. Em meados de 2002, representavam 38%. Em 2003, equivaliam 31% do total. Na ocasião, o governo do então presidente provisório Eduardo Duhalde implementou o Programa de Unificação Monetária, que realizou o resgate das pseudomoedas. E, assim, o peso voltou a ser a única moeda em circulação no país. As derradeiras moedas paralelas desapareceram em 2005. Em 2022, com o aprofundamento de uma nova crise na Argentina, diversos governadores ameaçaram recorrer à ideia outra vez, mas o plano não vingou.

## *El Pinguino*

Río Gallegos, capital da província de Santa Cruz, era uma parte remota e esquecida da cartografia argentina em 1950. Naquele ano, ali nasceu Néstor Carlos Kirchner. Na década de 1970, ele caiu fora desses cafundós meridionais da Argentina para estudar Direito em La Plata, província de Buenos Aires. Nessa cidade, começou a namorar a também estudante de leis Cristina Fernández, com a qual se casaria pouco tempo depois. Os dois militavam na Juventude Peronista, mas sem grande protagonismo.

Com o golpe de estado de 1976, o casal mudou-se para Río Gallegos. Os Kirchners aproveitaram aqueles tempos turbulentos para fazer fortuna atuando como advogados especializados na execução de hipotecas graças a uma lei da ditadura militar.

Em 1987, Kirchner foi eleito prefeito de Río Gallegos. Em 1991, venceu as eleições para governador da província de Santa Cruz. No restante do país, era praticamente um desconhecido. Os próprios jornalistas não lembravam direito como se soletrava seu sobrenome de origem suíça. Em maio de 2003, Kirchner, graças ao voto anti-Menem, foi eleito com apenas 22% do total, a porcentagem mais baixa em toda a história argentina. Apesar disso, em poucos meses o hiperativo Kirchner amplificou seu poder. Ele chamou a atenção por sua forma desajeitada, por andar sempre mal-vestido e sua falta de carisma, além de ser dono de um protuberante nariz, ser estrábico e ter a língua presa.

Irascível, nos primeiros meses, Kirchner recebeu o apelido de "Terminéstor", uma irônica alusão ao filme *Terminator* (em português, *O exterminador do futuro*), protagonizado por Arnold Schwarzenegger, que interpreta um imenso androide que para eliminar uma mosca na parede seria capaz de disparar uma bazuca. E tal como o androide vindo de um futuro distópico, Kirchner, que veio da Patagônia, onde era um caudilho, preocupava-se pouco com as formalidades.

Em 2004, ele deixou o presidente russo Vladimir Putin esperando por quarenta minutos no aeroporto de Moscou, até que o homem-forte das estepes decidiu voltar ao Kremlin. O motivo do atraso: na escala anterior, Praga, Kirchner havia se demorado saboreando a sobremesa. Na mesma época, foi a vez de Carly Fiorina, presidente mundial da Hewlett-Packard, a maior empresa de impressoras do planeta. Ela esperou uma reunião por meia hora sentada em uma cadeira em um corredor da Casa Rosada até que lhe explicaram que o presidente não a receberia por "problemas na agenda", embora o encontro estivesse programado havia dois meses. Kirchner "destratou" a comandante de uma companhia que na época faturava 76,8 bilhões de dólares por ano (quase dois terços do PIB argentino). No mesmo momento em que Fiorina aguardava sentada, Kirchner estava em La Matanza, na Grande Buenos Aires, inaugurando uma obra de 15 milhões de dólares.

Em casa, a situação era pior: seus ministros aguardavam em média uma hora e meia sentados naquele mesmo corredor. Os governadores sofriam ainda mais: mesmo que viessem de províncias a centenas de quilômetros da capital, não eram recebidos pelo presidente. Muitas vezes, após dias de espera, voltavam ao interior sem sequer ter visto Kirchner de longe.

O comportamento de Kirchner, além de seu discurso sem papas na língua e a estratégia de "bater primeiro para depois conversar" foi batizado de "Estilo K". Kirchner utilizou essa fórmula contra o Fundo Monetário Internacional (FMI), com os credores privados, as empresas privatizadas de serviços públicos, os militares, os ruralistas, a mídia, a Igreja Católica, os partidos da oposição, as redes de supermercados, as companhias de combustíveis, os exportadores de carne bovina e a Fiesp (sim, a Federação de Indústrias do Estado de São Paulo), entre outros. Assim era Kirchner: "grosseiro" para uns, "transgressor" segundo outros.

A gestão kirchnerista foi acompanhada de uma miríade de escândalos de corrupção. O então presidente foi acusado de enriquecimento ilícito e de favorecer empresários amigos. Facilmente irritável com os grupos não alinhados com seu governo, aplicou fortes pressões contra a mídia que criticava sua gestão.

Em 2004, Kirchner foi levado às pressas a um hospital devido a uma grave hemorragia gastrointestinal, provocada por automedicação, que o colocou à beira da morte. Ele ficou em repouso por apenas catorze dias e retornou à sua acelerada atividade política. Em fevereiro de 2010, quando sua esposa era presidente, ele foi internado para uma cirurgia de obstrução da carótida. Apenas três dias depois — ignorando recomendações médicas — realizava reuniões em seu quarto de hospital com os ministros da esposa, dando ordens sobre como governar. Os médicos — no modo "devagar com o andor" — solicitaram a Kirchner que reduzisse o ritmo de trabalho. Kirchner respondeu com piadas sobre os exageros dos doutores.

Em setembro, foi internado novamente para fazer uma angioplastia. Kirchner entrou na sala de operações de madrugada. No mesmo dia, à noite, recebeu a alta. Trinta e seis horas depois estava em um comício ao lado de Cristina. Na ocasião, o jornalista, médico e escritor Nelson Castro alertou: "A fome de poder de Kirchner o leva a ignorar o estado de sua saúde".

No dia 27 de outubro, ele estava em El Calafate, no extremo sul da Argentina, onde passava o feriado nacional do dia do censo — criado apenas para que as pessoas estivessem em casa e respondessem à pesquisa, que foi realizada em apenas um dia. De manhã cedo, Néstor Kirchner, considerado o verdadeiro poder no governo de sua esposa, morreu.

Oficialmente, segundo seu médico, Luis Bonuomo, Kirchner teve uma "parada cardíaca com morte súbita", mas nunca fizeram uma autópsia em seu cadáver. Na contramão de outros peronistas como Eva e Juan Domingo Perón, o caixão ficou fechado. Os argentinos não puderam ver a face defunta de Néstor. O governo realizou um ostensivo velório. O empresário e sócio dos Kirchners em empreendimentos imobiliários Lázaro Báez construiu um mausoléu monumental em Río Gallegos, que deu de presente à viúva. A tumba é denominada de "a pirâmide de Queóps da Patagônia".

Kirchner está morto. Os cadáveres não precisam ser fiscalizados. No entanto, um sofisticado sistema de câmeras permite que a parte de dentro do mausoléu seja monitorada de Buenos Aires.

## Rebatizados

"Você já vê, você já vê, é para o Néstor que olha do céu!" Com este cântico, uma semana após a morte de Kirchner, os vereadores kirchneristas festejaram a aprovação de uma lei que batizava com o nome de "avenida Néstor Kirchner" a principal via pública de Río Gallegos que, além de ser a cidade natal de Kirchner, é a capital da província de Santa Cruz, feudo político que o ex-presidente controlou por duas décadas. Os vereadores locais tinham pressa em passar na frente de outras cidades que também pretendiam homenagear o ex-presidente com a colocação de seu nome em ruas, praças e parques.

O *frisson* de batizar lugares com o nome de Kirchner tomou conta dos políticos em todo o país. Essa onda contagiou o senador César Gioja, que apresentou um projeto de lei para que a estrada número 40 — a mais longa do país (que vai desde a Patagônia até a fronteira com a Bolívia) — ostentasse o nome de Kirchner, de forma a aparecer nos mapas argentinos de norte a sul. Um ano depois da morte de Néstor, Gildo Insfrán, governador de Formosa, no norte do país, inaugurou uma estátua dele. Outra estátua foi instalada poucos dias depois em Rio Gallegos, além de mais outras, em diferentes regiões do país, nos anos seguintes.

Hipoteticamente, se todos os lugares rebatizados com o nome do ex-presidente estivessem em uma única cidade, seria possível sair de casa na rua Néstor Kirchner, pegar o carro, entrar na avenida Néstor Kirchner e deixar seus filhos na escola Néstor Kirchner, localizada na praça Néstor Kirchner. Depois, passaria sobre a ponte Néstor Kirchner, ao lado do gasoduto Néstor Kirchner, e, atravessando o túnel Néstor Kirchner, poderia ir ao estádio Néstor Kirchner para ver o campeonato Néstor Kirchner de futebol, cujos vencedores recebem a taça Néstor Kirchner. E, caso as torcidas protagonizassem pancadarias, os responsáveis poderiam ser detidos na penitenciária Néstor Kirchner. Já os feridos poderiam ser levados ao hospital Néstor Kirchner. Os policiais, depois dessa jornada atarefada, poderiam beber um copo de leite das vacas do centro de estudos leiteiros Néstor Kirchner.

A seguir, alguns dos exemplos de lugares rebatizados:

**Ruas**
O nome de Kirchner também foi usado por Sergio Schmunck, prefeito da cidade de Viale, na província de Entre Ríos, para designar o novo parque industrial. Schmunck afirmou que "é totalmente merecido que o setor

industrial ostente o nome de nosso ex-líder". O prefeito também anunciou entusiasmado que "várias" ruas de Viale foram rebatizadas com o nome de Kirchner. Ou seja, várias ruas na mesma cidade, que tem apenas 18 mil habitantes...

### Bairro

Na mesma província de Entre Ríos, outra cidade, Colonia Avellaneda, não quis ficar atrás de Viale. Suas autoridades, tomadas pelo fervor do rebatismo, decidiram designar um conjunto habitacional com o nome do falecido marido da então presidente Cristina Kirchner.

### Estrada

A estrada nacional número 23 foi rebatizada com o nome de Néstor Kirchner pela assembleia legislativa da província de Río Negro. Segundo os deputados, Kirchner sempre esteve muito preocupado em construir estradas na região, de forma a unir vilarejos isolados. Coincidentemente, boa parte do asfaltamento dessas áreas foi realizado por um dos melhores amigos do casal Kirchner, o empresário Lázaro Báez, acusado de favoritismo em licitações de obras públicas.

### Torneio de futebol

Julio Grondona, presidente da Associação de Futebol da Argentina (AFA) de 1979 a 2014, anunciou em 2011 que o Torneio Clausura, um dos dois torneios nacionais da primeira divisão, seria chamado de Torneio Néstor Kirchner.

### Gasoduto

O gasoduto construído entre a Argentina e a Bolívia ostenta o nome do ex-presidente Kirchner. A medida foi aprovada pela Câmara de Deputados Estaduais da província de Jujuy, por onde passa o gasoduto. Outro gasoduto Néstor Kirchner parte da jazida de Vaca Muerta na província de Neuquén e vai até a cidade de Salliqueló, na província de Buenos Aires. O plano é que se prolongue até a fronteira com o Brasil.

**Delegacia**
"Ele é um mito agora". Com este argumento sem vínculos com o código penal, o governador da província de Misiones, Maurice Closs, batizou uma delegacia com o nome do defunto ex-presidente Kirchner.

## Pururuca afrodisíaca

Em julho de 1982, Cristina Elisabet Fernández de Kirchner acabava de acordar no hospital de Río Gallegos, na Patagônia. Ela havia tido um gravíssimo acidente de carro do qual salvou-se da morte por pouco. Ela recuperou a consciência ainda coberta de sangue, mas sua primeira preocupação foi com seu status estético. "Um espelho! Quero um espelho!", exigiu aos gritos. O médico que a atendia ficou boquiaberto.

Cristina era considerada "vaidosa" e "autoritária" por pessoas que a conheceram naquela época e por aquelas que trabalharam com ela nas décadas seguintes ao ilustrativo pós-acidente. Essas características ficavam evidentes pelos acessos de fúria que tinha, fosse por uma minúscula crítica da imprensa a seu governo ou porque o garçom da Casa Rosada havia colocado uma marca errada de água mineral em sua mesa.

A posse de Cristina Kirchner em 2007 constituiu uma novidade na história mundial, já que foi a primeira vez que um presidente eleito nas urnas, estando vivo, passou o poder para sua própria esposa, eleita também democraticamente. E de quebra, foi a primeira vez na história mundial em que um ex-presidente — Néstor — e a presidente — Cristina — habitaram simultaneamente a mesma casa, ou seja, a residência oficial de Olivos. E, mais ainda: os filhos do casal, Máximo e Florencia, transformaram-se nas únicas pessoas que até essa época tinham, simultaneamente, um pai ex-presidente e uma mãe presidente.

Anos antes, no México, houve uma tentativa similar, quando o então presidente Vicente Fox tentou colocar sua esposa, Marta Sahagún como candidata à sua própria sucessão. Mas seu partido, o Partido da Ação Nacional (PAN), não aceitou essa situação. Nos EUA, entre a presidência de Bill Clinton e a candidatura de sua esposa, Hillary, à Casa Branca, houve uma distância de quatro mandatos presidenciais — dois de George W. Bush e dois de Barack Obama.

Cristina ficou famosa por realizar constantes discursos em rede nacional de rádio e TV, superando todas as marcas dos presidentes anteriores. Em suas falas oficiais, fazia um *pout-pourri* de assuntos, misturando, por exemplo, controle de armas com exaltações sobre a alta do consumo de salsichas e presunto por parte dos argentinos, explicando que isso era um sinal de que a economia ia de vento em popa. Depois, em um breve comentário financeiro-teológico, disse que a fraude é proibida pela Torá e o Corão. Em outro discurso, contou para todo o país como era lavar as fraldas de pano de seu primogênito Máximo, em 1976. Em outros casos misturava críticas sobre a compra de dólares com ataques à oposição, piadas com ministros e a crise no Oriente Médio, tudo isso misturado com frases de Evita Perón ou da série *Game of Thrones*.

Em janeiro de 2010, Cristina fez apologias à carne suína como sendo afrodisíaca, destacando nesse aspecto a pele e a gordura dos leitõezinhos. Dando continuidade à sua ode às benesses vasodilatadoras das costeletas de leitão, lombinho e pernis, a presidente Cristina, em defesa dos estimulantes naturais em detrimento dos químicos, relativizou a importância da indústria farmacêutica nesse setor ao ressaltar que considera que *"é mais gratificante comer um leitãozinho na grelha do que ter que usar Viagra"*. O público sentado no auditório da Casa Rosada estava peculiarmente estupefato pelas observações suíno-sexuais da presidente da República. Na terra *par excellence* dos bovinos, a presidente fez uma inédita defesa enfática do consumo dos ungulados onívoros que propiciariam — segundo ela — melhores coitos.

Para arrematar, Cristina sustentou que havia tido oportunidade de verificar isso empiricamente em um fim de semana na Patagônia com seu marido Néstor Kirchner. *"Fantássssssssssstico!"* (assim pronunciado), disse para definir o somatório do leitão e do fim de semana. *"Tudo andou muito bem"*, afirmou ela, em referência às horas posteriores ao repasto suíno em companhia do ex-presidente e então primeiro-cavalheiro. Coincidentemente Kirchner morreu com a carótida entupida meses depois.

## Necromania e toponímia

A morte de Kirchner turbinou o culto à personalidade que os Kirchners realizavam antes desse fator funéreo, mas, como já vimos, o culto a líderes defuntos não era novidade.

Além da onda de batismos de logradouros e prédios públicos com o nome do ex-presidente, em 2013, com fundos provenientes de filiais provinciais do Partido Peronista e loterias, foi lançado o filme *Néstor Kirchner* em 1.200 cinemas. A obra, que relatava, em ritmo de videoclipe, a vida e a obra de Kirchner — omitindo todos os escândalos de corrupção — foi um fracasso de bilheteria.

O culto à personalidade de Néstor Kirchner também existiu na modalidade pelúcia, vendida no estatal Museu Bicentenário, atrás da Casa Rosada. O bonequinho foi apresentado na TV pela própria presidente Cristina, que destacou que ele tinha "asinhas", tais como as de um anjo.

Cristina, enquanto isso, se referia ao marido morto como "Ele". Ela citava o defunto impreterivelmente em todos os discursos que realizava, inclusive, indicando que ele a observava ou que ele estava no meio da plateia. Em 2011, na residência de Olivos, Cristina discursava em rede nacional de TV quando repentinamente uma janela abriu-se atrás dela. Imediatamente a presidente disse: "É Ele, o vento do Sul!", forma como denominava ocasionalmente seu defunto marido.

A morte de Kirchner disparou uma inusitada aprovação popular de Cristina, que de padecer uma aprovação popular de apenas 30% na véspera da viuvez, saltou para 40% uma semana após o velório. Um mês mais tarde, sem medidas econômicas no meio — mas graças ao "efeito viúva", segundo os analistas — a popularidade de Cristina subiu para 60%.

Em dezembro de 2011, dias após a posse de seu segundo mandato, os assessores anunciaram em tom dramático que Cristina tinha um câncer na tireoide. A doença fez a popularidade da presidente — que havia novamente entrado em queda nos meses prévios — voltar a disparar. Militantes acotovelavam-se para rezar pela líder nas portas do hospital onde Cristina internou-se. Era o "efeito compaixão", sustentaram os analistas. No entanto, em janeiro de 2012, três dias após a operação, realizada no hospital Austral, da Opus Dei, os médicos explicaram que a presidente não havia tido câncer. O ácido humor argentino classificou o caso como "o não câncer" de Cristina.

A presidente usou luto durante três anos, algo raríssimo na Argentina desde o início do século XX. Ela deixou as roupas pretas em 2013, após uma operação no crânio. A ocasião foi peculiar por vários motivos, já que Cristina reapareceu depois de 45 dias sumida das telas dedicando um terço do vídeo para agradecer aos médicos e ao povo que lhe havia enviado flores e torcido por ela. Entretanto, os outros dois terços do vídeo foram destinados a apresentar Simón, um filhote de cachorro da raça venezuelana mucuchíes e falar sobre um enorme pinguim de pelúcia. Para encerrar, a presidente tentou convencer o cão a dar "tchau para os argentinos", mas Simón permaneceu impassível, sem dar sinais de um aceno com a pata, embora tenha tentado puxar seu mega hair e morder sua mão. Cristina, irritada, deu uma bronca em Simón e — deixando de lado a meiguice — lhe bateu no focinho. Na sequência, disse: "Bom, Simón vai dormir... e eu vou trabalhar".

## Clássico das cúpulas: os atrasos de Cristina

Em julho de 2014, a presidente Cristina Kirchner chegou 37 minutos atrasada para a foto oficial dos presidentes do Mercosul, em Caracas, na Venezuela. O atraso levou os presidentes Nicolás Maduro (Venezuela), José Mujica (Uruguai), Horacio Cartes (Paraguai), Dilma Rousseff (Brasil) e Evo Morales (Bolívia) a improvisarem um bate-papo enquanto esperavam a então presidente argentina ao pé da estátua de Simón Bolívar, herói da independência venezuelana. Cristina chegou como se estivesse no horário.

Na reunião anterior do Mercosul, em Montevidéu, em julho de 2013, Cristina também provocou um atraso de meia hora no início da cúpula. A demora suscitou comentários sarcásticos extraoficiais nas comitivas dos países que faziam parte do bloco sobre o longo tempo que Cristina destinava à maquiagem. A própria ex-presidente admitiu em várias ocasiões nos primeiros anos de governo o longo tempo que essa atividade lhe consumia.

Em dezembro de 2008, na Costa do Sauipe, na Bahia, o presidente Lula, farto de esperar pela colega argentina, iniciou seu discurso de abertura da cúpula. Cristina entrou na reunião quando Lula estava no meio de sua fala.

Dias antes, em novembro, Cristina também havia tido um substancial atraso para a foto oficial da cúpula de chefes de Estado do Grupo dos Vinte em Washington. Na ocasião, seus colegas lhe deram uma nova oportunidade e tiraram uma segunda foto oficial.

Em julho de 2009, em Assunção, Paraguai, Cristina atrasou-se uma hora para a cúpula do Mercosul. Diante de todos, e ao vivo pela TV, a presidente — para pedir perdão pelo atraso — colocou a culpa no chanceler Jorge Taiana. "A culpa é de meu chanceler, que me informou de forma errada que a reunião começava em outra hora", disse, de forma áspera. O ministro Taiana ficou calado, com o olhar fixo para o chão, visivelmente irritado.

Em 2008, durante uma visita a Paris, na França, para reunir-se com o então presidente Nicolas Sarkozy e empresários, Cristina compareceu em cada evento que participou com diferentes roupas, embora a troca de vestimenta provocasse um atraso em sua agenda. Após cada evento público ela retornava ao elegante Hotel Le Meurice, na área mais cara da capital francesa, para mudar o figurino, e dali ia para o evento seguinte.

## Verborragia

Em maio de 2015, sete meses antes do fim do segundo mandato de Cristina Kirchner, um levantamento feito no Parlamento — e apresentado na Ouvidoria do Povo (órgão que tem a missão de servir de canal de comunicação entre os cidadãos e as autoridades, recebendo denúncias, reclamações e sugestões) — indicou que desde 2009 a verborrágica Cristina fez 118 discursos em rede nacional de TV. Em comparação, em quatro anos de governo, seu marido discursou apenas duas vezes em rede nacional.

Levando em conta que em média Cristina Kirchner falava 38 minutos por discurso (embora tenha chegado a fazer discursos de três horas e meia de duração, acumulou 76 horas seguidas de conversa presidencial nos seis anos contabilizados. Se um capítulo de novela dura 45 minutos, os argentinos teriam visto 101 capítulos, isto é, mais de três meses de novela.

Saindo da estatística e passando ao conteúdo, a lei de redes nacionais de TV determinava que seu uso era exclusivo de situações graves ou de transcendência institucional. No entanto, a então presidente utilizava a rede nacional para todo tipo de comunicado ou comentário, indo de anúncios sobre medidas econômicas, broncas a seus ministros, piadas de tom sexual e comentários com duplo sentido, além de ataques verbais a empresários e jornalistas, vários dos quais citados por Cristina com nome e sobrenome. A presidente, a cada discurso, aplicava um tom mais informal, histriônico e desinibido, que a socióloga Beatriz Sarlo chamou de "*stand-up* cômico presidencial", em alusão aos monólogos dos humoristas que se apresentam de pé no palco.

Como se fosse apresentadora de um *talk show*, em seus discursos, Cristina dirigia-se ao público, que poderia ser composto por operários de uma fábrica, militantes de La Cámpora (agremiação da juventude kirchnerista), deputados, governadores ou ministros. O aplauso da plateia estava garantido a cada frase enfática ou piada. A presença do público no estúdio, que agia como claque era *sine qua non*, quebrando o costume mundial dos presidentes realizarem esse tipo de pronunciamento sozinhos, geralmente em seus escritórios oficiais.

Em 2015, a revista *Notícias* fez uma medição das palavras mais usadas por Cristina em seus discursos de rede nacional. "Eu" foi pronunciada 146 vezes, enquanto "república", apenas 37. A palavra "povo" foi dita somente 28 vezes.

## Ausente na posse

O encerramento do governo de Cristina também teve seus pontos peculiares: Mauricio Macri, prefeito portenho, foi eleito presidente no segundo turno das eleições em novembro de 2015, derrotando o candidato kirchnerista Daniel Scioli. Cristina, que não digeria Macri, queria fazer a cerimônia de juramento do novo presidente no Congresso, com a entrega da faixa e do bastão presidencial, tal como ela e seu marido fizeram. Entretanto, Macri queria fazer sua posse tal como foram as de todos os outros presidentes argentinos, com o juramento no Congresso e o recebimento da faixa e do bastão na Casa Rosada. Cristina insistiu em realizar ambas as cerimônias no Congresso porque as galerias ali tinham um enorme espaço para que seus militantes gritassem "Cristina 2019" (quando seriam realizadas as eleições seguintes) durante a posse de Macri. Na Casa Rosada, o espaço é mínimo. O presidente eleito não cedeu. Cristina então disse que não iria à posse, realizada na quinta-feira, dia 10 de dezembro, pois perderia um voo comercial para viajar à Patagônia.

No entanto, poucos dias antes da cerimônia, ela mudou de ideia e disse que iria ao juramento no Congresso. Nesse momento surgiu uma dúvida: até que horas Cristina poderia dar ordens na quinta-feira? Se fosse até a hora do juramento de Macri, ela teria poder sobre a polícia e a burocracia, podendo determinar o formato da cerimônia. Entretanto, se o mandato dela terminasse à meia-noite do dia 9, de madrugada, Macri poderia impedir qualquer manobra de Cristina para complicar sua posse.

O caso ainda estava sendo avaliado por uma juíza quando o secretário-geral da presidência de Cristina, Oscar Parrilli, declarou que ela não iria à posse para não ser acusada de usurpadora, já que da meia-noite de quarta-feira até a hora do almoço de quinta ela não seria mais presidente. Perante um cenário no qual o país ficaria sem presidente durante doze horas, o presidente do Senado, Federico Pinedo, aliado de Macri, assumiu o comando durante essa meia jornada. Com ironia, os argentinos definiram Pinedo como "o melhor presidente da história", já que durante seu governo a inflação não subiu e ele não teve tempo de desviar fundos públicos.

A cerimônia quase teve um *overbooking* de convidados, já que Macri havia enviado convites para muitas pessoas, enquanto Cristina também — paralelamente — havia enviado convites, como se a cerimônia fosse dela.

Geralmente os presidentes argentinos deixam a residência de Olivos um mês antes da entrega do poder (ou pelo menos com uma antecedência de duas semanas), para que o novo residente tenha tempo de fazer a mudança, a redecoração e eventuais reformas. No entanto, Cristina aferrou-se a Olivos até seu último dia. Macri só conseguiu mudar-se para a residência oficial — que estava em péssimo estado de conservação — um mês depois.

A Casa Rosada também tinha seus problemas. No dia seguinte à posse, Macri foi realizar uma série de visitas a obras e voltou ao palácio. Pela primeira vez decidiu usar a ducha do banheiro presidencial que havia sido reformado por Cristina em 2012 pelo custo oficial de meio milhão de dólares, incluindo luzes computadorizadas e quadros nas paredes. No entanto, ao abrir as torneiras presidenciais, o novo chefe do Poder Executivo percebeu que não havia água quente. Além disso, desde o último dia do governo Kirchner, coincidentemente, vários telefones deixaram de funcionar na Casa Rosada.

## O bigode postiço que quase mudou a história argentina

Filho do empresário ítalo-argentino Franco Macri, ícone do capitalismo argentino da década de 1990, mas que a partir da virada do século nem sequer faria parte da lista da *Forbes* dos mais ricos do país, Mauricio Macri trabalhou durante um breve período nas empresas da família, mas foi afastado — segundo as más línguas — pelo próprio pai, que não o considerou um bom administrador. A versão oficial é que o filho decidiu "buscar seus próprios caminhos".

Em carreira solo, longe do pai, Mauricio Macri foi eleito presidente do clube de futebol Boca Juniors. No comando do time, tornou-se uma figura conhecida do grande público. Em 2003 criou seu partido político, o Compromisso pela Mudança (CPC), que a partir de 2005 integrou a coalizão de centro-direita Proposta Republicana (PRO). Esta, em 2015, integrou uma coalizão mais ampla, a *Juntos por el Cambio* (Juntos pela mudança).

Diversos analistas o indicam como um político "preguiçoso", já que em diversas ocasiões se desinteressou pelo partido para voltar a ocupar-se tempos depois. Em 2005, foi eleito deputado, mas quase não apareceu no Parlamento. Para justificar sua ausência, alegou que "o Parlamento é um lugar no qual não se debatem ideias".

Em 2007, foi candidato a prefeito de Buenos Aires. Na ocasião, seu próprio pai votou no candidato rival, o que tinha o apoio do governo Kirchner. Franco Macri explicou: "Pelo lado afetivo, votaria em meu filho, mas, se votar de forma racional, votaria em Kirchner…". O empresário não escondia que considerava o filho um garoto mimado e não perdia oportunidades para tecer elogios rasgados ao casal presidencial.

Gabriela Cerruti, autora de *El pibe* ("O garoto"), biografia não autorizada do então prefeito, sustentava que Macri "não passa de um homem que quis ser empresário de sucesso, fracassou, e refugiou-se no Boca Juniors e na política para fugir do pai todo-poderoso".

Macri venceu. Quatro anos mais tarde, reeleito prefeito, consolidou seu poder na capital. Seus críticos sustentam que ele é a "Nova Direita" apresentada com figurino supostamente *cool*, sem gravata. No entanto, Macri afirma que é de centro. Os analistas afirmam que é de centro-direita à moda argentina, já que durante seu governo em Buenos Aires não privatizou empresa municipal alguma e iniciou a presidência da República mantendo o status de estatais da petrolífera YPF e da Aerolíneas Argentinas.

Ele tem um perfil discreto — menos quando cede à tentação de cantar e dançar em público. E esse hábito de Macri quase provocou uma substancial guinada na história da Argentina no final de 2010 em sua festa de casamento com a empresária de moda Juliana Awada. O então prefeito portenho e presidenciável grudou um bigode postiço sobre seus lábios para emular Freddie Mercury, colocou sobre seus ombros uma imitação da capa carmim e dourada que o autor de hits como "We Are the Champions" usava em seus últimos shows e pegou o microfone.

Macri entoava os acordes de "Love of My Life" quando o bigode postiço desgrudou e desligou, entrando em sua garganta. Macri começou a engasgar. Não conseguia respirar. Os convidados, desesperados, não sabiam o que fazer. Todos começaram a gritar, pedindo um médico. O dr. Jorge Lemus — secretário de saúde de Macri na cidade de Buenos Aires — estava na porta, indo embora, quando ouviu os gritos. Ele voltou correndo, viu o cenário, pulou no palco e salvou Macri, que conseguiu respirar novamente.

Macri sobreviveu, fez campanha para ser eleito presidente em 2015, venceu o segundo turno em novembro e tomou posse no dia 10 de dezembro daquele ano. Ostentando a faixa e o bastão presidencial, foi saudar a multidão reunida na Praça de Maio. De uma das sacadas da Casa Rosada, Macri acenou para a população. Os alto-falantes instalados na praça entoavam a cumbia "Não me arrependo deste amor", canção apreciada pelo novo presidente. Ao seu lado, a vice Gabriela Michetti começou a entoar a canção. Macri não se conteve e começou a dançar com passos classificados por diversos colunistas como "o tiranossauro-rex confuso" (com os braços encolhidos e movimentos curtos alternados para a frente), o "egípcio" (de perfil para o público, mantendo os braços em posição de "L") e o "vai para o lado, Cristina" (pulos laterais, movendo pernas e mãos para os lados, como em um polichinelo). Enquanto Macri fazia uma antologia de suas coreografias ao som da cumbia, a elegante e sóbria primeira-dama permanecia impassível, mas em visível constrangimento.

Macri fez um governo medíocre, com frequentes retiros espirituais com seus ministros e assessores para sessões "motivacionais", sucos detox e música *new age* de fundo, o que evidencia sua distância da realidade. Volta e meia repetia em seus discursos expressões de autoajuda. No Parlamento, circulava a piada que o país havia saído do "eu milito" do kirchnerismo para o "eu medito" do macrismo.

Volta e meia, Macri tentava fazer piadas que poderiam ser enquadradas na categoria "vergonha alheia", como quando, ao visitar casa de repouso para idosos, disse que "os vovôs haviam aprendido informática [graças ao governo], velhinhos que nunca tinham aberto um computador!". Até aí, tudo ia bem, mas Macri arrematou: "Mas tivemos que fechar todas as contas porque o pornô estava batendo recordes nesse asilo! Os velhinhos ficaram doidões!".

Anos depois, na área sexual, mas já como ex-presidente, Macri disse que a Argentina tinha que ser como um "swinger" na área internacional, tendo relações com vários países ao mesmo tempo. A pergunta, no entanto, era sobre como a guerra entre a Rússia e a Ucrânia afetava as mudanças climáticas.

Em 2017, Macri colocou a culpa da crise energética nos aparelhos de ar condicionado que os argentinos haviam começado a comprar em grande quantidade no governo anterior (até porque desde a virada do século o clima na Argentina ficou mais quente). Segundo ele, esses aparelhos "foram parte do coquetel explosivo e tenebroso inventado pelo governo anterior [de Cristina Kirchner]".

Para explicar o fracasso de seu governo, ele sustentou que "a autocrítica que eu faço é que fui muito otimista e estipulei metas ambiciosas [...]. Fica claro que não era tão fácil como prometi".

O taciturno presidente russo Vladimir Putin teve que ouvir várias das piadas de Macri. Em uma reunião entre os dois na cidade chinesa de Hangzhou, em 2016, Macri disse que a seleção argentina venceria a Copa da Rússia, que seria realizada dois anos depois. Putin olhou estupefato para o presidente argentino e virou para o tradutor: "Pergunta para ele se está gozando de minha cara". No início de 2018, meses antes da Copa, Macri disse em outra reunião com Putin que a seleção argentina chegaria à final "com a ajuda de Deus e de Messi". Novamente, o poderoso Vladimir ficou olhando para a cara de Macri sem que os cantos dos lábios saíssem da posição de linha reta.

No meio de crises, Macri reagia com viagens, tanto nos tempos de prefeito como nos de presidente. Assim ocorreu com o surgimento do risco de ir a júri pelo mau desempenho de suas funções como presidente, a pedido da oposição kirchnerista. Na ocasião, ele optou por esquiar na cordilheira dos Andes. Meses antes, enquanto os estudantes ocupavam estabelecimentos educativos clamando por melhorias no sistema de ensino, o prefeito partiu rumo à Roma.

## Peronista de passado neoliberal

Alberto Fernández era um vice-juiz que integrou o governo de Raúl Alfonsín, da União Cívica Radical (UCR), na época um partido de centro-esquerda, como subdiretor de Assuntos Jurídicos do Ministério da Economia. No entanto, em 1989 foi eleito o peronista Carlos Menem, que em 1991 deslanchou uma onda de privatizações. Nesse momento, Fernández passou às fileiras do neoliberalismo menemista, transformando-se em diretor de resseguros, por sugestão de Horacio Tomás Liendo, filho de um general do mesmo nome que havia sido uma das principais figuras da ditadura militar. Nesse posto Fernández era um subordinado do ministro da Economia, Domingo Cavallo, que implementou as privatizações desejadas por Menem.

Cavallo era um grande amigo do casal Kirchner e seria ajudado por eles na venda das estatais, especialmente na da petrolífera YPF. Isto é, os Kirchners, que apoiaram as privatizações, anos mais tarde realizariam as reestatizações — e com Fernández realizando parte delas.

Em 1996, Cavallo saiu do governo Menem e decidiu criar seu próprio partido neoliberal, o Ação pela República. Fernández entrou no partido de Cavallo e no ano 2000 foi eleito deputado estadual pela capital federal (a cidade de Buenos Aires, que conta com uma assembleia legislativa, tal como Brasília).

Cavallo voltou no modo "salvador da pátria" ao Ministério da Economia em 2001, no governo de Fernando De la Rúa. O país estava colapsando devido ao sistema da paridade um a um entre o dólar e o peso, vigente desde 1991 e criado por Cavallo. Muitos políticos pediram a volta do economista com o absurdo argumento de que "o único que pode lidar com o Frankenstein da paridade é quem armou esse monstro". No entanto, tal como no livro de Mary Shelley, o monstro acabou com seu criador.

Fernández respaldou sua gestão, que acabou em catástrofe em dezembro de 2001, com um megaconfisco bancário implementado por Cavallo, que teve que renunciar. Fernández continuou como deputado, mas se mantendo *low profile* para não ser associado ao desastre protagonizado pelo ex--ministro. No final de 2002, tornando-se o organizador da campanha para tentar implantar a ideia de uma futura candidatura presidencial de Néstor Kirchner. Eram os tempos nos quais Kirchner era um ignoto governador patagônico e estava na ala direita do Peronismo (até ver, mais tarde, um nicho de mercado mais à esquerda).

Fernández foi chefe do gabinete de Néstor Kirchner entre 2003 e 2007. Em 2007 continuou no posto, mas no governo de Cristina. Em meados de 2008, quando Cristina entrou em conflito com os produtores agropecuários, a presidente sofreu uma dura derrota parlamentar ao perder a votação para aprovar um impostaço agrário. Fernández teve que pedir demissão. Foi substituído por Sergio Massa.

Os anos passaram e Fernández volta e meia disparava críticas contra Cristina. A presidente respondia com indiretas ou delegava as críticas aos seus ministros e parlamentares. Assim, por mais de uma década, os dois ficaram sem conversar.

Em 2015, Fernández organizou a campanha eleitoral de um ex-kirchnerista, que, como ele, havia brigado com Cristina: Sergio Massa, que criou um partido peronista dissidente, a Frente Renovadora.

## Felinos presidenciais

"Nós, peronistas, somos como os gatos. As pessoas que ouvem nossa gritaria acham que estamos brigando. Nada disso... Estamos nos reproduzindo!" Essa frase sobre cópulas felinas de altos decibéis era costumeiramente pronunciada pelo presidente Juan Domingo Perón — acompanhada por um sorriso maroto — quando minimizava as divergências internas entre os peronistas.

Ao longo de décadas esse axioma peronista foi utilizado freneticamente por ex-aliados do partido transformados posteriormente em inimigos irreconciliáveis e que mais tarde voltavam a se conciliar com o único objetivo de conquistar (ou reconquistar) o poder.

A frase voltou a ser pronunciada no dia 18 de maio de 2019 quando a ex-presidente Cristina Kirchner, na época senadora, anunciou, depois de meses de suspense, que não seria candidata a presidente naquele ano. E aí veio a surpresa. Ela seria candidata a vice. Cristina anunciou que havia decidido que o candidato a presidente seria Alberto Fernández, seu ex-chefe de gabinete. Os dois acumulavam onze anos de recriminações mútuas. "Governo deplorável" foi a frase que Fernández mais utilizou naqueles anos para referir-se à antiga chefe.

Era a primeira vez na história da política mundial que uma ex-presidente decidia ser candidata a vice. E a primeira vez que uma vice determinava qual seria o candidato a presidente. Cristina sabia que as pesquisas indicavam que ela sofria de alta rejeição. Portanto, perderia as eleições caso se candidatasse. Então, como voltar ao poder? A saída era colocar Fernández como o líder da chapa, já que ele era um peronista "moderado". Como esse *packaging* político, as chances de vencer aumentavam. Cristina propiciaria o núcleo duro do kirchnerismo, com um eleitorado de cerca de 25% dos peronistas. E Fernández atrairia o resto dos simpatizantes de Juan Domingo Perón.

A militância kirchnerista teve que adaptar rapidamente seu vocabulário, já que durante anos, devido à posição crítica de Fernández sobre Cristina, diversos setores do kirchnerismo acusaram Fernández de "traidor", "vendido à oligarquia", "lambe-botas dos Estados Unidos" e *"cipayo"*, um epíteto *vintage* ainda utilizado por setores do kirchnerismo. O termo era usado pelos ingleses para designar um nativo da Índia que atuava como soldado a serviço da Coroa britânica. Mais tarde, a palavra começou a ser usada para indicar nativos de qualquer país que traem sua nação para trabalhar para os interesses de potências coloniais. Na Argentina, a expressão se tornou muito popular como sinônimo de traidor da pátria.

No entanto, perante as novas ordens de Cristina, os militantes kirchneristas tiveram que deslanchar elogios rasgados a Fernández, a quem vituperavam até a véspera. Várias lideranças kirchneristas se resignavam a dizer: "bom, se esse é o desejo de Cristina...".

## Dormindo com o inimigo

Fernández e Cristina venceram as eleições. Tomaram posse em dezembro de 2019. Parecia que seria um comando bicéfalo, mas, poucos meses depois, em março de 2020, perante a expansão da pandemia de Covid-19, o protagonismo da vice se diluiu. Fernández se tornou a estrela da política, conseguindo 80% de aprovação popular com as primeiras medidas tomadas na pandemia. Entretanto, em 2021, com a fase mais pesada da pandemia tendo passado, e a aprovação popular de Fernández despencando, o clima de emergência nacional desvaneceu e as tensões internas entre o presidente e a vice vieram à tona.

Em novembro, o país teve eleições parlamentares. O peronismo-kirchnerismo sofreu uma dura derrota. O governo perdeu a maioria da Câmara de Deputados e do Senado. Isso nunca havia ocorrido durante os anos nos quais o Peronismo esteve no poder. Isso obrigaria o Peronismo a negociar, mas, durante as décadas nas quais esteve no poder, a ala nunca teve que negociar amplos acordos com as oposições, só negociou pactos pontuais. Nunca negociou porque não havia precisado, devido ao poder amplo que teve sempre que esteve no comando da Casa Rosada. E nas raras ocasiões nas quais esteve na oposição sempre condicionou os governos rivais de plantão.

Enquanto no Brasil existe a figura do "articulador", na Argentina não existe algo equivalente. Os partidos contam com os "operadores", que na realidade são os "despachantes" das altas autoridades. Desde a volta da democracia, o Peronismo sempre, de forma ininterrupta, controlou o Senado. E na maior parte do tempo teve o controle da Câmara. Desta forma, Fernández — sem maioria — teve seus dois últimos anos praticamente em uma paralisia de governo, mas o principal problema não eram os partidos da oposição, e sim a guerra interna desatada pela vice Cristina.

No Brasil utiliza-se a expressão "puxar o tapete", mas isso é muito *light* para o que acontece na Argentina. Lá, a expressão é mais crua: "*serruchar el piso*", literalmente, "serrar o assoalho", tal como nos desenhos animados, quando Pernalonga faz um buraco no chão com uma serra para que Hortelino Troca-Letras despenque.

Aliados de Cristina dispararam frequentes críticas contra Fernández e seus ministros. E, em diversas ocasiões, o peronismo-kirchnerista votou contra medidas do governo Fernández. No início Cristina ficava calada enquanto seus assessores criticavam Fernández e seus ministros. Depois, ela começou a disparar indiretas. Porém o final mais claro foi deixar de falar com Fernández. Após semanas sem lhe telefonar e se ausentando de todas as cerimônias e eventos em que deveriam comparecer juntos, o presidente havia ligado para o celular da vice. Cristina não atendeu. Fernández insistiu várias vezes. Nada. Deixou mensagens. Necas de pitibiriba. Depois, tentou no telefone fixo da vice. Nada também. Ele então começou a ligar para os celulares dos secretários de Cristina. Estes não passavam a ligação para a chefe. Finalmente, a porta-voz da Casa Rosada, Gabriela Cerruti, admitiu publicamente que o presidente Fernández havia tentado falar várias vezes com Cristina, sem sucesso. Passaram mais de três meses até que os dois se falassem novamente, mas Cristina continuou disparando críticas contra o governo... o governo do qual ela fazia parte! E não era uma parte qualquer, já que a maioria dos ministros eram "cristinistas" e não "albertistas". De quebra, Cristina era a figura mais poderosa do governo. No entanto, ela fazia de conta que não era parte do governo, para poder escapar do ônus político das mancadas do Peronismo.

Na época, o historiador Eduardo Lazzari, comentou com ironia que "o Peronismo é o opositor de si próprio".

## Lula em Buenos Aires

Poucas semanas após tomar posse, o presidente Luiz Inácio Lula da Silva fez uma visita a Buenos Aires. Um dos motivos da visita era se reunir com o presidente Fernández. A outra razão da viagem era participar da Cúpula da Comunidade de Estados Latino-Americanos (CELAC).

O presidente argentino padecia uma popularidade baixíssima, mas Lula tem uma ótima imagem na Argentina, tanto na esquerda, no centro e na centro-direita (os empresários argentinos consideram que Lula não se intromete no funcionamento das empresas, e, portanto, tem uma imagem positiva no país). Portanto, aparecer na foto ao lado de Lula captando futuros acordos era útil para Fernández. E uma foto com ele era útil em sua guerra contra Cristina Kirchner. Aliás, a vice também queria uma foto com Lula, mas não queria ir à Casa Rosada, que era território de Fernández. Por isso, disse que esperaria Lula em seu escritório no Senado, mas Lula, com sua agenda apertada, não teria tempo de ir até o Senado, do outro lado da cidade, para participar de algo semelhante a uma cerimônia do beija-mão.

Além disso, Lula considerava Fernández como amigo, o que não acontecia com Cristina, que estava puxando sem parar o tapete do rival. Fernández havia ido visitar Lula na prisão em Curitiba. Cristina nem sequer mandou uma mensagem ao presidente brasileiro nos tempos em que esteve preso. Quando Lula venceu o segundo turno presidencial, Fernández pegou um avião e na manhã seguinte estava abraçando Lula em São Paulo.

Voltando à visita de Lula a Buenos Aires, sem contar com a visita de Lula no Senado, Cristina insistiu e conseguiu que o presidente brasileiro acenasse com a oportunidade de receber Cristina no hotel Sheraton muito cedo no dia seguinte. Só que Cristina odeia acordar cedo. E havia ficado claro que os dois tomariam um café em meio a outras reuniões com representantes da CELAC. Ou seja, não seria o encontro superexclusivo que Cristina queria. E, finalmente, a ex-presidente/vice argentina não compareceu.

## SEM CONVITE

NO DIA 25 DE maio de 2023 o kirchnerismo fez um comício para festejar os vinte anos da posse de Néstor Kirchner, isto é, a chegada do kirchnerismo ao poder. O evento foi realizado na Praça de Maio, na frente do palácio presidencial, reuniu dezenas de milhares de pessoas e foi uma demonstração da musculatura política dentro do Partido Peronista.

No entanto, Cristina não convidou seu próprio companheiro de chapa, o presidente Alberto Fernández. Para evitar o vexame, Fernández explicou que não ia estar no comício porque tinha que ir com sua família a Chapadmalal, a residência presidencial na praia. Entretanto, naquela semana nesse balneário estava fazendo 13 graus e chovia.

No entanto Fernández não era um ser estranho ao casal Kirchner e a àquela data. Desde 2002 foi o estrategista da campanha com a qual Néstor Kirchner chegou ao poder em 2003. Na sequência, foi o crucial chefe de gabinete de Néstor. Cristina foi eleita sucessora do próprio marido em 2007 e dele herdou Fernández como chefe de gabinete. Além desse cargo, Fernández tinha a função informal de apaziguar as brigas do casal, já que, quando estavam na residência presidencial de Olivos, volta e meia Cristina brigava com Néstor, saía batendo as portas e se trancava no quarto. Néstor então pedia que Alberto fosse intermediar a situação com Cristina. Alberto ia até a porta do quarto, e batia.

*Toc, toc, toc.*

— Cristina...

Silêncio.

*Toc, toc, toc.*

— Cristina... oi... Cristinaaa...

Silêncio

*Toc, toc, toc... Toc, toc, toc.*

— Cristina...

— O que é, Alberto??? — A porta ainda trancada. — Néstor te enviou, é isso?

— Cristina, por favor, vai lá conversar com o Néstor... ele quer te pedir desculpas...

— Não vou!

— Cristina, por favor...

— Não!

— Por favor, Cristina, ele está triste...

— Tá, Alberto, já vou! Que seja a última vez...

Um dos protagonistas dessa história me passou a informação dessas cenas no distante ano de 2014 em um apartamento de Puerto Madero.

## Racismos presidenciais

Em 2021, o presidente Alberto Fernández recebeu o primeiro-ministro espanhol Pedro Sánchez. Primeiro, ele disse ao visitante que se declarava um "europeísta". E depois disse que ia citar uma frase do escritor mexicano Octavio Paz, que — segundo Fernández — disse que "os mexicanos saíram dos índios; os brasileiros saíram das selvas... mas nós, argentinos, chegamos dos barcos... eram barcos que vinham daí, da Europa. E, assim, construímos nossa sociedade". O presidente, além da declaração racista, cometeu um erro na autoria da frase. Não era do famoso escritor mexicano, vencedor do Prêmio Nobel de Literatura em 1990, mas sim de um roqueiro argentino chamado Lito Nebbia, que teve seu apogeu nas décadas de 1970 e 1980, do qual o presidente argentino é declarado fã. Nebbia é autor da canção "Llegamos de los barcos" (Chegamos dos barcos).

A mídia argentina criticou Fernández por suas declarações racistas. Horas depois, perante a repercussão nacional e internacional, Fernández tentou se desculpar, mas usou a clássica expressão "Se alguém se sentiu ofendido...", isto é, a típica frase de quem acha que sua declaração não deve ter ofendido todo mundo. E ainda arrematou: "De todas formas, se alguém se sentiu invisibilizado, desde já, minhas desculpas".

Pesquisas genéticas indicam que em média 75% dos argentinos são descendentes de europeus, 23% de indígenas e 2% africanos. Fernández não conta com ministro algum vinculado a uma comunidade indígena. Aliás, governo algum argentino em toda a história do país teve.

Um ano depois, foi a vez do ex-presidente Macri se referir aos alemães como uma "raça superior". Macri estava analisando em um programa de TV a forma como estavam as seleções do mundo para a Copa do Qatar. Nesse momento, disparou: "No Brasil, Neymar está bem melhor, porque antes era uma espécie de trava para o time. Portugal tem ótimos jogadores, a França também e foi a última campeã. E a Alemanha nunca dá para descartar... é uma raça superior que sempre joga até o final". O ex-presidente foi alvo de uma catarata de críticas, já que é — paradoxalmente — o presidente da Fundação Fifa, instituição que tem como um de seus objetivos lutar contra o racismo nos estádios.

Em 1993, o então presidente Carlos Menem em uma palestra na Universidade de Maastricht, na Holanda, perante um anfiteatro repleto de estudantes, declarou que a Argentina era "toda europeia", que o país "não tem negros" e que a questão negra era "um problema brasileiro".

Cristina Kirchner também disparou comentários racistas, nesse caso sobre os italianos, associando-os à criminalidade. Em um discurso durante o lançamento de um de seus livros, sustentou que a família Macri, de origem italiana, tinha conexões com a máfia. Cristina estava se referindo aos processos na Justiça iniciados no governo dela, mas que avançaram no governo Macri. Ela afirmou, citando o ex-presidente, que "o componente mafioso do *lawfare* se traduziu na perseguição a meus filhos [...]. Esse componente mafioso veio de seus antepassados", e aí citou a 'Ndrangheta, a máfia calabresa. O pai de Macri havia emigrado da Calábria.

A Argentina, por sua vez, é o país mais "italiano" do continente, já que 52% de seus habitantes são descendentes de italianos, a maior proporção das Américas. O assunto gerou indignação na própria Itália, onde o vice-ministro do Interior, Achille Variati, disse que era "um horror" dar a entender que os italianos são "geneticamente mafiosos". Segundo Variati, "dizer que alguém tem comportamentos mafiosos porque é de origem italiana é uma afirmação insuportavelmente racista [...]. Um estereótipo pode virar um rótulo baseado na perigosíssima ideia de raça".

## Peronismo na maior parte do tempo

Nos quarenta anos da volta da Argentina à democracia, entre 1983 e 2023, o Peronismo propiciou oito dos onze presidentes do período, incluindo todos os presidentes provisórios. O Peronismo, nessas quatro décadas, governou por 28,5 anos — 71,2% do tempo de democracia.

E, nos 77 anos transcorridos entre 1946, ano no qual o Peronismo chegou ao poder, até 2023, esse movimento governou a Argentina durante 40 anos. Nos outros 37, as diversas ditaduras militares governaram durante 18,5 anos. Os civis não peronistas governaram outros 18,5 anos, divididos em 10,5 anos da União Cívica Radical (UCR); 4 anos da UCR-Intransigente e 4 anos do Juntos por el Cambio. Desde 1946, os peronistas governaram mais da metade do tempo, estando no poder em 52% dos anos. Os militares estiveram 24% e três partidos diferentes não peronistas governaram outros 24%.

## O PERONISMO ESTÁ PRESENTE ATÉ NOS PARTIDOS DA OPOSIÇÃO

Há 77 anos, o poder civil na política argentina divide-se entre peronistas e não peronistas. Mas o que é o Peronismo, esse movimento fundado por um militar, Juan Domingo Perón? Essa é quase uma pergunta metafísica! O Peronismo é uma salada ideológica que mistura centro, esquerda e direita ao mesmo tempo... E que até se infiltrou nos governos não peronistas.

É o partido que recebeu criminosos nazistas de braços abertos, teve uma guerrilha de esquerda cristã, uma milícia de extrema direita... É o mesmo partido que foi alvo de massacres por parte da ditadura militar, mas que meses antes da volta à democracia, para tentar voltar ao poder, fez um pacto de anistia com esses mesmos militares, que acabou fracassando. É o partido que foi amigo de ditadores de direita, fascistas declarados, inclusive, e de ditadores de esquerda. É o partido que foi contra a lei do divórcio... e que depois aprovou a lei de casamento entre pessoas do mesmo gênero. E o mesmo movimento político que criou estatais, as privatizou e as reestatizou. É o partido que criou as principais leis sociais e trabalhistas da Argentina... e que também foi o protagonista dos maiores arrochos e ajustes fiscais.

Desde a volta da democracia, os peronistas governaram com os presidentes Carlos Menem, Adolfo Rodríguez Saá, Eduardo Duhalde, Néstor e Cristina Kirchner e Alberto Fernández. Nos outros 29% do tempo governaram a Argentina três grupos que não eram peronistas. Ou quase. Um foi a União Cívica Radical, a UCR, fundada no final do século XIX, que oscila da centro-esquerda à centro-direita. Em 1983, a UCR elegeu Raúl Alfonsín, que colocou os militares da ditadura no banco dos réus. Renunciou seis meses antes do fim de seu mandato em meio à crise da hiperinflação.

Em 1999 foi eleito Fernando de La Rúa, também da UCR, mas em aliança com a Frepaso, uma dissidência peronista, que colocou como vice Chacho Álvarez. A "aliança UCR-Frepaso" durou apenas dois anos no poder, pois De la Rúa teve que renunciar após implementar um megaconfisco bancário.

Um grupo não peronista só voltou ao poder em 2015 com o partido PRO, do ex-presidente Mauricio Macri, do qual vários integrantes eram ex-peronistas. Ou seja, exceto durante o governo de Alfonsín, que foi 100% da UCR, os outros dois governos com presidentes não peronistas, contavam com vários ex-peronistas em suas fileiras. Até no Liberdade Avança, de Milei, uma grande parte dos integrantes são ex-peronistas dos tempos de Menem.

## Primárias à moda argentina: como surgiu essa modalidade *sui generis*, única no planeta

Em 2009, governava Cristina Kirchner. O "primeiro-cavalheiro" era Néstor Kirchner. O casal estava no pico do poder — ou, pelo menos sentia-se dessa forma. Naquele ano, o país teve eleições parlamentares no meio do mandato. Tal como nos EUA, esse pleito acontece a cada dois anos. Inesperadamente, os Kirchners perderam aquela parlamentar. Todas as pesquisas indicavam que eles venceriam, mas perderam.

Néstor então bolou um esquema para fazer uma eleição de mentirinha, para verificar como estava a popularidade do governo, e, se fosse necessário, calibrar a campanha, para não correr mais o risco de perder de novo. E, assim, inventou o esquema maluco de primárias obrigatórias, único no planeta. É diferente de, por exemplo, na França, onde os militantes do Partido Socialista votam nos pré-candidatos socialistas. Ou nos Estados Unidos, onde o Partido Democrata e o Republicano, ao longo de várias semanas realizam as primárias nas quais votam as pessoas filiadas aos partidos (e, em alguns estados, podem votar também os não filiados). Ou o caso do Uruguai, onde existe um dia de primárias de todos os partidos, nas quais votam filiados e não filiados. Porém, em todos esses casos, a votação é voluntária, ao contrário da Argentina, onde as primárias são obrigatórias para todos os eleitores. Isto é, se uma pessoa não gosta de partido algum, mesmo assim é obrigada a votar nessas primárias partidárias em um único pré-candidato que vem acompanhado de uma lista armada de deputados e senadores.

Ora, se uma pesquisa de opinião pública funciona com uma amostragem de um grupo social, essas primárias argentinas são a maior pesquisa do planeta, já que a amostragem é a totalidade do eleitorado.

O voto é realizado em uma cédula de papel. O partido Peronista sempre se opôs de forma categórica às urnas eletrônicas. O eleitor vai até a cabine, pega uma folha pequena, que é a cédula eleitoral, que tem o nome e a foto do candidato a presidente e do vice, a coloca dentro de um envelope e o deposita na urna.

Uma forma de fraude é o de roubar a pilha de cédulas do candidato rival colocadas na mesa ao lado da urna. O eleitor entra, não vê a pilha de cédulas de seu candidato, e acaba votando no outro ou em branco (ou seja, coloca o envelope vazio na urna). Sim, estou me referindo à pilha mesmo. Montículo. As cédulas ficam empilhadas em uma mesa.

Por esse motivo é crucial a presença de fiscais partidários que impeçam o roubo da pilha. Isso ocorre em cidades do interior, o que pode afetar a candidatura de um vereador ou prefeito, embora nunca tenha afetado uma eleição federal.

## As eleições presidenciais e parlamentares de 2023

Em 2023, o economista e deputado Javier Milei, uma figura exótica que entrou na política nas eleições parlamentares de 2021, transformou-se no primeiro *outsider* que ameaçava conquistar o poder no país. Antes dele, todos os principais candidatos eram de algum dos grandes partidos políticos ou vinculados antigamente ao poder militar. Milei não pertencia a nenhum desses grupos e o *establishment* o encarava com desconfiança.

Mesmo assim, ele venceu as eleições primárias de agosto. O partido peronista levou uma sacudida inédita. Pela primeira vez, a extrema direita tinha condições de conquistar o poder.

No primeiro turno, um dos principais candidatos era Sergio Massa, o então ministro da Economia, um peronista da ala direita desse movimento político. Era a candidatura "menos pior" que o Peronismo teve naquele momento. E por "menos pior" me refiro ao desastre que Massa era como ministro, acumulando em pouco mais de um ano de gestão uma inflação de 190% e a cotação do dólar havia triplicado nesse período. A outra candidata era Patricia Bullrich, da ala direita da coalizão de centro-direita Juntos pela Mudança.

Massa e Milei disputaram o segundo turno, mas não foi uma eleição "polarizada", já que ambos partiam de bases reais pequenas. Nas ruas, uma maioria colossal de pessoas diziam "vou votar CONTRA Milei" ou "vou votar CONTRA Massa", mas não diziam "vou votar A FAVOR de Milei" ou "vou votar A FAVOR de Massa".

## Sergio Massa, "El Panqueque"

Desde a adolescência, nos anos 1980, quando começou a militar na juventude da UCEDÉ, partido de fervorosas posições neoliberais, Sergio Tomás Massa dizia aos amigos que seria presidente da Argentina. Em 2023, já acumulava 35 anos de seus então 51 anos de idade dedicando-se a subir ao poder para um dia sentar no "*sillón* de Rivadavia".

E Massa tentou todos os caminhos para alcançar esse posto. O jornalista Marcelo Veneranda afirma que "ele perseguiu o poder pela direita, pela esquerda e pelo centro". E arrematou: "e também pelas costas", em uma ironia sobre as traições que Massa protagonizou em sua busca pelo poder.

Quando a UCEDÉ se alinhou com o governo do peronista Carlos Menem na década de 1990, Massa não só fez o mesmo como foi além e deixou o anterior partido para se filiar ao Peronismo. Nessa ocasião se transformou em um menemista frenético, tal como já eram na época Néstor e Cristina Kirchner, que haviam ajudado Menem nas privatizações.

No Menemismo, conheceu sua esposa, Malena, conhecida por não ter papas na língua e filha de Fernando "Pato" Galmarini, um ex-guerrilheiro Montonero (membro da organização político-militar e de guerrilha urbana da esquerda radical cujo propósito era o estabelecimento de um Estado socialista na Argentina) que havia feito — como tantos outros dessa peculiar guerrilha — sua passagem da esquerda cristã-nacionalista ao neoliberalismo festeiro de Menem.

Massa era deputado quando o então presidente provisório Eduardo Duhalde o colocou — com apenas 29 anos de idade — no comando da Previdência, em 2002. Ficou famoso respondendo dúvidas dos aposentados pela TV. Em 2003, Néstor Kirchner tomou posse e herdou Massa de Duhalde. Kirchner traiu Duhalde, seu padrinho político. Massa também traiu "El Cabezón" ("O Cabeção", como era chamado o ex-presidente devido a seu proeminente crânio).

Em 2006, deixou o posto para ser prefeito de Tigre, mas em 2008, com a renúncia de Alberto Fernández do posto de chefe de gabinete de ministros, Massa foi designado por Cristina Kirchner para ocupar o posto. Ex-neoliberal transformado em intervencionista, propôs aos Kirchners a reestatização da companhia aérea Aerolíneas Argentinas.

Em 2009, uma paródia do *Big Brother*, o programa *El Gran Cuñado (O grande cunhado)*, sucesso de audiência na TV argentina, ridicularizava Massa, retratando-o como um servil ministro que corria atrás da presidente para secar seu cabelo e penteá-la. Nessa época, Massa foi encarregado pelos Kirchners de tentar remover o cardeal Jorge Bergoglio de Buenos Aires, pois o futuro papa Francisco era um grande crítico do casal presidencial. Massa tentou armar uma conspiração contra o cardeal em troca de favores para o Vaticano, mas fracassou. Bergoglio, atualmente Francisco, nunca esqueceu isso. Jamais o recebeu em Roma e Massa nunca teve uma foto com o papa argentino.

Meses depois, com a crise gerada pela derrota parlamentar de 2009, Cristina removeu Massa, que voltou para a cidade de Tigre.

Em 2010, após a morte de Néstor, documentos do Wikileaks indicaram que Massa havia dito na embaixada americana que Kirchner era um "psicopata" e um "monstro", além de afirmar que o ex-presidente era quem realmente comandava o governo e que Cristina somente "cumpria as ordens (do marido)".

Rapidamente Massa criou sua própria dissidência peronista — a Frente Renovadora — e candidatou-se à Câmara de Deputados em 2013, derrotando os candidatos kirchneristas. Em 2015, foi candidato à presidência, ficando em terceiro lugar (Macri foi o vencedor na ocasião). Massa fez campanha prometendo colocar Cristina na cadeia pelas denúncias de corrupção durante seu governo. Suas propostas econômicas deixavam de ter o tom intervencionista e voltavam a ter um toque neoliberal, ainda que *light*.

Famoso por sua ambição e por se adaptar camaleonicamente a todas as situações, quando é acusado de ter trocado de lados várias vezes, ele retruca, afirmando que seus rivais trocaram muito mais do que ele. Além disso, nas vezes em que se realinhava com velhos aliados após um período de guerra, voltava como se nada tivesse acontecido. Massa é como aqueles maridos que antigamente diziam que iam comprar um cigarro e voltavam dois anos depois, abrindo a porta, sentando na poltrona, bebendo uma cerveja a perguntando: "Cadê a janta?".

Nessa época, fez vários acenos ao então presidente Mauricio Macri, votando a favor de vários projetos do Macrismo no Parlamento.

Em 2019, não foi candidato a presidente. Preferiu esperar e observar. E foi lentamente passando a "fronteira" novamente. Se a política fosse um mapa, poderíamos dizer que Massa foi indo de novo para o lado de "Kirchnerlândia". Em 2022, com a economia se esfacelando e com o fracasso dos ministros da brigada dupla Cristina-Alberto, decidiram convocar Massa, que embora não entendesse patavinas de economia, era uma figura de consenso e famoso por sua habilidade de atrair "panqueques" como ele ("panquecas", que na gíria política argentina equivale a "vira-casacas").

No entanto, como Cristina aceitou Massa de novo? Ela própria costumava dizer que as ofensas na política "têm um prazo de validade de seis meses". O próprio Massa declarou: "Cristina não lembra porque nos distanciamos".

## Patricia Bullrich

Exatamente meio século antes de disputar a eleição presidencial, Patricia Bullrich, vinda de uma família aristocrática argentina cujos membros eram *celebrities* históricas com nomes que estampavam placas de avenidas em Buenos Aires, estava em um frenesi revolucionário. Ela era militante dos Montoneros, grupo cristão-nacionalista, que tinha um braço de guerrilha, e que era da ala esquerda do Partido Peronista. Nessa época, aos dezessete anos de idade, Patricia pregava contra o capital e pedia uma maior presença do Estado na economia.

No entanto, em 2023, com 67 anos, Pato, como é chamada pelos amigos, defende o capital e pede uma redução da intervenção do Estado. Sua militância peronista de esquerda ficou enterrada no passado (friso peronista de esquerda porque também há o Peronismo de direita). Patricia Bullrich tornou-se uma visceral crítica do movimento fundado pelo general Juan Domingo Perón. Atualmente, ela é da ala direita da coalizão de centro-direita "Juntos pela Mudança", grupo que esteve no comando do país apenas uma vez, durante o governo de Mauricio Macri, entre 2015 e 2019, quando foi ministra do Interior.

Patricia Bullrich tem vários vínculos com o Brasil. O primeiro é o de Augustus Bullrich, de Hannover, atual Alemanha, que na década de 1820 migrou, ainda jovem, para o Brasil, onde foi parte do exército de Dom Pedro I como sargento e lutou na Batalha de Ituzaingó, também chamada de Batalha do Passo do Rosário, ocorrida no Rio Grande do Sul. Ali foi feito prisioneiro pelos argentinos e levado para Buenos Aires. Tempos depois, foi libertado, se apaixonou por uma portenha e decidiu ficar no país, onde fez fortuna. Após várias gerações, nasceu Patricia, que, pelo lado materno é descendente de Juan Martín de Pueyrredón, um dos pais da independência argentina.

Quando era parte dos Montoneros, na década de 1970, emprestava a fazenda da avó para que os guerrilheiros praticassem tiro ao alvo. Ela própria disparava bem com o calibre 32. Seus dois primeiros namorados foram detidos e assassinados pelos militares durante o governo de Isabelita Perón, que perseguia os Montoneros.

Um ano depois do golpe militar de 1976, sua vida corria risco e Patricia partiu para o exílio no Brasil, onde fez um mestrado. Ela fala perfeito português e declara fascínio pela cultura brasileira.

Em 1982, após a Guerra das Malvinas, voltou clandestinamente à Argentina, mas foi detida pelos militares. Organismos de defesa dos direitos humanos conseguiram sua libertação e ela voltou para o exílio.

No ano seguinte, a democracia voltou e Bullrich retornou a seu país. Continuou militando no Peronismo até a chegada de Carlos Menem ao comando do movimento e à presidência do país. Uma parte do Peronismo dissidente se transformou no partido Frepaso. Esse grupo, junto a um partido fundado por Bullrich e a União Cívica Radical, do ex-presidente Raúl Alfonsín, criaram a "Aliança", que levou Fernando De la Rúa à presidência da Argentina em 1999. Patricia se tornou ministra do Trabalho.

Os sindicalistas, todos peronistas, eram seus opositores, mas a respeitavam por seu passado montonero e a temiam. A chamavam de La Piba (A Garota). No entanto, a grave crise política e financeira causou a queda do governo De la Rúa, e Bullrich ficou meio fora do radar político por um tempo, tal como quase todos os ministros daquele gabinete. Voltou gradualmente e se uniu ao Juntos Por El Cambio (Juntos Pela Mudança), coalizão liderada por Macri, do qual havia sido uma forte crítica nos anos prévios.

## Milei, o ultraneoliberal aconselhado pelo cão morto

O histriônico Javier Milei é, simultaneamente, um ultrameganeoliberal e um integrante da extrema direita. Nem sempre essas características coincidem, mas nesse caso da peculiar política argentina, sim. Milei era um economista sem brilho, que nunca estava dentro do amplo grupo de especialistas consultado por grandes empresas de Buenos Aires. Ele próprio explicou em programas de TV antes de ser candidato, que havia sido instrutor de sexo tântrico no passado. Milei declarou que o sexo convencional lhe parece "espantoso" e que fica até três meses sem ejacular. Ele fazia questão de afirmar em rede nacional que exercia essa prática. Durante uma entrevista ao jornalista Andy Kusnetzoff, Milei declarou: "Me chamam vaca malvada". Ninguém entendeu. O programa foi aos comerciais. Quando a transmissão foi retomada, Milei insistiu no assunto, disparando: "O que a vaca dá? E se ela é malvada, o que ela não dá? Ora, não dá leite".

Ainda na área sexual, na juventude, Milei e um grupo de outros rapazes montaram uma banda de rock chamada Everest. O próprio Milei declarou que as canções que faziam tinham conotações sexuais. Era uma espécie de pornô-rock.

O apelido de El Loco (O Louco) vem da época que ele tinha entre doze e catorze anos e jogava como goleiro nas divisões juvenis do clube Chacarita. Todos dizem que era ótimo na posição. O apelido era devido a seu estilo de defesa. O jovem Milei se atirava de todas as formas para sempre tentar pegar a bola. Seus colegas da época dizem que era introvertido, calado, nada a ver com o verborrágico Milei atual.

Ele se formou na Universidade de Belgrano, uma instituição particular. Milei conseguiu, como economista, trabalhos de menor importância ao longo dos anos e volta e meia publicava algum artigo com algum título *sui generis* como *Dos Flintstones aos Jetsons*, publicado na época em que trabalhava na Fundação Acordar — paradoxos desta vida —, uma instituição que promovia políticas públicas.

Milei diz que Deus é libertário. Uma dezena de fontes confirmam que o atual presidente argentino costuma afirmar que Deus tem uma missão encomendada para ele. Milei toma decisões importantes depois de consultar o tarô. Além disso, utiliza os serviços de parapsicólogos para entrar em contato com seu cão falecido, que lhe passa "conselhos do além". O canino-assessor é seu cão Conan, um mastim inglês, defunto desde 2017. Milei diz que foi seu único amigo nos anos mais difíceis de sua vida.

Aos amigos, afirma que ele e o cão se conheceram há 2 mil anos no Coliseu romano quando ele era um gladiador e o cão era um leão. Não lutaram, porque o "Um", como ele se refere a Deus, lhes comunicou que se ajudariam mutuamente no futuro.

Ele clonou Conan nos Estados Unidos e fez quatro novos cães que dormem com ele na cama. A escritora Pola Oloixarac afirma que, anos atrás, Milei morava em um pequeno apartamento no bairro do Abasto com seus quatro cães. "O cheiro dava náuseas. Por isso, ele nunca convidava pessoa alguma para visitá-lo", afirma Oloixarac no livro *Galería das Celebridades Argentinas*. Nas palestras que costumava dar, segundo a biografia *El Loco*, de Juan Luis González, ele deixava sempre algumas cadeiras vazias para que os espíritos dos cães sentassem ali.

O líder da extrema direita não desmente seus contatos telepáticos com Conan. "O que faço com minha vida espiritual dentro de minha casa é um assunto meu. Se Conan me assessora na política, significa que é meu melhor consultor!", declarou em diversas ocasiões à imprensa.

Milei passou a infância e adolescência em Buenos Aires, onde nasceu no dia 22 de outubro de 1970. Os detalhes dessa época são poucos conhecidos. Milei fala pouco sobre seus primeiros anos de vida, mas sabe-se que era um menino sem amigos. Ele contou, anos atrás, que sofria violência física de seu pai e bullying de sua mãe. Seu suporte, naqueles anos, foi sua irmã Karina, que é a mentora de sua campanha política, e a quem ele chama de El Jefe (O Chefe, assim, no masculino). Sobre seus pais, ele não fala. Se refere a eles de forma técnica, como "progenitores".

Posteriormente, começou a ser conhecido nos programas de fofocas dos canais argentinos. Esse gênero é uma instituição no país. No entanto, como trata-se da caótica Argentina, esses programas, entre um *"chimento"* (fofoca) e outro, falavam também de economia para as donas de casa. E aí entrava Milei, de forma muito didática. No entanto, quando repentinamente um repórter na rua avisava que a modelo X estava por sair da cobertura do jogador de futebol Y, a explicação de Milei era abruptamente interrompida para falar do midiático casal. E, quando o ao vivo da rua terminava, a câmera voltava ao estúdio para que os "chimenteros" analisassem o caso entre as duas celebridades.

Milei geralmente ficava quieto, mas, volta e meia, recebia alguma pergunta inesperada da apresentadora: "E você, Milei, o que acha do *affair* da modelo X com o jogador Y?". Pego de surpresa, no início ele balbuciava algo, porém logo se adaptou à dinâmica do programa e se tornou conhecido. Não demorou para começar a pregar suas ideias político-econômicas em rede nacional. Ele adquiriu jogo de cintura e dava audiência. Em pouco tempo começou a ser chamado também para programas mais sérios sobre economia. Essa foi sua primeira transformação.

Em 2018, Milei decidiu explorar seu lado histriônico e conseguiu um importante produtor teatral para trabalhar em uma peça cômica na qual ele interpretaria a si próprio. Ou seja, Milei faria o papel de Milei. Era uma espécie de *stand-up* financeiro acompanhado de outros atores que simulavam visitas a uma espécie de consultório. Na peça, Milei pregava o fim do Banco Central argentino, pois ele considera que a entidade financeira é a fonte de todos os males do país. No fim, ele destruía freneticamente uma maquete do BC com um taco de golfe. A obra teatral encerrava-se com uma cena em que Milei era levado em uma camisa de força para fora do palco.

A segunda transformação foi quando ele decidiu entrar formalmente na política e fundou seu partido, "A Liberdade Avança", e se candidatou a deputado nas eleições parlamentares de 2021. De forma surpreendente, obteve 13,7% dos votos na cidade de Buenos Aires, embora no restante do país atingiu apenas 4,9% do total. Na sequência, começou a preparar sua candidatura presidencial para as eleições de 2023.

Classificar Milei apenas como um neoliberal é subestimar seu radicalismo. Os Chicago Boys pareceriam membros do Partido Comunista da Alemanha Oriental perto das propostas de capitalismo selvagem pronunciadas por Milei. Ele é a favor da venda de órgãos e promete privatizar as escolas públicas, assim como o sistema de saúde. Em uma entrevista, indicou que não seria contra a venda de bebês (e fez um adendo: "Bom, eu não venderia um filho meu"). Por isso utilizo a expressão "ultrameganeoliberal".

A destruição de maquetes do BC se repetiu ao longo dos anos. Aliás, em um programa de TV, anos atrás, era o aniversário de Milei e colocaram uma pinhata no estúdio com o formato do prédio do Banco Central. Milei destroçou o objeto com assustadora ferocidade.

De quebra, ele promete eliminar o peso, a moeda nacional e substituí-la pelo dólar. No entanto, Milei é criticado pelos economistas neoliberais tradicionais, que afirmam que as propostas dele são delirantes. Vários deles o chamaram para debater, mas ele recusa todos os convites.

No entanto, Milei seduz os jovens, tanto os das favelas como os da elite. Desde os rapazes do elitista bairro Nordelta até os filhos de imigrantes da Villa 31, favela próxima ao centro portenho. Na área rural, os empresários de agronegócio se preocupam com seu plano de dolarizar a economia, fato que faria as exportações agropecuárias menos competitivas. No entanto os filhos adolescentes dos fazendeiros, que ainda não precisam lidar com a realidade dos negócios, se fascinam com a "rebeldia" de Milei.

O líder da extrema direita desfere uma saraivada de palavrões, fala aos gritos no palanque, pula e se descabela. Sua bicas e seu olhar é esbugalhado. A trilha de seus comícios é heavy metal e Rolling Stones. Usa enormes costeletas, algo que mexe no inconsciente coletivo dos argentinos, pois remete a grandes caudilhos do passado, como o general Juan Manuel de Rosas e Facundo Quiroga, do século XIX, emblemas do "homem forte" e "destemido".

Em agosto de 2023, surpreendeu ao ficar em primeiro lugar nas eleições primárias obrigatórias, com 29% dos votos. No primeiro turno presidencial, em outubro, continuou com 29%, ficando no segundo posto. No debate presidencial, seu rival, Sergio Massa, contou que Milei, quando estava a ponto de se formar em Economia, fez um estágio no Banco Central, mas não teve seu estágio de seis meses renovado porque não passou no psicotécnico. Milei ficou atrapalhado e não teve como retrucar.

Nesse período, entre o primeiro e o segundo turno, Milei protagonizou cenas bizarras que passavam uma certa impressão de instabilidade. Em uma entrevista, reclamou que alguns dos presentes no estúdio não o deixavam se concentrar nas respostas. Ele olhava para essas pessoas, apontando o dedo, reclamando, pedindo que fizessem silêncio. No entanto, não havia ninguém ali.

No segundo turno, em novembro, Milei venceu Sergio Massa, alcançando 55,65% dos votos, a maior proporção desde a volta à democracia em 1983 (e a quarta maior desde a instalação do sufrágio para os homens em 1916).

Dias após a vitória, Milei começou a deixar de lado o tom de "leão" (um de seus símbolos e um de seus apelidos pela vasta e desarrumada cabeleira) e passou a se comportar como um gatinho mimoso ao suavizar de forma substancial seu discurso radical na área externa. Milei havia dito que romperia relações diplomáticas com a China porque era "uma ditadura e um país comunista", mas Xi Jinping lhe telefonou após a vitória e Milei foi todo amável, tanto que uma de suas primeiras medidas encaminhadas ao Parlamento foi a de isentar de impostos as empresas chinesas na Argentina. Os mileístas mais fanáticos ficaram chocados ao ver a guinada de seu líder.

Com Lula e o Mercosul, o comportamento foi similar. Milei dizia que Lula era um "ladrão, corrupto e comunista" com o qual pretendia "não conversar", mas, após o segundo turno, enviou a Brasília sua chanceler designada, a economista Diana Mondino, para entregar pessoalmente um convite a Lula para que comparecesse à posse presidencial.

## Recuo também com o papa

Milei tem um longo currículo de xingamentos contra o argentino papa Francisco. Em 2019, publicou um tuíte chamando o papa de *sorete* (uma gíria portenha chula que designa uma unidade fecal). Nos anos seguintes, o chamou de "imbecil". E, durante a campanha, insistiu no adjetivo, acrescentando outros novos, como "cúmplice do maligno" (uma referência ao demônio, essa entidade inexistente) e "defensor de ditadores comunistas".

Só que, em agosto, quando o Vaticano indicou que o papa cancelaria seus planos de ir a Buenos Aires no ano seguinte, os mileístas entraram em pânico e o então candidato teve que pedir desculpas. Dois dias após as eleições, Francisco falou com Milei por telefone para saudá-lo pela vitória nas eleições. O presidente indicou que o diálogo foi "ameno e muito bom". O papa lhe prometeu enviar um rosário, embora Milei esteja em pleno processo de conversão ao judaísmo. Mesmo assim, ele aproveitou a ocasião para convidar o sumo-pontífice a visitar sua terra natal em 2024. O papa disse a Milei que ele precisará de sabedoria e coragem na presidência, ao que Milei retrucou: "Coragem não me falta... E, sobre a sabedoria... Estou trabalhando nisso".

Milei e o papa têm colossais divergências nas áreas econômica, social e ambiental. No entanto, ambos têm um ponto em comum: os dois são categoricamente contra a legalização do aborto. O papa se engajou pessoalmente na campanha contra a legalização na primeira tentativa de aprovação, ocorrida no governo Macri, em 2018, e também na segunda, em 2020, no governo Fernández, quando finalmente foi aprovada.

Milei quer convocar um plebiscito para revogar a lei de legalização do aborto, mas a lei argentina impede consultas populares sobre assuntos penais. Dessa forma, o próximo inquilino da Casa Rosada precisa de apoio para tentar a revogação da lei por outras formas ainda indefinidas.

## Cães na posse

No dia da posse, Cristina Kirchner e Milei — duas figuras que supostamente se odeiam — protagonizaram duas cenas inesperadas. Ao chegar ao edifício do Parlamento, Milei foi recebido pela ainda vice-presidente Cristina, que até essa hora ainda também era presidente do Senado e, portanto, a responsável pela organização da posse. Enquanto ela o recebia e ambos caminhavam na direção do plenário, tiveram uma conversa embalada por risadas. E a coisa não parou por aí.

Depois da posse e de ter recebido a faixa e o bastão presidencial, Milei mostrou-o a Cristina. Ela então percebeu que tinha algo diferente, um novo detalhe em alto-relevo. Milei percebeu e, sorrindo, levantou o símbolo presidencial. Ela olhou o bastão mais de perto e ambos riram simultaneamente. Cristina colocou a mão no braço de Milei e ele explicou que o adendo tinha relação aos que ele chama de seus "filhos de quatro patas".

Aqui precisamos de uma breve pausa para explicar essa questão dos bastões: os presidentes argentinos, além da faixa presidencial, têm um bastão como símbolo. Cada novo presidente recebe um bastão feito para ele, geralmente por um famoso artesão argentino. E cada novo chefe de Estado decide colocar símbolos em alto-relevo de tom patriótico/nacional ou escolhe a madeira do bastão de alguma árvore de sua província natal. Milei foi o primeiro a incluir símbolos de sua vida pessoal no bastão... mais especificamente seus cinco pets.

Voltando ao bastão mileiano: ali estavam as caras de seus cinco cães, isto é, o falecido Conan, com o qual Milei conversa por telepatia, e os quatro clones que Milei encomendou chamados Milton, Murray, Robert e Lucas. A *vibe* circunstancial entre os dois foi de cunho canino, já que Cristina adora cães, pois teve vários deles, inclusive o famoso Simón, que foi um presente do irmão de Hugo Chávez.

Essa era a mesma Cristina Kirchner que não quis passar, oito anos antes, a faixa presidencial a Macri — nem passou a senha da conta oficial do Twitter da Casa Rosada.

Momentos antes, ao chegar ao edifício do Congresso Nacional, Cristina foi alvo de vaias por parte de moradores de um prédio vizinho acompanhadas do grito "Agora Cristina vai presa". A ainda vice-presidente, sem olhar para trás, levantou o dedo do meio de uma das mãos fazendo o tal gesto que os americanos popularizaram nas últimas décadas como quem manda os outros se foderem, mas que tem origens gregas. O primeiro registro desse gesto foi na comédia *As nuvens,* do dramaturgo Aristófanes. Os romanos se encarregaram de divulgá-lo pelo império com a denominação de *"gestus impudicus"*, o "dedo sem pudor".

## Milei's girls

A deputada Lilia Lemoine era uma *cosplayer* que se vestia — e volta e meia ainda se veste — como a Mulher Maravilha e personagens de mangás, até que aproximou-se de Milei como sua maquiadora. Ela contou à imprensa que eles tiveram um breve romance e, depois que terminaram, ela entrou na militância anarcocapitalista.

Logo após ser eleita, Lemoine anunciou que seu primeiro projeto de lei será oferecer aos pais a possibilidade de renunciar à paternidade. O projeto determina que a mulher grávida terá quinze dias para notificar o pai dessa gravidez e ele poderá decidir se quer reconhecer a criança ou não. Lemoine afirma que se o homem não quiser, não terá o dever de pagar a pensão alimentícia. Lemoine também defende a revogação da legalização do aborto.

Victoria Villarruel é a vice-presidente eleita na chapa de Milei. No início de 2021, quando foram realizadas as eleições parlamentares do meio do mandato do governo de Alberto Fernández, Victoria Villarruel aproximou-se de Milei, na época em que o Mileísmo era só mato. Naquele ano, Milei e ela foram eleitos deputados.

Nessa dupla da "turbo-direita", Milei é o lado que quer o Estado em sua mais microscópica expressão, e Villarruel é o lado nacionalista, de exaltação militar. Ela é filha de um veterano da Guerra das Malvinas, conflito deslanchado pela ditadura argentina. Ela é uma negacionista dos crimes do regime militar e tinha uma ONG que pedia a libertação dos militares condenados pela tortura e assassinato de civis e pelo sequestro de bebês.

Outra mulher do Universo mileísta é Fátima Florez, uma famosa humorista, conhecida por sua brilhante imitação da vice-presidente Cristina Kirchner. Eles começaram a namorar na época das eleições primárias de 2023. Sigmund Freud explica. Sim, Milei passa as noites com a melhor "sósia" de Cristina.

Fátima será uma primeira-dama ou continuará como humorista? Milei disse após as eleições que gostaria que Fátima continuasse com suas atividades de humorista. Fátima, em dezembro, estreou um novo show no qual imita seu namorado presidente.

A outra mulher da lista — e mais poderosa — é a irmã de Milei, Karina, que foi seu sustento emocional na infância e adolescência. "El Jefe" joga tarô para o presidente eleito definir sua agenda. Karina seria o vínculo de Milei com assuntos esotéricos, entre eles, o de conversar com seu cachorro morto. Os aliados de Milei não ousam contradizer o que Karina ordena. Ela fala pouco e nunca deu declarações à imprensa.

Em dezembro, uma das primeiras medidas de Milei foi a de revogar uma lei do ex-presidente Macri que impedia que parentes do presidente, do vice ou de ministros ocupassem altos cargos públicos. Milei, após revogá-la, designou Karina para o influente posto de secretária-geral da República.

## O pacotaço-salada de Milei:
### das privatizações à cor das togas dos juízes

Em sua primeira semana no poder, Milei decretou uma inédita regulação das manifestações argentinas. Por decreto, o novo presidente determinou que os manifestantes não poderão mais bloquear ruas e que, para ser considerada "manifestação", bastam três pessoas (ou mais) reunidas com o objetivo de protestar. O novo presidente também estipulou que as pessoas que desejem realizar protestos precisam pedir autorização às autoridades competentes com 48 horas de antecedência, fato que acabaria com as manifestações espontâneas. Além disso, em caso de obstrução da via pública, os organizadores deveriam pagar ao Estado os custos do deslocamento dos policiais requeridos para dissuadir e dissolver a própria manifestação. O bloqueio de ruas, avenidas, estradas e ferrovias é chamado de piquete. No ano passado, foram 9 mil, o que dá uma média de 24 piquetes por dia.

Essas normas têm um precedente, de 2014, quando a então presidente Cristina Kirchner, durante o discurso de abertura do ano parlamentar, causou surpresa ao declarar que era necessária uma lei para regular as manifestações, impedindo o bloqueio de avenidas e estradas. De defensora dos piquetes, Cristina se transformou, na época, em uma crítica dessa modalidade de protesto, afirmando que "toda manifestação pública deve ser notificada à polícia com uma antecedência maior a 48 horas". A proposta teve o aplauso dos deputados da direita. Cristina sustentou na ocasião que os piqueteiros não tinham o direito de bloquear ruas e avenidas e afirmou que "todos têm o direito a protestar, mas sem impedir as pessoas de ir trabalhar". No ano anterior, o país havia sido cenário de mais de 5 mil piquetes. A inflação irritava os trabalhadores, que bloqueavam avenidas. Seu governo foi alvo de duas greves gerais.

Voltando a Milei, dias depois de assumir o poder, ele enviou um megapacote de medidas para o Parlamento. Em nome da "emergência econômica" ele pediu poderes especiais ao Parlamento para tomar medidas como a privatização das empresas estatais. Ele queria privatizar o Banco de La Nación, equivalente ao Banco do Brasil, privatizar a Casa da Moeda, a empresa que opera as três centrais nucleares do país, além da petrolífera YPF, entre outras, em um total de 41 empresas públicas.

Milei adora séries policiais americanas e quer que os juízes argentinos usem togas pretas e o martelinho durante as sessões. Além disso, entra em detalhes como complicar as internações de pessoas com questões psiquiátricas graves. Na área da educação, as universidades públicas passarão a cobrar mensalidade de estudantes estrangeiros, a não ser que eles tenham o documento de residência permanente.

O ponto polêmico na área eleitoral é que, devido às mudanças demográficas das últimas décadas, Milei quer reduzir o número de deputados das províncias pequenas e aumentar o das grandes. A Terra do Fogo, por exemplo, ficaria com apenas um deputado.

Após a posse, Milei não se mudou para a residência presidencial de Olivos. Um dos motivos é que ele havia encomendado um imenso canil para os clones de Conan. O outro motivo é que o supersticioso novo presidente, temendo alguma espécie de maldição ou atividade energética contra ele, havia encomendado uma "limpeza espiritual" da residência presidencial.

### Bonus track argentino 1: a tradição em "suicidados"

A Argentina acumula uma longa lista de pessoas incômodas aos presidentes de plantão que protagonizaram suicídios em condições de incrível malabarismo e de calibres de balas. Sem dúvida, Agatha Mary Clarissa Miller Christie Mallowan (1890–1976) teria deliciado-se com vários dos casos argentinos. A Rainha do Crime, como era conhecida a autora de E *não sobrou nenhum*, *Uma dose mortal* e *Morte no Nilo* bem poderia ter escrito "Morte no Prata".

O primeiro famoso da lista foi Juan Duarte, ex-vendedor de sabonetes que subiu na vida na velocidade da luz quando sua irmã, Eva (Evita) Duarte casou-se com Juan Domingo Perón. As negociatas de "Juancito" — transformado em um playboy — criavam constantes problemas para o cunhado presidente, que se irritava com ele. No entanto, Evita sempre o protegia da raiva de Perón, mas ela morreu em 1952. No ano seguinte, "Juancito" apareceu morto em seu luxuoso apartamento com um tiro na cabeça. Ao lado, uma carta na qual alegava inocência de tudo o que o culpavam e pedia "perdão pela letra" — que, por sinal, não era dele. E a arma no chão era calibre 38, embora a bala dentro de sua cabeça fosse de calibre 45. O governo Perón insistiu que tratou-se de suicídio.

Em 1998, em outro governo peronista, o de Carlos Menem, o capitão de navio da reserva Horacio Pedro Estrada apareceu morto em seu apartamento na rua Arenales. A porta estava trancada por dentro. Estrada era testemunha — e muito crucial — no processo judicial sobre o escândalo da venda ilegal de armas da Argentina ao Equador e à Croácia intermediada por Menem.

O escândalo das armas envolveu Menem e diversos ministros e assessores. Além disso, como em uma superprodução cinematográfica onde não podiam faltar os efeitos especiais, o escândalo contou com a colossal explosão da fábrica militar de Rio Tercero, na província de Córdoba, em 1995. A chuva de estilhaços e as granadas espalhadas por toda a cidade provocaram a evacuação de 60 mil pessoas do local e arrasou os bairros vizinhos à fábrica.

Em 1991, Menem e vários ministros assinaram três decretos presidenciais que autorizavam a venda de armas ao Panamá e à Venezuela. As armas para a Venezuela nunca chegaram ao seu destino e foram parar na Croácia, país que no meio da Guerra da Ex-Iugoslávia estava sob o embargo de armas da Organização das Nações Unidas (ONU). Foram enviadas 6.500 toneladas de armas e munições e pelo menos 18 canhões Citer de 155 milímetros pelo valor de 100 milhões de dólares. Para complicar ainda mais a situação, a Argentina participava da missão de paz da ONU na área.

As armas oficialmente vendidas ao Panamá tampouco foram entregues, já que o carregamento foi desembarcado no Equador: um total de 5 mil fuzis FAL e 75 toneladas de munições. O Equador estava em guerra com o Peru pela cordilheira do Condor. Paralelamente, a Argentina era, desde 1940, avalista do tratado de paz entre os dois países. Menem foi criticado pela estranha decisão de ter assinado um decreto de venda de armas ao Panamá, já que, desde a invasão norte-americana de 1989, o país não tem forças armadas. Além disso, o Peru havia sido um histórico aliado da Argentina desde os tempos da Independência. Inclusive, o Peru havia oferecido ajuda (aviões) à Argentina durante a Guerra das Malvinas.

Em 1994, o envio clandestino foi feito com armas em uso pelo exército. Essa foi a falha que tornou pública a ilegalidade, já que os equatorianos receberam material defeituoso e reclamaram, ameaçando processar o Estado argentino. A reclamação foi pública. E isso desatou o escândalo. E a explosão de Río Tercero foi uma forma de ocultar a falta de diversas armas.

Um ano depois, em 1996, o helicóptero onde viajava o general Juan Andreoli, diretor da Fabricaciones Militares, espatifou-se ao tentar um pouso de emergência em um campo de pólo, no bairro de Palermo, na capital argentina. Todos os dez passageiros morreram na hora. No helicóptero também estava o coronel Rodolfo Aguilar, que havia sido convocado como testemunha no processo sobre a venda ilegal de armas.

Em 1997, duas testemunhas de irregularidades na venda das armas — Carlos Alberto Alonso, encarregado dos controles da Alfândega, e Vicente Bruzza, operário da fábrica militar de Río Tercero que havia denunciado uma "maquiagem" no registro das armas — morreram na mesma semana de estranhos ataques cardíacos.

Outro "suicídio", com um tiro disparado a um metro de distância (!!!), foi o do banqueiro Mario Perel, pois ele teria "falado demais" com deputados opositores que investigavam lavagem de dinheiro e o escândalo das armas.

Em seguida, ocorreu a morte de Estrada. Voltemos a ele: o militar estava sentado, com o torso sobre sua escrivaninha, em cima da qual havia um revólver 9 milímetros. No entanto, a arma que havia provocado sua morte era de calibre 3.80, que estava caída no chão. O tiro foi dado ao lado da orelha esquerda, perto da nuca, de trás para a frente, e de baixo para cima, mas

Estrada não era canhoto — nem "acrobata" ou "contorcionista". O governo Menem declarou, mais uma vez, que foi suicídio.

Meses depois, foi a vez de Marcelo Cattáneo, a principal testemunha de outro escândalo, o caso de corrupção IBM-Banco Nación. Cattáneo era suspeito de ter sido o "distribuidor" dos 21 milhões de dólares em subornos do caso. Ele temia ser usado como bode expiatório e se dispôs a "contar tudo", mas dias depois desapareceu. Foi encontrado cinco dias mais tarde, enforcado, em um terreno abandonado atrás da cidade universitária.

Nos dias em que Marcelo esteve desaparecido, segundo a polícia, ele deixou o carro, caminhou quarenta quarteirões, escalou um muro, subiu por uma torre metálica, armou um laço de náilon com um nó simples (e não de forca, que desliza) e pulou lá de cima, ficando pendurado, sem vida. No entanto, antes de saltar, colocou óculos escuros, apesar de ser tarde da noite e, dentro da boca, trazia um recorte do jornal *La Nación*, de três dias antes, com uma matéria sobre seu desaparecimento. Cattáneo estava, ainda, com outro visual. Ele vestia um conjunto de moletom azul e tênis vermelhos. A família ficou surpresa, pois ele era particularmente sóbrio e não usava esse tipo de roupa. Se Cattáneo chegou até aquele inóspito lugar a pé, pelo menos preocupou-se em poupar o trabalho para quem o encontrasse, já que no bolso de sua calça esportiva foram encontrados seus documentos. A roupa original de Cattáneo também havia desaparecido do carro, mas foi encontrada por dois mendigos a mais de 200 metros do local da morte. Dentro do bolso do paletó, havia um barbeador recém-utilizado e um recibo de uma loja de roupas esportivas. No entanto, no estabelecimento, ninguém lembra de Cattáneo. O governo Menem alegou que havia sido suicídio.

Os "suicidados" *sui generis* na Argentina tiveram uma pausa até que no dia 18 de janeiro de 2015 apareceu, com um tiro no osso parietal direito, o corpo do promotor federal Alberto Nisman, que havia denunciado a presidente Cristina Kirchner por ter ordenado em 2012 o encobrimento da participação de altas autoridades iranianas no atentado contra a Associação Mutual Israelita Argentina (Amia) em 1994. Em troca desse pacto de impunidade, a Argentina conseguiria suculentos acordos comerciais com o Irã. Nisman ia comparecer no dia seguinte ao Parlamento para informar detalhes de sua denúncia.

Pouco depois da descoberta do corpo, chegou à cena do ato o secretário de segurança, Sergio Berni, homem de confiança da denunciada pelo promotor. Os policiais que entraram no apartamento de Nisman limparam o sangue que cobria a arma com papel higiênico, removendo impressões digitais. O secretário de segurança impediu a entrada de um médico durante meia hora. Enquanto isso, sessenta funcionários das forças de segurança e da Justiça, sem usar máscaras nem luvas, pisavam nas poças de sangue, usaram o banheiro e circularam por toda a residência. E, quando ficaram com sede, fizeram chimarrão na cozinha de Nisman. De quebra, alguém no apartamento mexeu no computador do promotor e apagou informações.

Nisman tinha a proteção de dez guarda-costas. No entanto, nenhum deles estava posicionado na frente do apartamento no décimo-terceiro andar de um prédio em Puerto Madero. Os homens estavam ausentes desde a véspera da morte.

Nisman havia solicitado aos guarda-costas que estivessem prontos para levá-lo a um determinado lugar, mas, na hora marcada, Nisman não apareceu. Paradoxalmente, esperaram duas horas até telefonar ao promotor, que não atendeu. Depois, telefonaram à secretária de Nisman, que os colocou em contato com a mãe do promotor. Os guardas foram buscar a senhora do outro lado da cidade e a levaram até o apartamento com sua chave. Eles chegaram no fim da tarde, mas só subiram, uma hora e meia depois. Segundo eles, não foi possível abrir a porta e chamaram um chaveiro, alegando que o apartamento estava trancado por dentro. Ninguém pensou em arrombar as duas portas de acesso. Nisman poderia estar morto, passando mal ou ter sido sequestrado. Os homens da Polícia Federal optaram por recorrer à prosaica atitude de chamar um chaveiro, que abriu a porta com facilidade.

Nisman não deixou cartas de despedida, mas, em cima da mesa, deixou uma lista de supermercado para sua funcionária doméstica, indicando os produtos que ela tinha que comprar na segunda-feira. Um peculiar caso de "suicida" que deixa o pedido da quitanda.

As autoridades só solicitaram os vídeos das câmeras de segurança do prédio e dos arredores cinco dias depois da descoberta do corpo.

O tiro requeria que Nisman tivesse sido um contorcionista, levando em conta a posição da arma e o furo no crânio quase na nuca do defunto promotor. O disparo, segundo as autoridades na época, foi dado com Nisman segurando a mão direita com a esquerda. A direita segurava o revólver, enquanto a esquerda mantinha a direita na posição. Outro estudo, posterior, concluiu que duas pessoas teriam que segurar Nisman para que fosse capaz de atirar em si mesmo naquela posição esdrúxula.

O governo Kirchner primeiro alegou que era suicídio. Dias mais tarde, mudou o discurso para afirmar que se tratava de um assassinato. Na sequência, a presidente Cristina alegou, em rede nacional de TV, que Diego Lagomarsino, o técnico de informática que atendia o promotor, era, na verdade, seu namorado. No entanto, dias depois, teve que mudar de estratégia quando apareceram várias ex-namoradas do promotor. O governo então se viu obrigado a dar uma guinada em seus argumentos e passou a afirmar que Nisman vivia saindo com prostitutas, gastando o dinheiro do Estado, mas sem apresentar provas disso.

### BONUS TRACK ARGENTINO 2:
### A SURREALISTA MONARQUIA PATAGÔNICA

Uma surrealista monarquia sem reino e com vários pretendentes: assim começou, em 1857, no fumacento cabaré Le Chat Noir, em Paris, o Reino da Araucânia e Patagônia. Ou, o nome oficial, em francês, para ficar mais chique, o *Royaume d'Araucanie et de Patagonie*. A Araucânia é uma região localizada no sul do Chile, e a Patagônia é a área meridional da Argentina. Nesse café, reuniam-se escritores e poetas. O grupo contava com um um procurador de Justiça do vilarejo de Périgord chamado Orélie-Antoine de Tounens. Em meio a bebedeiras de absinto, o grupo deu ao ingênuo Orélie o título de rei da Araucânia. Era gozação… mas Orélie levou o assunto a sério. Convencido de que poderia governar centenas de milhares de indígenas que ainda resistiam à conquista dos brancos, embarcou para o Chile levando na mala uma bandeira do reino que pretendia fundar, além de uma Constituição e algumas medalhas para distribuir a seus futuros súditos. E, para causar boa impressão, também colocou alguns fraques em sua bagagem.

Em 1858, ele chegou ao Chile. Pouco depois, conseguiu marcar um encontro com um dos principais líderes da região, o cacique Quilapán, famoso por ser valente e intrépido. Orélie o convenceu de que conseguiria proteger os indígenas com a ajuda do imperador Napoleão III da França.

Orélie, que tinha muita lábia, reuniu mais caciques e proclamou o Reino de Araucânia no dia 17 de novembro de 1860. Dessa forma, surgiu a primeira monarquia franco-indígena do continente americano.

Quatro dias depois, mais ambicioso, enviou emissários à Patagônia, do lado argentino da cordilheira dos Andes. Ali obteve outro título, o de "Roi de la Patagonie". O ex-procurador transformava-se assim em rei da Araucânia e da Patagônia.

O problema de Orélie foi que, naquela época, o Chile e a Argentina começavam a planejar a conquista dessas regiões. Orélie despontava como um enorme problema a médio prazo. Por isso, foi preso pelos chilenos e deportado. Ele passou a ser visto como um agitador e um louco. Foi internado por alguns meses no Hospício de Santiago, capital do Chile. Na sequência, foi enviado de volta para a França. Lá, vendeu títulos de nobreza, terrenos fictícios na Patagônia e bônus da tesouraria do inexistente reino para angariar dinheiro e retornar. Orélie voltou mais duas vezes à Patagônia, mas foi expulso novamente em ambas as incursões.

Na derradeira viagem ele adoeceu, pois sofria de câncer no cólon. Com uma grave obstrução intestinal, transformou-se mais uma vez em notícia, já que os médicos argentinos realizaram nele a primeira operação de ânus artificial da América do Sul.

Ele morreu pobre em Bordeaux no dia 17 de setembro de 1878. Algum tempo antes de seu falecimento, Orélie Antoine I repassou seus "domínios" a um primo em segundo grau, Aquiles Leviarde, que, por sua vez, tornou-se Aquiles I. Este, porém, jamais colocou seus pés na Patagônia, mas, já idoso, em 1900, tentou vender o reino para o magnata do aço norte-americano Andrew Carnegie. O multimilionário interessou-se a princípio, mas, após seis semanas de negociações, as conversas fracassaram.

Em 1902, Aquiles I morreu. Seu ministro das Relações Exteriores, garçom de um bar, informou aos jornais sobre seu falecimento. Seu sucessor foi Antoine-Hippolyte Cros, que recebeu o título de Antoine II. Seus filhos tentaram, sem sucesso, vender o sonoro título de Rei da Araucânia e da Patagônia. Sem encontrar compradores, sua filha assumiu o "trono" com o nome de Laure Thérèse I. Ela foi sucedida por seu filho, Jacques Antoine Bernard, sob o título de Antoine III. Em 1951, ele abdicou, repassando os direitos da Coroa patagônica-araucânia a Philippe Boiry — com o qual não tinha laço algum de parentesco — entronizado com o título de Philippe I. Quando este morreu, sem descendentes, o Conselho do Reino, formado por sete nobres que "compraram" seus títulos, decidiu eleger um novo rei, Jean Michel Parasiliti, que faleceu em 2017.

Em 2018, Frédéric I foi coroado monarca, o oitavo do reino sul-americano desde sua fundação. Frédéric Luz é um francês especialista em heráldica, mas sua vida não é um mar de rosas, pois seu trono é disputado por Sua Alteza real Estanislau I, que é respaldado por um bando dissidente de nobres. Ele é Stanislas Parvulesco, um jovem — também francês — de 22 anos que, por estar na pindaíba, mora com os avós.

Frédéric queria embalar o ritual da coroação ao som do hino do reino. O conselheiro real Klaus Peter Pohland fez o possível para que isso acontecesse. No entanto, os acordes do hino mal puderam ser ouvidos pelos trinta presentes, pois o arquivo sonoro estava em seu laptop, cuja potência era muito baixa. A um par de quarteirões, Stanislas esbravejava furioso: "Nunca existirão dois monarcas! Existe um príncipe e um usurpador!". Os dois afirmam que são soberanos de "um reino latino-americano que defende os indígenas mapuches", mas ambos são brancos e residem na distante Paris.

Os indígenas presentes na cerimônia de coroação de Frédéric eram apenas cinco, que moram na Europa. Na "corte" dissidente de Stanislas não há indígenas. Por isso, no dia em que discursou contra seu rival Frédéric, Stanislas I prometeu reunir-se com a presidente chilena Michelle Bachelet para discutir a questão mapuche. Minutos depois, um de seus conselheiros lhe avisou que Bachelet não era mais presidente do Chile, já que o novo chefe de Estado chileno na época era Sebastián Piñera...

Frédéric e Stanislas apresentam dois pontos em comum: não falam os idiomas de seus súditos — o castelhano e o mapudungún — e jamais pisaram nas terras que reivindicam. Os dois disputam o trono de um reino sem terras nem súditos.

"A Patagônia", dizia o veterano jornalista argentino Enrique Oliva, "sempre estimulou os delírios dos europeus."

# BOLÍVIA:
## "VAMOS INVADIR A GRÃ-BRETANHA!"

### A INSTABILIDADE COMO MARCA

A INSTABILIDADE POLÍTICA, principal constante da história boliviana, fez com que, em 1944, o correspondente internacional americano John Gunther exclamasse: "A Bolívia não é um país... é um problema!". Entre sua independência, em 1825, e 1982, quando encerrou-se o governo da última junta militar, o país sofreu um total de 193 golpes de Estado, incluindo as tentativas frustradas.

A Bolívia, em quatro ocasiões, também passou por períodos de 5 a 23 dias em que não houve presidente algum no comando do país. Dos 85 presidentes (incluindo o civil Luis Arce, que ocupa o cargo no momento do lançamento deste livro), 32 foram ditadores militares — desde simples majores até marechais. Entretanto a instabilidade política e institucional não foi uma marca exclusiva dos séculos XIX e XX. Entre 2001 e 2006 o país acumulou cinco presidentes.

A mudança da Carta Magna foi outra constante da Bolívia. Desde a sua independência, o país teve um total de 16 constituições, além de cinco pequenas reformas adicionais àquela que estivesse em vigor. A Bolívia também ostenta o sombrio recorde de hiperinflação da América do Sul. Em 1985, em meio ao caos econômico, o índice chegou a 8.170,5%.

Além dos problemas internos, o país teve problemas de fronteira com todos seus vizinhos (Argentina, Chile, Peru, Paraguai e Brasil). Por conta de guerras ou disputas diplomáticas, a Bolívia sofreu um encolhimento drástico de seu território, que passou de 2,3 milhões de quilômetros quadrados na época da independência para apenas 1 milhão atualmente. O país perdeu sua saída ao mar para o Chile em 1879. No entanto, conta com uma Marinha de Guerra, que sonha em voltar ao Pacífico. A Marinha boliviana treina seus homens (mais de 5 mil) no maior espaço de água que possui, o Lago Titicaca, na fronteira com o Peru — inclusive, com escafandristas. Em 1903, foi a vez de outra perda territorial, quando o país teve que entregar o Acre ao Brasil. A última perda ocorreu em 1935, quando teve de ceder a região do Chaco ao Paraguai.

A Bolívia sofreu apenas uma grande guerra civil, denominada de "Guerra Federal", ocorrida em 1898. Contudo, nenhum outro país sul-americano passou por tantas rebeliões contra os governos existentes. E nenhum outro país latino-americano teve um presidente que planejou — e iniciou — uma ação para invadir a Grã-Bretanha do sopé da cordilheira dos Andes. Essa é uma de minhas histórias favoritas, digna de um filme em tom de tragicomédia — que teria de ser dirigida pelo cineasta espanhol Pedro Almodóvar.

## Bolivianos, à conquista de Londres

O general Manuel Melgarejo — um analfabeto funcional que cresceu na carreira militar adulando seus chefes — protagonizou um golpe de Estado em 1864, derrubando o presidente José María de Achá. No entanto, um ano depois, deparou-se com o retorno do ex-presidente Manuel Belzú, que havia sido derrubado por Achá e estava exilado na Europa. Belzú entrou em La Paz, celebrado pela população. Dois soldados de Melgarejo, fingindo que eram homens de Belzú, se apresentaram no palácio carregando o general, que fingia ter sido capturado por eles. Belzú iniciou o encontro indicando que perdoaria Melgarejo, mas, nesse momento, o suposto prisioneiro disparou um par de tiros contra a cabeça de Belzú. Na sequência, o militar, que era um dos homens mais altos — e mais fortes — do país, carregou o cadáver de

Belzú para a varanda do palácio, onde apareceu, em pé, sendo segurado pelo fortíssimo Melgarejo.

A multidão, ao ver Belzú (sem saber que já era um defunto), deu hurras ao presidente que havia voltado, mas detrás do corpo, apareceu subitamente Melgarejo. "Belzú morreu! Viva Melgarejo!", gritou o próprio Melgarejo. A multidão, na praça, que segundos antes havia dado vivas a Belzú, começou a dar hurras a Melgarejo, que continuava no poder.

Naquele mesmo ano, uma jovem de dezoito anos, Juana Sánchez, filha de uma família aristocrática, foi pedir ao presidente que liberasse seu irmão, que estava preso. Juana nunca mais voltou para sua casa. Melgarejo apaixonou-se por ela e transformou-a na primeira-dama da Bolívia. Volta e meia, Juana aparecia caminhando nua pelo palácio, enquanto ministros e diplomatas evitavam olhar ou fazer comentários, para evitar problemas com o temperamental ditador, que — em seus momentos de humor de péssimo gosto — afirmava que emitira um "passaporte" para alguém. Era a metáfora que utilizava para o fuzilamento.

Em 1860, Melgarejo promulgou uma nova Constituição nacional. A Carta Magna determinava que ele contaria com a faculdade de "perseguir e matar os opositores".

Diplomatas brasileiros deram de presente um cavalo a Melgarejo. O belo equino branco chamado Holofernes deixou o presidente extasiado. Em 1871, durante um banquete, ele colocou o cavalo na sala e pediu que todos os convidados brindassem ao cavalo. Melgarejo também designou o quadrúpede como general da Bolívia.

O ditador boliviano era um admirador de Napoleão III, sobrinho de Napoleão Bonaparte e imperador francês. Melgarejo era um frenético admirador da França devido aos relatos que ouvia sobre a elegância e o luxo de Paris — embora não soubesse onde a capital francesa estava no mapa. Em meados de 1870, quando a Prússia invadiu a França, Melgarejo, indignado, convocou seus generais para uma reunião urgente. Era preciso retaliar os pérfidos teutões. A Bolívia tinha o dever de salvar a civilização francesa. Melgarejo queria enviar tropas à Europa. Nesse momento, um general lhe indicou que o plano era uma tarefa impossível, já que levaria muito tempo transportar as tropas, saindo da pequena costa boliviana no Pacífico para dali rumar na direção do Atlântico, atravessando o oceano até a França (e dali, de quebra, depois de desembarcar, marchar até o front de guerra). "Não seja bobo! Vamos pegar um atalho!", respondeu Melgarejo, narram os historiadores bolivianos.

O ditador deixou sua mulher, Juana Sánchez, no comando do governo, e marchou em direção ao mar (naquela época, o país ainda tinha saída para o oceano, já que não havia perdido esse território para o Chile). Ao chegar na cidade de Oruro, participou de um rodeio, caiu do cavalo e quebrou o pé. Os médicos disseram que ele não poderia se movimentar durante um mês. Melgarejo aproveitou o tempo para — deitado na cama — rodear-se de mapas da Europa e planejar detalhadamente o desembarque na França. Foi só então que percebeu que seu plano tinha uma falha: ele estava levando 3 mil soldados, enquanto a frota boliviana, composta por três modestos navios, tinha capacidade para transportar apenas seiscentos homens.

Melgarejo reconfigurou seus planos: em vez de sair pelo Pacífico, iria diretamente ao Atlântico para dali alugar uns navios e rumar até a Europa. No entanto, não podia cruzar a Argentina, já que o então presidente, Domingo Faustino Sarmiento, o detestava. A saída foi solicitar a passagem das tropas através do Amazonas, território do Império do Brasil. O governo brasileiro, que tinha boa relação com Melgarejo, teria lhe dado autorização. O ditador, mancando, passou seus soldados em revista e ordenou que a tropa desse uma guinada. Não marchariam mais até o Pacífico... iriam para o Atlântico, pegando um atalho pela selva amazônica.

Quando estava quase saindo do território boliviano, chegaram mensageiros informando o resultado da Batalha de Sedan: seu ídolo, Napoleão III, havia sido derrotado, preso pelos alemães e assinado a rendição. No meio da estrada, Melgarejo ficou furioso em saber que a Grã-Bretanha da rainha Vitória havia ficado neutra, sem oferecer ajuda à França. Imediatamente declarou guerra aos britânicos e ordenou a expulsão do embaixador inglês. Ele também quis expulsar o embaixador prussiano. No entanto, essa medida não pôde ser implementada pelo simples motivo de que Berlim não contava com representação diplomática naquele recôndito lugar andino.

O embaixador inglês, enquanto isso, foi por terra (em um burrico) até a fronteira argentina, e dali a Buenos Aires, onde tomou um navio e chegou à Grã-Bretanha, para explicar o quiproquó diplomático com a Bolívia. Diversos relatos de ingleses indicam que a rainha Vitória ficou indignada com as explicações do diplomata e lhe disse que enviaria uma frota para bombardear a Bolívia. Nesse momento, o diplomata mostrou um mapa da América do Sul, apontando que a capital, La Paz, estava longe do litoral, e a 3.600 metros de altitude. Vitória, irritada, teria dito de forma imperial: "A Bolívia não existe!". E, ao mesmo tempo, riscou com tinta preta (ou com um giz, dependendo do relato) a parte do mapa relativa ao país andino.

Embora esse *causo* tenha sido publicado pela primeira vez em 1874 no Chile — e centenas de vezes nas mais diversas publicações até os dias de hoje, como no jornal *The New York Times*, e até mesmo guias de turismo, não há confirmações acadêmicas concretas sobre a decisão cartográfica da monarca britânica. O fato é que as relações entre a Bolívia e a Grã-Bretanha foram frias até o início do século XX e que escritores de ambos os países usaram a mesma história para criticar uns aos outros.

Porém, voltemos a Melgarejo. O ditador, sem poder ajudar sua admirada França, decidiu punir a Grã-Bretanha por sua neutralidade. Dessa forma, redirecionou seus objetivos d'além-mar: invadiria a Grã-Bretanha, já que, no fim das contas, em vez de desembarcar do lado direito do Canal da Mancha, era só desembarcar no lado esquerdo. Dias depois, mensageiros chegaram com a notícia de que o general José Rendón havia iniciado uma rebelião contra seu governo na cidade de Potosí. Melgarejo deteve sua tropa na marcha na selva e deu meia-volta, rumo ao foco da revolta. Lá, massacrou quatrocentos soldados rebeldes.

No entanto, outros generais começaram a se rebelar em vários pontos do país. Melgarejo voltou a La Paz e percebeu que Juana Sánchez o havia deixado. Então, decidiu construir barricadas com sua força de 2.300 soldados e 500 oficiais — ou seja, um oficial para cada 4,6 soldados. Contudo, seus homens foram derrotados e Melgarejo fugiu às pressas da capital rumo ao vizinho Peru, onde se exilou. Lá já estava Juana Sánchez, que havia fugido da Bolívia com uma fortuna arrancada dos cofres do Estado. Meses depois o ex-ditador chegou a Lima, sem dinheiro e Juana negou-se a recebê-lo. Depois de meses insistindo na porta do casarão, inclusive sob a chuva, seu ex-cunhado o matou a tiros.

## "O Pendurado"

No dia 21 de julho de 1946, os bolivianos protagonizaram o único linchamento registrado de um presidente ocorrido na América do Sul durante o século XX. A vítima foi Gualberto Villarroel, assassinado por uma multidão que entrou no palácio presidencial, foi até o primeiro andar e invadiu o escritório do presidente. Villarroel escondeu-se em um armário, mas foi descoberto e ferido gravemente sem nem mesmo ser retirado lá de dentro, embora ainda estivesse vivo quando foi jogado pela janela. Dessa forma, além de ser o primeiro chefe do Poder Executivo na América do Sul a ser linchado em seu século, o militar também foi o primeiro — e único até agora — a ser defenestrado. Meses antes, Villarroel havia ordenado uma sangrenta repressão aos trabalhadores das minas, além de fechar jornais críticos.

Depois de ser defenestrado, a multidão pegou o corpo do presidente e lhe removeu o uniforme, deixando-o nu. A multidão — entre os quais diversos integrantes de partidos de esquerda — o pendurou pelos pés em um poste na calçada da Praça Murillo, na frente do Palacio Quemado, sede do governo.

A denominação de "Quemado" (Queimado) ilustra a instabilidade que assolou o país na maior parte de sua história: o palácio, construído em 1845, foi totalmente incendiado em 1875 por uma multidão furiosa com o governo de plantão.

Os derradeiros momentos de Villarroel eram bem semelhantes aos do "duce" italiano Benito Mussolini, que fora assassinado dois anos antes, no final da Segunda Guerra Mundial, e teve seu corpo amarrado de cabeça para baixo em um posto de gasolina em Milão. O boliviano Villarroel, simpatizante do fascismo, entrou para a história com o apelido de "El Colgado" (O Pendurado). Dias depois, o poeta chileno Pablo Neruda, em discurso no senado em Santiago do Chile, parabenizou os bolivianos pelo linchamento de Villarroel: "Isso foi gloriosamente espanhol". Há uma lenda local de que à noite, do lado de dentro do palácio e pela praça Murillo, vagam os fantasmas do incêndio de 1875 e do linchamento de 1946.

## Presidente de "dois" países

Evo Morales começou sua carreira política como líder sindical dos cocaleiros (como são chamados os lavradores que plantam coca). Foi eleito presidente pela primeira vez em 2005, com grande respaldo da população indígena, que constitui a maior parte do país.

A posse aconteceu em 2006, mas, em 2009, Morales promulgou uma nova Constituição, que permitia dois mandatos consecutivos e trocava o nome do país de "República da Bolívia" para "Estado Plurinacional da Bolívia". Foi reeleito. Ele não poderia ser candidato à uma nova reeleição, pois acumulava dois mandatos, porém, em 2014, disse que queria ser novamente candidato. Ele argumentou que não estava exercendo seu "segundo mandato", mas sim o "primeiro". Perante uma plateia estupefata, Morales explicou que seu primeiro mandato havia sido na "velha" e finada "República da Bolívia". E, com a nova Carta Magna, tudo começava do zero. Isto é, Morales estava exercendo seu primeiro mandato como presidente do "Estado Plurinacional da Bolívia".

"Isso é como dizer que uma pessoa pega seu carro usado, com 100 mil quilômetros rodados, o pinta de outra cor e o vende no mercado como carro zero quilômetro", me disse na ocasião um integrante da oposição. No entanto a Justiça aceitou o argumento do presidente. Morales foi reeleito com 61,3% dos votos. Após vencer nas urnas, ele garantiu que esse seria seu derradeiro mandato, e que, após terminar seu período, deixaria o Palacio Quemado. Contudo, no final de 2015, "atendendo a pedidos do povo" (que se resumia em seu partido, sindicatos e organizações sociais alinhadas com seu governo), Morales convocou um referendo para tentar mais uma vez modificar a Carta Magna. O plano era permitir reeleições adicionais. Seus aliados afirmavam que Evo precisava ser presidente quando a Bolívia comemorasse o Bicentenário da Independência, em agosto de 2025. Dessa forma, Morales teria que ser reeleito para tomar posse em janeiro de 2020 e ser reeleito mais uma vez para iniciar outro mandato em janeiro de 2025. E aí, celebrar o Bicentenário em agosto desse ano. A oposição criticou o presidente, afirmando que ele pretendia se "perpetuar" no poder.

O referendo foi convocado para o dia 21 de fevereiro de 2016. Os bolivianos foram às urnas e somente quatro dias mais tarde — depois de um escândalo pela demora na apuração — a Justiça Eleitoral anunciou o resultado final. O "Não" venceu com 51,29% dos votos. O "Sim" reuniu 48,71%.

Morales, horas mais tarde, fez uma declaração a respeito do resultado e recorreu à batida frase de 1940 do general francês Charles De Gaulle para explicar a derrota: "Perdemos uma batalha, mas não perdemos a guerra!". Segundo Morales, seu governo foi alvo do que denominou de "campanha suja", além de sofrer com uma conspiração interna e uma conspiração externa. Ele sustentou que as redes sociais estavam por trás desse resultado e as denominou de "lixo", anunciando que pretendia estabelecer um controle sobre o Facebook, Twitter etc. Morales também sustentou que nunca perseguiu cargo de presidente: "O cargo é que foi atrás de mim...".

Em 2016, Evo Morales acumulava uma década na presidência da Bolívia. Na ocasião, era o presidente latino-americano que estava havia mais tempo no poder. Além disso, era o presidente que mais tempo havia durado no Palacio Quemado na costumeiramente conturbada Bolívia. O recorde anterior era do marechal Andrés de Santa Cruz, com 9 anos, 8 meses e 26 dias de governo durante o século XIX.

Dessa forma, Morales teve mais tempo que todos seus antecessores para pronunciar comentários *sui generis*.

## O presidente que não come frango
### — para evitar a homossexualidade

Em 2010, durante um comício, Morales sustentou que o suposto crescimento do número de homens gays no mundo devia-se à carne de frango transgênica. Depois de dizer que a influência galinácea na sexualidade dos homens era comprovada pela ciência, Morales chamou a homossexualidade de "desvio" e arrematou ressaltando que evita comer frangos vindos de granjas. No mesmo discurso, Morales profetizou que "todo mundo será careca" daqui a cinquenta anos.

Em 2015, voltou a causar polêmica sobre a homossexualidade durante outro comício com a participação de grande parte de seu gabinete no palanque. Ao ver que sua ministra da Saúde, Ariana Campero, não estava

— supostamente — prestando atenção nele e em seu discurso, interrompeu a fala para dirigir-se a ela: "Não quero pensar que você é lésbica, Ariana" — como se ele fosse um *sex symbol* a ser olhado sem parar. Na sequência, completou: "Olhe, companheira ministra, me ouça". Os outros secretários e ministros riram. Campero esboçou um sorriso amarelo.

Associações de lésbicas, gays, bissexuais e transexuais lamentaram as declarações de Morales, ressaltando que mais uma vez ele discriminou minorias, ironizando sobre os direitos dos outros, neste caso, como se fosse um defeito ser lésbica. Segundo essas associações, Morales deveria seguir a própria Constituição nacional que aprovou, que determina o castigo a todo tipo de discriminação.

Horas depois, perante a repercussão negativa de sua atitude em todo o mundo, Evo ainda tentou explicar seu comentário discriminatório alegando que é "um feminista que conta piadas machistas…".

Entretanto, poucos meses depois, em declarações à imprensa argentina, voltou ao assunto: "Não entendo como mulheres podem se casar com mulheres e homens com homens". Na sequência, admitiu: "Sou *meio* conservador". Durante seu governo, Morales se opôs categoricamente a qualquer tipo de lei de casamento entre pessoas do mesmo sexo.

As referências sexuais também foram comuns ao longo das campanhas eleitorais. O próprio Morales citou que, quando havia estado na cidade de Cochabamba, as militantes gritavam: "Mulheres ardentes, Evo presidente".

## Sismologia e os invasores romanos

Evo Morales também pronunciou frases sobre sismologia: "Percebo que a Mãe-Terra está se zangando… [Os terremotos] são consequência das políticas neoliberais!". E também tentou justificar seus dribles às normas: "Quando algum jurista me diz 'Evo, você está errando, juridicamente, isso que você está fazendo é ilegal', bom, aí eu faço mesmo que seja ilegal. E depois eu digo aos advogados: 'Se é ilegal, legalizem vocês… Senão, para que vocês estudaram Direito?'".

Em outro discurso, Morales afirmou que no passado a Bolívia teve que enfrentar, além do Império Britânico, o Império Romano. No entanto, o império dos césares havia terminado quase um milênio antes da chegada dos primeiros homens ocidentais ao território da atual Bolívia. (E os romanos nunca atravessaram o Atlântico.)

Morales também implementou medidas peculiares no âmbito cronológico. Esse foi o caso ocorrido em junho de 2014, quando o relógio da cúpula do Palácio Legislativo em La Paz começou a girar em sentido anti-horário. Na sequência, os pedestres perceberam que os números do quadrante também haviam sido invertidos: o onze ocupava o lugar do um, o dez estava no lugar do dois e assim por diante). O vice-presidente Álvaro García Linera explicou a decisão, ressaltando que os relógios dos "colonizadores" seguiam o mesmo sentido da sombra do sol nos relógios solares no Hemisfério Norte. "Durante séculos, tivemos que fazer as coisas como fazem no Norte. A mudança no relógio ajuda a pensar de forma diferente e abre a mente!", exclamou. No entanto os analistas ilustraram com ironia que por trás do tom revolucionário para agradar a militância — que inclui críticas à Coca-Cola e elogios a Fidel Castro — esconde-se o pragmatismo do presidente Evo Morales, indicando que o governo, embora tenha trocado os números de lugar nos relógios dos organismos públicos, nunca mudou a hora oficial do país, que segue com um fuso ordenado de acordo com o "imperialista" Meridiano de Greenwich.

Os militantes de Morales ufanam-se das estatizações que o presidente realizou durante o primeiro mandato, mas, ao mesmo tempo, pela primeira vez em um século o governo emitiu títulos da dívida pública no coração do capitalismo ianque, Wall Street, com juros de 6% a 7%, taxa baixa, o que é um sinal de que os financistas consideram que ele agora segue as regras dos mercados.

Morales lançava críticas contra a cultura americana ao mesmo tempo em que fornecia bolsas de estudos para que jovens bolivianos estudassem em Harvard. E enquanto pedia por mais profissionais qualificados, simultaneamente sustentava que o trabalho durante a infância cria "consciência social".

## O MISTERIOSO FILHO PRESIDENCIAL

Um dos motivos da derrota de Morales no referendo de 2016 foram os escândalos que tiveram como protagonistas duas figuras peculiares: uma ex-namorada e um suposto filho — ingredientes dignos de uma novela mexicana.

No início de 2016, o jornalista Carlos Valverde causou surpresa ao revelar a existência de uma ex-namorada do presidente Morales, Gabriela Zapata, sobre a qual o grande público nunca tinha ouvido falar. Gabriela tornou-se o centro de um escândalo, pois, segundo as denúncias jornalísticas mais tarde comprovadas na Justiça, ela havia protagonizado tráfico de influências por intermédio de sua proximidade ao poder para beneficiar uma empresa chinesa em contratos de meio bilhão de dólares. No meio do escândalo, Morales admitiu que a relação havia ocorrido, mas que havia durado apenas dois anos.

O próprio presidente gerou a segunda surpresa ao revelar que os dois se separaram depois do nascimento de um bebê que morreu dias após o parto. Isto é, Morales confirmava a existência de uma criança, mesmo que breve. No entanto, declarou que não foi ver o bebê após o nascimento, nem sequer foi ver o corpo no dia em que este teria morrido. Entretanto a terceira surpresa surgiu quando Pilar Guzmán, uma tia de Gabriela, declarou que o bebê não havia morrido e que estava vivo, tinha nove anos e estudava em La Paz. Na contramão, os pais e a irmã de Gabriela diziam que nunca viram a criança.

Imediatamente um setor do governo reagiu dizendo que era mentira. Outro setor dos aliados de Morales admitiu que o garoto existia, que o presidente havia reconhecido a criança e até o ajudado com cuidados médicos. Morales declarou que queria ver o menino, exigiu criar a criança e acusou Gabriela de esconder dele que o filho estava vivo.

Nesse intervalo, Gabriela Zapata foi detida por tráfico de influências, enquanto vinham à tona, quase simultaneamente, fotografias sensuais suas, usando nada mais do que um colar de pérolas e uma estola de peles.

No meio dessa confusão, o presidente Morales fez um exame de DNA, enquanto a Justiça convocava a presença da criança para realizar o mesmo teste, mas Gabriela Zapata negou-se a levar o menino e a Justiça declarou o arquivamento da denúncia de paternidade.

Tudo indicava que o imbróglio não poderia ficar mais intrincado. No entanto, Valverde, o jornalista que trouxe à tona essa comédia de enredos, afirmou que teve acesso a informações que indicavam que o suposto filho de Gabriela Zapata não existia. Segundo Valverde, existe um menino, que não é filho dos dois, mas que a ex-namorada teria apresentado como o herdeiro de Morales. No entanto, Gabriela afirma que o filho de Evo Morales existe e que ela esteve grávida duas vezes. A primeira, uma gravidez que ela interrompeu. E a segunda, do suposto menino que se chamaria Ernesto Fidel.

O assunto foi encerrado pela juíza Jaqueline Rada, que declarou que o tal filho era inexistente. Um ano depois, em 2017, um juiz anulou a certidão de nascimento do suposto menino, emitida em 2007 e, finalmente, o próprio jornalista admitiu que a criança não existia. Foi tudo uma comédia de enredos, à qual, misteriosamente, o próprio governo ajudou a manter, com parte de seu gabinete e o próprio presidente.

## A suposta "invasão" do Brasil

Em meados de 2015, Morales discursava para um grupo de militares quando citou a crise política do governo da presidente Dilma Rousseff. Genericamente indicou o risco de "golpes de Estado" e que a região precisava "defender a democracia". No entanto, dias depois, nas redes sociais, em blogs sensacionalistas e em colunas de pequenos jornais do interior do Brasil espalhou-se a "notícia" de que Morales havia "ameaçado" realizar uma "invasão" do território brasileiro para impedir a queda do governo Rousseff. No entanto, em momento algum nesse discurso, nem em outros, Morales falou em uma hipotética invasão ao Brasil. Independentemente do vasto currículo de declarações *sui generis* sobre frangos, leis e eleições, Morales nunca expressou plano algum de invadir o Brasil.

A história da suposta invasão boliviana ao Brasil ressuscitou (como se fosse nova) um ano depois, em maio de 2016, durante os dias da votação do impeachment da Dilma Rousseff no Senado. Isto é, toda a história não passou de uma reciclagem de rumores facebookianos. Em uma sessão, quatro senadores brasileiros, em discursos em *mode* "odorico-paraguaçuanos", condenaram a ameaça de Morales... embora ela nunca tivesse existido. Minha dedução: ou eles nunca se informavam e acreditavam em qualquer delírio das redes sociais ou tinham assessores de quinta categoria, já que uma ameaça desse tipo teria sido manchete dos principais jornais e canais de televisão do Brasil.

## Socialismo. *Pero no mucho.*

Morales manteve o nome de seu partido, o Movimento ao Socialismo (MAS), porém é como um produto que a embalagem permanece a mesma, mas o conteúdo foi alterado significativamente, já que as características "socialistas" do partido no tocante à economia ficaram no passado. Durante a maior parte do governo Morales, a política fiscal sóbria e o comportamento monetário prudente foram elogiados pelo FMI e pelo Banco Mundial. Pragmático, alinhou-se com grande parte do empresariado, gerando irritação nos setores da esquerda real, que consideram que o presidente traiu os ideais originais. Nos últimos anos de seu governo, a aliança de Morales com usineiros para a produção de etanol desatou a zanga em ambientalistas e líderes indígenas.

Nos discursos em público, Morales continua com os ataques verbais ao "imperialismo ianque" e aos "abutres capitalistas", mas, ao mesmo tempo, se reunia com o argentino Mauricio Macri e o brasileiro Eduardo Bolsonaro e recebeu investidores estrangeiros de braços abertos.

A classe média boliviana, que em 2005 era constituída por apenas 3,3 milhões de pessoas, em 2019, quando terminou seu governo, era composta por 7 milhões.

## Violando a própria Constituição

Como havíamos contado, em 2016, Morales convocou um referendo para ser autorizado a tentar mais reeleições. No entanto, perdeu a votação. Morales, porém, não desistiu e recorreu ao Tribunal Constitucional. Seu argumento:

a Constituição (que ele próprio havia criado) "violava seus direitos humanos ao impedir reeleições indefinidas". O argumento era insólito, mas, novamente, os juízes, aliados a Morales, acataram seu pedido e, dessa forma, criaram uma nova "ponte de safena" jurídica para que ele fosse novamente candidato à reeleição em 2019.

O primeiro turno foi realizado no dia 20 de outubro daquele ano. O segundo, se tivesse ocorrido, teria sido no dia 15 de dezembro, mas, no meio disso, foi aberto um novo capítulo na crise boliviana.

O resultado do primeiro turno demorou vários dias para ser divulgado, fato que aumentou a tensão política. Porém, quando os dados foram publicados, o presidente Morales aparecia como reeleito por uma pequena margem de votos.

Vamos fazer uma breve pausa aqui para explicar um detalhe peculiar: na maior parte do planeta, vence o primeiro turno das eleições presidenciais quem tiver 50% mais um dos votos. No entanto, a Bolívia copiou o sistema argentino criado pelo então presidente Carlos Menem em 1994, que contempla a alternativa de vencer se o primeiro colocado consegue atingir os 40% dos votos sempre que o segundo colocado fique dez pontos percentuais abaixo. Morales vencia no primeiro turno com 47,08%, já que o segundo colocado, Carlos Mesa, havia conseguido 36,51% dos votos. Ou seja, Mesa ficou 10,57% abaixo. Isto é, de acordo com estes números, Morales não precisava do segundo turno eleitoral. Entretanto a demora na contagem dos votos, junto a um misterioso apagão informático, além da celebração enfática de Morales antes do fim da apuração desatou a desconfiança sobre os votos. Na sequência, manifestações (muitas delas violentas) contra o governo surgiram em todo o país. A Organização dos Estados Americanos (OEA) propôs a realização de uma auditoria dos votos. Morales e a oposição concordaram.

Enquanto isso, os protestos continuavam, mas, no dia 8 de novembro, a polícia anunciou que não reprimiria mais os manifestantes e que ficaria dentro dos quartéis. No início da manhã do dia 10 de novembro, a OEA emitiu um relatório indicando irregularidades na apuração. Morales, na sequência, anunciou que convocaria eleições.

Nesse momento tenso, a histórica Central Operária Boliviana (COB), de esquerda, "sugeriu" (esse foi o verbo utilizado) que Morales renunciasse.

Poucas horas depois a cúpula da Igreja Católica boliviana também "sugeriu" a renúncia. E, em último lugar, várias horas mais tarde, foi a vez da cúpula do Exército, comandada pelo general Williams Kaliman, aliado de Morales, mas que, seguindo a COB e a Igreja, também "sugeriu" a renúncia de Morales.

O presidente anunciou sua renúncia ao país. Depois, formalizou isso com uma carta ao Parlamento. No dia seguinte, saiu do país. Seus militantes ficaram abandonados. Morales não havia tentado resistir às pressões, e nos dias seguintes nem sequer se movimentou para organizar um governo no exílio. De quebra, seu partido, em vez de declarar que não reconheceria o governo seguinte, continuou operando no Parlamento e participando das sessões normalmente.

## Bíblia na mão e posse irregular

Mais uma vez em sua história, a Bolívia deparou-se com a situação de estar sem presidente da República devido à confusão política que imperava. O país já havia estado em períodos de "presidente-*less*" — ou de total acefalia. A pior fase de todas, de 23 dias sem um chefe no poder executivo, aconteceu no século XIX. Após a renúncia de Morales, foram três dias sem chefe de Estado.

O vice-presidente de Morales, Álvaro García Linera, havia renunciado e também partido para o exílio com seu ex-chefe. Na sequência, renunciou a presidente do Senado. Depois, o presidente da Câmara dos Deputados, que tampouco queria pegar aquela batata quente. Posteriormente, o primeiro-vice-presidente do Senado também renunciou. A seguinte, na suposta ordem de sucessão, era a ignota Jeanine Áñez, que havia ido parar no cargo simplesmente porque seu partido era minoritário e a tradição indicava que esse posto deveria ser ocupado por alguém que se enquadrasse nessa categoria. Porém seu lugar na fila da presidência era apenas uma suposição, já que a Constituição boliviana não contempla que a sucessão inclua a segunda vice-presidência do Senado.

Ao contrário dos outros parlamentares da linha sucessória que haviam renunciado, Áñez declarou que aceitava a presidência, mas sua posse precisava ser aprovada pelo Parlamento.

Antes disso, era necessário que fosse realizada uma sessão para aprovar formalmente as renúncias de Evo Morales e seu vice. E, na sequência, os parlamentares passariam para outra sessão para definir qual seria o novo presidente do país, de forma a completar o mandato de Morales, mas não houve quórum para tratar as renúncias, já que boa parte dos parlamentares de Morales, que eram maioria, não apareceram devido à dificuldade em passar pelo caos nas ruas da capital. E, sem eles, não poderiam aprovar a posse da nova presidente.

## A presidente autoproclamada

Áñez, depois de resmungar, reclamando da falta de quórum, passou por cima da Constituição e, fazendo uma interpretação própria do regulamento do Senado, declarou que a renúncia de Morales não precisava de aprovação e que ela era automaticamente presidente do Senado. E, dessa forma, ela se autodesignou presidente da República, sem ter sido votada pelo Parlamento. Na sequência, carregando uma enorme bíblia, em estado de frenesi religioso, foi à porta do Palacio Quemado, para discursar para uma praça quase vazia. Horas depois Áñez teve o aval do Supremo Tribunal de Justiça (o mesmo Supremo que havia ficado desprestigiado por autorizar Morales a ignorar a Carta Magna meses antes e disputar uma nova reeleição).

No dia 24 de novembro, o Parlamento aprovou a anulação total das eleições de outubro de 2019. Essa aprovação foi conseguida graças aos votos do MAS. Ao longo de todo o mandato de Áñez, o partido de Morales manteve a maioria no Parlamento.

Nos primeiros tempos de Áñez no poder, a Justiça ordenou a detenção de Evo Morales por "terrorismo". No entanto, ele estava no exílio (primeiro no México e depois na Argentina) e, portanto, não podia ser detido. Além disso, a própria Justiça boliviana não havia encaminhado o clássico pedido de detenção à Interpol, nem sequer solicitado a extradição de Morales ao governo argentino.

Quando era uma semidesconhecida senadora, Áñez havia publicado tuítes racistas contra a celebração do Ano-Novo dos aymaras, indicando que essa data era "satânica" e que "ninguém substituiu Deus". Os aymaras constituem 41% da população da Bolívia. Em outras postagens, argumentava que pessoas que se denominavam integrantes de povos originários não poderiam ser consideradas como tais se usassem jeans ou sapatos.

Os indígenas, embora sejam a maior parte da sociedade boliviana, só conseguiram o direito ao voto em 1956. O racismo contra eles permanece arraigado em diversos setores da elite do país.

No dia 14 de novembro de 2019, Áñez assinou o decreto que determinava que estavam isentos de responsabilidade penal as forças de segurança que agissem na repressão de protestos. Um dia depois, a polícia matou onze civis que se manifestavam contra seu governo nas cidades de Sacaba e Senkata.

## "Golpe", "sucessão constitucional" ou outra denominação?

Um assunto intensamente discutido na Bolívia — e de forma geral na América Latina — foi o status da troca de poder abrupta na Bolívia em novembro de 2019. Foi um "golpe de Estado", como afirmavam os simpatizantes de Morales, ou uma "sucessão constitucional", tal como sustentavam os opositores do ex-presidente?

A discussão também contemplava a hipótese de haver sido um "golpe de uma golpista em outro golpista", em referência às diversas vezes que o próprio Morales havia violado a Constituição para se prolongar no poder e que finalmente foi substituído por outra pessoa que também pisoteava a carta magna?

Luis Arce, ex-ministro de Morales, que seria o candidato do MAS à sucessão, durante a campanha eleitoral, havia se referido a Áñez como "a presidente transitória constitucional". No entanto Morales, no exterior, continuava falando sobre Áñez como uma "golpista". E Áñez retrucava Morales afirmando que não houve golpe já que, durante seu governo de doze meses, o Parlamento continuou funcionando, com maioria do partido de Morales.

## "Interina" quase permanente

Segundo a lei, Áñez teria que ter repassado a presidência da República no dia 22 de janeiro de 2020, data na qual ela completaria o mandato inacabado de Morales.

Isto é, a previsão original era a de que ficasse apenas dois meses no poder, mas não houve tempo suficiente para preparar novas eleições.

Em janeiro, o Parlamento aprovou a realização das eleições no dia 3 de maio. No entanto, a pandemia chegou à Bolívia em março, quando os partidos começavam a deslanchar a campanha eleitoral. As eleições precisaram ser novamente adiadas, mas, na época, as autoridades (bastante *naifs*) acharam que bastava adiá-las para o dia 17 de maio — duas semanas depois. A realidade foi mais crua do que esperavam e, em maio, o Parlamento definiu que a ida às urnas teria que ser em julho. Dias depois, declararam que, no mais tardar, as eleições teriam que acontecer até os primeiros dias de agosto. Finalmente, o Parlamento aprovou a data do 6 de setembro, mas os assessores científicos do governo e do Supremo Tribunal Eleitoral (STE) afirmavam que o final de agosto seria o pico da pandemia. Dessa forma, o STE — sem consultar o Parlamento — adiou as eleições para 18 de outubro. No entanto, pouco depois, as autoridades recalcularam e chegaram à conclusão que o novo pico da pandemia aconteceria entre setembro e outubro. Assim, setores do governo Áñez começaram a sugerir um novo adiamento para o início do ano seguinte — ou seja, 2021.

Entretanto, a possibilidade de um atraso adicional nas eleições irritou vários setores da oposição, que decidiram deslanchar uma onda de bloqueios nas estradas. Essa crise levou o Parlamento aprovar uma lei que determinava que — acontecesse o que acontecesse — as eleições teriam que ser realizadas, categoricamente, até 18 de outubro de 2020, sem mais adiamentos.

Primeiro Áñez disse que não disputaria as eleições, mas, meses depois, declarou que entraria na corrida presidencial. No entanto, com suas trapalhadas na gestão do combate à pandemia, ela não decolava nas pesquisas, pois não passava dos 12% das intenções de voto e acabou desistindo no meio da campanha.

Dessa forma, em vez de dois meses no poder, como era o previsto, Áñez ficou quase um ano. Porém, sua vida pós-presidência seria complicada.

## Candidatos em 2021

As bases do MAS, partido de Morales, desejavam colocar como candidato à presidência o ex-chanceler David Choquehuanca. Além disso, exigiam que o vice fosse o líder cocaleiro Andrónico Rodríguez. O primeiro era um representante da comunidade indígena aymara e o segundo, dos indígenas quéchuas, as duas principais do país.

Entretanto o ex-presidente Morales, do seu exílio em Buenos Aires, se opôs a essa combinação. Ele considerava que essa chapa era "esquerdista" demais e poderia assustar o eleitorado de classe média que seu partido precisava seduzir para conseguir a maioria dos votos ainda no primeiro turno (e não correr o perigo de um segundo turno com uma oposição eventualmente unificada com uma candidatura anti-Morales.

Assim, Morales impôs a candidatura de Luis Arce, seu ex-ministro da Economia, o artífice do "*boom*" econômico" da década prévia, que tem boas relações com os mercados, e é considerado um "moderado". As bases conseguiram colocar Choquehuanca como vice. Arce fez a campanha sem recorrer à figura de Morales na propaganda e foi eleito presidente. Ele indicou que respeitava o ex-presidente pelo que havia feito no passado, mas não lhe pôs em nenhum cargo, fato que indicava que Arce pretendia fazer "carreira solo". Isso se tornaria uma fonte de problemas posteriormente.

Nas eleições presidenciais de 2020, surgiu uma variada fauna de candidatos. Um deles era Carlos Mesa, jornalista, escritor e ex-presidente de centro, que teve que renunciar em 2005 devido às rebeliões populares comandadas pelo então líder cocaleiro Evo Morales. Outro candidato era o senador Óscar Ortiz. Além deles, havia também Chi Hyun Chung, candidato do Partido Democrata Cristão, nasceu na Coreia do Sul e sua família migrou para a Bolívia quando ele era adolescente. Pastor evangélico, sustentava que os homossexuais teriam que fazer "tratamentos psiquiátricos" e considerava que os rituais religiosos indígenas à Pachamama (a deusa da natureza) eram "coisas do capeta". Segundo ele, o objetivo do casamento é "gerar filhos". Outro dos candidatos era Luis Fernando Camacho, filho de um empresário da cidade de Santa Cruz. Camacho ficou famoso em 2019 quando tornou-se o líder do cabildo (assembleia popular) de sua região. Os cabildos de várias cidades protagonizaram enormes protestos contra Morales após as eleições. Cada cabildo era autônomo, mas Camacho — com um timing de marketing que os outros não tinham — se apresentou como o "líder" de todos os cabildos (cargo que até então não existia).

Líder da extrema direita religiosa, Camacho foi até La Paz quando Morales renunciou. Ele entrou com uma bíblia no saguão do Palacio Quemado e ajoelhou-se, afirmando que "Cristo voltaria ao governo da Bolívia". No meio do caos político e social, causou surpresa ao citar o defunto narcotraficante Pablo Escobar, afirmando que "é preciso anotar em uma agenda o nome daqueles que são traidores da pátria".

Camacho condena a homossexualidade, a legalização do aborto e prega mão de ferro com os criminosos. Nos protestos de 2019 seus seguidores realizaram diversos ataques contra instituições e símbolos indígenas. Devido a suas características radicais, ele apresentava um teto de votos. Camacho gerou indignação em muitos grupos indígenas e nos setores moderados da classe média que o encaravam como um populista de direita.

## O neoliberal que não saiu do armário

Luis Arce venceu as eleições. Na época em que era ministro da Economia de Evo Morales, seu escritório em La Paz era decorado com um retrato do líder da Revolução Cubana, Ernesto "Che" Guevara, mas seus críticos afirmavam com ironia que o ministro era "um neoliberal que não saiu do armário", já que tinha excelentes relações com Wall Street, onde durante anos a dívida pública boliviana conseguiu confortáveis juros. Apesar do discurso pirotécnico "contra o capital", o período de tensão entre Morales e o empresariado durou apenas dois, quando o governo implementou estatizações no setor de gás e petróleo. No entanto, nunca interferiu no setor bancário, entre outros.

Com a gestão de Arce, durante mais de uma década, a economia boliviana cresceu em média 4,5% por ano.

## Escondida em uma cama BOX

Na sexta-feira, 12 de março de 2021, com Arce no comando do país, a Justiça ordenou a detenção da ex-presidente Áñez pela acusação de "terrorismo", "insurreição" e "traição". Na madrugada de sábado, a polícia foi buscar Áñez na cidade de Trinidad, em seu estado natal, Beni. Os policiais tinham a informação de que ela estava na casa de parentes. Quando entraram, não a encontraram. Até que um oficial, desconfiado, olhou dentro de uma cama *box* e, ali dentro estava a ex-presidente. A história mundial registrava presidentes e ditadores escondidos dentro de armários ou disfarçados..., mas nunca uma ex-presidente dentro de tal peça da mobília.

Ela foi levada a La Paz, onde foi detida, em um avião militar. Dois ex-ministros de Áñez e um ex-chefe militar também foram presos. A ex-presidente foi condenada a dez anos de prisão por "não cumprimento dos deveres" e "resoluções contrárias à Constituição".

A Igreja Católica e a COB, que também "sugeriram" a renúncia de Morales em 2019, não entraram na mira da Justiça.

## Crise do censo

No ano de 2022, explodiu na Bolívia uma nova — e insólita — crise que tinha como estopim o adiamento do censo nacional, que estava inicialmente previsto para novembro de 2022 e foi adiado para 2024.

A rica cidade de Santa Cruz de la Sierra entrou em greve em protesto contra o adiamento. Os crucenhos (como são chamados os cidadãos locais) afirmam que a população cresceu — algo que seria demonstrado pelo censo — e que eles teriam direito a um maior número de deputados. Isso poderia reduzir o número de cadeiras nas áreas com voto tradicionalmente a favor do governo. Além disso, o censo poderia demonstrar que Santa Cruz, por ter mais habitantes, teria direito a mais verbas por parte do governo. Os crucenhos exigiam que o censo fosse realizado a tempo de modificar o número de cadeiras no Parlamento, já que a próxima eleição é em 2025. A lei determina que o censo deve ser feito a cada dez anos.

No entanto, semanas após iniciar a greve, a rebelde Santa Cruz foi alvo de uma contramanifestação, já que militantes governistas de outras partes do país, ao lado de sindicatos, cercaram a cidade e sua região metropolitana, impedindo a saída e entrada mercadorias.

O Parlamento aprovou uma saída para a crise, marcando o censo para março de 2024, e uma imediata nova distribuição de fundos para os estados bolivianos com maior população, além de uma nova distribuição das cadeiras no Parlamento.

## A crise do celular

Em agosto de 2022, durante um comício na região de Santa Cruz, o ex-presidente Morales percebeu que seu celular não estava mais com ele. Havia perdido o telefone? Se foi isso, Morales não acreditava que tenha sido uma falha sua. Pela primeira vez na história da Bolívia o desaparecimento de um celular gerou uma crise política. Morales dizia que o furto foi em pleno comício, onde estavam autoridades do governo, inclusive da área de segurança. Na sequência ordenou (embora não tenha cargo algum no atual governo) que a Polícia buscasse seu telefone.

O escândalo feito por ele sugere que o celular continha alguma espécie de informação delicada. As especulações indicam que poderia ser algo de caráter político ou de temática privada. O fato é que a Polícia de Santa Cruz foi mobilizada na maior busca da história da América Latina de um celular, desviando policiais dos crimes que assolam os outros civis. Muitos guardas reclamaram que foram obrigados a fazer horas extras. Também chegaram à cidade agentes de inteligência para fazer um pente-fino para achar o ladrão do celular ex-presidencial. Um deputado de Morales, Juanito Angulo, declarou que podia ser uma ação da embaixada dos Estados Unidos. Sem que ninguém tivesse perguntado, Angulo negou que no celular poderia ser encontrada algum tipo de informação vinculando Morales com o narcotráfico.

Morales começou a criticar o governo pela falta de segurança no comício. O detalhe: o governo é do partido dele e o presidente era Luis Arce — que, por sinal, pretende disputar a reeleição em 2024... e o problema é que Evo também. Por isso, há um clima tenso bilateral. O chefe do gabinete do governo Arce, Eduardo del Castillo, afirmou que ninguém fez denúncia alguma para a polícia sobre o furto de um celular no comício... uma indireta a Morales, indicando que, se ele quer reclamar de algo, precisava fazer a denúncia, como qualquer plebeu. E Rolando Cuéllar, um deputado do MAS de uma ala que se afastou de Morales, afirmou que o sumiço do celular foi na realidade um "autorroubo" para que ele atraísse protagonismo.

O confronto entre Evo Morales e Luis Arce cresceu de forma acelerada, dividindo o MAS. Um congresso partidário terminou em uma batalha campal com 450 feridos. Morales acusou Arce de ordenar que a polícia lançasse gás lacrimogêneo contra os militantes de seu grupo. Na contramão, o governo Arce afirmava que os representantes de Morales estavam embriagados e que atacaram os representantes governistas com facas, garrafas e paus. Os aliados de Morales acusam Arce de narcotráfico. Os aliados de Arce afirmam que Morales está sabotando o governo mais do que a própria oposição tradicional. Arce disparou farpas contra o ex-presidente, como: "É preciso saber se aposentar no tempo certo e pendurar as chuteiras".

A expressão brasileira "fogo no parquinho" adequa-se totalmente a essa crise que promete crescer. Infelizmente, não existe uma frase boliviana para isso.

# República Dominicana e Haiti:
## Uma ilha, dois países: a Trujillolândia e os dois "Docs"

### Trujillo, "benfeitor da humanidade" e estuprador em série

Nos anos 1940, o jornalista americano John Gunther definiu a República Dominicana como um país "governado, possuído, aterrado, amedrontado, oprimido e obrigado a trabalhar por um dos homens mais polidos da América Latina", o general Rafael Leónidas Trujillo Molina. O líder dominicano ostentava uma vasta nomenclatura: era chamado de "Generalíssimo", "Fundador e Chefe Supremo do Partido Dominicano", "Benfeitor da Humanidade", "Pai da Pátria Nova", "Restaurador da Independência Financeira", "O Chefe" e "Primeiro Jornalista da República" (este último título devia-se ao fato de ter comprado o jornal *La Nación*, da capital do país).

Os títulos foram concedidos, ao longo de anos, por parte do dócil Parlamento dominicano. Contudo, os habitantes do país — nativos ou estrangeiros —, para não se envolverem em problemas quando tinham que fazer algum comentário negativo, optavam por chamá-lo de "Mr. Jones" ou "Mr. Jackson".

Trujillo, nascido em 1891 na província de San Cristóbal, teve seu primeiro emprego aos dezesseis anos: telegrafista. No entanto, depois de digitar o código Morse durante três anos, cansou-se da atividade e optou por um métier com maior adrenalina, dedicando-se à falsificação de cheques e ao roubo postal. Posteriormente, criou e liderou uma gangue de ladrões chamada "La 42". Na sequência, tornou-se guarda de canaviais, onde exercia sua crueldade com os funcionários. Em 1918, considerou que poderia fazer carreira na recém-criada Guarda Nacional. Trujillo engajou-se na força e ali fez uma rápida carreira. Pouco depois de ser designado tenente, foi submetido a julgamento militar por violar uma menor. No entanto foi absolvido, apesar das provas do crime. Estuprador, estelionatário e torturador, em menos de uma década de carreira, Trujillo alcançou o grau de general.

Em 1930, participou de uma rebelião contra o presidente Horacio Vázquez, que foi derrubado. O país precisava de um novo dirigente. Trujillo apresentou-se como candidato e, meses depois, após uma breve campanha na qual sua velha gangue "La 42" aterrorizou e intimidou o eleitorado, foi eleito presidente. Entretanto, do total de eleitores do país, votaram apenas 54,61%. Os outros se abstiveram ou foram impedidos de votar. E, dos que foram às urnas, 99,17% optaram por Trujillo. Com o controle do Parlamento, ele proibiu quase todos os partidos políticos durante a maior parte de sua ditadura, ainda que em breves ocasiões tenha autorizado o funcionamento de alguns grupos políticos, para caçá-los logo depois.

Em 31 anos de governo, Trujillo aplicou sua megalomania e seu egocentrismo em um grau que supera outros presidentes democráticos ou ditatoriais da América Latina e do Caribe. Seu nome foi colocado nos mais diversos pontos da topografia dominicana, entre os quais a província de San Cristóbal, que foi rebatizada de Província Trujillo. A montanha mais alta do país, o pico Duarte (que homenageava Juan Pablo Duarte, um dos fundadores da República Dominicana), teve o nome trocado para pico Trujillo. Em 1936, a própria capital do país foi mudada de Santo Domingo para Ciudad Trujillo. O governo, para celebrar o primeiro aniversário desse rebatismo, que denominou "magno evento", construiu um obelisco no centro da cidade.

O ditador também dedicou parte da geografia nacional para homenagens à família: a província denominada María Trinidad Sánchez, em memória de uma heroína da independência dominicana, foi rebatizada de Julia Molina — mãe do Generalíssimo. A avenida Duarte, no centro da capital, teve o nome trocado para avenida José Trujillo Valdéz, seu pai. Em 1952,

Trujillo considerou que era necessário dar um tom mais acadêmico a sua obra de ditador e criou o Instituto Trujilloniano, com a missão de difundir a vida e obra de "El Jefe".

O ditador também estava presente nos lares na República Dominicana, já que era "conveniente" que cada família ostentasse um quadro com sua foto, ao lado do lema "Nesta casa, Trujillo é o chefe". Ocasionalmente solicitava-se às igrejas que exibissem um cartaz com a frase: "Deus no Céu, Trujillo na Terra". A ditadura ordenava a realização das Paradas Cívicas, nas quais a população exibia uma "espontânea" manifestação de apoio ao regime. O povo era obrigado a segurar cartazes com os dizeres "Trujillo é a Pátria", "O povo pede a reeleição de Trujillo" e "Trujillo é único e insubstituível".

O general comandou o país de 1930 a 1961. Nesse período, em dois momentos, não foi o presidente formal, mas continuou governando por intermédio de títeres. Em 1955, Trujillo não estava oficialmente no poder, mas ele e seus assessores se "esqueceram" desse detalhe e organizaram as celebrações dos 25 anos do ditador no poder.

Historiadores e jornalistas que cobriram essa época consideram que Trujillo ultrapassou seus contemporâneos presidentes militares e civis da região em matéria de brutalidade, descaro, culto à personalidade e eficácia repressiva. Os opositores políticos "misteriosamente" desapareciam. Outros, apareciam "suicidados" em circunstâncias *sui generis*. O escritor mexicano Carlos Fuentes classificou Trujillo como uma "sangrenta anacronia" na América Latina no século XX. Ele foi responsável pela morte de mais de 50 mil civis.

Trujillo também pode ostentar o título de genocida, já que ordenou a morte de milhares de haitianos que trabalhavam como peões na República Dominicana, onde sofriam um intenso racismo, especialmente por parte das elites. O genocídio ficou conhecido como Masacre del Perejil (Massacre da Salsinha). O nome peculiar vem do *modus operandi* da polícia do ditador, que, para descobrir quais eram os haitianos em meio à população negra e mestiça dominicana da área, obrigava que as pessoas pronunciassem em espanhol a palavra "perejil". Os haitianos, por falarem o idioma créole (um mix de idiomas africanos com o francês), no qual a letra "r" era pronunciada de forma diferente do espanhol, diziam "perejil" com sotaque.

Após a matança, Trujillo disse que o "problema haitiano" estava "solucionado". O presidente do Haiti, Sténio Vincent, exigiu a Trujillo o pagamento de 750 mil dólares como indenização aos parentes das vítimas. Depois de conseguir um desconto, que passou o valor para 525 mil, Trujillo enviou o dinheiro, embora a maior parte dessa indenização nunca tenha chegado às mãos dos parentes das vítimas, já que foi desviada pelos assessores do presidente Vincent.

Em 1945, com o fim da Segunda Guerra Mundial, vários regimes totalitários foram derrubados na Europa. Na própria América Latina, alguns ditadores, como Getúlio Vargas, perderam o poder. Trujillo começou a ser pressionado, recebendo críticas internacionais. Para driblar as pressões, convocou eleições em 1947, mas, como a oposição havia sido aniquilada, o próprio Trujillo criou dois novos partidos, o Nacional Trabalhista e o Nacional Democrático, colocando como candidatos presidenciais dois amigos seus. Trujillo candidatou-se à reeleição e venceu com 90% dos votos.

O ditador era adicto ao uso do talco e de cremes para "branquear" sua face. Trujillo era um daqueles paradoxais casos de pessoa racista com pele morena, já que sua avó materna havia sido uma mestiça haitiana. Seus ministros, para adulá-lo, citavam com frequência a "bela brancura" da pele do presidente.

Os dominicanos que ousavam ironizar a figura do ditador o chamavam em sussurros de "Chapita" (Chapinha), em alusão ao grande número de medalhas que usava nos uniformes. As crianças dos bairros pobres, para imitar o presidente, prendiam tampinhas metálicas de garrafas na roupa, como se fossem as medalhas que Trujillo gostava de ostentar. Seu uniforme de marechal tropical, com o grande volume de condecorações, as dragonas, os cintos, as faixas bordadas, a espada, o bastão presidencial, os sapatos, o chapéu bicorne com penas de aves exóticas, entre outros adereços, pesava doze quilos.

Os 31 anos ao longo dos quais o ditador controlou o país são denominados "Trujillato". Porém, no final dos anos 1950, o regime enfrentava diversos problemas e uma insatisfação crescente da população. A situação complicou-se pela tentativa do ditador de assassinar um de seus principais críticos no exterior, o presidente da Venezuela, Rómulo Betancourt, em junho de 1960. O venezuelano salvou-se com graves queimaduras do ataque de um carro-

-bomba em Caracas. No entanto, na capital dominicana, as primeiras informações que chegaram indicavam que ele havia morrido. O governo começou a organizar celebrações pela morte de Betancourt, que foram a pique quando chegou a notícia de que ele havia sobrevivido. De quebra, as autoridades venezuelanas encontraram abundantes provas que indicavam que a autoria era do rival dominicano. Com essa ação, Trujillo perdeu o apoio dos Estados Unidos. Entretanto, o que agravou de vez a situação do ditador foi a ação de quatro irmãs dominicanas, jovens opositoras de seu governo.

Trujillo mantinha um harém de amantes e também forçava famílias pobres a entregar suas filhas virgens para que ele as violasse. O escritor e ensaísta argentino Tomás Eloy Martínez sustentava que Trujillo e seus filhos:

> exerciam o medieval "direito de pernada" (expressão originada no direito que os senhores feudais reclamavam para manter relações sexuais com qualquer jovem que fosse se casar com um de seus servos antes da lua de mel). Em centenas de casos, "El Chivo" e seu herdeiro Ramfis tomavam as filhas dos dominicanos como se fossem butins inseparáveis do poder.

"El Chivo" (Bode) era o apelido sexual de Trujillo, uma alusão ao "macho cabrío", o mito do bode sempre disposto a copular com as cabras.

Em 1949, ele conheceu a jovem Minerva Mirabal, filha de latifundiários que haviam criado suas filhas como mulheres independentes e cultas. O ditador ficou fascinado por ela, mas Minerva, assim como sua família, rejeitava Trujillo. O ditador estava obcecado com a jovem e organizou ainda mais recepções e festas, às quais sempre a convidava. Enfurecido pelas recusas dos Mirabal, Trujillo iniciou uma perseguição política e policial contra toda a família, especialmente Minerva e suas irmãs Patria, Maria Tereza e Adela, que haviam começado a se manifestar publicamente contra o ditador.

As irmãs Mirabal foram presas, acusadas de conspirar contra o regime. Torturadas e estupradas, foram posteriormente liberadas. Contudo, foram colocadas em liberdade apenas como uma manobra para apaziguar a opinião pública, que começou a ficar indignada com o tratamento concedido às jovens. Tempos depois, Trujillo ordenou que elas fossem assassinadas em uma operação clássica do regime para eliminar adversários: "o acidente de estrada" — isto é, o carro em que o opositor se encontrava desgovernava-se e colidia contra algum lugar. Uma variação dessa modalidade era fazer com que o carro caísse no mar em áreas nas quais abundavam tubarões.

No dia 25 de novembro de 1960, Patria, Minerva e Maria Tereza seguiam em um jipe com seu motorista quando foram detidas por homens de Trujillo, que as mataram com golpes de peixeira. Na sequência, colocaram os corpos dentro do veículo e empurraram o jipe em um precipício. Apelidadas de "As Borboletas", as irmãs Mirabal são lembradas até hoje e, em 1999, o dia 25 de novembro passou a ser considerado o Dia Internacional pela Eliminação da Violência Contra as Mulheres.

A população logo ficou sabendo, por vias extraoficiais, que elas haviam morrido por golpes de arma branca, e não por acidente automobilístico. O escândalo, somado ao esgotamento do "Trujillato", gerou uma onda de resistência ao ditador.

No dia 30 de maio de 1961, o carro no qual viajava Trujillo foi metralhado em uma emboscada armada por opositores do regime, com armas fornecidas pela CIA, já que o governo norte-americano temia que a crueldade da ditadura dominicana gerasse um clima propício a uma revolução de esquerda, tal como havia ocorrido na também caribenha Cuba.

Trujillo morreu com sete tiros. Ele foi enterrado na imensa cripta construída sob uma grande igreja que ele havia ordenado edificar no terreno onde um dia havia existido o casebre em que havia nascido.

O Trujillato, entretanto, ainda demorou alguns meses para ser de fato sepultado. Ramfis Trujillo, filho do defunto ditador, deslanchou uma onda de vingança, prendendo e torturando até a morte os responsáveis pelo assassinato de seu pai. Ramfis havia sido um filho mimado. O velho ditador Trujillo o batizou, tal como seu irmão Rhadamés, com o nome de um dos personagens da ópera *Aida*, de Giuseppe Verdi. O pai deu a Ramfis o cargo de coronel quando o menino tinha apenas cinco anos de idade. Aos dez, foi promovido a general. Adulto, ordenou que um ex-aliado do regime, transformado em opositor, fosse colocado em uma masmorra. Ali, ficou dias, sem receber comida alguma. Quando por fim lhe foi entregue um ensopado, o homem o devorou sem pensar duas vezes. Na sequência, apareceu Ramfis na porta da cela e disse que o prisioneiro havia acabado de comer seu próprio filho. O ex-aliado não acreditou e xingou Ramfis, que minutos depois lhe mostrou a cabeça da criança, que havia sido cortada do corpo. Ao ver isso, o pai do menino teve um enfarte e morreu nos braços de seu companheiro de cela.

Ramfis sofria de problemas psicológicos que levaram seu pai a interná-lo por breves períodos na Bélgica, onde era submetido a tratamentos de eletrochoque. O rapaz, como sustentam contemporâneos e historiadores, não queria passar pelo estresse de governar o país. Ele "só" desejava desfrutar do poder e do dinheiro sem responsabilidades e realizar as farras que o status de filho de ditador lhe permitiam.

Entretanto, a rebelião popular e as pressões internacionais levaram Ramfis e o resto da família do defunto ditador a fugir do país. Antes de partir, ele e um grupo de ajudantes removeram o caixão de Trujillo da cripta sob a igreja e o colocaram no enorme iate da família, o *Angelita*, um ex-navio-escola de quatro mastros que fora reformado com todo luxo. Junto, levaram uma imensa fortuna, incluindo lingotes de ouro removidos do Banco Central. O navio partiu para a ilha de Guadalupe, onde os Trujillo embarcaram em um avião fretado para levar todo o séquito até Paris. O barco continuou rumo à França, mas foi detido no mar e enviado de volta para a República Dominicana.

O ouro não foi encontrado na embarcação, apenas o caixão de Trujillo, que meses depois foi enviado para Paris, onde foi enterrado por ordem de Ramfis no cemitério de Père-Lachaise.

Os cálculos do dinheiro roubado pelos Trujillo durante 31 anos de ditadura oscilam entre 250 milhões e 850 milhões de dólares, valores atualmente equivalentes a 2,01 bilhões e 6,85 bilhões de dólares, respectivamente. Entretanto, parte dessa fortuna que havia sido depositada nos anos prévios por Trujillo foi perdida por uma questão de memória: sua viúva, María Martínez Alba de Trujillo, ficou senil rapidamente, perdendo a localização dos dados da conta bancária na Suíça.

Já o corpo de Trujillo continuava circulando. Seu filho Ramfis mudou-se para Madri, onde o governante era um velho amigo da família, o ditador espanhol Francisco Franco. Perto de Madri, em El Pardo, Ramfis enterrou o pai pela terceira vez. Pouco depois, o próprio foi lhe fazer companhia depois de correr por uma estrada espanhola em sua Ferrari e colidir frontalmente com o Jaguar da aristocrata Teresa Beltrán de Lis, a duquesa de Alburquerque.

Seu irmão Rhadamés, que também deflorava jovens dominicanas durante o regime de seu pai, anos mais tarde teve negócios na Venezuela. Um dia, foi fechar um acordo na Colômbia com colegas do Cartel de Cali — que desconfiavam que Rhadamés os estava enganando em várias operações — e o convidaram para a festa de aniversário de um líder narcotraficante. Nunca mais foi visto vivo.

O vencedor do Prêmio Nobel de Literatura de 2010, o escritor peruano Mario Vargas Llosa, publicou no ano 2000 seu livro *A festa do bode*, sobre os últimos momentos da ditadura trujillista. Vargas Llosa declarou que havia sido muito difícil escrever o livro: "As atrocidades dos Trujillo são quase inacreditáveis!".

## O candidato mais velho do mundo

Joaquín Balaguer contava em suas memórias que, no início de sua adolescência, recebeu de presente uma espingarda de chumbinho. E, com seu primeiro (e último) disparo, matou um rouxinol. Ao ver a pequena ave morta no chão, a seus pés, sentiu um profundo remorso. Nunca mais matou — mas apenas pessoalmente, é claro, já que Balaguer, quando adulto, seria responsável por longos anos de repressão e terrorismo de Estado.

Em 1960, Trujillo havia colocado no poder seu irmão Héctor Bienvenido, de forma a dar uma dissimulada de "alternância de poder", mas a Organização dos Estados Americanos (OEA) conseguiu convencer o ditador de que não ficava bem ter um parente direto como presidente. A saída do ditador foi remover o irmão e colocar o vice-presidente Joaquín Balaguer, que era primo da esposa de Trujillo, na presidência, embora fosse, mais uma vez, um mero títere. Porém, como vimos, Trujillo morreu um ano depois e Balaguer começou a governar em modo "solo".

Na época, o presidente americano John Fitzgerald Kennedy disse a seus assessores: "Existem três preferências na ordem de preferências: um regime democrático, a continuação do regime de Trujillo ou um regime castrista.

Devemos tentar o primeiro, mas não podemos renunciar ao segundo até que tenhamos certeza de que podemos evitar o terceiro".

No entanto, Balaguer foi derrubado pelos militares no ano posterior. Nos anos seguintes, o país foi embalado por turbulências: uma guerra civil e uma invasão da OEA liderada pelos Estados Unidos (e que fez uso de tropas brasileiras). Balaguer, respaldado por Washington, voltou nas eleições de 1966 e se instalou de forma quase permanente, a partir dali, por quase um quarto de século. E, de 1966 a 1978, ele desatou uma sangrenta repressão, com a morte de centenas de opositores de esquerda. Balaguer dizia que a democracia era "esse complicado dogma da alternância".

Ao contrário de Trujillo, que adorava os uniformes cheios de condecorações e as orgias sexuais, Balaguer, que se dedicava a escrever poemas em formatos antiquados, preferia os ternos escuros e seu chapéu Fedora, que enfiava até as orelhas para que o vento do Caribe não o levasse. Tirano segundo uns, Maquiavel do Caribe para outros, Balaguer fazia discursos para cidadãos semianalfabetos citando Júlio César e Aristófanes. Distribuía bicicletas para as crianças pobres e roupa íntima vermelha para as mulheres.

Balaguer venceu as eleições de 1966, 1970 e 1974. Contudo, em 1978, por fim perdeu, assim como em 1982. No entanto, voltou ao poder em 1986 em eleições fraudulentas e foi eleito novamente em 1990 e 1994. Seu *entourage* enriquecia com os desvios de fundos e as propinas, ao contrário de Balaguer, que vivia modestamente. Sua ambição era o poder pelo poder. Ele justificava a corrupção alastrada em seu governo como algo necessário para o crescimento econômico.

Nos anos 1980, Balaguer já estava quase surdo e ficou cego graças a um glaucoma, mas isso não o levou a se aposentar. Quando alguém dizia que a cegueira o impossibilitava de governar, ele respondia: "Não quero o poder para colocar linha em uma agulha".

Balaguer nunca se casou, morava sozinho e almoçava e jantava sem a companhia de pessoa alguma. Desde a morte de sua irmã até sua própria morte, visitava o mausoléu dela todos os domingos durante duas horas, sempre de terno e gravata escuros no calor caribenho. Contudo, para evitar mal-estares, ordenou a instalação de um sistema de ar condicionado dentro do mausoléu para que rezasse sem suar. Em sua casa, trabalharam três anãs chamadas Severina, Emelinda e Tomasina, que eram encarregadas, além de varrer o assoalho, de "varrer" os maus-olhados e maldições que os *haters* lançavam contra o presidente. Balaguer acreditava que as anãs lhe davam sorte. Em uma pesquisa realizada em 1994, 75% dos dominicanos afirmaram acreditar que seu presidente tinha "poderes sobrenaturais".

Quando, devido às comemorações dos quinhentos anos da chegada de Cristóvão Colombo ao Continente Americano, a América Latina passava por uma onda revisionista sobre o navegante, Balaguer foi na contramão e mandou construir um faraônico monumento em homenagem ao navegante genovês, denominado Farol de Colombo, que custou aos empobrecidos contribuintes dominicanos 250 milhões de dólares.

No ano 2000, Balaguer, que havia nascido em 1906 e, portanto, tinha 94 anos de idade, candidatou-se mais uma vez à presidência da República. Tornou-se o mais velho candidato presidencial da história mundial até aquela data. O slogan era "Balaguer, um presidente de dois séculos". Contudo, ele perdeu.

Em 2002 o ex-presidente faleceu. Tinha 96 anos. Na ocasião, um diplomata britânico recordou que anos antes havia dado de presente a Balaguer um tipo de tartaruga de vida centenária. Balaguer — com mais de noventa anos na época — recusou o obséquio, dizendo: "Não, obrigado. É que esses animaizinhos morrem cedo e a gente fica muito triste".

## Haiti: da overdose de títulos de nobreza aos cruéis papai e bebê

Na mesma ilha onde está a República Dominicana, mas no terço leste, está o Haiti, o país mais pobre — e corrupto — das Américas. Esse foi o segundo ponto (o primeiro foi nas Bahamas) onde Cristóvão Colombo desembarcou após chegar ao "Novo Mundo" em 1492. No dia de Natal daquele ano, chegou à costa norte do Haiti e ali — com a ajuda dos amáveis indígenas locais, os tainos — fundou La Natividad, deixando 39 marujos no lugar enquanto continuava sua missão de explorar aquele lado do oceano Atlântico em busca das Índias. Os marujos, na sequência, iniciaram a escravização dos tainos, que se rebelaram contra os maus-tratos e mataram os espanhóis. Assim começava a Era Moderna para esse lado da ilha.

No entanto, os séculos seguintes continuariam sendo marcados pela morte. Conquistado posteriormente pelos franceses, o território foi povoado por milhões de africanos escravizados. Em 1789, a Revolução Francesa acabava com a monarquia em Paris e pregava a fraternidade e a liberdade dos homens. As ideias revolucionárias chegaram ao Haiti, onde os escravizados iniciaram, em 1791 — após uma cerimônia vudu —, uma rebelião que se espalhou por todo o país. No meio do caos, surgiu a figura do ex-escravizado Toussaint Louverture, que se tornou general das forças dos ex-escravizados haitianos. Em 1802, Napoleão Bonaparte enviou tropas para recuperar o controle da ilha. No entanto, os ex-escravizados continuaram combatendo (com altos e baixos) até que, em 1804, um antigo aliado de Louverture, Jean-Jacques Dessalines, proclamou a independência. E, em retribuição pelos massacres de ex-escravizados realizados pelas tropas francesas, ordenou a matança dos homens brancos que ainda restavam no Haiti, assassinando cerca de 3.200 pessoas.

Dessa forma, o Haiti transformava-se no segundo país a proclamar a independência nas Américas (após a dos Estados Unidos, em 1776) e a instituir a república como forma de governo. No entanto, a república durou pouco e o Haiti transformou-se na primeira monarquia do continente, já que Dessalines optou por copiar o modelo de seu inimigo Napoleão e autoproclamar-se imperador Jacques I. Contudo, seu reinado foi breve, pois ele foi morto em 1806 por dois de seus colaboradores, Alexandre Pétion e Henri Christophe. O último proclamou-se rei em 1811, ostentando o título de "Primeiro monarca coroado do Novo Mundo".

Henri I governou com uma política econômica de trabalhos forçados nas plantações de cana-de-açúcar. Ao mesmo tempo que a maior parte da população continuava na pobreza, construiu seis castelos, oito palácios, criou uma nobreza, distribuindo títulos nobiliárquicos em pleno Caribe, criando quatro príncipes, oito duques, vinte e dois condes, quarenta barões e catorze cavaleiros. E, para que esse pessoal não ficasse sem os brasões correspondentes, fundou o Colégio de Armas, onde especialistas em heráldica preparavam o design dos escudos para os nobres haitianos. Os europeus imediatamente ironizaram a criação desses títulos, inventando a expressão "nobreza haitiana" como sinônimo de aristocracia improvisada criada por um novo governo.

Com medo de ser alvo de um golpe de Estado, Henri suicidou-se com um tiro — mas com uma bala de prata, já que era rei.

O sistema republicano voltou ao Haiti com a morte de Henri. No entanto, em 1847, o presidente Riché morreu e a classe política dominante decidiu colocar o general Faustin Soulouque como presidente, já que o considerava um paspalho de 65 anos fácil de controlar. Faustin manteve os mesmos ministros e políticas, mas esse comportamento dócil durou pouco tempo, já que na sequência eliminou aqueles que acreditavam que o controlavam. Em 1849, declarou-se imperador, com o nome de Faustin I, e foi coroado em uma cerimônia com toda pompa. Ele enviou um pedido a Paris para encomendar um manto imperial, uma coroa, um cetro, uma esfera armilar e outros acessórios, além de um trono similar ao usado por Napoleão I.

Faustin inflacionou o Haiti com títulos de nobreza: criou quatro príncipes, cinquenta e nove duques, noventa condes, trinta cavaleiras (mas não "cavaleiros"), duzentos e cinquenta barões e apenas duas marquesas. Porém, em 1858, um de seus nobres, o duque de Tabara, deu um golpe de Estado e derrubou o imperador, que fugiu do país. A república voltou ao Haiti, mas, apesar da mudança de regime, o autoritarismo permaneceu, assim como a instabilidade, pois anteriormente, naquele mesmo século, apenas dois presidentes conseguiram completar seus mandatos. O caso mais chamativo é o período de 1911 a 1915, ao longo do qual o país teve seis presidentes diferentes que foram derrubados e tiveram que se exilar. Aqueles que não conseguiram partir para o exterior partiram para o além.

O quinto presidente desse grupo foi Vilbrun Guillaume Sam, um autocrata que governou pelo braço de ferro da repressão. Cinco meses depois de tornar-se presidente, ordenou o fuzilamento de 167 prisioneiros políticos. Porém, assustado com a reação enfurecida da população, refugiou-se na embaixada da França. A multidão, no entanto, entrou no edifício, pegando Sam e jogando-o por cima da grade da embaixada. O presidente caiu na rua, onde a população o matou arrancando pedaços de seu corpo. Na sequência, os grupos desfilaram pelas ruas, cada um com uma parte de Sam.

# Papa Doc

Nos anos seguintes, o país passou por uma intervenção militar dos Estados Unidos que durou dezenove anos, além de uma série de presidências interrompidas de forma violenta. Em 1956, o presidente Magloire foi derrubado e o país mergulhou em um ano que foi atribulado até mesmo para os padrões tradicionalmente caóticos do Haiti. Em 1957, foi eleito François Duvalier, um médico de sucesso que combateu epidemias, tinha fama de "humano", trabalhou por muitos anos nas favelas haitianas e tinha o apelido de "Papa Doc" (Papai Doutor). Nos anos anteriores, havia feito sucesso curando doenças no interior do país com um tratamento milagroso que dizia ter inventado. Era a mais pura mentira. Ele usava penicilina.

A expectativa era de que Duvalier seria um humanista, um bondoso e justo administrador. No entanto, pouco depois da eleição, ele criou uma milícia rural, a Sécurité Nationale (Segurança Nacional), cujos soldados foram apelidados de "Tonton Macoute" (Bichos-Papões). Essa milícia, que espalhou o terror durante décadas, tinha o dobro de homens das Forças Armadas.

Não existia um processo de seleção para ser Tonton Macoute. Bastava autoproclamar-se como membro da milícia de Papa Doc para transformar-se em um. Isso, obviamente, gerava constantes conflitos dentro de suas fileiras. Os milicianos recebiam uma arma e um macacão, mas não recebiam salários. No entanto, tinham autorização para extorquir e roubar.

Em nome do nacionalismo, Papa Doc expulsou a maior parte dos bispos católicos nascidos no Haiti e perseguiu a elite haitiana (que era mestiça, e não negra como ele). Segundo o intelectual e ex-presidente haitiano Leslie Manigat, o "duvalierismo" era um "fascismo do subdesenvolvimento". Outro intelectual e escritor do Haiti, Gérard Pierre-Charles, define o regime de Papa Doc como a "Papadocracia", um governo "semifeudal".

Os opositores foram cruelmente torturados. Vários eram levados a um sinistro tour guiado pelas catacumbas presidenciais, no subsolo do palácio de Duvalier, onde estavam instaladas algumas salas de tortura pragmaticamente pintadas de marrom para evitar que o sangue espirrado dos corpos se ressaltasse demais nas paredes. Esse tipo de problema não ocorria quando os opositores eram submersos em grandes banheiras de ácido sulfúrico.

Antes de se tornar presidente, Duvalier já tinha fortes vínculos com o mundo dos rituais de vudu, a religião haitiana de origem africana. Porém, ao chegar ao poder, turbinou sua crença: ele apresentava-se como um sacerdote do vudu e afirmava que era a incorporação física do espírito da nação — embora também dissesse que era o líder escolhido por Jesus Cristo. Para impressionar a população supersticiosa, ele se vestia da mesma forma como os haitianos representavam a imagem do sádico Baron Samedi, um dos "loas" (espíritos) do vudu haitiano, com casaca, gravata e cartola. E, como o Baron Samedi não tinha olhos, pois era uma caveira, Duvalier usava óculos escuros. Para completar o personagem, o presidente entoava a voz de forma fortemente anasalada quando fazia discursos ou conversava com os subordinados, tal como falavam os sacerdotes quando os espíritos "baixavam".

Volta e meia, o ditador tentava entrar em contato com seus rivais assassinados. Esse foi o caso do conspirador Blucher Philogènes, assassinado em um ponto distante do país. Por esse motivo, ordenou que a cabeça do opositor fosse levada de urgência a Porto Príncipe: o crânio decapitado foi colocado em um balde de gelo, transportado em um caça da força aérea e levado ao aeroporto da capital, onde Duvalier o esperava. O ditador pegou o balde, sentou-se no banheiro do aeroporto, colocou a cabeça degolada na sua frente e começou a lhe perguntar quais eram os nomes dos futuros traidores de seu regime — ou seja, uma espécie de pedido de consultoria com o além sobre seu futuro.

Em 1959, Duvalier teve um ataque cardíaco devido a uma overdose de insulina e deixou o poder temporariamente com Clément Barbot, seu braço direito, que comandava os Tonton Macoute. Porém, ao voltar de sua licença médica, o presidente acusou Barbot de tentar ficar com o poder e o colocou na prisão. Anos mais tarde, o liberou. Na sequência, Barbot tentou sequestrar os filhos de Duvalier, fracassou e fugiu. Enquanto todas as forças de segurança do Haiti buscavam Barbot, assessores disseram a Duvalier que o ex-líder dos Tonton Macoute havia se transformado em um cachorro preto por intermédio de poderes vudu. O presidente entrou em estado de paranoia e ordenou que todos os cães pretos do Haiti fossem chacinados. Posteriormente, Barbot — em formato *Homo sapiens* — foi encontrado e assassinado pelos Tonton Macoute.

Duvalier chegou a alegar que o assassinato do presidente americano John Kennedy havia sido o resultado de uma "praga" lançada por ele.

Se as eleições limpas com as quais havia sido eleito em 1957 haviam sido uma novidade devido à ordem e a fraudes mínimas, sua reeleição em 1961 foi caracterizada pela manipulação total. O resultado oficial foi de 1.320.748 votos a favor de Duvalier. Não houve nenhum voto contra, já que ele era o único candidato. "Aceito a decisão do povo", declarou o presidente sobre o resultado das urnas. Quando algum visitante estrangeiro levantava uma sobrancelha em sinal de indignação sobre o sistema político haitiano, Duvalier respondia com sua voz sinistramente suave e pausada: "Esta não é uma democracia francesa, alemã ou americana. Nem sequer é uma democracia latino-americana. Esta é uma democracia africana". Naquele ano, ele foi declarado presidente vitalício.

Em 1961, Duvalier — depois de ler sobre a inauguração de Brasília — decidiu fazer sua própria cidade monumental. O egocentrismo do ditador não dava margens para outro nome que não fosse "Duvalierville". No entanto, a cidade nunca foi concluída. Os fundos para sua finalização desapareceram nos bolsos dos empreiteiros e do próprio governo. A cidade transformou-se em uma imensa favela de concreto. Após a queda dos Duvalier, em 1986, Duvalierville foi rebatizada com o peculiar nome de "Cabaret".

Com o país falido, Duvalier precisava de dinheiro. Depois de anos brigado com Washington, tentou criar simpatia com os Estados Unidos deslanchando uma truculenta caça a qualquer pessoa que pudesse ser indicada como "comunista".

Duvalier gostava de pensar que era um grande ideólogo do século XX e acreditava que seu livro, *Memórias de um líder de Terceiro Mundo*, era um manual de ciência política. Antes de morrer, em 1971, exigiu ser enterrado com um exemplar da obra, que foi colocado aberto ao lado de seu corpo no caixão. O esquife ficou exposto por dois dias. Pouco antes de ser fechado para o enterro, uma forte ventania levantou uma nuvem de pó no lugar. Os haitianos presentes começaram a falar que esse era um sinal de que o espírito de Papa Doc estava subindo para o Céu.

# Baby Doc

O sucessor de Papa Doc foi Jean-Claude Duvalier, seu rechonchudo e mimado filho que, aos dezenove anos, tornou-se o chefe de Estado mais novo do planeta. Ele nunca havia dado bola para os estudos, falava apenas francês, o idioma local, e somente se interessava por automóveis de luxo, entre eles uma Ferrari, com os quais corria pela pista do aeroporto da capital, única área asfaltada do país. Claro, o filho presidencial usava a pista quando desejava, com o consequente cancelamento súbito dos voos no aeroporto. Ele também apreciava acelerar pelos bairros de Porto Príncipe jogando dólares pela janela do carro e ver pelo retrovisor como os haitianos lutavam para pegar as notas.

Antes de morrer, Papa Doc designou seu filho — que seria conhecido como "Baby Doc" — como o próximo "presidente vitalício". E, para dar um verniz de democracia ao ato, ordenou a realização de um referendo para confirmar seu filho como o novo presidente. O resultado foi quase tão fraudulento quanto aquele que elegeu Duvalier sênior em 1961. Só que, em vez de zero votos contra, desta vez houve um voto contrário, dois nulos e 2.391.916 votos a favor de tornar Baby Doc o novo presidente.

Jean-Claude foi dominado pela mãe e as irmãs até o dia em que se casou com a longilínea Michèle Bennett, a filha de um comerciante. A moça era uma mestiça, algo que o clã Duvalier detestava. No entanto, Jean-Claude ficou fascinado com a garota e divorciou-se de sua primeira mulher, que era negra. Isso gerou uma crescente oposição dos sacerdotes vudu que haviam sido fiéis servidores de seu pai. "Michèle coleciona sapatos e inimigos", diziam ironicamente na capital, na época.

Michèle adorava casacos de vison, mesmo que essa vestimenta fosse impraticável no tórrido calor do Haiti. No entanto, Baby Doc encontrou a saída: instalou um caríssimo sistema de refrigeração dentro do palácio presidencial, onde Michèle podia usar suas peles compradas em Paris. Os funcionários do palácio, enquanto isso, ficavam resfriados.

Duvalier Jr. foi afastando gradualmente a mãe e as irmãs do poder, ao mesmo tempo em que colocava integrantes do setor mestiço da sociedade em diversos cargos. Sem a família ajudando o inexperiente Baby Doc, o governo começou a balançar. O presidente não se arriscava a viajar para fora do país com medo de um golpe de Estado. Esses fatores, junto à crescente fome da população e à queda acelerada do PIB, geraram focos persistentes de revolta. O governo do presidente americano Ronald Reagan enviava milhões de dólares anualmente ao governo haitiano como "ajuda humanitária" para reforçar o país como um "baluarte anticomunista" localizado a apenas oitenta quilômetros das praias de Cuba. Entretanto, o dinheiro, em vez de ser usado para reduzir a pobreza (e minimizar as chances de uma revolta), ia para os bolsos dos Duvalier, dos Bennett e dos assessores do governo. Por fim, Washington deixou de financiar o ditador.

Em fevereiro de 1986, depois de meses de greves em diversas áreas da economia, manifestações reprimidas à bala e torturas de opositores, o ditador declarou em rede nacional de rádio e televisão que estava "firme como um rabo de macaco" e que "a paz reinava no país". Dias depois, realizou uma festa regada a champanhe no palácio presidencial e, em seguida, Baby Doc — que não tinha a menor vocação para o heroísmo — partiu do país em um avião. Deixou todas as suas roupas e todos os seus objetos pessoais para trás, ainda que nas malas tenha colocado 120 milhões de dólares retirados às pressas do Banco Central do Haiti.

Pai e filho teriam acumulado em conjunto o assassinato de 60 mil civis. Centenas de milhares de outros haitianos morreram de fome e doenças durante sua gestão, enquanto os Duvalier gastavam sem o menor pudor o dinheiro dos haitianos.

Baby Doc instalou-se em Mougins, no sul da França, gastando seus milhões em viagens e carros de luxo. Sua esposa esbanjava somas extravagantes nas joalherias de Paris. Em uma única visita à joalheria Boucheron, torrou 270 mil dólares em diversos objetos. Porém, após quatro anos no exílio, Michèle — que administrava o dinheiro do casal desde que subiram ao poder — pediu o divórcio, abocanhando a maior parte da fortuna do ex-presidente. O que sobrou acabou nas mãos dos testas de ferro ou foi embargado em diversos processos na Justiça internacional.

Em pouco mais de uma década, o outrora ditador estava na bancarrota. Ele deixou de pagar até mesmo a conta do telefone e desapareceu da vida de socialite. Sem dinheiro, colocou sua mãe, a no passado todo-poderosa "Mama" Simone, em um asilo público. Com uma namorada, Veronique Roy, mudou-se para um apartamento de dois quartos emprestado de um amigo nos subúrbios de Paris. Teve que vender seus carros de luxo e, em seus últimos anos de vida, ia até um supermercado frequentado pela elite para olhar os Alfa Romeo e as Ferraris no estacionamento.

Baby Doc morreu em 2014, pouco tempo depois de voltar ao Haiti. Meses antes, perguntaram a ele que erros havia cometido em seu governo, ao que respondeu: "Talvez eu tenha sido muito tolerante".

### Pausas de democracia em uma vida de golpes

De 1986 a 1988, o Haiti foi governado por uma junta militar cujo intuito era realizar a transição para a democracia. Em 1988, o povo foi às urnas e elegeu Leslie Manigat, que foi derrubado três meses depois. Em 1990, o padre salesiano Jean-Bertrand Aristide foi eleito presidente. Tomou posse em fevereiro de 1991, mas foi derrubado pelos militares em setembro do mesmo ano. A ditadura durou até 1994, quando Aristide voltou ao poder, apoiado pelos Estados Unidos. Durante uma década, o país teve eleições regulares, até que em 2004 mergulhou em rebeliões em diversas regiões. Um presidente transitório solicitou a intervenção da ONU no país. Dessa forma, 7 mil homens do Brasil, da Argentina, do Chile e da Jordânia, entre outros países, foram enviados pela missão que ficou conhecida com a sigla em inglês Minustah (Missão das Nações Unidas pela Estabilização do Haiti). O país teve novas eleições em 2006, 2011 e 2016. Em 2010, o Haiti sofreu um terremoto de magnitude 7.0 na escala Richter que arrasou a capital, causando destruição em massa. De quebra, nesse mesmo ano, a cólera — que não existia no país — foi levada pela força enviada pelo Nepal para integrar a Minustah. Além disso, foram registrados milhares de abusos sexuais cometidos por integrantes da missão. Mais de 2 mil mulheres teriam sido violadas por soldados da ONU entre 2004 e 2017. Os bebês que nasceram desses estupros são chamados no Haiti de "bebês capacetes azuis", em alusão ao uniforme utilizado pelos soldados.

A democracia chegou em 1991, mas todos os seus presidentes foram derrubados, com exceção de René Préval, que governou entre 2006 e 2011, o único em toda a história do Haiti (toda!) que foi eleito democraticamente e, além de ter conseguido terminar seu mandato, entregou o poder voluntariamente.

## Magnicídio do "segundo após Deus"

Como o caos no Haiti não oferece pausas, em julho de 2021 aconteceu o primeiro magnicídio deste século nas Américas — ou seja, o primeiro assassinato de um chefe de Estado durante seu mandato desde a morte do ditador dominicano Rafael Leónidas Trujillo Molina, em 1961. A vítima foi o presidente Jovenel Moïse, alvo de doze tiros disparados por um grupo de supostos mercenários que entrou de madrugada em sua casa em Porto Príncipe. A primeira-dama, Martine Moïse, foi ferida, mas sobreviveu e foi transportada às pressas para um hospital em Miami.

Antes de chegar ao poder, Moïse era um empresário de sucesso que entrara na política apenas em 2015. Entre seus diversos empreendimentos, o de mais sucesso foi a produção de bananas orgânicas, o que lhe valeu entre os haitianos o apelido de "Homem-Banana". Ele disputou as eleições de fevereiro de 2016 e teria sido o vencedor, mas, devido a uma saraivada de denúncias de fraude, novas eleições foram realizadas em novembro daquele ano. Ele venceu esse outro *round* nas urnas e tomou posse em fevereiro de 2017.

Moïse passou a alegar que seu mandato terminaria em fevereiro de 2022, já que o período presidencial no Haiti é de cinco anos. No entanto, a oposição alegava que essa meia década começa a valer a partir da saída do antecessor. Ou seja, se Martelly havia saído em fevereiro de 2016, o mandato do presidente seguinte se encerraria em fevereiro de 2021.

As eleições parlamentares deveriam ter sido realizadas em 2018, no entanto, Moïse suspendeu o pleito e governou por decreto desde então. Nos últimos dois anos de seu governo, ele reprimiu protestos populares com intensa violência. Também por decreto, ampliou a definição do crime de "terrorismo" para incluir todo tipo de dissidências. Moïse se autodefinia como "Après Dieu" — "o segundo após Deus".

Com sua morte — e como não existem vice-presidentes no Haiti —, o comando do país passou às mãos do primeiro-ministro Claude Joseph, que decretou estado de sítio. Coincidentemente, Joseph ia ser substituído na semana da morte de Moïse por um novo primeiro-ministro, Ariel Henry, designado pelo presidente dias antes, mas que ainda não havia sido confirmado pelo Parlamento.

A Constituição haitiana determina que, em caso de morte ou renúncia do presidente, o primeiro-ministro fica no comando até a eleição de um novo ocupante para o cargo.

### "Eleições? Em breve!"

A outra "coincidência" é que o Haiti teria eleições presidenciais em breve, em setembro de 2021. O primeiro-ministro Joseph — para mostrar respaldo dos quartéis (setor sempre crucial na turbulenta história haitiana) — declarou que as forças armadas estavam no controle da situação. No entanto, Ariel Henry — aquele que ia ser primeiro-ministro, mas não foi — disse que Joseph não podia permanecer no cargo. Geralmente, em crises similares, os grupos políticos indicam que a melhor saída é deixar a presidência interina da República nas mãos do presidente da Suprema Corte.

No entanto, a pandemia se encarregou de complicar mais ainda a política haitiana, já que o juiz René Sylvestre morreu de Covid-19 dias antes. Tampouco poderia assumir o presidente do Parlamento, já que este foi dissolvido. Finalmente, Ariel Henry tornou-se o primeiro-ministro do Haiti, prometendo realizar eleições de forma urgente, antes do final daquele ano. Contudo, o Réveillon passou, assim como todo o ano de 2022, e Henry permanecia aferrado ao posto, sempre prometendo realizar as eleições. Um detalhe: o mandato oficial de Henry terminou em fevereiro de 2022. Portanto, ele já entra na categoria de "ditador" ao se manter no cargo passando por cima da Constituição.

O cenário de violência no Haiti se tornou ainda mais dantesco, com 160 gangues controlando 60% da capital como se fossem senhores feudais. Esses grupos saqueiam estabelecimentos comerciais, queimam casas de civis, estupram mulheres de forma sistemática e assassinam pessoas de maneira imprevisível para causar o terror em uma espécie de *Mad Max* caribenho.

Um dos mais poderosos chefes dessas gangues é Jimmy Chérizier, mais conhecido pelo nome de guerra, Barbecue (Churrasco), dono de uma fortuna de milhões de dólares e que volta e meia exibe seu poder bloqueando o porto da capital.

Menos poderoso, porém bem mais exótico — e tenebroso —, é Micanor Altes, chefe da gangue que controla Warf Jéremie, uma favela do sul de Porto Príncipe, que se faz chamar de Rei Mikano e mandou construir uma espécie de castelo, onde instalou um trono. Mikano, como um monarca medieval, ordena que todas as adolescentes de Warf Jéremie percam a virgindade com ele. É o primitivo "direito de pernada" em ambiente caribenho.

Os líderes das gangues fazem videoclipes, como se fossem estrelas do rap e do pop. As crianças e os adolescentes haitianos ficam fascinados por eles.

A Justiça deixou de funcionar. Os julgamentos deixaram de existir, já que 85% dos presidiários não passaram pelos tribunais. A energia elétrica depende dos geradores de uma única empresa particular, cujo dono é membro de uma das vinte famílias da elite haitiana. O país colapsou, mas sempre há espaço para *business*.

Enquanto isso, o Parlamento segue extinto — e agora até mesmo fisicamente, já que o edifício do Parlamento haitiano foi destruído no terremoto de 2010. Em 2012, as autoridades colocaram a pedra fundamental da obra da nova sede, mas os trabalhos de construção nunca começaram, e durante dez anos os deputados e senadores se reuniam para trabalhar e deliberar em lugares improvisados. Contudo, em 2020, com a suspensão das eleições para o Parlamento decretada pelo presidente Moïse, quando os mandatos dos então parlamentares foram concluídos, o país ficou sem um Congresso Nacional.

Justin Lhérisson (1873–1907), escritor, jornalista, advogado e autor da letra do hino nacional haitiano disse sobre sua nação: "Neste país, o impossível é possível e o possível é impossível. Lembrem-se bem disso e não se surpreenderão com coisa alguma. Ou melhor, se surpreenderão ao ver que ainda a gente possa se surpreender com alguma coisa".

# América Central:
## A terra original das repúblicas das bananas

### CLEPTOCRACIA TROPICAL

"República das Bananas" (ou República Bananeira) é a expressão cunhada por O. Henry (pseudônimo do escritor e humorista americano William Sydney Porter) em seu livro *Repolhos e reis* (1904) para designar os países que na época eram controlados por empresas norte-americanas de frutas que tomavam parte na galopante corrupção dos governos desses lugares. A cleptocracia predominava. A polícia agia em sintonia total com os criminosos. Os Estados desconheciam os direitos humanos e trabalhistas, o clientelismo era a ordem do dia e os subornos eram uma prática cotidiana. De quebra, o autoritarismo, o abuso do poder e o uso da máquina do Estado por parte dos presidentes eram algo costumeiro.

*Repolhos e reis* foi escrito depois da visita de Porter a Honduras e à Guatemala, países onde a atividade econômica era majoritariamente controlada pela United Fruit Company, conhecida como "El Pulpo", isto é, "O Polvo", já que tinha "tentáculos" em todos os setores da economia da região.

Nos contos que compõem a obra, Porter concentrou todas essas características bananeiras em um país fictício que batizou de "Anchúria", mas o próprio escritor havia protagonizado apropriações indébitas e fraudes nos

Estados Unidos, motivo pelo qual havia fugido para Honduras, país que ainda não tinha tratado de extradição com os EUA, e era amigo de um famoso ladrão de trens da época. No entanto, apesar desse passado e dessas amizades, impressionou-se com o descaro das autoridades centro-americanas em roubar os fundos públicos, além da paralisia e da burocracia dos governos, que pareciam estar em uma eterna *siesta*.

Na Europa, existe uma versão local do termo República Bananeira para designar os eventualmente caóticos países do Leste Europeu, dos Bálcãs e do Cáucaso: "Absurdistão". No entanto, embora a América Central tenha a fama de "bananeira" e de ter uma Justiça lenta, isso é mais fama do que realidade, já que, desde a virada do século, ex-presidentes foram levados ao banco dos réus, condenados e colocados na cadeia em uma proporção muito maior do que os ex-presidentes na América do Sul. A maioria desses líderes centro-americanos que foram parar no xilindró era de direita.

## El Salvador: o presidente e os médicos invisíveis

"Um supersticioso aumenta seus níveis de superstição quando está no poder. A superstição é uma questão privada de cada um, mas torna-se um problema quando se começa a usar o aparato do Estado de acordo com suas crenças em fantasmas e amuletos." O autor dessa frase é um diplomata do Mercosul, que a repetiu para mim anos atrás quando, em um evento oficial, assistíamos a um desfile de presidentes que chegavam para uma reunião de chefes de Estado e de governo hispano-americanos.

Um dos casos mais chamativos desse tipo de superstição é o do general Maximiliano Martínez, ditador da República de El Salvador entre 1931 e 1944, cargo ao qual chegou por intermédio de um golpe de Estado e no qual permaneceu armando eleições nas quais era o único candidato.

Martínez teve oito filhos. Um deles, seu xará, teve uma apendicite. Os médicos afirmaram que era necessário que ele fosse operado com urgência, mas o ditador proibiu qualquer espécie de intervenção. Ele disse que resolveria o problema por conta própria com as "águas azuis", isto é, litros de água que haviam estado dentro de garrafas de cor azul muitas horas sob a luz do sol. O menino, agonizando lentamente, morreu. O ditador explicou que precisava se resignar, já que "os médicos invisíveis" não quiseram salvar seu filho.

Maximiliano costumava preparar garrafas de água "azul" para distribuir entre os amigos. No entanto, sua crença tornou-se caso de Estado quando ocorreram diversas epidemias e ele ordenou que as doenças fossem combatidas com as garrafas que tanto apreciava. No caso de uma onda de sarampo, Martínez ordenou que a epidemia fosse combatida com folhas de cor vermelha em volta das luminárias públicas. Ele também usava um pêndulo no pescoço, com o qual dizia que podia saber se suas refeições estavam envenenadas ou não.

Abstêmio (algo inusitado entre seus colegas da América Central) e vegetariano radical, o general Martínez condenava a morte de animais para alimentação humana e mantinha nos jardins do palácio presidencial gazelas, corvos e coelhos nos quais fazia constantes carinhos. Ele também criticava seus ministros e assessores quando pisavam em formigas: "É mais grave matar uma formiga do que um homem, já que um homem, depois de morto, reencarna, mas a formiga está definitivamente morta".

Por esse motivo, o ecologista ditador não tinha problemas de consciência em encomendar massacres de seres humanos. Em 1932 ordenou a morte de habitantes de vilarejos indígenas, acusando-os de organizar uma "rebelião comunista". No total, exterminou 30 mil lavradores que protestavam contra a política econômica de seu governo.

O ditador também dizia que se comunicava frequentemente com outros líderes mundiais da época, especialmente Franklin Delano Roosevelt. No entanto, não há registros desse intercâmbio de mensagens, já que, segundo Martínez, ele conversava com Roosevelt por telepatia.

O general foi derrubado em 1944 pelos próprios militares. Seu governo iniciou um período ditatorial que durou meio século e foi marcado por repressões sangrentas que levaram o país a uma prolongada guerra civil, que, de 1980 a 1992, causou a morte de 75 mil civis, além do desaparecimento de 8 mil pessoas.

O conflito entre militares e guerrilheiros encerrou-se oficialmente em 1992, mas nesse momento surgiram as *maras*, como são conhecidas as numerosas e cruéis gangues que prosperaram em meio a uma sociedade sem planejamento para combater a pobreza e a desigualdade. As *maras* foram formadas por jovens centro-americanos que moravam nos Estados Unidos na década de 1980. Ali, tiveram contato com as gangues locais e aprenderam seu estilo de organização. Assim, eles criaram suas próprias gangues, mas foram deportados de volta a seus países de origem. Ao voltar à América Central, sem nada, se dedicaram à criminalidade e rapidamente se expandiram como máfias, especialmente no interior, impondo o terror, estuprando e roubando.

Por conta da ação das *maras*, durante as primeiras duas décadas do século XXI, El Salvador foi o país que teve a maior proporção de homicídios entre os países que não estavam em áreas de guerra, segundo a ONU.

Durante o conflito armado entre o governo de extrema direita e a guerrilha de extrema esquerda, o país foi o cenário de sequestros, torturas e assassinatos de civis. No entanto, os crimes da época — 85% dos quais foram cometidos pela ditadura — continuam impunes. O sistema foi incapaz de investigar as violações aos direitos humanos nas décadas de 1970 e 1980 e foi incompetente para enfrentar a violência do pós-guerra.

## O ditador mais *cool* do mundo mundial

Pense em um caudilho pós-moderno, vestido com ternos *slim fit* e um boné com a viseira virada para trás, que governa o país como se fosse o apresentador de um *reality show* ou um *influencer* de TikTok. É um populista de extrema direita, o primeiro presidente *millennial* da América Latina (aliás, de todo o continente americano), o primeiro a decretar uma criptomoeda como moeda nacional e o primeiro a fazer uma selfie no plenário da Assembleia Geral da ONU. Não faz comícios, pois prefere se comunicar pelas redes sociais, especialmente o Twitter. Bombardeia seus seguidores com vídeos dignos de produções de Hollywood e hashtags virais, mas não dá entrevistas para não correr riscos.

Ele é Nayib Bukele, o totalitário de boutique que, no comando do pequeno El Salvador, se transformou no modelo dos simpatizantes da extrema direita em toda a América Latina. É considerado um "telecrata" — uma cria da TV, das redes sociais (por intermédio das quais dá ordens aos ministros e também os demite) e da audiência minuto a minuto.

Bukele tomou posse em julho de 2019. Filho de um empresário da área publicitária, também fez carreira no setor. Durante doze anos se encarregou da propaganda da Frente Farabundo Martí para a Libertação Nacional (FMLN), o ex-grupo guerrilheiro marxista ex-protagonista da guerra civil transformado em partido político. Em 2012, Bukele foi eleito prefeito de Nuevo Cuscatlán pelo FMLN. Em 2015, tornou-se prefeito da capital do país, San Salvador. Em 2018, saiu do FMLN e fundou o partido Novas Ideias, que não foi autorizado a disputar as eleições. Dessa forma, entrou na direitista, conservadora e populista Grande Aliança pela Unidade Nacional (GANA).

Na campanha eleitoral, afirmou que, se chegasse ao poder, removeria aqueles que denominava "os mesmos de sempre", isto é, os membros da FMLN e da Arena — o outro partido mais numeroso de El Salvador. Entretanto, ao tomar posse, colocou nos mais variados cargos ex-integrantes da FMLN e da Arena, todos reunidos sob uma sigla nova, em uma espécie de *packaging* diferenciado para a população.

Meses depois, sem contar ainda com a maioria no Parlamento, foi até a porta do prédio do Poder Legislativo e ali falou para uma multidão (um dos raros casos no qual não se expressou pelo Twitter, e sim em carne e osso). Bukele disse aos seguidores que havia acabado de falar com Deus (sic). A divindade celestial, segundo explicou o presidente, pediu a Bukele que tivesse paciência com os deputados da oposição. Na sequência, recitou um artigo da Constituição salvadorenha que contempla o direito à insurreição.

Depois disso, entrou com estrépito no Parlamento e foi até o plenário, acompanhado por militares armados, para exigir aos deputados a aprovação de diversas leis. Na sequência, sentou na cadeira do presidente da Câmara e rezou. Os parlamentares, intimidados pelos soldados munidos de fuzis, obedeceram. Nas eleições parlamentares realizadas pouco depois, Bukele obteve ampla maioria.

Em maio de 2021, ele destituiu de forma irregular todos os cinco integrantes da Suprema Corte, além do procurador-geral da República. Boa parte deles estava investigando as maracutaias do presidente. Bukele os substituiu rapidamente por juízes que lhe eram amigáveis. Esse golpe institucional foi chamado de "El Bukelazo".

Em seguida, ele foi atrás do resto do sistema judiciário, aposentando de forma compulsória promotores e juízes com mais de sessenta anos de idade. A reforma também permitiu a remoção de casos de determinados tribunais para outros, "dependendo do grau de complexidade" do assunto. Isto é, se um caso de corrupção no governo estivesse sendo tratado em um tribunal com um juiz "durão", o governo poderia transferir o caso para um juiz mais "*friendly*".

Perante críticas que o apontavam como "ditador", Bukele colocou em seu perfil das redes sociais a irônica frase: "O ditador mais *cool* do mundo mundial". Posteriormente, trocou o slogan para "CEO de El Salvador".

Bukele começou a encurralar a imprensa ao ordenar ao Parlamento que acabasse com as isenções tributárias aos jornais para a importação de papel, maquinário e equipamentos em geral. Nem as ditaduras militares, nem governos de direita e esquerda haviam acabado com a lei de isenção, de 1950, para os jornais impressos. Ele também criou uma lei que castiga com penas de dez a quinze anos de prisão os jornalistas que repitam declarações de integrantes das *maras* e que divulguem notícias que causem "zozobra" (termo que significa "ansiedade" ou "sentimentos de tristeza") na população.

Os policiais têm luz verde para fazer buscas em residências sem ordens judiciais, o governo pode impor toque de recolher nas cidades que quiser, pessoas são presas por denúncias anônimas, as forças de segurança podem deter um ônibus e levar qualquer pessoa que considerem suspeita.

O "ditador mais *cool* do mundo mundial" começou a implantar um Estado policial e pode ser acusado de qualquer coisa. "Sem gangues... mas sem democracia", comentam muitos salvadorenhos.

## Querida, encolhi o parlamento

Outro capítulo dessa novela de totalitarismo aconteceu em 2023, quando Bukele anunciou a redução do tamanho do Parlamento de 84 para 60 deputados. Além disso, reformou o Código Eleitoral, alterando o mecanismo de contagem de votos de uma forma que praticamente acaba com os partidos pequenos opositores. Para completar, o Parlamento aprovou a redução do número de municípios de 262 para 44. Essa mudança também favorece a consolidação da hegemonia do governo, já que mantém na categoria de "prefeituras" as cidades com voto majoritário garantido, isto é, centros "bukelistas", e transforma as outras em meros distritos desses municípios.

Bukele alega que o intuito do encolhimento do número de prefeituras é reduzir a corrupção. No entanto, a oposição afirma que a troca de sistema eleitoral — junto à reconfiguração dos municípios — permitirá que Bukele sempre garanta para seu partido pelo menos 80% dos votos. Isto é, manterá um regime autoritário com uma fachada supostamente democrática.

O presidente foi criticado pela União Europeia, pelos Estados Unidos e pela ONU, mas não se intimidou. Ele retrucou, afirmando que trata-se de assuntos internos salvadorenhos e que está "limpando a casa". Em tom messiânico, ele sustentou que está "construindo uma nova história".

## Bitcoin e vulcão

No vasto catálogo das bizarrices hispano-americanas está a implantação oficial das criptomoedas por parte do caudilho *cool*, que em 2021 tomou inesperadamente uma atitude disruptiva ao anunciar que El Salvador se transformaria no primeiro país a adotar o bitcoin como moeda de curso legal. A nação centro-americana continuaria com sua moeda, o colón, mas o bitcoin também seria usado. O projeto da moeda virtual foi encaminhado ao Parlamento de forma inesperada, sem consultas prévias com economistas especializados em audiências públicas. Em um trâmite rápido, foi aprovado pelo Parlamento dominado por Bukele. A oposição apenas conseguiu fazer protestos formais, sem o poder de impedir a ação presidencial.

O Fundo Monetário Internacional criticou intensamente a decisão. Economistas em todo o planeta alertaram para o grande risco da medida, mais ainda no caso de um país pobre como El Salvador — e, de quebra, uma nação que em 2022 tinha uma dívida pública de 76% do PIB. A nova lei estipulava que todos os agentes econômicos deveriam aceitar pagamentos em bitcoins. No entanto, ficam excluídas as pessoas que não têm acesso a tecnologias que permitam fazer transações na moeda virtual (70% dos salvadorenhos não têm conta bancária e trabalha na economia informal).

Bukele ironizou os alertas e usou centenas de milhões de dólares dos fundos públicos para comprar a criptomoeda e tentar se posicionar como *influencer* mundial dessa moeda virtual. Ele até afirmava pelo Twitter que eventualmente definia as compras de bitcoins de El Salvador sentado no vaso sanitário com seu celular.

Ele também anunciou a criação de uma Cidade do Bitcoin, que seria instalada ao lado do vulcão de Colchagua e cuja energia para abastecê-la seria fornecida por uma usina geotérmica. A potência do vulcão serviria também para alimentar a "mineração" de bitcoins, já que o processo de geração dessas criptomoedas requer uma enorme demanda de energia elétrica. Segundo Bukele, a nova cidade teria uma praça com um monumento com o símbolo do bitcoin. A comunidade de pescadores da área foi removida de forma categórica para dar espaço à nova cidade. Em um palanque, no qual subiu ao som de "You Shook Me All Night Long", do grupo de rock AC/DC, Bukele teve uma egotrip anabolizada ao discursar: "Quando Alexandre Magno conquistou o mundo, criou a cidade de Alexandria. Para que o bitcoin conquiste o mundo, precisamos construir sua Alexandria aqui em El Salvador!".

Diversas organizações não governamentais afirmaram que a decisão era uma cortina de fumaça para desviar a atenção dos problemas do país e que poderia transformar El Salvador, uma nação marcada pela corrupção, em um centro de lavagem de dinheiro.

Entretanto, em apenas um ano, o bitcoin despencou nos mercados internacionais. Em El Salvador quase ninguém usava a criptomoeda, e mais da metade do dinheiro usado pelo governo para adquirir os bitcoins se evaporou. Foi como apostar em um cassino.

## Mão de ferro viral

Durante três décadas em El Salvador, as *maras* assolavam vastas regiões do país e eram responsáveis pela maior parte dos assassinatos. O governo Bukele alega que El Salvador passou de país com o maior índice de homicídios da

América Latina, com 106 assassinatos por cada 100 mil habitantes em 2015, para apenas 8 por 100 mil em 2023. Na realidade, um ano antes de Bukele assumir o poder, o índice já havia caído para 51 por 100 mil e havia sido reduzido para 18 por 100 mil meses antes do início do estado de exceção (quando as garantias constitucionais são suspensas, o exército se torna responsável pelo policiamento das ruas e eventualmente é estipulado um toque de recolher) por ele decretado. Contudo, enquanto o número de pessoas assassinadas cai, aumenta substancialmente o número de pessoas desaparecidas. Sem corpo, não existe oficialmente um delito e assim as estatísticas favorecem o governo.

No ano prévio ao estado de exceção houve uma queda substancial dos crimes. A popularidade do presidente começou a subir repentinamente. Bukele argumentava que se tratava de um plano especial para reduzir a violência, embora não houvesse sinais claros das tais medidas e ele não explicasse o que havia feito para a queda dos índices de criminalidade. Porém, diversas reportagens jornalísticas indicaram que existiriam negociações entre o governo e as *maras* para que houvesse essa calmaria. Investigações realizadas pelo site *El Faro* indicaram que o governo concedeu benefícios penitenciários aos integrantes das *maras*, como a flexibilização do sistema de segurança máxima e a remoção de guardas que os detentos consideravam muito rigorosos ou violentos, além de permitir a venda de pizzas dentro das prisões.

Entretanto, subitamente, esse acordo/trégua se rompeu. Bukele reagiu imediatamente, declarando o estado de exceção, desatando prisões em massa, especialmente nos bairros pobres das cidades salvadorenhas. Em um ano e meio, ele colocou na cadeia 71 mil pessoas, o equivalente a 7% dos salvadorenhos entre 14 e 29 anos de idade. Para ser detido não era necessário ter cometido um delito em flagrante ou de forma comprovada. Era suficiente uma remota suspeita de ter algum vínculo com as *maras*. A presença de tatuagens no corpo (uma marca típica dos membros desses grupos) era suficiente. Devido a isso, em 2023, dois rapazes colombianos que estavam em El Salvador a turismo foram detidos pelo simples fato de terem tatuagens e só foram soltos depois de vários dias com suas famílias e seus advogados explicando que "focinho de porco não é tomada". O lado peculiar do assunto é que os jovens colombianos eram admiradores da política de mão de ferro de Bukele.

Um telefonema anônimo para a polícia, denunciando que uma determinada pessoa está vinculada às *maras* pode ser suficiente para sua prisão. Provas? Não precisa.

Na sequência, Bukele inaugurou a maior prisão da América Latina, o Centro de Confinamento do Terrorismo, com capacidade para 40 mil detentos, com muros de 2 quilômetros de comprimento e 11 metros de altura. Bukele, durante semanas, como se comandasse um *reality show*, mostrou cenas dos detentos, filmados todos em roupa de baixo, curvados, com algemas e correntes nos tornozelos.

Organizações de defesa dos direitos humanos afirmam que pelo menos um terço das pessoas detidas não têm vínculos com as gangues. As denúncias indicavam detenções arbitrárias, torturas e assassinatos de presos. A política do governo salvadorenho seria a de prender pessoas de bairros pobres, mesmo sem provas, só para mostrar um número exuberante de detentos. Boa parte dos julgamentos foram virtuais, sem a participação de testemunhas.

Em 2023, o Parlamento determinou que grupos de novecentas pessoas poderão ser julgados de uma vez, em um julgamento em massa. O vice-presidente do Parlamento, Guillermo Gallegos, afirmou que, com essa norma, a promotoria não terá que apresentar provas individuais sobre cada *pandillero* (membro das gangues). Além disso, uma pessoa suspeita poderá permanecer presa pelo período de até 24 meses enquanto espera o julgamento. E nessas circunstâncias de julgamentos coletivos, sem apresentação de provas individuais concretas, as penas serão de até sessenta anos de reclusão.

Bukele aplica uma repressão brutal, mas com alguns diferenciais em relação a outros líderes autoritários latino-americanos. Ele colocou na cadeia uma proporção inédita da população, algo que não tem paralelos na região. Além disso, pelas penas aplicadas (cinquenta ou sessenta anos de cadeia), tudo indica que o presidente pretende reter essas pessoas indefinidamente, até que sejam inofensivos octogenários ou nonagenários — na hipótese remota de que sobrevivam às condições carcerárias. Obviamente, manter pessoas presas por tanto tempo implica gastos pesados para o Estado, mas Bukele já está reduzindo custos deixando a alimentação a cargo das empobrecidas famílias dos detentos.

A guerra de Bukele contra as *maras* deu origem a um jogo de videogame no qual o jogador pode participar dos tiroteios com Bukele como se fosse um policial. Ou, também, pode "ser" o próprio Bukele. No jogo, o presidente aparece, como costumeiramente, com um boné branco com a viseira virada para trás, mas, nesse caso, também segura uma arma. O jogo se chama *Plano de controle territorial: extração* e foi elaborado pela Restless Corp Games Studio. As propagandas do game alardeiam: "Seja parte da história: a guerra contra as gangues diabólicas começou!".

O presidente *millennial* deseja permanecer no poder indefinidamente apostando que o eleitor preferirá ruas seguras em troca de que o governo passe por cima dos direitos humanos. Não seria uma novidade na história de várias ditaduras no mundo. Os aliados de Bukele retrucam as críticas dos opositores com a frase: "Vocês querem todos esses membros das gangues nas ruas de novo?". Bukele supostamente colocou mais pessoas na cadeia (74 mil) do que o número estimado de membros das *maras*, mas, se os criminosos foram varridos das ruas, tal como afirma o governo, por qual motivo continua aplicando o estado de exceção?

Em julho de 2023, a revista financeira britânica *The Economist*, ao analisar o projeto de Bukele se reeleger em 2024 (algo ilegal de acordo com as leis salvadorenhas), afirmou: "Se os salvadorenhos voltarem a eleger o sr. Bukele em fevereiro, como tudo indica, ele terá outros cinco anos para derrubar as grades de proteção da democracia de seu país. E se um dia se cansarem dele, pode ser que seja difícil se livrar de Bukele".

## Reeleição

Em seis diferentes artigos, a Constituição Salvadorenha proíbe reeleições presidenciais imediatas como forma de garantir a alternância do poder. Dessa forma, o presidente que quiser voltar ao cargo precisa esperar dez anos — ou seja, o equivalente a dois mandatos presidenciais de outros dois presidentes, com duração de cinco anos cada. No entanto, Bukele disse em 2022 que seria candidato em 2024.

Mas como isso seria possível? A Suprema Corte que Bukele encontrou quando foi eleito, como contamos antes, foi totalmente removida e substituída por juízes que lhe eram favoráveis e que afirmaram que ele pode ser novamente candidato.

Mas, *just in case*, ou *por si las moscas* ("pela eventualidade de moscas"), como dizem os espanhóis, para driblar qualquer tipo de impedimento, Bukele fez uma pausa seis meses antes das eleições e tirou uma licença. Para tomar conta da "lojinha", não deixou o presidente do Parlamento a cargo da presidência, mas mexeu os seus pauzinhos para que o Parlamento determinasse que sua secretária pessoal, Claudia Juana Rodríguez de Guevara, ficasse sentada na cadeira presidencial, com o posto de "presidente encarregada da República". Claudia também é a contadora de Bukele e sua única pessoa de total confiança que não pertence a seu círculo familiar. Antes de ser a secretária pessoal do presidente (e presidente da República por seis meses), Claudia foi o cérebro administrativo da família Bukele.

Em meados de 2023, Bukele contava com 90% de aprovação popular, segundo as pesquisas, o que indica a maior porcentagem em todo o continente latino. Enquanto isso, ele se transformou no novo modelo da extrema direita da região. Foi copiado por vários políticos latino-americanos, inclusive da esquerda. Esse é o caso da hondurenha Xiomara Castro, que anunciou a construção de uma megaprisão em uma ilha rodeada de tubarões para isolar ali membros das *maras*. Na Guatemala, foi criado um partido com o mesmo nome do de Bukele. Até o logotipo e as cores são os mesmos do Novas Ideias, o partido de Bukele em El Salvador.

Bukele não apareceu em comícios na campanha. Ele fez tudo pelas redes sociais, sem sair da capital, San Salvador. Os resultados das ações de seu governo para reduzir drasticamente a criminalidade tiveram mais impacto do que a pobreza que se espalhava no país. Nos cinco anos de governo Bukele, a pobreza cresceu de 24% para 29%. Além disso, o país tem uma colossal dependência das remessas enviadas pelos salvadorenhos que migraram ao exterior, que equivalem a 28% do PIB.

Bukele disputou a reeleição no dia 4 de fevereiro. A Justiça Eleitoral ainda não havia divulgado os resultados, mas, na noite daquele domingo, Bukele se antecipou e se autoproclamou vencedor das eleições, afirmando que havia conseguido mais de 85% dos votos. Bukele também afirmou que, das sessenta cadeiras do Parlamento, havia conseguido no mínimo 58, o que significa que o país está sendo regido praticamente por um partido único. Aliás, o próprio Bukele afirmou, um dia depois, que El Salvador será o primeiro país do mundo "a ter um partido único em um sistema plenamente democrático".

O resultado oficial da Justiça Eleitoral só foi anunciado oficialmente duas semanas depois, em 18 de fevereiro. Bukele, de acordo com as autoridades, foi reeleito com 84,5% dos votos, arrasando os outros cinco candidatos. Manuel Flores, o segundo colocado, teve 6,4% do total. A participação eleitoral foi de 52,6%, ou seja, quase metade do eleitorado preferiu não comparecer às urnas.

A OEA, que observou de perto as eleições, afirmou que confirmava os resultados das urnas. No entanto, ressalto que em todo o país ocorreram anomalias e irregularidades, entre as quais a de militantes do partido de Bukele no comando dos centros de votação, além de estranhas falhas informáticas na transmissão dos resultados.

## Honduras: Bananagate e Guerra do Futebol

Na Exposição Universal da Filadélfia de 1876, que marcou o centenário da Independência dos Estados Unidos, o mundo viu, pela primeira vez, o telefone, inventado por Graham Bell — que, aliás, foi testado pelo imperador Dom Pedro II, do Brasil, que visitava a feira e ficou fascinado pelo aparelho, declarando a mítica frase: "Isso fala!". No entanto, o frisson para valer não foi o tecnológico, mas sim o alimentício, já que, pela primeira vez, o público experimentava três alimentos desconhecidos até o momento pelos consumidores americanos: a pipoca, o ketchup da empresa Heinz e as bananas. Estas últimas ficaram tão populares que diversos empreendedores fizeram o possível para lucrar com a fruta — mesmo que, para isso, fosse necessário pisotear os direitos humanos em outros países.

Tudo começou em 1870 quando o capitão Lorenzo Dow Baker, da escuna *Telegraph*, comprou bananas na Jamaica e as revendeu em Boston com

1.000% de lucro. As bananas eram muito nutritivas e muitíssimo mais baratas do que as próprias maçãs *made in* USA.

Em pouco tempo, empresas norte-americanas estavam explorando plantações de bananas na América Central, principalmente em Honduras. Além dessa fatia da agricultura, controlavam as ferrovias para o transporte do produto. No final do século XIX, o governo hondurenho cedia para as companhias de banana quinhentos hectares por quilômetro de ferrovia que elas construíssem. Porém, como o interesse dessas empresas era conectar a área de produção com os portos, não se interessavam pelas áreas urbanas, tal como Tegucigalpa, que não contava com trens. Dessa forma, a principal dessas companhias, a United Fruit Company, se tornou a maior latifundiária de Honduras e da Guatemala.

Porém foi aí que entrou em cena Samuel Zemurray, que importava bananas para os Estados Unidos. Sua base de negócios ficava em Nova Orleans. Em 1910, comprou 5 mil acres ao longo do rio Cuyamel, em Honduras. Na época, o governo norte-americano se oferecia como facilitador do pagamento da dívida externa hondurenha com o Reino Unido, propondo a colocação de agentes do banco J.P. Morgan na alfândega de Honduras para coletar impostos de forma direta e assim pagar a dívida com Londres em troca de uma comissão, obviamente. O presidente hondurenho, Miguel Dávila, estava de acordo com o plano.

Enquanto isso, o empresário Zemurray ficava assustado, pois esses impostos poderiam prejudicar seus negócios. Tentou então convencer o secretário do Tesouro dos EUA, Philander Knox, a fazer um acordo que não atrapalhasse seus lucros. Knox, por sua vez, o mandou catar coquinhos na ladeira. Dessa forma, já que não conseguiu convencer Washington, Zemurray optou por mudar a posição do governo em Tegucigalpa, mas como o presidente Dávila pensava de forma diferente, Zemurray recorreu ao ex-presidente Manuel Bonilla, que estava no exílio exatamente em sua cidade, Nova Orleans. Bonilla havia sido derrubado por um golpe em 1907 e sonhava em voltar ao país para se vingar e retomar o poder.

O empresário contratou um grupo de mercenários liderados por Guy "Metralhadora" Molony e Lee Christmas, armados até os dentes. Na sequência, introduziu Bonilla em território hondurenho e organizou uma rebelião que levou à queda de Miguel Dávila Cuéllar em 1911. Bonilla voltou ao poder e deu de presente a Zemurray 10 mil hectares. Na sequência, Zemurray fundou a Cuyamel Fruit Company. "Em Honduras uma mula custa mais do que um deputado", costumava afirmar Samuel Zemurray, em referência ao baixo custo de subornar políticos hondurenhos.

Sua rival era a United Fruit Company, que geralmente financiava o Partido Liberal, enquanto a Cuyamel Fruit Company patrocinava o Partido Nacional. Essa rixa levava a golpes de Estado constantes, com presidentes sendo derrubados por uma outra empresa, além de guerras civis, cada uma tentando conseguir o controle do país. Mas, em 1929, a United Fruit Company comprou a Cuyamel de Zemurray. E, coincidentemente, as guerras civis subitamente deixaram de acontecer. Uma empresa tinha o monopólio.

Entre 1933 e 1949, o país foi comandado pelo general Tiburcio Carías Andino, que instaurou um dos regimes mais truculentos da história hondurenha. O ditador foi alvo de diversas rebeliões, fato que o levava a endurecer mais ainda o regime, alegando que "o país não está pronto ainda para governar-se livremente". O período foi chamado de "Cariato". O autocrata era denominado "magno governante", "caudilho trabalhador" e "máximo homão" — é, isso mesmo.

Fiel a seu currículo de país que deu origem ao termo "República das Bananas", Honduras foi o cenário do "Bananagate" em 1975, quando, na distante Manhattan, o presidente da United Brands Company, Eli M. Black, abriu a janela de seu escritório no então PanAm Building e deu um passo rumo à calçada, que estava quarenta andares embaixo. O corpo do CEO, espatifado no chão como uma banana pisada, desatou uma investigação que trouxe à tona um esquema de propinas. Em vez de um "mensalão", nesse caso tratava-se de um "anualão", já que consistia no pagamento anual de 1,25 milhão de dólares ao presidente hondurenho Oswaldo López Arellano em troca da redução de impostos na exportação de bananas.

O general havia sido protagonista de três golpes militares. Em um, ajudou um amigo. Os outros dois foram golpes para transformar-se em ditador do país. A desculpa para tomar o poder seguia o *hit* entre as escusas dos militares: prevenir a expansão comunista-soviética-marxista, entre vários outros "istas". O kit ditatorial também incluía a tradicional perseguição à oposição, o fechamento de jornais e a suspensão das garantias constitucionais.

Quatro anos antes, em 1969, López Arellano já havia protagonizado cenas pouco marciais ao se esconder dentro dos cofres do Banco Central, na capital hondurenha, Tegucigalpa, durante as cem horas de duração da assim chamada "Guerra do Futebol". Dali, do subsolo blindado do BC — com o conforto de um *catering* adequado e linhas telefônicas para emitir ordens —, o ditador comandou as batalhas, enquanto na fronteira confrontavam-se as tropas de dois países. Seus críticos, na época, ironizaram: "No século passado faziam uma estátua de um presidente a cavalo, com o sabre na mão, para celebrar uma vitória na guerra... Neste caso, ficará difícil montar um monumento a um homem dentro de um enorme cofre bancário".

Nos tempos prévios à guerra, a tensão havia crescido entre Honduras e El Salvador devido aos ataques de grupos paramilitares hondurenhos contra os imigrantes salvadorenhos do lado hondurenho da fronteira. Por trás dos ataques, estava a política do presidente Pérez Arellano de aliviar a crise entre os camponeses de seu país realizando uma reforma agrária. Entretanto, para não confiscar terras da United Fruit Company, que tinha 10% das terras do país, e dos latifundiários hondurenhos, Pérez Arellano decidiu expropriar os sítios dos imigrantes salvadorenhos.

Dezenas de milhares de lavradores salvadorenhos — muitos dos quais estavam havia décadas em Honduras — começaram a ser expulsos de volta para seu país de origem, fato que aumentou a tensão, turbinada com os jornais e rádios em ambos os lados da fronteira, estimulando o ódio contra a outra nação vizinha.

Nesse contexto de ânimos enfurecidos, foi realizado o jogo entre as seleções de Honduras e El Salvador em Tegucigalpa em junho de 1969 pelas eliminatórias da Copa do México de 1970. Honduras venceu por um a zero. Torcedores e jogadores de El Salvador foram hostilizados e agredidos pelos hondurenhos.

No segundo jogo, ocorrido dias depois em San Salvador, os salvadorenhos venceram por três a zero. A seleção hondurenha, da janela de seu hotel, viu um jovem torcedor de seu país ser apedrejado até a morte na calçada. Os hondurenhos tiveram que fugir para as casas de pessoas que os receberam de forma secreta e, no dia seguinte, o exército salvadorenho os escoltou até o estádio, onde um pano de prato substituía a bandeira de Honduras, que jazia, em chamas, no chão.

Um terceiro jogo foi realizado em território neutro, o México, dias mais tarde, e El Salvador venceu de novo por três a dois. No mesmo dia, o governo salvadorenho rompeu relações diplomáticas com Honduras, já que Pérez Arellano nada fazia para deter a violência contra os imigrantes salvadorenhos. Dias depois, o exército salvadorenho invadiu Honduras e conseguiu se aproximar da capital inimiga até ser empurrado de novo para seu lado da fronteira.

Essa guerra foi a última ocasião na qual aviões *made in* USA, fabricados na Segunda Guerra Mundial, foram usados em um conflito bélico, entre os quais o Cavalier P–51D Mustang e o F4U–1 Corsair. López Arellano, por sua vez, morria de medo de voar.

O conflito resultou em 3 mil mortos e 15 mil feridos em ambos os lados, entre civis e militares. Além disso, 300 mil salvadorenhos foram expulsos de Honduras e se transformaram em refugiados em seu próprio país, sem um centavo, criando as tensões que alimentaram a guerra civil dos anos 1970 e 1980.

Um dos mais famosos correspondentes internacionais da segunda metade do século XX, o polonês Ryszard Kapuściński, foi o autor da denominação "Guerra do Futebol". Segundo ele, "Os pequenos países do Terceiro Mundo têm a possibilidade de despertar um vivo interesse somente quando decidem derramar sangue. É uma triste verdade, mas é assim". Em 2002, durante um jantar na minha casa em Buenos Aires, conversei sobre essa guerra com Kapuściński, que comentou em seu espanhol com forte sotaque varsoviano: "Foi talvez a guerra mais absurda que já vi. De forma geral, na América Latina, a fronteira entre o futebol e a política é tão tênue que é quase imperceptível".

Voltando ao "Bananagate": o escândalo levou ao fim do governo de López Arellano. Nos anos seguintes, na categoria de ex-ditador, ele fez uma transição para a vida civil, utilizando seus fundos adquiridos de forma irregular durante seus anos de ditador para investir em empresas, transformando-se no principal acionista da companhia aérea hondurenha SAHSA. Contudo, uma série de acidentes aéreos com seus aviões em péssimo estado fez com que os passageiros transformassem, de forma irônica, o significado da sigla "Stay At Home – Stay Alive" (Fique em casa, fique vivo, em inglês).

Uma década e meia depois foi eleito presidente Rafael Callejas, que governou entre 1990 e 1994. Seu governo foi marcado pela corrupção, porém, as irregularidades de Callejas se tornaram mais notáveis quando, já na categoria de ex-presidente da República — mas utilizando a influência adquirida no passado —, tornou-se presidente da federação de futebol de seu país entre 2002 e 2015. E, mais uma vez, esse esporte seria o pano de fundo de novos escândalos, já que Callejas foi acusado pela Justiça norte-americana de ter integrado uma associação ilícita e de fraude eletrônica relativa ao escândalo de propinas da Fifa e da Conmebol, que em 2015 levou dezenas de cartolas de todo o planeta a prisões nos Estados Unidos e em seus países de origem.

Em dezembro de 2015, Callejas havia se declarado inocente a respeito de dois outros delitos dos quais era acusado, entre eles lavagem de dinheiro. No entanto, meses depois, o ex-presidente — para conseguir uma redução na pena — reconheceu que era culpado de fazer parte de uma rede de 42 pessoas vinculadas à Concacaf e à Conmebol que teriam aceitado 200 milhões de dólares em propinas para fornecer os direitos de transmissão dos jogos a várias empresas.

Além disso, Callejas havia participado de um esquema no qual a federação de futebol pedia vistos norte-americanos para suas seleções de futebol juvenis e adultas, mas, na lista de jogadores e técnicos, o ex-presidente incluía nomes de cidadãos que queriam migrar para os Estados Unidos e pagavam uma propina pela operação.

Anos depois de Callejas, em 2005, foi eleito presidente Manuel Zelaya. Ele era um presidente de direita, latifundiário, um dos principais símbolos do *agrobusiness* do país, que deu uma guinada para a esquerda depois de estabelecer relações com o então presidente venezuelano Hugo Chávez. Porém, em 2009, quando tentava realizar um plebiscito para modificar a Constituição Nacional, supostamente com o objetivo de permitir reeleições presidenciais, o presidente entrou em rota de colisão com a oposição, setores de seu próprio partido e o Supremo Tribunal de Justiça. O Supremo indicou que, de acordo com a Carta Magna, somente seus juízes poderiam convocar um referendo e não o presidente da República.

Na sequência, o Supremo acusou Zelaya de "traição à pátria" e ordenou sua prisão. Na madrugada do dia 28 de julho, o presidente foi detido por um comando militar e colocado — ainda de pijama — dentro de um avião e removido do país. No mesmo dia, o Congresso Nacional aprovou a carta de renúncia de Zelaya, embora ele sempre tenha negado que tivesse assinado esse documento. No entanto, voltou secretamente a Honduras e refugiou-se na embaixada do Brasil em Tegucigalpa, onde residiu durante 129 dias, criando problemas diplomáticos para o governo brasileiro.

A queda de Zelaya e sua substituição interina por Roberto Micheletti teve o ritmo de uma opereta de *punta* — o gênero musical tradicional do país. O embaixador de Honduras em Washington reconhecia o novo presidente, enquanto o cônsul hondurenho em Nova York permanecia leal ao presidente deposto. Zelaya, após dar sua guinada para algo similar à esquerda, tinha o apoio não só do governo brasileiro, como também da Venezuela e da Argentina, entre outros.

Apesar das pressões internacionais na ONU, na Europa e na América Latina, Zelaya não foi restituído na presidência. Sua queda foi peculiar, já que foi um golpe de Estado sem interrupção do processo eleitoral em curso, pois, poucos meses depois, seguindo o cronograma previsto desde que Zelaya estava no poder, foram realizadas eleições presidenciais, uma vez que ele já estava no fim de seu mandato quando foi derrubado.

O novo presidente, Porfirio Lobo (que havia sido derrotado por Zelaya cinco anos antes nas urnas), tomou posse em um clima de fervor religioso e delírio místico sem precedentes no país. Na cerimônia, os participantes leram trechos da Bíblia e agradeceram ao "Pai Celestial", evocando a aliança política do Divino com o novo presidente para solucionar a "crise política" do país, como se Deus fosse integrante da base aliada. Apesar do fervor interno, os dirigentes de países estrangeiros não compareceram à posse. Somente os presidentes de Taiwan, do Panamá e da República Dominicana estiveram na cerimônia realizada em um estádio. O presidente dominicano, na realidade, estava ali porque havia prometido levar Zelaya em seu avião ao exílio em Santo Domingo. Zelaya retornaria a seu país em 2011 para voltar a se dedicar a sua holding de *agrobusiness*, enquanto sua esposa, Xiomara Castro, se encarregava da política.

De lá para cá, o presidente seguinte continuou protagonizando irregularidades. Juan Orlando Hernández tomou posse em 2014 e um ano depois já era alvo das maiores manifestações populares na América Central desde a virada do século. Os hondurenhos foram às ruas em peso protestar contra os casos de corrupção de sua administração. A classe política do país estava acostumada a dois séculos de controle da mídia local, restringindo a divulgação dos escândalos de corrupção, mas estava defasada quanto ao uso das redes sociais. Dessa forma, foi pega de surpresa pela convocação de marchas de protesto pelo Facebook, Twitter e WhatsApp.

Orlando Hernández teve de admitir que durante a campanha eleitoral de 2013 havia recebido fundos de empresas ligadas ao mais grave escândalo de corrupção dos últimos vinte anos. No entanto, Hernández sustentou que "não conhecia" a origem irregular dos fundos. O escândalo teve como pivô o Instituto Hondurenho de Segurança Social, que sofreu um desfalque de 335 milhões de dólares. Hernández admitiu que seu partido, o Partido Nacional, desviou 136 mil dólares dessa instituição, mas ele jurava que, embora fosse seu partido, não tinha nada a ver com aquilo. A oposição afirmava que esses valores eram sideralmente superiores aos citados pelo presidente, acusando-o de ter recebido 90 milhões de dólares do total que teria sido desviado do Instituto de Segurança Social para sua campanha eleitoral.

Boa parte das manifestações contra Hernández foram realizadas na Praça Central. Ali está a estátua que homenageia o presidente e general Francisco Morazán (1792–1842). No entanto, segundo o escritor colombiano Gabriel García Márquez, o uruguaio Eduardo Galeano e o hondurenho Augusto Monterroso, a estátua equestre é *fake*. Segundo eles, uma comitiva de políticos hondurenhos, quarenta anos após a morte de Morazán, foi a Paris encomendar uma estátua para homenagear o defunto presidente. No entanto, os membros da comitiva gastaram boa parte do dinheiro para a escultura em farras nos cabarés parisienses. A saída foi comprar uma estátua que estava em promoção em um depósito de esculturas abandonadas. O homem representado em bronze em cima do cavalo na realidade seria o marechal Ney, um dos braços direitos de Napoleão Bonaparte. A estátua de Ney havia sido feita para uma cidade francesa, que, posteriormente, por questões políticas, teve que recusar a obra, que acabou indo parar em um depósito.

Orlando Hernández, antes de ser presidente, tinha firme postura antirreeleição. Porém, ao tomar posse, ele mudou de ideia e pressionou a Justiça para conseguir a autorização para ser novamente candidato. Na ocasião, houve grande polêmica, pois, além do uso do aparato estatal para fazer campanha, surgiram grandes suspeitas de fraude, já que na hora da contagem dos votos, o opositor Salvador Nasralla vencia Hernández por mais de cinco pontos percentuais de vantagem. No entanto, repentinamente, houve um apagão informático e, quando o sistema voltou a funcionar, quem estava vencendo por boa margem de votos era o presidente Hernández.

Em 2022, poucos meses depois do fim de seu mandato, Hernández foi detido e embarcado em um avião que o levou para os Estados Unidos — e talvez essa tenha sido a última vez que terá visto Honduras. Ele foi extraditado para os EUA por delitos relacionados ao narcotráfico. E o ex-presidente não foi o primeiro da família a receber essa condenação, já que seu irmão, Tony Hernández, também foi julgado nos tribunais americanos, sendo preso tempos depois. Aliás, no julgamento do irmão é que veio à tona o nome do então presidente Hernández como cúmplice de tráfico e de ter protegido os carregamentos ilegais na travessia do território hondurenho em troca de propinas negociadas pelo próprio irmão. Hernández foi considerado o responsável pelo envio de 500 toneladas de cocaína para os Estados Unidos. Aliás, sua primeira campanha presidencial teria sido patrocinada por traficantes.

Ao terminar seu mandato, vendo que podia ser detido, Hernández tentou alegar que tinha foro privilegiado porque havia sido eleito para o Parlamento Centro-Americano, mas a Justiça hondurenha lhe recordou que essa entidade garante imunidade apenas para quem já a tem em seu próprio país. E, assim, a Suprema Corte hondurenha decidiu extraditá-lo.

Em novembro de 2021, Xiomara Castro foi eleita presidente, a primeira mulher a ocupar o cargo na história de Honduras. Zelaya se transformou no "primeiro-cavalheiro", mantendo-se totalmente *low-profile*.

Castro, eleita por um partido de centro-esquerda, logo deixou de lado o discurso focado na redução da criminalidade por intermédio de políticas públicas e sociais que alardeou durante a campanha, e rapidamente começou a copiar o discurso de mão de ferro do vizinho presidente salvadorenho Nayib Bukele, de extrema direita. Em julho de 2023, ela anunciou a construção de uma prisão em uma ilha no Caribe, a "Ilha do Cisne", para ali colocar 2 mil membros das *maras* locais. Segundo a presidente, "a ideia é que os criminosos percam contato com tudo". O lugar é tão isolado que as comunicações só podem ser feitas via satélite. E, para reforçar, a ilha está rodeada de tubarões dispostos a variar com carne humana seu cardápio costumeiro de peixes.

Honduras teve, ao longo de sua história, catorze constituições. A presidente Castro quer que o país tenha uma décima quinta.

## Guatemala: do devoto de minerva ao comediante

A Guatemala teve uma série de presidentes autoritários e corruptos que foram fonte de inspiração para que vários autores escrevessem ficções baseadas em fatos reais. Uma delas é a novela *O senhor presidente*, publicada em 1946 pelo guatemalteco Miguel Ángel Asturias, Prêmio Nobel de Literatura em 1967. A obra foi baseada no presidente Manuel Estrada Cabrera, presidente da Guatemala entre 1898 e 1920, que conseguiu reeleições consecutivas graças a fraudes e restrições à oposição.

Uma das medidas mais peculiares de seu governo foi a de tentar implementar o culto à Minerva, a deusa da sabedoria na mitologia romana. O presidente ordenou a construção de diversos templos a ela dedicados por todo o país que foram pagos e mantidos pelos contribuintes e eram usados para as Festas Minerválias pelos estudantes guatemaltecos. Nessas comemorações, sem nenhuma ligação com a cultura guatemalteca, eram realizadas competições esportivas e os poetas mais importantes do país eram contratados para declamar poesias que exaltavam a mitologia grega.

Estrada Cabrera foi eleito presidente pela primeira vez nas eleições de 1898 e reeleito em 1904 e 1911. Cada eleição era mais fraudulenta que a anterior. Porém, em 1916, Estrada Cabrera superou-se ao ser eleito com o respaldo de seu partido e diversas associações cívicas, alcançando a faixa de 10 milhões de votos. No entanto, havia um substancial — e misterioso — superávit de eleitores nessa votação, já que a Guatemala tinha apenas 1,4 milhão de habitantes. Na época, a eleição foi apelidada de "A Milhonada".

Décadas depois, o escritor Arévalo Martínez ironizou o resultado em seu livro *Ecce Pericles!*: "Estrada Cabrera conseguiu mais votos do que os existentes na Guatemala, mas também mais do que todos os habitantes de todos os países da América Central na época". O excesso ostensivo de votos era demais até para o costumeiro descaro político centro-americano. Por isso, o partido União Liberal anunciou um segundo resultado oficial, que indicava que os 551.145 eleitores do país haviam todos votado em Estrada Cabrera, de forma que ele venceu o pleito com 100% dos votos.

No entanto, em 1920, seu poder havia encolhido drasticamente. O Congresso Nacional o declarou mentalmente incapaz e o removeu do cargo. Os parlamentares consideraram que o presidente estava tomando medidas contraditórias e recorria à "utilização de feiticeiros para atos ilegais". Contudo, para retirá-lo do poder, era necessária uma declaração formal de uma junta médica. E esta determinou que o presidente não estava "louco" e sim "louquíssimo", incapaz de continuar no cargo. Foi a primeira vez que uma destituição foi realizada na história guatemalteca pelas "vias legais". Antes disso, os presidentes eram derrubados sem argumentos jurídicos. Porém, na época, governava nos EUA o presidente Woodrow Wilson, que era o *big boss* na região e que se horrorizava com as revoluções feitas na "força bruta".

Estrada Cabrera, por sua vez, tentou resistir e bombardeou a capital do país para tentar derrotar os rebeldes, mas foi vencido e colocado em prisão domiciliar. A partir desse momento, ele deixou de ser chamado pelos apelidos com que havia sido denominado nos vinte anos anteriores — "Benemérito da Pátria", "Protetor da Juventude" e "O Insubstituível" — e ganhou as alcunhas de "Bárbaro", "Usurpador" e "Autocrata". E descobriu-se que, além dos dois filhos que Estrada Cabrera teve com a esposa, ele era pai de doze outros rebentos gerados em cópulas extramatrimoniais.

Um dos homens do então ex-presidente, o general Jorge Ubico, assumiu o comando da Guatemala em 1931. Seus ministros, quando reunidos com ele, eram obrigados a permanecer em pé. Ubico ordenava sem prurido algum o fuzilamento tanto de opositores políticos quanto de ladrões de galinhas. No entanto, se o condenado (sem julgamento) havia sido anteriormente seu amigo, era fuzilado de costas.

Admirador do fascismo que se expandia na Europa, Ubico foi o primeiro governante a reconhecer o regime do caudilho espanhol Francisco Franco, mesmo antes da Alemanha nazista e da Itália fascista. Ubico, fascinado por Mussolini, condecorou o duce italiano com medalhas guatemaltecas.

O ditador cancelou a construção de novas escolas no país, argumentando "redução de gastos", mas, ao mesmo tempo, destinou fundos à confecção de uniformes escolares de corte militar, com os quais os estudantes desfilavam em paradas organizadas pelo governo para homenagear... o próprio governo.

Ubico foi derrubado em 1944. O ex-ditador refugiou-se em Nova Orleans — mais especificamente, na mansão do dono da United Fruit Company, que o recebeu com todas as honras.

Nas décadas seguintes, uma série de presidentes militares e um punhado de civis alternaram-se no "Guacamolón" ("Abacatão", apelido do palácio presidencial de cor esverdeada construído por Ubico).

Em 1982, o general José Efraín Ríos Montt ocupou o poder por apenas dezessete meses. O país estava mergulhado na guerra civil entre as forças armadas e a guerrilha de esquerda. O presidente implantou uma estratégia para impor o controle do exército no interior do país que foi denominada *Fusiles y Frijoles* ("Fuzis e Feijões"), definida pela frase: "Se você está do nosso lado, te alimentamos. Se você não está do nosso lado, te matamos".

Ríos Montt, embora fosse pastor da Igreja Pentecostal da Palavra, deixou de lado qualquer espécie de filosofia de "amai-vos uns aos outros" e protagonizou massacres de tal magnitude (principalmente em áreas de comunidades indígenas, ordenando a destruição de quatrocentos vilarejos) que foi classificado como "genocida". Uma das estratégias utilizadas pelo ditador era jogar líderes indígenas vivos de helicópteros militares sobre o oceano Pacífico.

O conflito foi encerrado oficialmente em 1996 graças a um acordo de paz entre o governo e a guerrilha. O saldo de mortos foi de 200 mil pessoas, a maioria civis, além de 40 mil desaparecidos. Os cálculos indicam que 90% dos crimes contra a humanidade registrados na Guatemala durante conflitos bélicos foram praticados pela ditadura militar. Durante seu julgamento, Ríos Montt declarou que não era responsável pelos massacres, já que não havia estado presente nos locais onde foram perpetrados. Em 2013, ele foi condenado a oitenta anos de prisão pelos tribunais na Guatemala por crimes contra a humanidade e genocídio, mas conseguiu driblar a aplicação da pena apelando para a Corte Constitucional, alegando que a juíza que o havia condenado fora autora de uma tese acadêmica sobre genocídios anos antes. Isto é, o maquiavélico general indicava que a magistrada estava "obcecada" por genocídios e que isso havia influenciado sua decisão.

Durante o governo de Ríos Montt, milhares de mulheres da área rural do país foram escravizadas pela ditadura e por grupos paramilitares para atender sexualmente os soldados, lavar roupa e cozinhar. Em 2016, tiveram início diversos julgamentos de oficiais acusados por 1.465 vítimas de torturas sexuais. Destas, 88% são indígenas maias. As menores de idade violadas na época representavam um terço das mulheres torturadas. Os maridos dessas mulheres foram assassinados pelos militares. A maioria delas tem atualmente mais de cinquenta anos de idade e sofre graves transtornos causados pelo estresse pós-traumático. Essa foi a primeira vez que casos de escravização sexual no contexto de uma guerra civil foram julgados não em um tribunal internacional, mas sim em uma corte de Justiça nacional.

Além dos governantes militares, os presidentes civis também foram ao banco dos réus. Esse foi o caso de Otto Pérez Molina, que, devido a escândalos de corrupção, tornou-se alvo de manifestações que pediam a cabeça do chefe de Estado, realizadas quase todos os sábados ao longo de três meses em 2015. Em abril daquele ano, os manifestantes conseguiram a renúncia da vice-presidente Roxana Baldetti, que posteriormente foi presa. Na sequência, surgiram casos de corrupção dos parlamentares da oposição, que teriam desviado dinheiro em conjunto com deputados governistas. Em meio aos escândalos, o Congresso Nacional guatemalteco brecou as investigações sobre o presidente Otto Pérez Molina, mas essa atitude incendiou ainda mais os protestos.

O país tinha eleições presidenciais marcadas para o dia 6 de setembro daquele ano. Pérez Molina renunciou dias antes e foi preso. A população desconfiava da classe política tradicional e, nesse cenário, o comediante de TV Jimmy Morales lançou sua candidatura. Sem experiência na política e na administração pública, Morales apresentava-se como a "renovação", embora seu partido, o Convergência Nacional, de direita, estivesse coalhado de figuras da velha política e ex-torturadores da ditadura. Morales fez sua campanha sem contar com um plano de governo. Formado em teologia, misturou em seus discursos nos comícios parábolas bíblicas com piadas populares. O comediante explicava que governaria de forma simples: "Durante duas décadas fiz os guatemaltecos rirem graças a minhas piadas, mas, se for eleito presidente, prometo que não os farei chorar".

Coincidentemente, poucos anos antes, Morales havia feito um filme com o título *Um presidente com chapéu*, no qual interpretava um vaqueiro ingênuo que chegou à presidência do país. Fã declarado de Harry Potter e Dumbledore, Morales foi eleito com 67% dos votos com o slogan: "Nem corrupto, nem ladrão". No entanto, em pouco tempo foi protagonista de um escândalo de corrupção envolvendo o financiamento ilegal de seu partido. Além disso, Morales expulsou do país a Comissão Internacional contra a Impunidade, que havia descoberto dezenas de casos de corrupção envolvendo o governo e a oposição guatemalteca, além de ter colaborado no processo de um irmão e do filho do novo presidente. A comissão também havia pedido o fim de seu foro privilegiado. Essa comissão era um organismo da ONU que desde 2007 foi crucial para trazer à tona uma série de casos de corrupção da classe política guatemalteca. A entidade agia como uma promotoria independente, sem sofrer as influências e pressões da política local. Morales alegou que a comissão estava se intrometendo nos "assuntos internos" da Guatemala.

O homem que declarou que havia feito rir os guatemaltecos como comediante e que não os faria chorar como presidente não cumpriu sua promessa, já que houve choro de sobra, pois 59% da população estava abaixo da linha da pobreza. Ele foi um presidente de superávit de incompetência. Durante sua gestão, metade das crianças guatemaltecas sofreram de subnutrição crônica, o índice mais elevado da América Latina. Nas áreas rurais, oito de cada dez pessoas viviam na pobreza extrema. Dezenas de milhares de migrantes partem anualmente da Guatemala para, em imensas caravanas de pessoas desesperadas, atravessarem a fronteira com o México, cruzando o território mexicano de sul a norte para tentar entrar nos Estados Unidos.

A sucessão de Jimmy Morales foi disputada por Sandra Torres e Alejandro Giammattei, candidatos que simbolizavam o continuísmo no paupérrimo país. A única promessa de reformas, que era simbolizada pela ex-promotora Thelma Aldana (autora da prisão de vários políticos e empresários corruptos), foi a pique quando os partidos tradicionais conseguiram impugnar sua candidatura.

Torres é uma empresária e ex-esposa do ex-presidente Álvaro Colom — que morreu em prisão domiciliar no início de 2023, condenado por corrupção. Em 2011, tentou ser a sucessora do marido. No entanto, como a lei eleitoral impedia que parentes de um presidente em exercício fossem candidatos, ela fingiu um divórcio. Contudo, sua artimanha foi descoberta pela Justiça. Em 2015, conseguiu emplacar sua candidatura, mas foi derrotada nas urnas. Tentou de novo em 2019. Não venceu. E foi candidata mais uma vez em 2023.

Giammattei disputava a presidência pela quarta vez. Sua carreira foi marcada pelo vira-casaquismo, já que cada eleição presidencial que disputou foi por um partido diferente. Giammattei, que esteve dez meses na prisão por ser considerado o responsável por um massacre em uma penitenciária, afirmava durante a campanha que ele era "o antissistema dentro do sistema". Um candidato declaradamente de direita, Giammattei venceu as eleições e foi alvo de diversas críticas por parte da Casa Branca devido a uma série de medidas autoritárias, entre elas as destituições dos últimos juízes independentes que restavam no país. De quebra, perseguia a imprensa crítica.

Sua sucessão teve uma variada fauna de candidatos em 2023. Um deles, Edmond Mulet, propunha colocar os militares para policiar as cidades — medida que fracassou em todas as ditaduras militares que o país enfrentou. Outra candidata, Zury Ríos, filha do falecido Ríos Montt, o ditador mais sangrento de toda a América Central, dizia que Deus estaria no centro de seu governo. Zury, inclusive, não poderia ser candidata pois a lei proíbe que parentes de pessoas envolvidas na ditadura disputem cargos eleitorais, mas, com ajuda da Justiça, ela driblou essa norma.

O resultado no primeiro turno foi uma surpresa. Em primeiro lugar ficou, como esperado, Sandra Torres, mas o segundo lugar foi um azarão: o sociólogo e diplomata Bernardo Arévalo, de centro-esquerda. Ele havia se tornado famoso por suas denúncias da corrupção que assola a política guatemalteca. É filho de Juan José Arévalo, que governou depois de Ubico, entre 1945 e 1951, e foi o único presidente em toda a história da Guatemala que não foi acusado de corrupção. Arévalo Filho havia começado a campanha em oitavo lugar com seu pequeno *Semilla* ("Semente"), um partido realmente antissistema, composto por intelectuais, juristas e defensores dos direitos humanos. Com seu discurso de defesa da ética, inesperadamente ficou em segundo lugar no primeiro turno. E começou a crescer sem parar.

Entre os dois turnos presidenciais, assustados como os vivos fugindo dos zumbis na série *The Walking Dead*, o presidente Alejandro Giammattei, de direita, e também Sandra Torres tentaram impugnar a candidatura de Arévalo com uma saraivada de recursos na Justiça, mas não tiveram sucesso. Arévalo venceu o segundo turno com 58,3% dos votos, derrotando Sandra Torres, que obteve 36,9%.

Arévalo disse que removerá a Guatemala do que chamou de "o pântano da corrupção". Além, disso, sustentou que trará de volta ao país os juízes e os procuradores que investigavam casos de corrupção e que tiveram que se exilar devido à perseguição política realizada pelos últimos presidentes. A outra surpresa foi sua aposta pela ciência, pois sua vice é a química e bióloga Karin Herrera.

Bernardo Arévalo, na contramão da maioria das lideranças políticas guatemaltecas, não discursa aos gritos. Fala calmamente. Seus seguidores são principalmente jovens, que, carinhosamente, o chamam de "tio Bernie".

Vencer foi uma corrida de obstáculos. Tomar posse foi uma segunda corrida. A procuradora-geral da República, Consuelo Porras, tentou inviabilizar a posse de Arévalo de todas as formas. Ela havia sido a ferramenta do presidente Giammattei nos meses prévios para bloquear sua candidatura na Justiça. Porras tentou acabar com a legalidade do partido de Arévalo, o "Semilla", de forma a torpedear sua governabilidade. Desde 2021, a procuradora está na mira da Casa Branca, que a colocou na lista de "atores corruptos".

No entanto, grupos dos povos originários da Guatemala se mobilizaram contra as manobras do governo e realizaram protestos constantes para pressionar que Arévalo chegasse ao poder. Os povos maia, xinka, garífuna e ladino fizeram um acampamento de 105 dias na frente do edifício do Ministério Público.

No dia 15 de janeiro de 2024, Arévalo foi ao Centro Cultural Miguel Ángel Asturias para prestar juramento, mas deputados inimigos realizaram manobras para atrasar a cerimônia em mais de nove horas. Alguns convidados, como o rei da Espanha, pediram desculpas, mas indicaram que precisavam ir embora de volta a seus países.

O futuro será árduo para "tio Bernie", já que seu partido conta com apenas 23 das 160 cadeiras no Parlamento.

A chegada de Arévalo à presidência, em um país com uma estrutura de controle colossal por parte dos partidos tradicionais da direita à esquerda, foi como uma falha na Matrix. Um evento raro. De todas as formas, mesmo que Arévalo faça poucas reformas, como mencionou a *The Economist* na época de sua posse, "mesmo pequenas mudanças farão a diferença".

## Nicarágua: da trilogia de ditadores ao ex-guerrilheiro que se eterniza no poder

A Nicarágua destaca-se dos países da região por ter tido como presidente um cidadão norte-americano. Isso ocorreu em meados do século XIX, quando o país estava sendo assolado por deposições frequentes de presidentes, guerras civis e golpes de Estado intermitentes. Nesse cenário de caos político desembarcou no país um carismático — e lunático — cidadão do Tennessee chamado William Walker. Aventureiro e flibusteiro, Walker havia entrado em 1853 em território mexicano com um grupo de mercenários, declarando a independência da Baixa Califórnia (e até criou uma bandeira para esse "país"). Mas, com certa megalomania, na sequência foi para outra área de baixa densidade populacional, a região de Sonora, e também se proclamou presidente de outro Estado dali, a República de Sonora.

No entanto, o governo dos EUA estava fechando com o México a compra da região de La Mesilla e não queria Walker atrapalhando. Com tropas mexicanas e os americanos querendo sua prisão, o aventureiro fugiu da área, mas foi capturado e levado a julgamento em São Francisco, onde conseguiu ser absolvido.

Walker pretendia outra aventura, mas, de preferência, que não estivesse perto dos EUA. Nesse intervalo, ficou sabendo que a Nicarágua era o lugar ideal para um mercenário, já que o país estava dividido entre os "democráticos" e os "legitimistas", que, apesar dos nomes, eram ambos autoritários.

Walker aproveitou as divisões internas para desembarcar com 58 homens, denominados "Os Imortais", e ofereceu seus serviços aos "democráticos". Na sequência, desatou uma série de ações militares devastadoras, arrasando a cidade de Granada e, em seguida, afixando um cartaz com os dizeres: "Aqui ficava Granada". Depois de derrubar seus antigos empregadores da guerra civil, declarou-se presidente da Nicarágua.

Seus primeiros decretos foram declarar o inglês o idioma oficial, além de reinstaurar a escravidão.

Os outros países da América Central, assustados com Walker e o reino de terror que estava se instalando — mais intenso do que os costumeiros governos autoritários da região —, decidiram invadir a Nicarágua. Dessa forma, foi criada uma aliança militar entre Honduras, El Salvador, Guatemala e Costa Rica.

Apesar das pressões, Walker permaneceu na presidência por quase um ano. Ele chegou até a organizar eleições para dar um toque de legitimidade a seu mandato, mas o processo foi totalmente fraudulento. O enviado especial do *The New York Times* para cobrir essa aventura escreveu: "Em algumas cidades, Walker teve mais votos que quatro vezes o número de habitantes, contando todos os homens, mulheres, crianças e até os animais!".

Em 1857, a situação se tornou insustentável e Walker fugiu. Em 1860, tentou invadir Honduras, mas foi detido pelo governo local e acabou sendo fuzilado. Contudo, as ações de Walker na América Central tiveram uma série de efeitos colaterais, entre os quais o crescente nacionalismo de vários países da região e a militarização desses Estados.

A Nicarágua também se destaca dos outros países na região por uma dinastia, os Somoza, que deram ao país três ditadores em sequência: o pai, um filho e o irmão deste (no Haiti, os Duvalier haviam passado o comando apenas de pai para filho). Esse triunvirato controlou o país com mão de ferro entre 1936 e 1979. Os Somoza confiscaram diversos bens públicos e dos opositores e os colocaram no nome da família presidencial, transformando-se na maior fortuna do país e uma das maiores da América Central. Os Somoza tornaram-se donos de 50% das terras agrícolas do país.

Somoza sênior — um homem gordo, sempre com uniformes apertados — era altamente egocêntrico. Em 1954, inaugurou uma estátua de si mesmo. A escultura, que o representava a cavalo, contava com vinte chafarizes e um painel de luzes coloridas para que todos pudessem ver o monumento até mesmo durante a noite, um verdadeiro espetáculo *kitsch*. Entretanto, o que mais chamava a atenção da população eram as dimensões consideráveis dos testículos da estátua do cavalo presidencial.

"Tacho", diminutivo de "Anastácio", como era chamado, protagonizou um festival de nepotismo, colocando sua família e os parentes de sua mulher nos mais diversos cargos. Eis uma amostra dessa distribuição de vagas:

- Guillermo Sevilla-Sacasa, seu genro, foi embaixador em Washington.

- Alberto Sevilla-Sacasa, primo de Salvadora, a esposa do ditador, foi embaixador no México.

- Oscar Sevilla-Sacasa, outro primo da primeira-dama, foi ministro das Relações Exteriores.

- Ramón Sevilla Castellón, tio de Salvadora, teve vários cargos ministeriais e foi chefe da loteria nacional.

- Roberto Debayle Sacasa, cunhado de Tacho, foi designado prefeito da cidade de León.

- León Debayle Sacasa, outro cunhado do ditador, foi gerente-geral do Banco Nacional e também embaixador em Washington.

- Luis Manuel Debayle Sacasa, mais um cunhado, foi presidente da Companhia Nacional de eletricidade da Nicarágua e ministro da Saúde.

- Luis Somoza Debayle, seu primogênito, foi presidente do Congresso Nacional.

- Anastasio Somoza Debayle, seu caçula, foi chefe do Estado-Maior e diretor da Academia Militar.

- José Dolores García, seu tio, foi diretor-geral de Comunicações.

- Nestor Portocarrero Gross, cunhado da primeira-dama, foi cônsul em Nova York.

Somoza foi assassinado no salão de baile da Casa do Operário da cidade de León, depois de dançar um mambo chamado "Cavalo negro". O autor do atentado foi o poeta Rigoberto López Pérez, que disparou quatro tiros no corpo do ditador. Os guarda-costas de Somoza revidaram, matando López Pérez com 54 balas. E, como Somoza era um importante aliado dos Estados Unidos, o presidente Dwight Eisenhower enviou um avião para transferi-lo a um hospital norte-americano na zona do canal do Panamá, que contava com equipamentos modernos. Somoza tinha uma série de problemas de saúde, principalmente diabetes, condição que pode acarretar problemas durante uma cirurgia. Os médicos não sabiam disso e, em vez de lhe aplicar uma anestesia local, lhe deram uma cavalar anestesia geral, que agravou seu estado. Ele morreu cinco dias depois.

Ele foi sucedido por seu filho mais velho, Luis Somoza Debayle. O caçula, Anastasio Jr., ficou no comando da Guarda Nacional, a força de segurança que havia se transformado em uma espécie de máfia particular da família Somoza. Anastasio Jr. havia sido enviado aos Estados Unidos para estudar na academia militar de West Point. Em 1946, voltou ao país e foi designado inspetor-geral da Guarda Nacional. A piada, na época, era que Somoza foi o único cadete na história da academia que recebeu um exército inteiro como prêmio por sua formatura.

A posse de Luis Somoza aconteceu no estádio General Somoza, que fora construído diante do monumento equestre do presidente Somoza, do lado oeste da Colônia Somoza, onde passava a avenida Somoza. Luis seguiu com o estilo autocrata e cruel de seu pai. No entanto, morreu em 1967 de um ataque cardíaco e foi sucedido por seu irmão mais novo, Anastasio Somoza Debayle, que era apelidado de "Tachito". O escritor americano George Evans, autor de *As mortes de Somoza*, afirma que Tachito era muito mais sedento de poder — e cruel — que o pai e o irmão primogênito. "Ele governou a Nicarágua como um homem que tocava um piano com um taco de beisebol", ilustrou Evans.

Dois dias antes do Natal de 1972, um terremoto devastou a Nicarágua, arrasando a capital e outras cidades. O terremoto destruiu 75% da estrutura urbana da capital, Manágua, arrasou 95% das pequenas indústrias e 90% dos estabelecimentos comerciais.

A comunidade internacional enviou toneladas de alimentos e remédios para o país, além de ajuda financeira, mas Tachito ficou com boa parte dessa ajuda. O presidente também aproveitou que donos de imóveis destruídos e fazendeiros arruinados começaram a vender suas propriedades para comprá-las a baixo preço. Na sequência, revendia essas terras a seu próprio governo, que as utilizava como campos de refugiados. Com o dinheiro que a Nicarágua recebeu para a compra de cimento para a reconstrução do país, Somoza realmente comprou o material — mas de fábricas que eram dos Somoza.

O comportamento do ditador após o terremoto foi uma das duas gotas d'água para a população. A outra foi o assassinato de Pedro Joaquín Chamorro, diretor do jornal *La Prensa*, bastião antissomozista, descendente de quatro ex-presidentes nicaraguenses, considerado a figura civil mais aglutinadora da oposição.

A população começou a dar um respaldo cada vez maior para a guerrilha da Frente de Libertação Nacional. Somoza revidou atacando com bombardeios aéreos as cidades de seu próprio país onde os guerrilheiros estavam avançando. Cinquenta mil pessoas morreram, 80% das quais eram civis. Cem mil nicaraguenses foram feridos, 40 mil crianças ficaram órfãs, além de 150 mil refugiados da guerra que se acotovelaram nas fronteiras, tentando entrar em Honduras e na Costa Rica.

Na fase final do regime, o último Somoza, mais truculento, alimentava os leões que tinha em um pequeno zoológico com os opositores. Os detidos eram jogados onde os imensos felinos estavam. Quando já haviam sido feridos, mas ainda estavam vivos, eram retirados para serem forçados a confessar. E depois eram jogados de novo aos leões para serem finalmente devorados.

Décadas antes, quando seu pai foi assassinado, Tachito quis bombardear a cidade de León, onde o magnicídio havia ocorrido, como vingança. Na ocasião, seu irmão mais velho o dissuadiu de realizar o massacre dos civis da cidade.

Em julho de 1979, os guerrilheiros sandinistas derrotaram as forças somozistas e entraram na capital, mas Somoza já havia fugido. Antes disso, ele saqueou os bancos da cidade. O dinheiro que Somoza deixou no caixa do governo (pois não conseguiu carregá-lo nos três aviões que encheu com dinheiro, ouro e objetos pessoais, além de papagaios e os caixões de zinco de seu pai e de seu irmão) era suficiente para o funcionamento do Estado nicaraguense por apenas dois dias.

Somoza desembarcou em Miami, *point* favorito da elite centro-americana. Entretanto, o presidente americano Jimmy Carter lhe avisou que não era bem-vindo para um exílio ali. A saída foi refugiar-se nos cafundós do continente, no Paraguai, governado pelo ditador Alfredo Stroessner, que em seu *curriculum vitae* tinha a tradição de asilar criminosos de guerra nazistas.

No entanto, a trajetória de Somoza teria uma nova guinada em Assunção, já que seu destino se cruzou com o do argentino Enrique Haroldo Gorriarán Merlo, um dos líderes do Exército Revolucionário do Povo (ERP), que junto aos Montoneros, foi um dos grupos que agitaram a política da Argentina dos anos 1960 e 1970.

Gorriarán Merlo abandonou o país após o golpe militar de 1976. Fugindo de pátria em pátria, com passagens inclusive pelo Brasil, Gorriarán finalmente transformou-se em Comandante da Coluna Sul do exército sandinista no fim da década de 1970. Considerado o sucessor militar de Ernesto "Che" Guevara na América Latina e um gênio estratégico, após a vitória militar dos sandinistas, foi designado para organizar os serviços de inteligência do novo regime. Apelidado de "Pelado" (Careca) pelos amigos e definido popularmente como um "Rambo marxista", Gorriarán Merlo partiu em 1980 para o Paraguai para a missão mais arriscada de sua vida: eliminar o ex-ditador Somoza.

Ele levou uma equipe composta por quatro homens e três mulheres, e os instalou em um elegante bairro de Assunção, perto da mansão onde morava Somoza. À dona do casarão que alugou, Gorriarán Merlo disse que a equipe estava ali para organizar a visita do cantor espanhol Julio Iglesias ao país, onde rodaria um filme. A mulher ficou encantada com a notícia.

Gorriarán a alertou, ainda, que aquela informação era *top secret* e que, se a mulher mantivesse o segredo, ela conheceria a estrela da música romântica dos anos 1980 pessoalmente.

No dia 17 de setembro, ocorreria a "Operação Réptil", nome-código para o atentado. O grupo estava alerta para a passagem de Somoza em seu Mercedes-Benz pela via que também tinha um nome de ditador: a General Franco (rebatizada, com a volta da democracia no Paraguai, de avenida Espanha). Somoza passava com frequência pelo quarteirão onde ficava a casa onde os guerrilheiros estavam hospedados. O grupo alugou uma banca de jornais próxima à casa de Somoza, onde um de seus membros se passava por um jornaleiro e observava os movimentos do *entourage* somozista. Foram necessários dois meses para que fosse escolhido o momento adequado para o ataque.

Um dos homens de Gorriarán Merlo primeiro bloqueou com uma caminhonete uma eventual saída para uma rua secundária onde o carro de Somoza deveria passar. Na sequência, o resto da equipe disparou com metralhadoras M-16. Contudo, o carro continuou avançando. Nesse momento, segundo me contou em 1995 em uma entrevista por escrito, que respondeu de sua cela na prisão em Buenos Aires, Gorriarán Merlo explicou que, segurando uma bazuca RPG–7, posicionou-se no meio da avenida, agachou-se em genuflexão, colocou a arma sobre o ombro e disparou de frente para o veículo. O carro foi atingido em cheio. O corpo do motorista de Somoza voou trinta metros. O ditador e um assessor ficaram presos nos ferros retorcidos, mas Somoza já estava morto por conta dos 26 tiros que havia levado. Como demonstração da excelente mecânica germânica da época, o motor do Mercedes continuou funcionando por mais meia hora.

Na sequência, alertadas pela explosão e pela polícia, chegaram quase simultaneamente a mulher de Somoza, por uma rua, e a amante dele por outra via. Pedaços dos cérebros dos mortos decoravam sombriamente os muros das casas e as calçadas ao redor do local do atentado.

Os guerrilheiros (menos um, que foi torturado pela polícia do ditador local, Alfredo Stroessner) conseguiram fugir do país. Gorriarán Merlo foi para Porto Stroessner, atual Cidade do Leste. As fronteiras estavam fechadas, mas a pressão da multidão era tão grande — e a polícia, um tanto relapsa —

que os oficiais deixaram centenas de pessoas passarem. O guerrilheiro passou para o lado brasileiro caminhando tranquilamente.

Tal como seu filho Tachito, deletado deste mundo pela bazuca de um argentino, a estátua de Tacho também desapareceu. A obra havia sobrevivido ao grande terremoto de 1972, mas, com a queda da dinastia Somoza em 1979, o povo, enfurecido, destruiu a estátua do ditador e seu cavalo. Em 2008 foi substituída pela estátua do líder revolucionário Augusto César Sandino, montado em cima de sua mula. De Somoza, ou melhor, de seu equino, ficou um dito que foi repetido durante muito tempo na Nicarágua, usado quando alguém queria indicar que uma pessoa tinha coragem: "Você tem mais testículos que o cavalo de Somoza".

A corrupção, entretanto, teria outro expoente na Nicarágua com Arnoldo Alemán, presidente eleito em 1997 e que governou até 2002. Estimativas indicam que ele, pessoalmente (sem contar seus ministros e aliados), teria desviado 100 milhões de dólares dos fundos públicos. Em 2004, a ONG Transparência Internacional o catalogou como um dos integrantes da lista de dez presidentes mais corruptos do mundo da primeira década do século. Alemán ocupou o nono lugar.

Depois de deixar a presidência, Alemán foi julgado em 2003 e condenado por lavagem de dinheiro e enriquecimento ilícito. Foi preso. Em sua cela, tinha TV a cabo, ar-condicionado e sessões de massagem, mas conseguiu fechar um pacto com Ortega, um dos líderes da antiga Revolução Sandinista, para contar com mais favores judiciários, entre eles o de circular livremente pela cidade de Manágua e ficar "preso" em sua fazenda perto da capital (construída com o dinheiro desviado, segundo as investigações da época). Em 2009, a Corte Suprema anulou a condenação a vinte anos de prisão por corrupção. Mas vamos ver quem é Ortega...

## O DUUNVIRATO DO CASAL PRESIDENCIAL

Ortega tornou-se o homem mais poderoso do país em 1979 quando foi designado "Presidente da Junta de Governo de Reconstrução Nacional da

República da Nicarágua". Entretanto, como ele chegou ao posto se não era um dos membros mais importantes da cúpula de guerrilheiros?

Desde 1969, Ortega cresceu dentro da estrutura da guerrilha do movimento sandinista. Uma década mais tarde, integrava a junta de líderes da revolução que derrubou o regime do ditador Anastasio Somoza. No entanto, na época, seu irmão mais novo, Humberto Ortega, era uma figura muito mais importante na cúpula sandinista. Porém, Humberto mantinha uma luta de poder com outros dois líderes máximos do sandinismo (Edén Pastora, o denominado "Comandante Zero", e Hugo Torres, o "Comandante Um"). A saída, para não correr o risco de um rompimento do movimento, foi colocar o então "inofensivo" Daniel no cargo. Ele tinha, segundo relatou anos mais tarde seu vice-presidente entre 1985 e 1990, Sergio Ramírez, "a personalidade de uma vassoura". Isto é, nada marcante, sem brilho.

Ele comandou o país como presidente provisório até 1985, quando foram realizadas eleições, e se tornou presidente pela via das urnas. No entanto, em 1990, foi derrotado por Violeta Chamorro. Tentou várias vezes voltar ao cargo, mas passou mais de uma década e meia para conseguir seu objetivo. E a via foi o acordo com Alemán.

Em 2003, o pacto Ortega-Alemán implicou a redução do piso eleitoral para vencer no primeiro turno. De 45%, passou para 35% dos votos. Isto é, se um candidato chegava nos 40%, vencia. Ou se tinha 35%, mas com cinco pontos percentuais sobre o segundo colocado. Ortega venceu com 38%, e assim voltou ao poder meses depois, já em 2007.

Isso o favorecia, já que tinha o controle da máquina do Estado, o que lhe garantia um piso de 35%. Com isso, ficava na frente dos outros candidatos rivais e garantia a vitória sem necessidade de um eventual e perigoso segundo turno no qual a oposição poderia formar uma coalização contra ele. Porém, por via das dúvidas, em 2013 Ortega acabou com o sistema de segundo turno. Ou seja, ele só precisava garantir o piso suficiente com o respaldo da máquina do Estado para vencer.

No entanto, sua desaprovação começou a crescer, e até esse piso ficou em perigo. Em 2016, conseguiu, através da Justiça (controlada por seu governo), a anulação da candidatura do principal candidato da oposição.

Também proibiu que observadores independentes verificassem a transparência das eleições presidenciais.

Na ocasião, a vice-presidente na chapa foi Rosario Murillo. Desde que o argentino Juan Domingo Perón colocou sua terceira esposa, Isabelita Perón, como sua própria candidata a vice, em 1973, nunca ninguém no continente americano com chances eleitorais reais havia feito uma jogada similar. Ortega foi reeleito com 72% dos votos úteis. É um "duunvirato", ou seja, um governo de duas pessoas com poder similar — ou um poder "bicéfalo".

Nos últimos anos, enquanto no âmbito externo mantinha os laços com Cuba e a Venezuela bolivariana — com longos discursos e vocabulário pirotécnico defendendo o socialismo caribenho —, na frente interna Ortega arquivou o falatório marxista e guevarista e protagonizou uma guinada para a direita, aliando-se ao empresariado conservador em uma espécie de "cogoverno" batizado de "Diálogo e Consenso", que propiciou aos empresários grandes privilégios e isenções tributárias. Esse pacto, porém, iria a pique em 2018, quando o regime turbinou a repressão.

Além disso, Ortega colocou como vice-presidente um representante de extrema direita, Jaime Morales Carazo, que nos anos 1980 foi um dos mais famosos integrantes dos "Contras" (denominação dos grupos paramilitares financiados pelo governo do presidente americano Ronald Reagan para "combater o comunismo" na Nicarágua). Carazo até havia escrito um livro de apologia à ditadura somozista em 1986.

Em seu novo papel conservador, Ortega impediu todo tipo de leis de despenalização do aborto (inclusive o terapêutico). Em seu terceiro mandato, o líder sandinista passou a usar o slogan de "Cristão, Socialista e Solidário". Ele também fez as pazes com um antissandinista por excelência dos anos 1980, o cardeal Miguel Obando, que em 2005 oficiou na Igreja o casamento formal do presidente com Rosario Murillo, que era sua esposa desde os anos 1970. Só a partir de 2018 voltaria a entrar em choque com a Igreja Católica, até o rompimento total em 2023.

De acordo com o tom semirreligioso do regime, Rosario — abarrotada de anéis, pulseiras, colares e lenços — aparece quase todos os dias ao vivo nos quatro canais de TV de propriedade de seus filhos, citando a Virgem Maria, realizando fervorosas orações para a nação e dando a lista dos santos católicos do dia. Ela consulta regularmente o espírito de um dos irmãos do fundador do sandinismo, Augusto César Sandino — embora, misteriosamente, não consultasse o próprio líder revolucionário — e caminha por sua casa decorada com anjinhos e budas de gesso enquanto espalha a fumaça do incenso.

As referências do governo Ortega ao Além são diversificadas, incluindo um toque de necromancia quando, no dia 10 de setembro de 2016, depois de meses indo com um tubo de oxigênio ao plenário do Congresso Nacional, morreu René Núñez Téllez, fiel aliado de Daniel Ortega, peça crucial na montagem do esquema de poder do sandinista e presidente do Parlamento. Porém, mesmo morto, por ordem do presidente Ortega, Núñez Téllez continuou presidente do Parlamento até janeiro de 2017, quando tomaram posse os novos deputados.

Os camponeses, outrora aliados da Revolução Sandinista (e que haviam sido beneficiados pela distribuição de terras ocorrida nos anos 1980), foram traídos por Ortega quando o presidente anunciou um faraônico projeto de construção de um canal bioceânico para competir com o canal do Panamá. A obra, que seria financiada pelo multimilionário chinês Wang Ying, implicava a remoção categórica de 20 mil camponeses de suas terras ao longo de uma faixa de terra de 278 quilômetros de comprimento. O projeto gerou protestos dos ecologistas, que indicaram que a obra, que passaria pelo principal lago do país, teria um impacto ambiental altamente negativo. Entretanto, o chinês, que teria direito a uma concessão do canal por cinquenta anos, faliu. Dessa forma, o projeto foi cancelado, mas as terras dos lavradores continuaram confiscadas. Os sandinistas ortodoxos, horrorizados com a guinada de Ortega, afastaram-se do presidente.

Em 2008, a imagem de Ortega foi abalada por uma denúncia feita por sua enteada, Zoilamérica Narváez Murillo, que afirmou que havia sido abusada sexualmente pelo padrasto desde que tinha doze anos de idade — ou seja, desde 1979, quando Ortega era o todo-poderoso chefe da vitoriosa Revolução, até o fim dos anos 1980. Porém, em 2001, um juiz que havia sido designado anos antes por Ortega considerou que a ação penal havia prescrito e Ortega salvou-se das acusações. Zoilamérica, sem o apoio da mãe, que ficou ao lado do pedófilo, teve que partir para o exílio.

## Cartilha do fmi

"Um alucinante personagem, que depois de comandar a Revolução Sandinista contra a ditadura dos Somoza, foi gradualmente se transformando, ele próprio, em um Anastasio Somoza moderno." Com estas palavras o escritor peruano e Nobel da Literatura Mario Vargas Llosa descreveu o presidente Ortega, que, ao voltar ao poder no século xxi, adotou a cartilha do Fundo Monetário Internacional (fmi). Em abril de 2018, Ortega, por indicação do Fundo, havia anunciado uma reforma previdenciária que implicava o aumento de até 22,5% dos encargos de trabalhadores e empresas para a Previdência Social. Além disso, a reforma determinava a redução das aposentadorias em 5%. No entanto, a reação popular contra o ajuste na Previdência foi intensa, com a mobilização de marchas de protesto. As manifestações foram reprimidas com ferocidade pela polícia e os militares tiveram em suas fileiras mais de trinta mortos na primeira semana, trezentos nos primeiros três meses e seiscentos e cinquenta em um ano.

Enquanto os venezuelanos que protestam contra o regime de Nicolás Maduro preferem realizar bloqueios de poucas horas nas ruas e avenidas dos centros urbanos, os nicaraguenses têm o *modus operandi* de fechar por vários dias as estradas. A densidade dessas barricadas foi de tal magnitude que, no apogeu dos protestos populares contra Ortega, as forças de segurança tiveram que usar escavadeiras para retirar os destroços que bloqueavam as vias. Ortega também fez uso das violentas "turbas" — as milícias partidárias dos sandinistas —, já que a polícia não exerce a brutalidade requerida pelo autocrata.

Rosario Murillo, que mistura conceitos de marxismo com filosofia *new age*, declarou que os manifestantes eram "vampiros em busca de sangue". Irritados, estudantes e aposentados derrubaram e queimaram uma dezena de "árvores da vida", denominação das enormes estruturas metálicas instaladas por ordem de Rosario ao lado das principais avenidas de Manágua, que, pintadas de lilás (a cor favorita da primeira-dama), simulam árvores da obra do pintor simbolista austro-húngaro Gustav Klimt (1862–1918).

Prevendo que no mundo virtual estaria sua nova frente de batalha, Rosario Murillo anunciou a implantação de uma lei para "revisar" o uso das redes sociais no país, já que estas estariam "influenciando negativamente" os nicaraguenses. Murillo sustentou que as redes estavam "afetando a capacidade de convivência das famílias" da Nicarágua.

Segundo a socióloga nicaraguense Elvira Cuadra, os manifestantes eram majoritariamente "pessoas que nasceram depois da guerra civil e da revolução, ouvindo e acreditando que após a derrubada de Somoza, a Nicarágua havia se transformado em uma democracia e que os cidadãos tinham direitos". Não é à toa que durante os protestos contra Ortega, os estudantes tiveram como principal slogan a frase: "Daniel e Somoza são a mesma coisa!".

A partir daí, Ortega deslanchou uma ofensiva autoritária que não se deteve mais. Desde 2018, o regime fechou mais de 2 mil ONGs, desde organizações feministas até a Academia Nicaraguense de Letras, por considerá-las subversivas. O presidente cerrou até mesmo as portas da Associação Nicaraguense de Pediatria. Ele também encarcerou acadêmicas de prestígio, uma delas Tamara Dávila, defensora da legalização do aborto, algo que a colocou na mira de Ortega, que é contra a causa. Ele também prendeu diversos ex-guerrilheiros sandinistas, como Dora María Téllez, uma das mais importantes intelectuais da América Central e que foi a "Comandante Dois" da guerrilha sandinista nos anos 1970. Téllez afirma que Ortega traiu os ideais da revolução. As detenções foram feitas com acusações genéricas de que essas pessoas iam contra a sociedade nicaraguense. Em 2019, ela afirmou: "A única coisa que fizemos foi derrubar a institucionalidade da ditadura [de Somoza], mas não o modelo de poder".

## Eleição com ZANCUDOS

Depois de anos de violenta repressão, as pesquisas para as eleições presidenciais de 2021 indicavam que Ortega perderia para qualquer dos candidatos opositores. Por esse motivo, o autocrata optou por armar uma "pantomima" eleitoral. Contudo, garantiu preventivamente, desde meados do ano, que venceria a corrida pela presidência. O *modus operandi*: colocou na cadeia os sete candidatos presidenciais opositores que podiam derrotá-lo.

Dessa forma, restavam apenas as duas mais inofensivas chapas presidenciais intactas, mas, por via das dúvidas, Ortega também as intimidou.

A candidata à vice-presidência de uma delas, Berenice Quezada, ex-miss Nicarágua, de 27 anos, que acabava de entrar na vida política, foi detida e colocada em prisão domiciliar. O suposto delito de Berenice: declarar que o povo nicaraguense não queria mais Ortega no poder e que era preciso votar em outro candidato. O regime considerou que essa frase era "apologia ao delito" e "incitação ao ódio". A chapa foi desmontada. Os integrantes da outra chapa opositora restante preferiram fugir do país.

Assim, o horizonte estava livre para Ortega "vencer". No entanto, para não ser o único candidato e assim mostrar uma fachada democrática, ele colocou cinco amigos como *zancudos* — expressão usada na Nicarágua para candidatos colaboracionistas, de partidos minúsculos que normalmente são aliados do governo, mas na hora da eleição fazem pose de opositores, disparando críticas leves e depois das eleições voltam a ser amigos do presidente.

Segundo o regime, Ortega venceu essas eleições com 75% dos votos. O regime sustentou que 65% dos eleitores compareceram perante as urnas. Isto é, uma abstenção de 35%, mas diversas ONGs afirmaram na ocasião que a abstenção foi de 80%. Portanto, Ortega foi eleito com uma pequena fatia dos votos.

Em 2022, o regime convocou eleições para prefeitos e vereadores em todo o país, mas a divulgação dos resultados foi misteriosamente adiada e só foram liberados 24 horas depois da votação. Segundo as autoridades, os candidatos governistas ficaram com 153 prefeituras do país — ou seja, 100% do total. O regime afirmou que 52,6% dos eleitores compareceram às seções eleitorais, mas a ONG Urnas Abertas sustenta que a participação foi de somente 17,2%.

## Família

A lei da Nicarágua proíbe que parentes dos presidentes assumam o cargo de vice, mas Ortega diz que Rosario é sua "esposa", e não "parente". Em 2021, mais uma vez, sua candidata a vice foi Rosario Murillo. Dias depois do resultado das eleições, Ortega anunciou que sua esposa era oficialmente sua copresidente. O cargo não existe oficialmente, mas o fato é que, havia anos, a primeira-dama era o verdadeiro poder na Nicarágua. E também há anos os rumores indicam que Ortega teme por sua saúde e que deixou tudo pronto para Rosario assumir em seu lugar. Mas e depois? Bom, Ortega está fundando uma espécie de "dinastia" por intermédio dos oito filhos, que ao mesmo tempo em que são assessores oficiais do governo, ampliam suas empresas do setor privado, inclusive da área petrolífera, além de quatro canais de TV.

Um potencial herdeiro político é Laureano, o filho cantor de ópera desafinado ao qual os ministros do pai aplaudem para não terem problemas com o pai poderoso.

Outra filha, Camila, queria de qualquer jeito ser Miss Nicarágua, mas na época o pai ainda não havia voltado ao poder e, portanto, ela não conseguiu o título. Entretanto, quando Ortega assumiu novamente a presidência, Camila — embora não tenha se tornado miss — conseguiu verbas oficiais para os desfiles de sua grife. Ortega, como pai, faz tudo para agradar a prole. Além disso, a família se estende a outras áreas do poder. A polícia é comandada pelo consogro de Ortega, cuja filha é casada com um dos filhos do autocrata.

## Confronto com o Vaticano

Ortega, depois de ter uma ótima relação com a Igreja Católica desde sua volta ao poder, começou a ter atritos por conta de sua escalada autoritária iniciada em 2018 e desatou uma guerra aberta contra a Igreja Católica a partir de 2022.

Em fevereiro de 2023, Ortega colocou o bispo Rolando Álvarez no grupo de 222 pessoas críticas da ditadura que tiveram sua nacionalidade nicaraguense removida e que, na sequência, seriam expulsas do país em um avião. No entanto, o bispo foi o único que se recusou a partir de sua terra e perder a nacionalidade. Em vingança, a Justiça do regime o condenou a 26 anos de cadeia por suposta "traição à pátria". O papa Francisco, assim como outros líderes internacionais — inclusive o presidente Lula —, fizeram pressão para que ele fosse libertado. A Corte Interamericana de Direitos Humanos também exigiu a libertação do bispo.

O bispo Álvarez foi retirado do cárcere e enviado ao edifício da Conferência Episcopal em Manágua com a perspectiva de ser enviado a Roma na sequência. Porém, horas depois, ele se recusou a ser expulso e perder a nacionalidade, uma vez que não queria ir embora enquanto outros padres continuavam presos. E, dessa forma, a ditadura o colocou de novo na prisão.

Em março do mesmo ano, o papa Francisco chamou o regime de "ditadura grosseira" e a comparou à de Josef Stalin na União Soviética e à de Adolf Hitler na Alemanha nazista. Dias depois, Ortega rompeu relações diplomáticas com o Vaticano, expulsou o núncio apostólico e proibiu as procissões de Semana Santa. Além disso, Ortega congelou as contas bancárias da Igreja no país, deixando arquidioceses e paróquias sem dinheiro. Em junho de 2023, confiscou um colégio de freiras e fechou a Fundação Fraternidade dos Pobres de Jesus Cristo, expulsando quatro missionárias brasileiras que tiveram sua casa invadida pela polícia.

No entanto, o ditador nicaraguense mantém excelentes relações com as igrejas evangélicas, das quais se aproxima cada vez mais. Em 2022, inaugurou um monumento à Bíblia com a presença de lideranças evangélicas. Ortega também anunciou a doação de 190 terrenos onde os evangélicos construirão novos templos.

## Panamá — o ditador que caiu com Billy Idol, Guns N' Roses e Styx

O Panamá é o mais novo dos países hispano-americanos, já que foi criado após sua independência da Colômbia em 1903. Essa independência foi possível graças ao respaldo dos Estados Unidos, que queriam construir ali um canal para ligar o Atlântico ao Pacífico. Após a separação da Colômbia, os EUA construíram o canal, que administraram durante um século graças a um tratado firmado entre os governos norte-americano e panamenho. Por esse motivo, o Panamá sempre teve uma alta importância estratégica para Washington.

Em 1968, os militares panamenhos deram um golpe de Estado. Um ano depois, uma reconfiguração dentro do comando militar levou o populista general e ditador Omar Torrijos à presidência do país, dissolvendo todos os partidos políticos. Em 1972, ele convocou uma assembleia constituinte. No entanto, a perspectiva de que isso implicaria um retorno à democracia foi afastada, já que, na nova Constituição, Torrijos era proclamado "Líder Máximo da Revolução Panamenha", com poderes quase absolutos.

Torrijos fez do Panamá um centro bancário internacional que rapidamente se transformou em um paraíso fiscal, com milhares de escritórios especializados na abertura de empresas-fantasma. Ele também instalou um centro de detenção na ilha de Coiba, um paraíso tropical onde os prisioneiros eram amarrados pelos pulsos durante cinco dias em um poste de basquete ou arrastados pelo chão por cavalos. Mais de duzentas pessoas consideradas desaparecidas estariam enterradas na ilha.

Entretanto, em 1981, o homem-forte do Panamá morreu em um avião que se espatifou durante uma tempestade.

Em 1983, um de seus colaboradores, o general Manuel Noriega, transformou-se no novo chefe todo-poderoso do Panamá, que continuou com o *modus operandi* de desaparecer com seus críticos, entre eles Hugo Spadafora, que denunciou as conexões do ditador com o narcotráfico. Investigações revelaram a gravação de uma conversa entre o comandante da província onde Spadafora havia sido assassinado, Luis Córdoba, e Noriega, cujo conteúdo foi o seguinte:

Córdoba: *Já temos o cão raivoso!*
Noriega: *E o que é que a gente faz com os cães que têm raiva?*

Depois dessa conversa, a cabeça de Spadafora apareceu decapitada dentro de uma sacola do Serviço Postal dos Estados Unidos. O corpo apareceu boiando no rio Vaquita.

Noriega dedicou-se também à venda de segredos de Estado, suborno, chantagem, compra de lealdades e tráfico de informações. No comando do país que era o "anfitrião" do geopoliticamente crucial canal do Panamá, Noriega fazia o jogo dos Estados Unidos ao mesmo tempo que prestava ajuda ao governo castrista de Cuba. E, enquanto mantinha boas relações com o governo sandinista da Nicarágua, Noriega também era o canal para lavagem do dinheiro que financiava as guerrilhas que nos anos 1980 tentavam derrubar os sandinistas. Segundo o jornalista espanhol Antonio Caño, Noriega era um "Maquiavel tropical".

Desde criança, o ditador tinha a face marcada pela varíola, fato que lhe valeu a alcunha de "Cara de Abacaxi" por parte da população — embora ninguém jamais pronunciasse esse apelido em sua presença ou perto de algum simpatizante do general. Apesar de sua truculência na forma de governar e em suas ordens de tortura e eliminação de opositores, Noriega era gentil nas conversas tête-à-tête.

Em 1989, a CIA ainda o considerava útil, apesar de seu jogo duplo, mas a agência antidrogas norte-americana, o DEA, tinha dúvidas quanto a sua utilidade. No entanto, a Casa Branca considerou que Noriega não era mais útil e começava a se transformar em um problema. O ditador, entre uma bolacha Oreo e outra — ele era viciado nessa guloseima — anulou as eleições presidenciais perdidas por seu títere, fato que aumentou as críticas internacionais. Na sequência, os EUA declararam embargo ao Panamá, fato que, meses depois, levou Noriega a declarar "estado de guerra" com os vizinhos. O resultado foi que o governo de George Bush, para "proteger os interesses no canal", invadiu o Panamá em um cinematográfico desembarque. Noriega, que havia dito que resistiria até a morte, optou por uma saída menos épica e se escondeu na nunciatura apostólica, dizendo ao núncio que, se não pudesse se esconder ali, iniciaria uma guerrilha contra os americanos.

A permanência de Noriega na sede diplomática do Vaticano no Panamá parecia que seria eterna. Nesse momento, o exército dos EUA apostou em fazer uma guerra psicológica contra o ditador panamenho da qual foram vítimas colaterais os clérigos que atuavam como diplomatas do Vaticano. O general Maxwell "Mad Max" Thurman implementou a Operação Nifty Package (algo equivalente a "Pacote Ágil"), rodeando a nunciatura com soldados. Thurman também instalou colossais alto-falantes na calçada, que ao longo do dia 25 de dezembro emitiram canções natalinas, *ad hoc* com o nascimento de Jesus Cristo.

Entretanto, no dia 27, a playlist mudou radicalmente, dando lugar a um rock a toda altura, marcando o início de uma guerra psicológica. O cardápio musical passou a ser integrado por composições do grupo de hard rock Styx, além das canções *Flesh for Fantasy,* de Billy Idol; *Welcome to The Jungle,* do Guns N' Roses; *Strange Days, People Are Strange* e *The End,* do The Doors; e a estridente *We're Not Gonna Take It,* do Twisted Sister. A nunciatura foi aturdida com os altos decibéis de Van Halen, Black Sabbath, Pink Floyd, Boston, Tom Petty, Journey, Bon Jovi, Led Zeppelin, AC/DC, Alice Cooper, Kiss e Judas Priest.

O governo americano declarou que o núncio apostólico, monsenhor Jorge Laboa, desesperado e aturdido, ameaçou revogar o santuário que havia dado a Noriega caso ele não se rendesse aos EUA nos portões da nunciatura. No entanto, o núncio posteriormente declarou que não havia feito nada disso, embora admitisse ter feito "uma campanha psicológica calibrada" de forma pessoal para forçar a saída de Noriega: ele rezou uma missa na capela da nunciatura na qual o sermão foi sobre o ladrão que estava em uma das cruzes ao lado de Cristo no momento da crucificação. Com as palavras do monsenhor e o rock a todo volume, Noriega concordou em se entregar.

Os outros amigos que Noriega havia feito de forma simultânea aos americanos — os cubanos e os sandinistas da Nicarágua — não mexeram um dedo para ajudá-lo. Ele sabia demais sobre todos e havia se transformado em um incômodo.

Noriega foi levado aos EUA, onde foi julgado por narcotráfico e condenado a quarenta anos de prisão (pena que foi reduzida a trinta anos e depois a vinte por boa conduta). Enquanto isso, o Estado panamenho confiscava seus bens (bens esses, por sua vez, que ele havia confiscado do próprio Estado ou de opositores políticos), entre os quais 505 imóveis, obras de arte e uma coleção de estatuetas de sapos, obsessão do ex-ditador.

Depois, a Justiça da França o requereu e o condenou a dez anos de prisão por lavagem de dinheiro. E, em 2011, Noriega foi extraditado para o Panamá, onde está até hoje na prisão pelos crimes da ditadura, entre eles, o da decapitação de Spadafora. Ele, porém, havia se tornado uma pálida sombra do todo-poderoso e assustador caudilho: meio careca e em uma cadeira de rodas, afetado por um AVC.

Em 2014, Noriega, de dentro da prisão, entrou com um processo na Justiça da Califórnia contra a empresa que produzia o game *Call of Duty — Black Ops 2*, reclamando que ali ele era retratado como um "sequestrador e inimigo do Estado". No jogo, o personagem era chamado de "Velha Cara de Abacaxi". Noriega perdeu o processo.

## Costa Rica, um paraíso de placidez

A Costa Rica e o Uruguai foram os países que exibiram níveis mais baixos de corrupção nas últimas décadas na América Latina. Enquanto os uruguaios tiveram um par de presidentes *sui generis*, os costarriquenses nem sequer tiveram isso. Desde o final do século XIX, a Costa Rica manteve o sistema democrático na maior parte do tempo e evitou as cenas de grave violência de todos os países da área.

Em 1917, Federico Tinoco deu um golpe de Estado. Em poucos meses, seu governo deixou a população insatisfeita. Dois mil estudantes marcharam na direção do palácio presidencial para protestar. O irmão do ditador ordenou que os bombeiros disparassem jatos d'água sobre os manifestantes, mas estes reagiram, abrindo buracos nas mangueiras com canivetes. Em 1919, pressionado pelas manifestações não violentas, o ditador renunciou.

O clima pacífico do país, uma exceção na América Central, manteve-se nas décadas seguintes até que, em 1948, o país foi o cenário de uma guerra civil gerada pela impugnação das eleições presidenciais daquele ano. A guerra durou 44 dias e teve como saldo 2 mil mortos e feridos, uma proporção minúscula perto dos países da área que também haviam sofrido conflitos do gênero.

No entanto, esse evento — traumático para o pacífico país — levou a classe política a decidir pelo fim das forças armadas. A segurança dos 4,5 milhões de habitantes é propiciada pela polícia civil, que contava com 14 mil homens em 2015. Dessa forma, desde 1949, a neutra Costa Rica é um dos poucos países do mundo que prescinde de militares. Isso, junto a um dos melhores índices humanos da região, faz com que o país tenha o apelido de "Suíça da América Latina".

Em 2014, o país ainda foi além quando o Parlamento aprovou uma lei que declara a paz como "um direito humano fundamental" e ordena a aplicação da "neutralidade perpétua, ativa e não armada nos conflitos entre Estados e dentro destes". Isto é, a Costa Rica proíbe por lei participar de qualquer guerra.

# Eleição polarizada pelo casamento!

Em 2013, em meio a um cenário polarizado inédito na vida moderna da pacata Costa Rica, os 3,3 milhões de eleitores foram às urnas para definir seu novo presidente. E, pela primeira vez na história do mundo, o assunto principal da disputa eleitoral presidencial foram as posições a favor e contra o casamento entre pessoas do mesmo gênero. No segundo turno, o confronto foi entre o governista Carlos Alvarado e o pastor evangélico Fabricio Alvarado — que, apesar de terem o mesmo sobrenome, não têm nenhum grau de parentesco.

A polêmica começou quando — em plena campanha eleitoral — a Corte Interamericana de Direitos Humanos determinou que a Costa Rica e outros 22 países da região deveriam reconhecer os casamentos de pessoas do mesmo gênero. O candidato governista respaldou a decisão, enquanto o pastor declarou ser contra e anunciou que retiraria seu país da Corte Interamericana — que tem sede em San José, capital da Costa Rica. O país, famoso por seu respeito aos direitos humanos, sempre havia acatado as decisões da Corte.

O pastor fez campanha contra o casamento entre pessoas do mesmo gênero e a inseminação artificial, além de declarar-se contra as aulas de educação sexual nas escolas de ensino médio. Sua mulher, Laura Moscoa, era apresentada como uma profeta religiosa e afirmava que tinha poderes para curar pessoas — e também declarou que um dia Deus havia conversado com ela na cozinha de sua casa.

O pastor pedia o voto para defender o que denominava "valores cristãos" contra forças que classificava como "satânicas". Já o governista Alvarado pedia o voto para deter a ameaça do fundamentalismo religioso. Carlos, que era cantor de rock, cientista político e ex-ministro do Trabalho, derrotou o pastor com 60,66% dos votos. O adversário ficou com 39,33%. A deputada Epsy Campbell Barr, vice na chapa de Carlos, tornou-se a primeira mulher afrodescendente a chegar à vice-presidência da Costa Rica e também de toda a América Latina.

Em 2022, o país foi de novo às urnas. Carlos tentou a reeleição, mas ficou de fora do segundo turno, que foi disputado entre o ex-presidente José

María Figueres, do Partido da Libertação Nacional (PLN), de centro-esquerda, e Rodrigo Chaves, do Partido do Progresso Social Democrático, de centro-direita. No entanto, abalando a costumeira placidez da Costa Rica, os dois candidatos acumulavam denúncias no passado. Figueres foi denunciado por receber suposta propina de uma empresa francesa, enquanto Chaves sofreu um processo pelo assédio sexual de duas funcionárias na época em que trabalhava no Banco Mundial. As investigações indicaram que havia "um padrão de assédio que durou pelo menos quatro anos, envolvendo seis mulheres". Chaves sofreu sanções internas no Banco Mundial por esses casos em 2019 e, na sequência, deixou o organismo financeiro, voltando para a Costa Rica após morar por trinta anos fora de seu país. Ele sustenta que as denúncias eram mentirosas. Chaves também se envolveu em um escândalo relacionado ao financiamento de sua campanha. Ele se apresentava como um político *outsider*, mas foi ministro da Economia entre 2019 e 2020. Mesmo assim, ele foi eleito.

Em 2021, o país foi o cenário de casos de irregularidades envolvendo empresários e ministros. São escândalos que parecem pequenos perto dos governos de outros países latino-americanos, mas que indignaram os habitantes da Costa Rica, acostumados a administrações transparentes.

## No cinema e nas páginas

Os governantes dos países da América Central e do Caribe foram muitas vezes parodiados em filmes americanos e europeus, além de serem várias vezes satirizados na literatura latino-americana. Esse foi o caso do filme *Bananas* (1971) de Woody Allen, cuja trama transcorre na imaginária República de San Marcos, que passa por uma revolução comunista. Ou o caso da República de Miranda, no filme *O discreto charme da burguesia* (1972), do diretor espanhol Luis Buñuel. Outro filme do gênero é *Luar sobre Parador* (1988), uma comédia de Paul Mazursky na qual um ator norte-americano substitui o ditador de uma ilha fictícia do Caribe, mas cujo nome — "Parador" — é uma fusão de Paraguai e Equador.

Na literatura, podemos citar *O senhor presidente*, do guatemalteco ganhador do Prêmio Nobel de Literatura de 1967 Miguel Ángel Asturias, publicado em 1946; *O cristão errante*, novela que tem muito em comum com a história da Guatemala, escrita em 1846 por Antonio de Irisarri; e *Castigo divino*, do nicaraguense Sergio Ramírez, de 1988.

# Peru:
## A primeira renúncia presidencial por fax do mundo

"Em qual momento o Peru se f...?" Essa é a pergunta que o personagem Santiago Zabala faz no início de *Conversa na catedral*, livro do escritor peruano Mario Vargas Llosa, lançado em 1969, 21 anos antes da eleição do presidente Alberto Fujimori — e 23 anos antes de Fujimori se transformar em ditador com um autogolpe. Vargas Llosa acusa Fujimori de ter sido "catastrófico" para o país. Em 1994, o escritor fez uma visita a Curitiba, no Paraná, onde o encontrei. Durante nossa longa conversa, citei a frase de Zabala e Vargas Llosa me respondeu: "O Peru se f... várias vezes desde 1969, mas se f... de forma hiperlativa com a ditadura de Fujimori".

*Outsider* da política, Vargas Llosa havia sido rival de outro *outsider* — Fujimori — nas eleições presidenciais de 1990. O escritor, representante de setores conservadores, começou a campanha despontando como o favorito, mas Fujimori, com um discurso que misturava progressismo e populismo, além de ter o apoio das igrejas evangélicas, ganhou terreno rapidamente e venceu a disputa. Entretanto, em poucos meses Fujimori deu uma guinada para a direita. E, dois anos depois, deu um autogolpe, fechando o Parlamento, prendendo opositores, levando ao exílio diversos intelectuais, além de desatar uma onda de repressão em todo o país, respaldada por uma máquina estatal de torturas.

## Made in Japan

Fujimori era casado com Susana Iguchi, que o apoiou desde o início de sua carreira política, quando era um desconhecido. Ela havia utilizado sua própria fortuna familiar para financiar a campanha presidencial de Fujimori. No âmbito acadêmico, ela era considerada intelectualmente muito superior ao marido: ela era uma brilhante engenheira hidráulica e ele era um agrônomo medíocre.

Depois do autogolpe de 1992, Susana descobriu o primeiro grande caso de corrupção do governo do próprio marido e denunciou os assessores do presidente que estavam por trás de um esquema de revenda de roupas doadas pelo Japão à população pobre do Peru. Furioso, Fujimori ordenou ao chefe da polícia secreta, Vladimiro Lenin Ilich Montesinos (um filho de comunistas que se tornou colaborador da CIA), que torturasse sua mulher.

Em 1995, controlando a mídia, além de contar com o apoio da máquina do Estado, candidatou-se à reeleição e venceu nas urnas. A Constituição indicava que um presidente só poderia disputar uma reeleição.

Mais escândalos surgiram nesse novo governo. Um deles, que veio à tona por intermédio de uma investigação da revista semanal *Caretas*, indicava que a certidão de nascimento do presidente havia sido alterada. Segundo o semanário, Fujimori não havia sido um bebê nascido no Peru, filho de imigrantes japoneses, mas, sim, uma criança nascida no Império do Japão que havia migrado com os pais para as terras peruanas. Se isso fosse confirmado, Fujimori teria que renunciar, já que a lei peruana determina que só peruanos nascidos no país podem ser presidentes da República. No entanto, Fujimori conseguiu colocar panos quentes no assunto.

## Pet-friendly

Um dos filhos do ditador, Kenji, era o menino mimado cujo pai ordenava a seus assessores que cumprissem todos os seus desejos. Ele tinha dez anos quando o pai chegou ao poder, e vinte quando o "fujimorato" acabou.

Uma tarde, ainda menino, Kenji foi mais além ao brincar com um grupo de amigos com modelos de helicópteros na casa e quis passear com os colegas em um helicóptero militar. Os oficiais — para evitar problemas com o presidente — concordaram e colocaram a nave a serviço da criança. O passeio foi registrado em um vídeo por ordem de Vladimiro Montesinos. Kenji também tinha um fuzil AKM e adorava soltar répteis pelos corredores do palácio presidencial.

Outro vídeo, de anos depois, mostrava o adolescente de treze anos com seu cão, chamado Punhete, o qual pegava pelas patas dianteiras e se esfregava nele de forma erótica. Depois, abaixava suas calças e aproximava o focinho do cachorro de seus genitais. Em outra cena, beija o cão no focinho. E, de arremate, Kenji masturba Punhete. As imagens entre o filho do presidente peruano e o melhor amigo do homem, isto é, Punhete, tiveram repercussão internacional. Kenji — segundo admitiu anos depois — teve que fazer terapia. "Sofri bullying internacional", reclamou.

No ano 2000, Fujimori apresentou-se para a segunda reeleição alegando que entre uma eleição e outra ele havia modificado a Constituição. Seu argumento foi algo como "meu primeiro mandato foi na velha Constituição. Pela nova Constituição, aquele mandato não conta, de forma que estou em meu primeiro mandato e, portanto, posso me candidatar".

Nessa nova eleição, o segundo turno seria contra o opositor Alejandro Toledo. No entanto, este renunciou, alegando que havia fraude. Toledo convocou a população a votar em branco, mas Fujimori foi eleito e iniciou seu terceiro — e conturbado — mandato.

Entretanto, logo após iniciar o novo período, sua estrutura de poder começou a desmoronar, principalmente quando o governo do presidente americano Bill Clinton ameaçou — brevemente — não reconhecer o resultado das eleições. Washington também pressionava Fujimori a se desfazer de Montesinos. Isso, porém, não estava nos planos de "El Chino" (O Chinês), como Fujimori era conhecido em seu país.

### Rasputin peruano

Montesinos, chefe do serviço de inteligência do Peru e conselheiro de segurança do governo, foi o principal assessor de Fujimori durante a década que passou no poder. Ele era chamado de "eminência parda" e comparado a Rasputin, o sinistro chefe religioso que aconselhava o czar russo Nicolau II. Montesinos foi o fundador do grupo Colina, principal entidade paramilitar peruana da década de 1990, que operou em massacres de civis e violações aos direitos humanos. A Comissão da Verdade e Reconciliação do Peru registrou 7.620 mortes (ou "desaparecimentos") de pessoas provocadas por seus homens.

Montesinos estava envolvido em atos de corrupção e narcotráfico. O traficante Demétrio Chávez, a.k.a. "El Vaticano", ao ser preso, declarou que pagava a Montesinos, a modo de "mensalão", 50 mil dólares mensais em troca de proteção jurídica. No entanto, dias depois, "El Vaticano" se retratou. Coincidentemente, seu rosto exibia sinais de que havia sofrido tortura.

Ao mesmo tempo em que colaborava ativamente com os Estados Unidos, Montesinos vendia armas para a Palestina e para as FARCs colombianas. Além disso, comprara políticos da oposição para que respaldassem Fujimori. Montesinos também optava por vias não financeiras para convencer políticos e jornalistas, como extorsões, intimidações ou chantagens.

O "Monge Negro", como era chamado, tinha a obsessão de gravar todas as reuniões das quais participava sem o conhecimento de seus interlocutores. Essas gravações — denominadas ironicamente "vladivídeos" pela população — vieram à tona no ano 2000, depois da reeleição de Fujimori, graças a um deputado da oposição. O escândalo foi imediato, já que os peruanos puderam ver como Montesinos pagava grandes quantias de dinheiro aos políticos.

Segundo relatou anos depois sua secretária — e cinegrafista pornô amadora — Matilde Pinchi Pinchi, Montesinos também gravava vídeos de suas orgias sexuais com mulheres e casais. Ele também apreciava sessões de massagens feitas por homens argentinos.

Após o escândalo dos "vladivídeos", que contava com mais de setecentas fitas cassetes, Montesinos decidiu fugir do país.

## Renúncia por fax

Em meio ao caos político, em novembro, Fujimori viajou para a cúpula da Cooperação Econômica Ásia-Pacífico (Apec, de acordo com a sigla em inglês) em Brunei. A parada seguinte seria o Panamá, onde participaria da décima

Cúpula Ibero-Americana. No entanto, ao fazer uma escala em Tóquio, ele anunciou que ficaria por lá. "Não quero ser um fator de perturbação no Peru", alegou. E, na sequência, protagonizou um ato inédito na história mundial (e o único até o momento): ele enviou sua renúncia por fax de Tóquio a Lima.

Na capital peruana, o Congresso decidiu rejeitar a renúncia já que, sem a rubrica dos ministros, a renúncia presidencial — segundo a lei peruana — era legalmente nula. Os parlamentares se reuniram e determinaram que Fujimori tinha "incapacidade moral permanente" e que não poderia exercer cargo público algum pelo período de dez anos.

Em 2005, a Justiça peruana aproveitou que Fujimori havia feito uma viagem ao Chile para pedir sua extradição. A Justiça chilena concordou e enviou Fujimori a Lima em 2007. Em abril de 2009, ele foi condenado a 25 anos de prisão por assassinatos, sequestro e torturas. Em julho do mesmo ano, ele foi condenado a outros sete anos e meio de prisão por desvio de fundos públicos.

A ONG Transparência Internacional calculou que a fortuna reunida de forma ilegal por Fujimori entre 1990 e o ano 2000 foi de 6 bilhões de dólares. Entretanto, o ex-ditador devolveu aos cofres públicos somente 160 milhões.

Apesar da prisão de Fujimori, o fujimorismo continua firme no Peru, especialmente nos setores mais pobres da população e nas áreas agrícolas, onde seu clientelismo é ainda recordado. Sua filha Keiko foi três vezes candidata presidencial pelo partido Força Popular, da direita populista, que aglutina os veteranos fujimoristas e também os "neofujimoristas".

A figura paterna, por um lado, atrai votos, mas, por outro, gera um enorme rechaço dos setores conservadores tradicionais e também da esquerda. Os crimes do pai ex-ditador afugentam votos de Keiko, mas o ex-presidente não é o único parente da candidata com problemas perante a lei: suas duas tias e um tio são fugitivos da Justiça por roubo de fundos públicos.

## Papel higiênico e uísque

A corrupção — e o uso da máquina do Estado para caprichos pessoais (ou familiares) — teve níveis fora do normal durante o fujimorato, mas os desvios de fundos continuaram nos governos seguintes.

Em 2015, uma pesquisa indicou que 75% dos entrevistados consideravam o então presidente Ollanta Humala "corrupto" e "muito corrupto". Entretanto, se servia de consolo, a pesquisa também indicava que seu antecessor, Alan García, era visto como corrupto por 80% dos peruanos. E o antecessor deste, Alejandro Toledo, também era considerado corrupto por 80% dos entrevistados.

Uma das investigações da Justiça peruana sobre Humala era sobre um gasto peculiar de fundos para o escritório presidencial: uma overdose de consumo de papel higiênico, especialmente no mês de setembro de 2014, que registra o consumo de quinhentos rolos pelo presidente, isto é, dezesseis rolos diários. Já sobre Toledo, as investigações indicavam que o palácio presidencial adquiriu 1.753 garrafas de uísque Johnnie Walker Black Label nos 1.826 dias que durou seu mandato — quase uma garrafa por dia.

Um dos problemas da imagem do governo Humala se devia a sua esposa, Nadine Heredia, que estava sendo investigada pela Promotoria Federal por denúncias de lavagem de dinheiro relativas aos fundos da campanha eleitoral, além de seus gastos no exterior com cartões de crédito corporativos. Humala havia especulado aplicar a "Manobra Kirchner", ou seja, em uma alusão ao presidente argentino Néstor Kirchner, lançar sua mulher à própria sucessão. No entanto, o escândalo colocou a pique as chances de Nadine.

Humala, que foi eleito com uma plataforma de esquerda, mas que gradualmente foi dando uma guinada para a centro-direita, favoreceu grandes empresas de mineração e reprimiu manifestações de comunidades nas regiões áridas do interior do país. Estas comunidades protestavam contra o desvio de riachos que serviam de fonte d'água, mas que foram usados pelas empresas.

O Observatório de Conflitos Sociais indicou que, durante os cinco anos de governo Humala, cinquenta civis foram mortos e setecentos feridos pela polícia durante manifestações. Humala tomou posse com um PIB que crescia 6,5% ao ano. Em 2015, o país continuou crescendo, mas em uma proporção menor, de 3,5%. Humala encerrou seu mandato com 23% de aprovação popular, a proporção mais baixa no país em quinze anos. Ele nem sequer lançou um candidato à sua sucessão.

Em 2016, o país foi às urnas novamente para definir o sucessor de Humala. A favorita, mais uma vez, era Keiko Fujimori. Um de seus rivais era o septuagenário ex-banqueiro e tecnocrata Pedro Pablo Kuczynski. Meses antes das eleições, ninguém apostava um centavo na candidatura de Kuczynski. No entanto, o rechaço ao fujimorismo foi capaz de mover montanhas e ele se transformou não só no candidato preferido dos mercados, como na única esperança dos intelectuais para deter o avanço de Keiko. A vitória foi ajustada no segundo turno: Kuczynski teve 50,12% dos votos.

## Palavrões em inglês

Kuczynski não tinha o perfil clássico dos presidentes latino-americanos, acostumados ao populismo, seja de direita ou de esquerda. Ele fala castelhano com um sotaque peculiar, já que é filho de um médico alemão e de uma franco-suíça, estudou na Inglaterra, foi concertista de flauta e piano antes de decidir-se pela política, casou-se com uma americana, prima da atriz Jessica Lange, e tem família na França, entre eles seu falecido primo, o cineasta Jean-Luc Godard. Quando se irrita, o cosmopolita presidente solta palavrões em inglês. "É mais gringo do que peruano", acusam seus críticos.

Enquanto isso, Fujimori cumpre sua pena em uma espécie de casa de oitocentos metros quadrados com horta, um jardim onde cultiva rosas e um ateliê de pintura onde também tem aulas de escultura dentro de um complexo policial perto de Lima. Ali ele recebe aliados e dá ordens a parte do fujimorismo (a outra parte obedece diretamente a Keiko Fujimori). Entre os confortos que possui, segundo imagens publicadas em 2012 pelo jornal *Diario 16*, Fujimori conta com um vaso sanitário especial com aquecimento, além de uma equipe de enfermeiras.

Kenji reclama da prisão do pai, afirmando que ele está sozinho, pois é o único preso dessas instalações. Segundo Kenji, "o isolamento e a solidão na qual está produzem grande estresse". No entanto, a divulgação das imagens da prisão do ex-ditador indignou outros presidiários em todo o Peru, a maioria dos quais estão acotovelados com dezenas de outros condenados em celas minúsculas enquanto cumprem penas muito mais curtas do que as de Fujimori. Eles reclamavam dos privilégios que o autor de diversos assassinatos e desvios de verbas estava desfrutando.

Em 2016, o ex-ditador foi novamente levado ao banco dos réus por acusações de esterilizações forçadas infligidas a milhares de mulheres indígenas durante o fujimorato.

Montesinos também está na prisão desde 2006, detido na base naval de Callao e condenado a vinte anos pelo tráfico de 10 mil fuzis às FARCs. Porém, na fila de espera ainda estão outros processos relativos às acusações de 63 crimes, que vão de assassinatos a narcotráfico e que podem mantê-lo atrás das grades por várias décadas. No entanto, sua prisão implica castidade, já que não tem mais acesso às homéricas orgias que realizava nos salões do prédio do serviço secreto. Ele tampouco pode fazer uma matinê assistindo aos seus vídeos pornô amadores, já que — sem a intenção de trocadilhos — estão sob custódia da Justiça do Peru.

## Propinas brasileiras

Em dezembro de 2016, outro escândalo de corrupção abalou o Peru, e de forma múltipla: a empreiteira brasileira Odebrecht admitiu perante a Justiça dos Estados Unidos que pagou 29 milhões de dólares em propinas entre 2005 e 2014 a autoridades peruanas para obter contratos de obras públicas. Esse período coincidia com os governos de três ex-presidentes: Alejandro Toledo, Alan García e Ollanta Humala. Durante essas três presidências, a empreiteira brasileira obteve contratos pelo valor de 12 bilhões de dólares em território peruano.

Os casos de dois desses ex-presidentes chamaram mais a atenção: o de Humala, porque envolve não só o próprio ex-presidente, mas também sua esposa, a ex-primeira-dama Nadine Heredia. Posteriormente, os dois conseguiram, por intermédio de uma série de recursos de seus advogados, ser colocados em liberdade condicional enquanto continuam sendo investigados. Humala até entrou na corrida presidencial em 2021, mas obteve apenas 1,6% dos votos. Foi o candidato menos votado.

E no caso de Toledo, porque transformou-se no primeiro ex-presidente do mundo a ser alvo de uma ordem de prisão pelo caso Odebrecht. No entanto, fugiu imediatamente, embora tenha avisado pelo Twitter, de um ponto desconhecido do planeta: "Só voltarei quando a Justiça for justa".

O ex-presidente recorreu a um surrado bordão latino-americano para indicar que existia uma conspiração contra ele: "Sou um perseguido político!". Toledo se refugiou na Califórnia, nos Estados Unidos, onde havia dado aulas em uma universidade nos anos anteriores. A Justiça peruana só conseguiu que ele fosse extraditado para Lima em 2023. Por ironias da vida, Toledo foi colocado na mesma prisão de Fujimori.

## O suspeito que saiu voluntariamente da história

O ex-presidente Alan García (2006–2011) havia conseguido surfar relativamente bem na crise da Odebrecht em seu país sem ser detido, mas, em 2019, os indícios sobre sua suposta participação nos esquemas da empreiteira foram crescendo. Para evitar uma detenção, pediu asilo na embaixada do Uruguai, mas o governo do então presidente Tabaré Vázquez declinou sua solicitação. Dias depois, García deu uma entrevista na qual declarou, inesperadamente, que acreditava na vida após a morte. Ele também afirmou que considerava que, pelas obras de seu governo, teria um pequeno espaço na história do Peru. E sustentou, ainda, que não era corrupto.

No dia seguinte, a polícia apresentou-se em sua casa com um mandado de prisão. García os recebeu, lhes pediu que esperassem na sala e disse que iria ao quarto telefonar para seu advogado. Os policiais, rompendo o protocolo, não o acompanharam. Minutos depois, ouviram um tiro. Entraram no quarto e viram o ex-presidente com a cabeça banhada em sangue. O advogado de García, Erasmo Reyna, confirmou que o ex-presidente havia tomado a decisão de disparar contra a própria cabeça.

Dessa forma, García transformou-se na primeira figura política de peso a cometer suicídio por circunstâncias relativas ao affair Odebrecht.

## Detido, da prisão à UTI

Também em 2019, outro ex-presidente peruano em problemas era Pedro Pablo Kuzcynski, detido pela polícia por ordem do procurador José Domingo

Pérez, que integrava o time especial que investiga a cúpula da política peruana suspeita de receber propinas da Odebrecht na época em que ele foi ministro da Economia do governo de Alejandro Toledo.

Kuczynski, então com oitenta anos, ficaria inicialmente em prisão provisória por dez dias na sede da polícia, em Lima. Em sintonia com os tempos, tornou-se o primeiro presidente detido que, a caminho da cadeia, foi tuitando para reclamar da Justiça, afirmando que sua detenção era uma "arbitrariedade".

PPK, como era chamado popularmente, foi eleito em 2016, mas renunciou menos de dois anos depois pelo escândalo de propinas. Seu vice, Martín Vizcarra, assumiu, mas logo entrou na mira dos partidos políticos tradicionais da direita e da esquerda ao realizar um plebiscito para acabar com as reeleições dos deputados — e 85% dos eleitores votaram em massa pela proposta de Vizcarra.

Em 2019, a vice do ex-vice, Mercedes Aráoz, derrubou Vizcarra em um veloz "golpe" parlamentar. No entanto, 24 horas depois, Vizcarra voltou ao poder. Ele, porém, acabaria caindo em 2020, removido pelo Parlamento com o argumento de "incapacidade moral" devido a um suposto caso de suborno.

Vizcarra foi substituído por Manuel Merino, que não conseguiu completar nem uma semana como presidente. Durou cinco dias no cargo, já que uma série de protestos populares o forçaram a renunciar. Merino foi substituído por outro presidente interino, Francisco Sagasti, que tornou-se o quinto chefe de Estado no Peru em quatro anos. Ele completaria o mandato iniciado por PPK, realizando novas eleições em 2021. Mesmo assim, a instabilidade persistiria, como veremos a seguir.

## Fragmentação política, machismo e misoginia

"O Peru é um mendigo sentado em um banco de ouro", dizia Giovanni Antonio Raimondi Dell'Acqua (1824–1890), cientista ítalo-peruano, um dos principais acadêmicos do Peru no século XIX. Dell'Acqua referia-se às grandes riquezas que o Peru gerava e à simultânea pobreza generalizada devido à imensa corrupção que assola o país desde os tempos coloniais. Os tempos passaram e o Peru continuou sendo assolado pelo "choreo" (roubo) protagonizado pela classe política que era constantemente reeleita pelos peruanos.

No entanto, pela primeira vez em sua história, em 2018, quando Vizcarra era presidente, os eleitores do país decidiram dar uma lição nos políticos envolvidos nos mais retumbantes casos de corrupção do último quarto de século e os castigaram nas eleições para prefeitos e governadores dos 25 departamentos (equivalentes a estados). Os vitoriosos nas urnas foram partidos regionais formados por políticos locais nas diversas regiões do Peru e os velhos partidos políticos que haviam ficado de escanteio nas últimas décadas, como o Ação Popular, outrora liderado pelo ex-presidente Belaúnde Terry (1963–1968 e 1983–1985). Os peruanos ironizam, indicando que alguns partidos antigos estavam tão esquecidos nos últimos quinze anos (o período mais intenso das propinas) que nem sequer foram levados em conta pela Odebrecht como "potenciais alvos de suborno".

Entretanto, os candidatos formavam uma antologia de políticos *sui generis*. Lima foi o cenário de discursos de candidatos que haviam feito campanha com mensagens misóginas, propostas xenofóbicas (incluindo a expulsão de imigrantes venezuelanos), nacionalismo exacerbado e declarações homofóbicas. Um deles foi Renzo Reggiardo, do Pátria Segura, composto por fujimoristas dissidentes. Reggiardo fez campanha basicamente pregando punhos de ferro contra a criminalidade, mas ele não se esforçou muito em elaborar seu programa de governo, já que 50% dele era plágio. Perdeu as eleições.

O outro derrotado, o general da reserva Daniel Urresti, de extrema direita, do Partido Nacionalista Peruano, estava sendo julgado pelo assassinato de um jornalista em 1988. Dias antes das eleições, foi absolvido pelo tribunal. A sentença gerou grande polêmica. Outro candidato que teve grande votação, mas perdeu, foi o populista Ricardo Belmont, chamado de "Trump Peruano" por suas declarações machistas e contra os imigrantes. Dias antes das eleições, em um comício, Belmont pronunciou a frase "Vocês estão vendo que consumo produto peruano?". Na sequência, Belmont exibiu a seu lado o tal "produto": sua esposa, María Balazar, várias décadas mais nova que ele. O candidato sustentou que "os homens de bem constroem suas mulheres". Durante a campanha, Belmont, que foi prefeito de Lima na década de 1990, durante o regime de Alberto Fujimori, exigiu a restrição à entrada de venezuelanos. No entanto, destacava que as venezuelanas são o que ele classifica como "bem potáveis".

## A ELEIÇÃO PRESIDENCIAL MAIS ATOMIZADA DA HISTÓRIA DO PAÍS

Em abril de 2021, os peruanos foram às urnas para definir os 130 novos integrantes do Parlamento, o novo presidente e seus dois vice-presidentes (sim, existem dois vices no Peru, o que tem sido útil, levando em conta a instabilidade da presidência). Os partidos tradicionais implodiram nas crises políticas dos últimos anos. Alguns desapareceram. Outros mudaram de sigla. E um punhado continua sobrevivendo, mas sem respeitar suas tradições ideológicas. A imensa maioria dos políticos são os mesmos de sempre, embora alguns tentem apresentar-se como *outsiders* (ainda que ocupem cargos públicos há anos). Para complicar ainda mais a situação, naquele momento, o país acumulava cinco presidentes consecutivos com problemas graves com a Justiça.

Nesse contexto de crise intermitente, nunca antes a intenção de voto havia estado tão atomizada. Existiam sete candidatos (de um total de dezoito) que estavam acotovelados no topo das pesquisas. E "topo" é uma forma de falar, já que nenhum superava os 13% das intenções de voto, algo inédito na história eleitoral peruana. Os outros onze candidatos tinham, em média, de 1% a 2% das intenções de voto e eram meramente figuras anedóticas.

## A VIRGEM, UM MULHERÃO

Outro candidato foi Rafael López Aliaga, apelidado de "Porky", como é conhecido no Peru o personagem Gaguinho dos desenhos animados. Chamado de "Bolsonaro peruano", é um empresário milionário investigado por lavagem de dinheiro, membro da Opus Dei e que define a Virgem Maria como "um mulherão". Ele se define como "dependente da eucaristia" e afirma que todos os dias se autoflagela com um cilício — uma corrente de metal com pontas afiadas — para manter-se celibatário. López Aliaga afirma que não tem relações sexuais desde os dezenove anos de idade. Ele diz, ainda, acreditar que existe um plano mundial para destruir a economia e instaurar um "mundo socialista". Segundo ele, as quarentenas são coisas de "marxistas". López Aliaga perdeu a eleição presidencial, mas em 2023 foi eleito prefeito de Lima.

Além deles, havia Yonhy Lescano, advogado denunciado por assédio sexual, cuja irmã foi condenada a vinte anos de prisão por vínculos com a guerrilha. Lescano era candidato de um partido de centro-direita, mas tinha várias propostas de centro-esquerda. Perante o crescimento da pandemia, Lescano afirmou que a Covid-19 podia ser tratada com sal e *cañazo* (uma espécie de cachaça peruana). De seus candidatos a deputados, dezessete pelo menos tinham processos na Justiça por roubo, fraudes e outros delitos.

O candidato neoliberal Hernando de Soto defendia que as pessoas comprassem diretamente as vacinas contra a Covid-19, removendo o Estado da responsabilidade dessa aquisição no exterior. Ele declarou que, se for presidente, não dará a vacina à população e que viajou duas vezes aos Estados Unidos para se vacinar. Além disso, De Soto afirmou que não permitiria a entrada de imigrantes pobres. Para completar, foi assessor do ex-ditador líbio Muammar Kadafi.

No páreo, porém mais embaixo, também estava a psicóloga, antropóloga e ex-deputada Verónika Mendoza, de esquerda, que tem uma plataforma progressista e feminista. Outro candidato era o ex-jogador de futebol George Forsyth, nascido na Venezuela, mas filho de um diplomata peruano e de uma ex-miss Chile, de centro-direita, acusado de agressão por sua ex-mulher. Ele prometia combater a corrupção no país.

Contudo, na *pole position* estavam Keiko Fujimori e Pedro Castillo.

## A SAUDOSISTA DA DITADURA PATERNA E O ESQUERDISTA CONSERVADOR

Keiko havia se encarregado do partido familiar quando seu pai foi detido uma década e meia antes. Em 2011, foi candidata pelo fujimorismo à presidência da República, mas perdeu para Alan García, de centro. Em 2016, tentou de novo e perdeu para Pedro Pablo Kuczynski, de centro-direita. Ela se apresenta como a "mão de ferro" que salvará o Peru. Keiko, que reivindica a ditadura de seu pai, afirma que o Peru precisa do que ela denomina uma "democradura". Ela esteve em prisão preventiva durante dezoito meses por lavagem de dinheiro, organização criminosa e obstrução à Justiça, já que é uma das principais protagonistas da edição peruana da Lava Jato, e é acusada de receber dinheiro da Odebrecht para sua campanha eleitoral de 2011.

Castillo é professor de escola, líder sindical de docentes e considerado "de esquerda radical". Na reta final da campanha para o primeiro turno, subiu de 5% para uma faixa de 13%, juntando-se aos outros candidatos do topo das pesquisas. Ideologicamente, Castillo era de esquerda na área econômica. No entanto, na área de direitos humanos, era um ultraconservador. Ele era visceralmente homofóbico, contra o casamento entre pessoas do mesmo sexo e contra a adoção de crianças por homossexuais. Segundo ele, a família só pode ser composta "por esposo e esposa" e sustentou que iria eliminar o ensino de gênero das escolas. Afirmava que, em sua família, ele aprendeu "a ter valores e cortar as unhas". Castillo, que volta e meia andava a cavalo, meio de transporte comum no interior do Peru, aparecia sempre usando um chapéu alto de palha branco chamado *bambarquino*, típico de sua região, produzido de forma artesanal, que leva de três semanas até dois meses para ser concluído.

Com o slogan eleitoral "Não mais pobres em um país tão rico", o novo presidente assustou os mercados e a elite peruana nos últimos meses. A moeda nacional desvalorizou, a Bolsa de Valores de Lima caiu e foram registradas saídas de capitais estrangeiros e nacionais. Milhares de pessoas da classe média alta e alta do país começaram a abrir contas no exterior. E os peruanos que já investiam fora do país, mandaram mais dinheiro, por via das dúvidas. Não é à toa que ficaram famosos no YouTube vídeos explicando como abrir contas fora do país.

## Os piores menos votados

No primeiro turno das eleições presidenciais, dos quase 18 milhões de eleitores peruanos que compareceram às urnas, Keiko Fujimori e Pedro Castillo ficaram, respectivamente, em segundo e primeiro lugar. Formalmente, para a Justiça Eleitoral, Castillo teve 18,9% dos votos. Keiko recebeu 13,4%. Foram os mais votados? Eu diria que foram os "piores menos votados". Juntos, eles somaram apenas 4,6 milhões de votos. Isto é, quase 74% dos peruanos optaram por outros candidatos, votaram em branco ou anularam seus votos. Ou seja, no segundo turno, o pleito foi definido pelo voto "anti": aqueles que não digerem Keiko de jeito algum, votaram em Castillo. E aqueles que não suportavam Castillo, votaram em Keiko. Castillo venceu por uma microscópica margem: teve 50,12% dos votos contra 49,88% de Fujimori. Ele só venceu graças aos votos anti-Fujimori, isto é, com votos "emprestados".

Durante semanas, Fujimori, em modo chilique, alegou que havia ocorrido fraude, embora não tenha apresentado provas concretas, e pediu novas eleições, mas a ONU e a OEA jogaram um balde de água fria, afirmando que as eleições haviam sido limpas e transparentes. Por isso, a Promotoria Geral da República abriu uma investigação contra Keiko por atentar contra o direito de sufrágio.

Fujimori só reconheceu sua derrota dias após a posse de Castillo.

Castillo, com seu costumeiro chapéu, tomou posse no dia em que o Peru completava duzentos anos de independência. No entanto, assumia com extrema fraqueza política, pois, de um Parlamento com 130 cadeiras, controlava de forma direta apenas 37. Em seu gabinete de 18 ministros, apenas duas pastas eram comandadas por mulheres (os ministérios da Mulher e da Inclusão). Na realidade, Castillo reaproveitou sua vice, Dina Boluarte, para a pasta da Inclusão.

Em seu discurso de posse, ele afirmou que era a primeira vez que o Peru seria governado por alguém que já foi lavrador na infância e juventude e professor rural durante toda a vida adulta. Para acalmar os ânimos em relação a eventuais estatizações de empresas e confiscos de propriedades privadas, assuntos que ele próprio havia citado no início da campanha eleitoral, Castillo afirmou que se tratavam de mentiras e boatos.

### Primeiros-ministros espancadores, homofóbicos e fãs de Hitler

Nem bem começou, Castillo começou a ter problemas por causa de seu primeiro-ministro, o semidesconhecido deputado Guido Bellido, admirador de ditaduras e ultra-homofóbico declarado. Ele indicou que "a revolução não precisa cabeleireiros".

Bellido, porém, só durou dois meses no posto. Ele caiu devido às suas declarações misóginas, homofóbicas e pela apologia às ações do grupo guerrilheiro Sendero Luminoso durante os anos 1980 e 1990. Foi substituído por Mirtha Vázquez, que ficou quatro meses no posto, renunciando ao afirmar que seus próprios colegas de governo não a ajudavam a implantar reformas. Na sequência, veio um primeiro-ministro que durou exatamente uma semana, Héctor Valer Pinto, proveniente da direita. Ele teve que renunciar devido ao escândalo que surgiu pela divulgação do expediente judiciário que indicava como, anos antes, havia espancado a esposa e as filhas, desferindo, inclusive, chutes em seus rostos. Na ocasião, também veio à tona que, durante um exame psicotécnico para ser contratado em um banco, empurrou a psicóloga e tentou roubar seu exame, já que indicava que não estava exatamente bem da cuca.

Com uma desaprovação popular de 68%, a pior da história peruana para um presidente em seu primeiro ano de mandato, e com manifestações contra ele em todo o Peru, Castillo designou seu novo primeiro-ministro esperando um pouco de tranquilidade. Porém, o que ocorreu na sequência seguiu exatamente as regras da Primeira Lei de Chisholm, segundo a qual "quando as coisas simplesmente parecem não poder piorar, elas vão piorar".

Tudo começou quando o novo primeiro-ministro, Aníbal Torres, estava comandando uma reunião de ministros em uma cidade do interior do país, com o objetivo de mostrar que o governo estava "trabalhando". Nesse momento, ele começou a falar sobre a importância da infraestrutura e, do nada, destacou que uma vez Adolf Hitler visitou Benito Mussolini e que o italiano lhe mostrou em Milão uma ótima estrada. Segundo Torres, Hitler se inspirou nisso para fazer autoestradas na Alemanha. Ele completou, ainda, que a Alemanha e a Itália eram como o Peru (!!!), mas Hitler encheu a Alemanha de estradas e aeroportos e que isso transformou o país na primeira potência econômica do mundo (o que é falso). De acordo com o primeiro-ministro, o Peru tinha que seguir esse exemplo dos dois ditadores.

Na sequência, Torres também disse que o Peru tinha que usar mais o gás que existe em seu subsolo para desenvolver a economia. No entanto, não percebeu o escândalo que implicava citar Hitler e imediatamente falar sobre gás. A embaixada da Alemanha no Peru declarou: "Hitler não é exemplo de nada". Torres foi substituído por Betsy Chávez, que teve que lidar com um governo que ia à deriva, com a designação de um ex-advogado de contrabandistas de armas para ministro, entre outras ações. Castillo padecia de um *looping* de crises.

Foi então que o presidente designou um novo ministro da Saúde. E, recordemos, os Ministérios da Saúde sempre foram importantes, mas com a pandemia na época, passaram a ter um peso muito maior. Castillo havia escolhido Hernán Condori, cuja renúncia foi rapidamente exigida pela Ordem dos Médicos do Peru, já que ele não tinha especialidade alguma, além de ser investigado por supostos casos de corrupção. De quebra, era criticado por ter sido garoto-propaganda de substâncias pretensamente curativas, embora sem respaldo científico algum, entre elas uma "água hexagonal", que supostamente atrasaria o envelhecimento.

Ao longo de seu mandato, Castillo acumulou cinco investigações na Justiça por supostos casos de corrupção. Além disso, Bruno Pacheco, seu secretário, renunciou ao cargo depois do escândalo da descoberta de 20 mil dólares escondidos no toalete de seu escritório no palácio presidencial. Quando ia ser detido, Bruno fugiu e ficou cem dias escondido.

Castillo já havia trocado quarenta ministros pelos mais diversos escândalos. Uma pesquisa da época indicava que 68% dos entrevistados queriam eleições presidenciais antecipadas para encerrar o mandato de Castillo imediatamente. Essa ideia de eleições antecipadas surgiu nas fileiras opositoras, mas a situação de Castillo ficou pior com a adesão, dias depois, de seu próprio partido, o Peru Livre, a essa ideia.

Em 2022, a situação de Castillo era tão ruim que ele até apelou a um *coach* de "autocura e superação pessoal" que lhe recomendou deixar de usar seu chapéu de palha. Ele nunca tirava o chapéu em público, mesmo em lugares fechados, tanto na ONU como nas reuniões de ministros. A única exceção era quando entrava em uma igreja. O chapéu havia se transformado em seu símbolo pessoal, mas que também era alvo de memes. No fim das contas, Castillo acatou as indicações do assessor de imagem e começou a aparecer sem o chapéu. De nada adiantou.

Para complicar, Castillo começou a ser alvo de protestos de seus antigos aliados sindicalistas. Os caminhoneiros deslancharam uma greve em protesto contra o aumento do preço dos combustíveis e bloquearam os acessos a Lima e Callao, paralisando uma área onde moram 10 milhões de pessoas, o maior centro urbano do país. Castillo então optou por uma medida radical: para impedir a greve e os bloqueios, ordenou o toque de recolher. Ninguém podia sair às ruas, a não ser os serviços essenciais ou em caso de emergências médicas.

O toque de recolher foi criticado por partidos de esquerda e direita porque nunca, desde a volta da democracia, um governo havia decretado essa medida para evitar manifestações. A proibição de que as pessoas saíssem para trabalhar irritou diversos setores da população. E em vários bairros de Lima e Callao, os moradores, cansados dos escândalos do governo e da inflação, entre outros problemas, deslancharam panelaços. Na sequência, desafiando o toque de recolher, multidões foram às ruas protestar. Grupos marcharam em direção ao palácio presidencial, mas foram reprimidos pela polícia. Um jovem morreu, atingido na cabeça por uma bomba de gás lacrimogênio.

O cenário começou a ficar mais complexo porque, enquanto isso, no interior do país, os protestos dos agricultores se intensificaram. Eles protestavam contra o aumento no preço dos fertilizantes. Assustado com a reação popular, Castillo revogou o toque de recolher. No fim das contas, ele quis dar uma de "machão latino" e tudo que conseguiu foi piorar ainda mais sua situação.

## Castillo em modo Cinderela

Em apenas nove meses no poder, Castillo passou mais tempo em um conto de terror do que em um conto de fadas. Porém, ele teve seu momento Cinderela devido a uma visita à cidade de Loja, no Equador, o país vizinho, para uma breve reunião com o presidente Guillermo Lasso. No entanto, ao entrar no avião presidencial para voltar ao Peru, o tempo estava péssimo e não era recomendável fazer o voo. O problema é que Castillo só podia ficar fora do Peru por 24 horas. Se não voltasse antes da meia-noite, poderia ser alvo de um impeachment. No Peru, o presidente pode sofrer impeachments pelos mais diversos motivos. E um deles é sua ausência do território nacional por mais tempo do que o autorizado pelo Parlamento. Para essa viagem, a determinação foram 24 horas, o que foi considerado tempo de sobra.

Castillo já tinha sido alvo de duas tentativas de impeachment e se salvado, mas, depois da segunda, sua situação piorou mais ainda, e não podia correr o risco de voltar depois da meia-noite. A saída foi pegar um carro e ir a toda velocidade rumo ao sul, até a fronteira com o Peru, e entrar a tempo em seu país. E assim ele fez: entrou no Peru de carro, a toda velocidade, quando faltava apenas uma hora para o final do prazo determinado pelo Parlamento.

## O "CASTILLAÇO"

No dia 7 de novembro pela manhã, a agenda política previa a terceira tentativa de impeachment do Parlamento contra Castillo. Não existia certeza de que a votação seria unânime, mas Castillo, em uma decisão que ficou marcada como a mais mal planejada da história peruana, anunciou que dissolvia o Parlamento e convocaria eleições nos meses seguintes para a escolha de novos deputados, que também criariam uma nova Constituição.

A Carta Magna Peruana, outorgada pelo ditador Alberto Fujimori na década de 1990, prevê que um presidente pode dissolver o Parlamento. No entanto, isso só pode ser aplicado caso os deputados não aprovem dois pedidos de confiança por parte do governo. Como isso não havia ocorrido, a ação de Castillo constituiu um golpe de Estado — mais especificamente, um autogolpe. O pedido de confiança é um mecanismo constitucional por meio do qual os governos pedem apoio ao Parlamento para suas políticas. Se os deputados não dão o voto de confiança, o primeiro-ministro cai. Por outro lado, se os deputados negam dois pedidos de confiança, o presidente pode dissolver o Parlamento.

Os depoimentos indicam que Castillo tomou a decisão de dar o autogolpe sem avisar seus próprios ministros. Alguns souberam que ele ia fazer o anúncio minutos antes de seu discurso ser veiculado em todos os canais de TV do país e lhe imploraram que desistisse. O motivo da aventura golpista foi a certeza que Castillo tinha que no Parlamento haveria votos suficientes para lhe dar o impeachment. O presidente desconfiava que vários deputados de seu partido votariam contra ele. Isso, porém, foi um erro. Não existiam votos suficientes. No entanto, o golpe teve o efeito de unir a oposição e aprovar o impeachment. Foi uma crise causada pela precipitação de um presidente.

Imediatamente, os militares anunciaram que a medida de Castillo era inconstitucional. O Peru Livre também condenou seu golpe de Estado. Também não houve o menor respaldo nas ruas. Castillo chegou ao poder com pouca base popular. No primeiro turno, ele teve apenas 10% do total do eleitorado, e é o primeiro turno que mostra de forma real o apoio popular que um candidato tem.

Poucas horas depois, Castillo foi detido quando tentava se aproximar da embaixada do México para pedir asilo. Ele foi acusado pela Procuradoria Geral de tentativa de golpe de Estado, perturbação da ordem pública e abuso de autoridade. A última tentativa de autogolpe havia acontecido trinta anos antes, em 1992, quando Alberto Fujimori deu o denominado "Fujimoraço". Por isso, com ironia, diziam que esse ato seria conhecido como "Castillaço". Em seu lugar, assumiu como presidente a vice Dina Boluarte.

Boluarte, colega do mesmo partido marxista de Castillo (marxista, porém socialmente conservador), tomou posse e um dia depois foram realizadas marchas contra ela. A nova presidente ordenou uma repressão violenta, mas isso só irritou os manifestantes, que intensificaram os protestos. Eles começaram exigindo a convocação de eleições presidenciais. Dias depois, já exigiam também eleições parlamentares imediatas.

Nesse momento, teve início um novo período de opereta política peruana, com uma série de idas e vindas sobre o fim do mandato de Boluarte. Teoricamente, ela deveria deixar o poder em julho de 2026, já que complementaria o mandato inacabado de Castillo, mas, perante as pressões dos manifestantes, Boluarte disse que poderia antecipar a ida às urnas para 2025. No entanto, os manifestantes continuaram com os protestos e a presidente declarou que poderia, eventualmente, antecipá-las para 2024. Finalmente, não descartou que ainda fossem em 2023.

Entretanto, embora a maior parte do Parlamento fizesse oposição à Boluarte, as eleições parlamentares não eram do interesse dos deputados (no Peru não existe o Senado), já que a lei peruana determina que eles não podem se reeleger, e, com eleições antecipadas, seus mandatos terminariam abruptamente. Para Boluarte tampouco é conveniente encerrar seu governo antes do prazo, já que ficaria sem foro privilegiado e poderia ir presa pelas dezenas de manifestantes mortos durante sua administração.

## Natalino Peru

Em cinco natais consecutivos, o Peru teve, em cada vez, um presidente diferente. Em 2018, o presidente ainda era Pedro Pablo Kuczynski. Em 2019, era Martín Vizcarra. Em 2020, quem deu a mensagem de Natal aos peruanos foi o presidente Francisco Sagasti. Em 2021, a mensagem natalina foi emitida por Pedro Castillo. E, em 2022, era Boluarte quem ocupava a cadeira presidencial.

## Semiparlamentarismo ou semipresidencialismo

Desde a Constituição de 1993, o sistema peruano tem características diferentes dos países da região. É um semiparlamentarismo, já que o Parlamento, que é composto apenas pela Câmara dos Deputados, tem um grande poder em relação ao presidente da República, embora o primeiro-ministro seja designado por este.

A Constituição peruana, tal como a equatoriana e a paraguaia, prevê processos rápidos de impeachment, com o argumento de resolver crises de forma imediata, sem deixar o país em banho-maria durante meses. Isso não foi problema entre 2000 e 2016, quando os presidentes eleitos tinham maioria parlamentar. Porém, com uma saraivada de escândalos de corrupção — e a prisão de ex-presidentes, parlamentares e prefeitos —, explodiu uma crise dos partidos políticos tradicionais, que começaram a se esfacelar, enquanto surgiam partidos novos, improvisados, sem peso majoritário. Governar no Peru transformou-se em uma tarefa de Hércules.

No entanto, apesar dos descalabros institucionais, a economia peruana continuou crescendo, o que demonstra uma habilidade nativa para lidar com os absurdos de sua classe política.

# Paraguai:

## Do "El Supremo" à vitalidade espermática clerical

### A ilha rodeada de terra

O Prêmio Cervantes de 1989 Augusto Roa Bastos costumava definir seu país, o Paraguai, incrustado no meio da América do Sul, como "uma ilha rodeada de terra". É o único país da área onde falam-se dois idiomas oficiais: o espanhol e o guarani. É também o único integrante da ONU que conta com uma bandeira que tem dois lados diferentes: o escudo que está em uma face é diferente do que está na outra. Na década de 1980, era o maior importador de uísque do mundo, embora — paradoxalmente — fosse um de seus menores consumidores. Entre várias outras peculiaridades, é o único país da região que tem relações com Taiwan, a antigamente denominada "China Nacionalista", e não reconhece oficialmente a "China Continental", isto é, a "China Comunista", fato que atrapalhou durante décadas qualquer negociação do Mercosul com a China. Entretanto, a relação entre Taipei e Assunção é intensa: na virada do século, Taiwan doou 20 milhões de dólares para a construção da luxuosa nova Câmara dos Deputados do Paraguai.

Além disso, é o país que seduziu o cunhado do filósofo alemão Friedrich Nietzsche, Bernard Förster. Este, no final do século XIX, fundou, com a irmã do filósofo, Elisabeth, uma cidade "puramente ariana" no meio da selva paraguaia chamada "Nova Germânia". Porém, a suposta "superior" raça ariana fracassou ali de forma retumbante, assolada pelos mosquitos e pelo calor tropical. O Paraguai também foi o refúgio de criminosos de guerra nazistas, entre eles, Josef Mengele.

Roa Bastos, cuja obra dissecou a personalidade dos caudilhos paraguaios (e, de forma geral, de toda a região), costumava referir-se aos ditadores militares e líderes políticos civis autoritários como os "monoteístas do poder". Seu país foi prolífico na produção desses "monoteístas".

## "El Supremo"

Desde sua independência, em 1811, o Paraguai passou por diversas e longas ditaduras. A primeira, iniciada em 1813, foi protagonizada por Gaspar de Francia, denominado "El Supremo" ou "Karaí-Guazú" ("Grande senhor", em guarani). O ditador, solteirão que só se vestia de preto, era assolado pela paranoia e comandou um Estado policial, algo similar ao regime de Kim Jong-un na Coreia do Norte. Os estrangeiros que entravam no país não podiam mais sair, exceto em raríssimos casos, por medo que fossem espiões e contassem sobre as supostas riquezas do país no exterior.

O presidente aboliu o açoite de criminosos em todo o país. Apesar dessa medida de tom humanista, o ditador aplicou um sistema de pena de morte brutal, que implicava colocar o condenado em um banquinho no pátio ao lado da janela de seu escritório. E, para que o Estado paraguaio não gastasse balas, as pessoas eram mortas com baionetadas. Os corpos ficavam jogados no chão durante três dias, para ter a certeza de que estavam realmente mortos. Enquanto isso, Francia continuava trabalhando normalmente em seu escritório.

O ditador exigia uma demonstração de respeito e submissão total: os paraguaios deveriam levantar seus chapéus quando vissem um integrante do exército. No entanto, essa lei implicava um problema: boa parte da população não tinha dinheiro para comprar um chapéu. Por esse motivo, Francia ordenou que essas pessoas tivessem pelo menos uma parte de um chapéu, isto é, a aba. E, assim, os paraguaios levantavam uma aba sempre que viam um soldado.

Francia proibiu todo tipo de correspondência com o exterior. O único que recebia jornais, cartas e livros de fora do país era ele, por intermédio de um punhado de comerciantes autorizados a realizar o intercâmbio comercial com o Paraguai. Para evitar o contato com o exterior, as exportações paraguaias foram reduzidas em 1820 a 17% do que havia sido em 1816.

O ditador, que comandava o país com a ajuda de apenas três assistentes, ordenou que a educação fosse compulsória para todos os homens. Ele inaugurou a primeira biblioteca pública do país em 1836 com livros que haviam sido confiscados dos opositores políticos. Munições eram os únicos produtos que podiam entrar no Paraguai sem pagar taxas alfandegárias.

Francia insistia em ser o juiz de paz de todos os casamentos feitos na área de Assunção. Em 1814, ele proibiu que os espanhóis que residiam dentro do Paraguai se casassem com outras pessoas provenientes da Espanha, obrigando-os a casar com indígenas, mulatos ou negros.

"El Supremo" temia ser assassinado. Por esse motivo, à noite, antes de ir dormir, trancava pessoalmente as portas do palácio presidencial. Além disso, sua irmã preparava seus cigarros, para evitar que fosse envenenado. Sob o travesseiro, sempre havia uma pistola carregada. Pessoa alguma podia se aproximar a menos de seis passos de distância dele.

Francia era famoso por sua honestidade e austeridade. Quando não gastava a totalidade de seu salário de presidente, devolvia a diferença para o Tesouro Nacional. Quando morreu, as reservas de dinheiro do Estado paraguaio eram o dobro daquelas na época de sua posse. Isso incluiu o equivalente a sete anos de salários que nunca gastou.

## "El Excelentísimo" e "El Mariscal"

Depois de Francia, o Paraguai foi governado desde 1844 até 1862 com mão de ferro por um sobrinho seu, o obeso (chamado por um contemporâneo seu de "um mar de carne humana") Carlos Antonio López, que exigia ser chamado de "El Excelentísimo". No ano em que chegou ao poder absoluto, o Congresso aprovou uma Constituição na qual não havia menções sobre garantias de direitos civis e a palavra "liberdade" nem sequer aparecia no texto.

Na contramão de seu defunto tio, que primava pela austeridade, "El Excelentísimo" enriqueceu graças ao Estado paraguaio, transformando-se no principal latifundiário do país. O político e empresário Charles Quentin, um alemão que imigrou para a América, escreveu em 1865 um livro chamado *Le Paraguay*, onde afirmava que o país "era um grande sítio administrado pelo presidente". López, isto é, o Estado paraguaio, dava licenças para a plantação da principal commodity do Paraguai, a erva-mate, mas ele próprio comprava a produção e a exportava sem a necessidade do pagamento de impostos com um lucro de 800%. Os López usavam o trabalho dos soldados e dos escravizados (a abolição da escravidão no país só ocorreu com o final da Guerra do Paraguai).

Carlos Antonio — casado com Juana Paula Carrillo, chamada de "La Presidenta" — começou a preparar seu filho, Francisco Solano López, para que fosse seu sucessor. Ele decidiu enviar o jovem à Europa para que adquirisse armamento e técnicos para o país. Francisco atravessou o oceano e deslumbrou-se com Paris, onde visitou Les Invalides, onde está o corpo de Napoleão I, seu ídolo (anos depois, ele ordenou a construção de uma versão "mignon" e modesta de Les Invalides em Assunção, conhecida como o Panteão Nacional dos Heróis). Francisco também foi atrás de um alfaiate que lhe preparasse uniformes como os de Napoleão, que tiveram um toque pessoal do futuro ditador paraguaio, como algumas penas de avestruz que decoravam o chapéu militar. Além disso, com o dinheiro dos contribuintes paraguaios, comprou para si setenta pares de botas de verniz. Na sequência, foi ver de perto os campos de batalha da Guerra da Crimeia, que transcorria naquela época. O jovem paraguaio ficou impressionado com as cenas bélicas e, dizem alguns historiadores, ficou com vontade de protagonizar suas próprias guerras.

Após o falecimento do López "sênior", seu filho, Francisco Solano López, "El Mariscal" ("O Marechal"), chegou ao poder. Pai e filho, embora mantivessem um regime despótico, modernizaram o país, que passou a contar com a primeira siderúrgica da região, uma linha de trem e telégrafos. Além disso, formaram um exército organizado e construíram fortalezas.

Uma lenda urbana que circulou durante décadas indica que Solano López teria tido aspirações "imperiais" e — embora fosse casado oficialmente com uma paraguaia e estivesse morando com uma amante irlandesa, a influente madame Eliza Lynch — teria proposto ao imperador Dom Pedro II casar-se com a princesa Isabel. No entanto, não existem documentos concretos que comprovem esse plano.

Em 1865, desatou a Guerra da Tríplice Aliança (mais conhecida no Brasil como a Guerra do Paraguai) ao declarar guerra ao Brasil, à Argentina e ao Uruguai. O sucesso inicial das tropas paraguaias entusiasmou Solano López, que ampliou o front de guerra. Porém, quando a maré virou e o país começou a ser invadido, o ditador, em vez de assinar a rendição, implantou um regime de terror no qual ninguém podia se render. Recrutou idosos, crianças e mulheres. Paranoico, mandou prender a própria mãe e a irmã, além de ordenar o fuzilamento de um irmão, já que considerava que sua família estava conspirando contra ele. (Seu irmão morreu durante a tortura, antes de ser executado a golpes de lanças, como era o desejo do ditador).

Essa foi a mais devastadora guerra da história da América do Sul e, proporcionalmente, o maior massacre em uma guerra da Era Moderna, que reduziu a população do Paraguai de 1,5 milhão de habitantes a somente 230 mil (e destes, apenas 28 mil homens). O país perdeu um terço do território.

Pouco depois do fim dessa guerra, quando o Paraguai começava a se recuperar, uma guerra civil assolou o país em 1874. Outras guerras civis repetiram-se em 1904, 1908, 1912, 1920, 1921 e 1922. Entre 1910 e 1912, o Paraguai teve sete presidentes.

Em 1932, o país entrou em guerra com a Bolívia pela disputa de 247 mil quilômetros quadrados de deserto no Chaco, uma região confusamente demarcada na qual, supunha-se, existia petróleo. A guerra, que terminou em 1935 com vantagens territoriais para os paraguaios, deixou o país em frangalhos e 100 mil homens mortos. No entanto, o petróleo nunca foi encontrado.

## "El Continuador" e a serra elétrica

Outra guerra civil estourou em 1947. Esta última, a mais sangrenta de todas, possibilitou que em 1954 o general Alfredo Stroessner, que gostava de denominar-se "El Continuador", chegasse ao poder, inaugurando uma sangrenta ditadura que durou 35 anos, assassinou entre 4 mil e 5 mil civis e gerou centenas de milhares de exilados.

O mais emblemático torturador de Stroessner foi Pastor Coronel, o obeso (ele pesava 120 quilos) chefe dos "pyragüés" — denominação em guarani dos integrantes da Polícia Secreta, que contava com pelo menos um dedo-duro em cada quarteirão das principais cidades. Coronel era famoso por torturar com o acompanhamento musical de animadas polcas (o ritmo musical preferido de Stroessner). No caso do secretário-geral do Partido Comunista, Miguel Soler, seu corpo foi cortado por Pastor Coronel lentamente em duas partes com o uso de uma serra elétrica enquanto Stroessner ouvia tudo por um telefone colocado na sela de torturas. Os gritos dos dissidentes torturados eram geralmente gravados e colocados no telefone para que os parentes das vítimas ouvissem seu desespero. Outra modalidade apreciada pelo homem de confiança de Stroessner era torturar seus prisioneiros com a chama de um maçarico. Coronel faleceu no ano 2000.

Segundo a Comissão da Verdade e Justiça, pelo menos 18.772 pessoas foram vítimas de torturas físicas, sexuais e psicológicas durante a ditadura paraguaia. Entre as modalidades mais praticadas pelos torturadores estavam a de pancadas na cabeça e no corpo, açoites, afogamento em barris com água fria e excrementos, choques elétricos e cortes com faca. O relatório também indica que os prisioneiros eram colocados em recintos cheios de aranhas e cobras. Além disso, destaca que mulheres adolescentes estudantes e camponesas eram costumeiramente raptadas e violadas pelas forças de segurança do governo.

Stroessner, além de contar com torturadores próprios, também obteve os serviços de torturadores da Argentina, entre eles, o famoso ex-capitão Alfredo Astiz, que atuava no maior campo de detenção e torturas argentino, a Escola de Mecânica da Armada (Esma).

O outro braço direito de Stroessner era Mario Abdo Benítez, secretário-pessoal do ditador, definido como "obediente" e "perigosamente burro". Um dos causos que circulavam na época da ditadura — e que foram contados pelo escritor britânico John Gimlette no livro *At The Tomb of The Inflatable Pig* ("Na tumba do porco inflável", em tradução livre) — era que ele estava um dia passando as calças do chefe quando tocou o telefone e queimou uma orelha, confundindo o ferro com o tubo do telefone. Quando lhe perguntaram como havia queimado a outra orelha, ele respondeu: "Bom, eu tinha que telefonar para a ambulância, né?".

Outro causo popular tenta explicar o motivo da volta de Abdo ao país quando seu chefe foi derrubado. Ele estava na cidade de Porto Stroessner na véspera da deposição e havia atravessado a fronteira para Foz do Iguaçu, no Brasil, quando ocorreu o golpe. Imediatamente — apesar do fim consumado do regime — cruzou a fronteira para o lado paraguaio, onde foi preso pelos militares. Quando lhe perguntaram porque havia voltado, Abdo Benítez teria respondido: "O general Stroessner sempre me disse que, se ouvisse que havia um golpe, era para atravessar a fronteira rapidamente, para me salvar... e foi isso que fiz".

## Culto à personalidade

Stroessner mantinha uma ficção de "democracia", já que existia um parlamento controlado, no qual seu partido, o Colorado, sempre ganhava as eleições marcadas pela fraude, enquanto a oposição era censurada. Esse período da chamada "democracia guiada" foi denominado "O Stronato". O ditador tinha todo o poder. Era a Lei do Mbareté (palavra, em guarani, que significa "muito forte", isto é, uma espécie de lei da selva). Stroessner nem sequer tentava disfarçar seu simulacro de democracia, pois às vezes era eleito com 90% dos votos. Em 1958, venceu com 97,3%.

Stroessner não se envergonhava do envolvimento ativo das forças armadas no contrabando. "Aaaahhh... mas esse é o preço da paz", dizia. Durante seu regime, o Paraguai tornou-se o *hub* do contrabando na América Latina, de cocaína a carros de luxo roubados. Manter os militares ocupados — e lucrando — com esse business os desviava do risco de querer lhe dar um golpe.

Depois do cubano Fidel Castro, que esteve no poder por 49 anos, Stroessner foi o ditador de maior duração na história das Américas. Com ironia, Joseph P. Lash, correspondente do *New York Post*, afirmou, em 1961, que "se não fosse pela ocasional passagem de um corpo descendo pelo rio Paraná decapitado, seria possível considerar esse ditador do Paraguai uniformizado e cheio de medalhas como uma personagem das operetas de Gilbert e Sullivan". Stroessner comentava com frequência com os visitantes estrangeiros que ele queria se aposentar para poder dedicar-se à pesca e à caça. "Mas não posso me aposentar... o país precisa de mim!", dizia.

O regime de Stroessner explicava os mortos que apareciam como pessoas com uma estranha compulsão por pular nos rios e de aviões com as mãos e pernas amarradas. O general, com frequência, era acordado por serenatas de pessoas que, para agradar o ditador, cantavam as melodias "Para a frente, meu general" ou "Parabéns, grande amigo". Na mesma época, o Partido Colorado imprimia diariamente um jornal de seis páginas a cores com notícias exclusivas sobre Stroessner. Além disso, na vida diária, as pessoas deparavam-se com retratos do general por todos os lados, tanto nas repartições públicas quanto em diversas residências privadas. Nem à noite os habitantes da capital livravam-se da figura do ditador, já que um enorme cartaz em neon piscava no *skyline* de Assunção com os dizeres: "Stroessner: paz, trabalho e bem-estar". O estado de veneração de Stroessner superava o padrão da média dos ditadores da região.

Na década de 1950, o ditador acolheu centenas de criminosos de guerra nazistas, aos quais dava passaportes paraguaios. Um dos mais famosos foi o médico Josef Mengele, o "Anjo da Morte", que selecionava as vítimas de suas experiências médicas no campo de concentração de Auschwitz. Outro criminoso de guerra foi Eduard Roschmann, o "Açougueiro de Riga", famoso pela execução de 30 mil judeus. O próprio Stroessner teve um campo de concentração, com muros de seis metros de altura, localizado a 65 quilômetros de Assunção, onde 528 prisioneiros se aglomeraram entre 1976 e 1978.

Durante a ditadura stronista, Carlos Levi Ruffinelli, líder do partido de oposição Partido Liberal Radical Autêntico, foi preso dezenove vezes e torturado em seis ocasiões. "A maior parte do tempo eu nem ficava sabendo o que eles queriam saber de mim", ele conta. "Nem eles sabiam o que queriam!"

Megalômano e anticomunista, no final da década de 1960, Stroessner ofereceu ao presidente americano Richard Nixon o envio de tropas paraguaias para ajudar os soldados americanos no Vietnã. Nixon, com sutileza, declinou a oferta de parceria com as inexperientes tropas sul-americanas.

## Pedófilo serial

Durante seu regime de terror, tal como o ugandês Idi Amin Dada, o imperador Bokassa do Império Centro-Africano, o ditador dominicano Rafael Leónidas Trujillo Molina e o soviético Lavrenti Beria, chefe da KGB durante a ditadura de Josef Stálin, o general paraguaio e uma parte de seus ministros dedicavam-se, nas horas livres, a protagonizar estupros em grande escala, nos quais, mais especificamente, violavam meninas virgens. O principal protagonista desses crimes era o próprio Stroessner, que exigia que seus assessores mantivessem um fornecimento constante de menores para seu uso pessoal. Esse grupo — por ordem do ditador — devia ser composto por meninas entre dez e quinze anos de idade.

Segundo os investigadores do Departamento de Memória Histórica e Reparação do Ministério da Justiça em Assunção, Stroessner estuprava em média quatro menores por mês. Isto é, como pedófilo serial, em três décadas e meia de ditadura, teria violado mais de 1.600 crianças. Os militares buscavam e sequestravam meninas da área rural de acordo com os requisitos do ditador. E volta e meia também faziam tenebrosas "colheitas" de meninas pelas ruas da própria capital. Nesse caso, os oficiais utilizavam a "Chapeuzinho Vermelho", apelido em alusão ao conto de fadas dado ao Chevrolet Custom 10 vermelho utilizado nessa blitz sexual.

Um dos casos investigados pela Comissão da Verdade e Justiça do Paraguai foi o de Julia Ozorio, que tinha apenas 12 anos quando foi sequestrada da casa de seus pais no vilarejo de Nova Itália em 1968. O sequestro foi perpetrado pelo coronel Julián Mier, comandante da guarda pessoal de Stroessner. Julia foi levada à chácara onde ficava o harém do ditador, e ali foi escrava sexual durante três anos. Após esse período, foi repassada a oficiais, suboficiais e soldados. Quando fez quinze anos, foi considerada "velha demais" e solta. Depois de passar por tudo isso, mudou-se para a Argentina onde, muitos anos mais tarde, em 2008, publicou suas memórias, com o título *Uma rosa e mil soldados*.

Os crimes do regime — como torturas e assassinatos de civis opositores — estão sendo investigados na Justiça desde meados da década de 1990. No entanto, os crimes sexuais do stronismo somente começaram a ser investigados em 2016, embora as primeiras denúncias sobre os estupros sistemáticos do ditador tenham sido publicadas pelo jornal *Washington Post* muito tempo antes, em 1977, quando o regime estava em seu apogeu. Na época, o veículo classificou Stroessner e seu *entourage* de altos oficiais como "depravados sexuais".

## Golpe de chinelo e com caminhonete da padaria

Em 1989, seu próprio consogro, o general Andrés Rodríguez, preparou o golpe para derrubar Stroessner. O plano era pegar o ditador na casa de sua amante, Estela Legal, de forma a evitar um massacre no palácio presidencial ou na residência oficial. No dia 2 de fevereiro, os chefes da rebelião decidiram antecipar o golpe e foram até o quarteirão da casa da amante de Stroessner e ficaram esperando que ele entrasse ali. O ditador chegou às oito horas da noite. Um dos rebeldes, o coronel Díaz Delmás, tentou avisar as tropas pelo walkie-talkie, mas o aparelho não funcionava, de forma que ele demorou algum tempo para dar a informação aos companheiros, que chegaram em três caminhões. A ordem era derrubar o portão dos fundos e entrar disparando, mas Delmás viu que os caminhões passavam direto pela casa. Desesperado, correu atrás deles e um dos motoristas lhe confessou: "Não tínhamos o endereço correto...". Depois de novas trapalhadas, os soldados finalmente entraram disparando, mas Stroessner havia ido embora cinco minutos antes. Alertado sobre o início da rebelião, ele se refugiou no Batalhão da Escolta Presidencial.

Os outros oficiais rebeldes foram informados de que o golpe havia começado antes do previsto. Um deles, o capitão Wladimiro Woroniecki, estava tomando banho quando foi avisado dos acontecimentos. Woroniecki mais que depressa saiu da ducha, nem conseguiu se secar direito, vestiu o uniforme ainda molhado e buscou suas botas. Ao não encontrá-las, colocou chinelos e, com esse figurino, participou da revolta.

Enquanto os primeiros tiroteios ocorriam, a cidade de Assunção era o cenário de dois shows musicais, com 10 mil pessoas cada (um deles com o cantor Luis Miguel). Na cidade de Porto Stroessner — posteriormente rebatizada de Ciudad del Este — os rebeldes preparavam-se para capturar grande parte da cúpula do governo que estava ali para uma série de cerimônias, mas os veículos militares não funcionavam e não houve outro jeito a não ser confiscar a caminhonete de uma padaria, veículo com o qual foram prender parte dos chefes da ditadura.

## Jóquei Bonsai

Enquanto isso, em Assunção, o general Rodríguez enviou o coronel Lino Oviedo para prender o ditador. O baixinho oficial da cavalaria — por isso era chamado de "Jóquei Bonsai" — entrou no prédio do Batalhão da Escolta presidencial, em pleno centro da cidade, enquanto clientes de uma sorveteria na esquina assistiam às tropas rebeldes e governistas entrando em combate. Minutos depois, Oviedo já estava no escritório de Stroessner, onde abriu a jaqueta e mostrou que estava com o corpo forrado de granadas e bananas de dinamite amarradas nas pernas e disse: "O senhor vem comigo ou explodimos juntos".

Narcotraficante, ladrão, corrupto: todos estes adjetivos são aplicados a Oviedo, mas o mais usado é "louco". Ao retirar o ditador de seu escritório, ele iria sair em uma caravana composta por dois tanques e um carro, onde levaria Stroessner. Oviedo ordenou aos soldados que, se o carro saísse da escolta, era para atirar nele. "Mas assim o senhor também morreria", observou um deles. "Isso não importa. É para atirar para matar!", insistiu Oviedo.

O ex-ditador pediu asilo ao Brasil, onde residiu até sua morte, em 2006. Passou dezessete anos vivendo placidamente no país vizinho, boa parte desse tempo em Brasília, em uma mansão às margens do lago Paranoá. De manhã, do segundo andar ele jogava comida para os pássaros, como se fosse um aposentado se distraindo com as aves. Depois, à tarde, fazia caminhadas e assistia a faroestes na TV.

Sua esposa oficial, Eligia Mora, havia falecido um ano antes. Deixou um filho e duas filhas. Outro filho, Alberto, havia morrido de uma overdose na década de 1980. O jornal *Washington Post* destacou que teve quinze filhos extramatrimoniais.

Nos anos seguintes, a influência de Oviedo disparou e ele virou general e chefe do exército. Sua megalomania — afirmavam seus críticos — também estava em escalada. No auge do poder, Oviedo organizava desfiles de carnaval no "Linódromo" onde fantasiava-se de César e obrigava seus oficiais a vestir-se como centuriões romanos. Lino Oviedo havia construído esse lugar para realizar desfiles militares, além de bizarros desfiles carnavalescos e onde também reunia seus simpatizantes para fazer discursos. Hoje, chamado de "ex-Linódromo", o espaço faz parte do Parque Olímpico de Assunção.

Em 1996, foi acusado de tentar um golpe militar contra o então presidente civil Juan Carlos Wasmosy (um dos "barões de Itaipu", denominação dos engenheiros que enriqueceram durante a construção da hidrelétrica), cujo governo foi marcado por diversos escândalos de corrupção e crises financeiras. Oviedo foi preso, mas, pouco depois, seu subordinado político, Raúl Cubas Grau, foi eleito presidente e liberou o general.

## O Vice Gruyère

Entretanto, em 1999, um ano e meio depois de tomar posse, o governo de Cubas Grau foi abalado pelo estado no qual foi encontrado seu vice-presidente Luis María Argaña. O vice havia sido descontinuado deste universo por intermédio de uma saraivada de tiros quando estava em sua caminhonete, trafegando por uma avenida perto de sua casa. Um veículo fechou o automóvel do vice e dali desceram os assassinos, que desataram uma saraivada de disparos.

"Nem Hercule Poirot conseguiria descobrir quem foi o mandante do assassinato de Argaña", me disse na época em Assunção um diplomata sul-americano. Segundo ele, mesmo para o emblemático personagem da escritora Agatha Christie seria difícil avaliar quem teria ganhado mais com a morte do vice-presidente paraguaio.

Os assassinos devem ter sido jagunços brasileiros, me disse na ocasião em Assunção, o advogado de Argaña, José Alberto Planás, que acusava Oviedo e Cubas Grau de serem os mandantes. Uma das teorias especuladas é a de que o mandante do crime teria sido o general Oviedo, que precisava liquidar seu grande inimigo político, que ameaçava levá-lo de volta à prisão.

No entanto, essa teoria apresenta pontos fracos: por que Oviedo teria mandado matar Argaña, já que essa morte poderia provocar uma onda contrária a ele entre a população? O argumento a favor de que o mandante teria sido Oviedo, com a cumplicidade tácita de Cubas Grau, é que o ex-general é um homem famoso por sua violência, e por declarações feitas nos dias prévios ao assassinato, onde falava de "um rio de sangue" que estava prestes a correr pelas ruas da capital paraguaia.

Outra das teorias é que Argaña teria sido morto por pessoas interessadas em prejudicar Oviedo. Dessa forma, o vice-presidente teria sido assassinado a mando de pessoas de seu próprio partido. O maior suspeito, de acordo com essa teoria, é o ex-presidente Wasmosy, que no passado já havia sido inimigo de Argaña. Contra ele, havia disputado em 1993 a convenção interna do Partido Colorado. Wasmosy só ganhou com o apoio militar de Oviedo, que mais tarde seria seu inimigo. Quando o ex-general começou a enfrentá-lo, tempos depois, Wasmosy se aliou a Argaña. Com a morte de Argaña, Wasmosy, que cada vez tinha menos poder no partido, teria tentado matar dois coelhos com uma cajadada só: eliminar fisicamente Argaña e colocar Oviedo na prisão.

A outra teoria sobre a morte de Argaña enquadra-se dentro do conceito do "pokaré", que em guarani denomina a artimanha elaborada de forma tão intrincada que deixaria Maquiavel no chinelo. Nesse caso, a hipótese, aparentemente delirante no resto do planeta — mas que seria relativamente normal dentro do estilo da política paraguaia —, é que a ordem de matar Argaña... foi do próprio Argaña. A especulação é que o vice estaria com um câncer terminal e que havia determinado que, ao morrer, sua família armasse um "assassinato" *fake* com o objetivo de colocar a culpa em seus inimigos. Um dos sinais que indicaria que essa rebuscada teoria poderia ter algum sentido é o fato de que o corpo de Argaña não exibia manchas de sangue, só os buracos das balas. Um homem que já está morto, ao ser alvo de tiros, não sangra. Os paraguaios viram ao vivo pela TV como a camisa de Argaña, ao ser colocado na maca para ser transportado até um hospital, estava imaculadamente branca.

A lenda espalhada pelos aliados do vice indicava que ele havia ficado com mais furos do que um queijo gruyère. No entanto, a autópsia só registra duas balas em seu corpo.

O motorista sobreviveu sem levar um tiro sequer, apesar do tiroteio. A seu lado, o guarda-costas de Argaña estava morto e empapado em sangue.

Entre 23 e 30 de março daquele ano, os acontecimentos se precipitaram: a morte de Argaña foi seguida por manifestações diárias que pediam a renúncia de Cubas Grau. As marchas foram reprimidas com violência pela polícia e por franco-atiradores oviedistas. Após cinco mortos e mais de duzentos feridos graves, Oviedo fugiu do país e pediu asilo na Argentina. Quase simultaneamente, era a vez de Cubas Grau renunciar e se refugiar na embaixada do Brasil em Assunção. Dois dias depois, o novo presidente do país, Luis González Macchi, anunciava um gabinete de "união nacional".

Oviedo — que era amigo pessoal do então presidente argentino Carlos Menem — instalou-se primeiro em uma chácara perto de Buenos Aires, mas as pressões do governo paraguaio levaram as autoridades argentinas a transferi-lo para longe do contato com dissidentes paraguaios e anunciaram que o enviariam a Ushuaia, nos cafundós meridionais da Argentina. No entanto, Oviedo tentou resistir. O motivo não era político, mas sim estético: o vaidoso militar, do alto de seu 1,55 metro de altura, argumentava que havia realizado um implante de cabelo em Buenos Aires que, segundo seu médico, poderia fracassar se fosse exposto aos gélidos ventos patagônicos. O governo não aceitou a desculpa capilar e Oviedo foi enviado ao Sul, mas, em 1999, o presidente venezuelano Hugo Chávez manifestou que concederia asilo ao golpista. Oviedo quase embarcou para Caracas, porém optou por partir para o Brasil para ficar mais próximo do Paraguai e organizar seu retorno.

Oviedo foi acusado de estar por trás de outro golpe no ano 2000 e de incidentes populares em 2002. Em 2004 voltou ao Paraguai e foi preso. Em 2007, foi liberado e candidatou-se às eleições presidenciais de 2008, quando ficou em terceiro lugar. Oviedo era de direita, mas colaborou em várias ocasiões com o governo do ex-presidente centro-esquerdista Fernando Lugo.

Durante sua campanha, Oviedo, na contramão dos outros candidatos, afirmou que não mexeria no acordo de Itaipu e fazia o possível para declarar-se fã da classe política brasileira. Em uma entrevista em Assunção, ele me disse que sua relação com o então presidente Lula era "excelente". Enfático, depois apelou a todo tipo de argumento para identificar-se com Lula, sustentando que o presidente brasileiro, "tal como Lino, começa com a letra *L*"!

E depois, encerrou dando um toque de numerologia a seu discurso, afirmando que "Lula tem quatro letras, Lino também!".

Conservador, Oviedo contava com o respaldo de empresários, mas apresentava-se como defensor dos pobres, sobre os quais tinha forte influência graças a seu carisma e perfeito domínio do idioma guarani. Em fevereiro de 2013, ele estava em plena campanha para disputar mais uma vez sua almejada conquista da presidência do Paraguai quando morreu em um acidente de helicóptero na véspera do aniversário do golpe militar de 1989 que derrubou Stroessner. Essa coincidência gerou teorias da conspiração, mas a realidade é que imediatamente descobriu-se que o helicóptero no qual Oviedo viajava não estava nas condições adequadas e a zona que atravessava estava sendo afetada por tempestades. Inclusive, a viúva do piloto declarou que seu marido não queria decolar, mas Oviedo insistiu em não perder um dia sequer de campanha.

## Monoteísmo do poder

O general Rodríguez encerrou a ditadura stronista, mas manteve no poder o mesmo partido de Stroessner, a Associação Nacional Republicana (ANR), mais conhecida como o Partido Colorado. Esse foi o partido que mais tempo esteve ininterruptamente no poder no Hemisfério Ocidental desde a segunda metade do século XX. Ou, como disse o escritor Roa Bastos, representava "o monoteísmo do poder".

O Partido Colorado foi fundado em 1887 pelo ex-presidente Bernardino Caballero, líder responsável pela recuperação do país após a trágica Guerra do Paraguai. De 1947 a 2008, o Paraguai teve presidentes colorados um atrás do outro. Nesse momento, ficaram de fora por cinco anos, até 2013, mas, na sequência, voltaram ao poder.

A estrutura colorada, ao longo dos anos, cresceu e confundiu-se gradualmente com o próprio aparato do Estado paraguaio. Tal como ocorria com o PRI mexicano ou o Partido Comunista nos países atrás da Cortina de Ferro até a queda do Muro de Berlim, uma proporção substancial da população paraguaia tinha a carteirinha do Partido Colorado. Em 2023, contava com 2,5 milhões de filiados, isto é, 35% da população do país. A maior parte dos funcionários públicos é até hoje colorada. O partido tem mais presença do que a Igreja Católica. O clero conta com 340 paróquias no Paraguai, enquanto os colorados possuem 411 sedes em todas as cidades e vilarejos paraguaios.

O exíguo período desse partido fora do poder deveu-se à derrota dos colorados pelo ex-bispo Fernando Lugo, fundador do partido Tekojoja ("Igualdade", em guarani), que integrava uma coalizão de centro-esquerda chamada Aliança Patriótica para a Mudança. No entanto, o próprio Lugo também recorreu à influência colorada, aparecendo na última semana de campanha em uma publicidade na TV ostentando uma camisa vermelha (ou "*colorada*", em espanhol). No spot, o ex-bispo deixou claro que era filho e sobrinho de colorados.

Lugo foi removido do poder em 2012. Seu vice, Federico Franco, do Partido Liberal Radical Autêntico, de centro, assumiu o cargo por apenas um ano. Posteriormente, os colorados elegeram todos os presidentes do Paraguai (pelo menos até a publicação deste livro, em 2024). É o partido que esteve mais tempo no poder na América do Sul.

## O BISPO E A VITALIDADE ESPERMÁTICA

Em 2008, o ex-bispo Fernando Armindo Lugo foi eleito presidente do Paraguai. Um ano depois, em meio a um escândalo sobre um suposto filho que havia tido nos tempos em que vestia a batina, Lugo admitiu — no meio do feriado de Páscoa — que era o pai da criança. "Quando a vida está no meio, Deus a abençoa", disse Lugo a modo de ensaio de justificativa de respaldo religioso à sua vitalidade espermática.

A mãe do filho de Lugo, Viviana Carrillo Cañete, afirma que foi seduzida quando ele ainda era bispo da cidade de San Pedro, no interior do país. Viviana relatou que conheceu Lugo aos dezesseis anos, na época em que se preparava para realizar a crisma. Na ocasião, diversas mulheres começaram a dizer que haviam tidos tórridos affaires com o então bispo e que haviam engravidado dele. Os assessores presidenciais negavam a existência de novos rebentos, mas, pouco tempo depois, Lugo teve que reconhecer outro filho.

A mãe do filho adicional, Narcisa de la Cruz Zárate, admitiu que o coito com Lugo havia ocorrido onze anos antes, quando estava com problemas conjugais. Ela, que pertencia ao rebanho que Lugo comandava com seu cajado de pastor, foi pedir conselhos ao então bispo para recompor seu casamento.

Outras duas mulheres que supostamente copularam com o então bispo entraram na Justiça há tempos para reclamar que o ex-monsenhor admita a paternidade de seus filhos. Uma delas, Benigna Vélez, disse que Lugo teria outros dezoito filhos espalhados por aí, resultado dos indômitos espermatozoides outrora clericais. No entanto, Lugo só tem dois filhos confirmados.

Na época, os paraguaios ironizavam sobre a fertilidade clerical de Lugo, indicando que:

1. Lugo, bispo na época dos coitos, teria seguido as ordens categóricas do Vaticano. Isto é, a Santa Sé sustenta que os católicos não deveriam usar métodos anticoncepcionais, entre eles, o condenado preservativo.

2. Mas e na hipótese em que Lugo tivesse usado preservativos, na contramão das ordens do Sumo Pontífice, e fosse cauteloso com suas parceiras de intercurso usando preservativos? Como elas teriam ficado grávidas? Nessa hipótese, deveríamos considerar que em ambas as ocasiões os preservativos teriam furado.

3. Uma das certezas é que Lugo seguiu à risca as diretrizes do Vaticano de não promover o aborto, já que nenhuma das mulheres envolvidas indicou que o então bispo sugeriu a interrupção da gravidez.

4. De todas as formas, apesar das contradições, Lugo seguiu o mandamento bíblico de crescei e multiplicai-vos, que consta em Gênesis, 1, 28.

Os filhos extraconjugais de presidentes, reis e caudilhos em todo o mundo não são novidade, mas, no caso do Paraguai, existe uma tradição substancial nessa área. Um defunto presidente, Bernardino Caballero, teria gerado 77 crianças, segundo historiadores. Décadas depois, o general Stroessner teria sido o suposto pai de vinte filhos extramatrimoniais.

Analistas afirmam que na época dos escândalos de Lugo, os líderes da oposição, embora tenham usado o caso dos filhos do ex-bispo em favor próprio, não "exageraram", já que vários opositores também teriam crianças espalhadas pelo Paraguai nunca reconhecidas. Em 2009, durante uma entrevista que fiz com Lugo em sua casa, na periferia de Assunção, ele me disse que, assim que terminasse o mandato presidencial, voltaria à vida clerical. "Almejo uma vida monástica", explicou.

As notícias sobre os filhos de Lugo suscitaram em todo o Cone Sul uma onda de piadas. O jornal *Perfil*, de Buenos Aires, instalou em seu site o "Lugômetro", que media o número de crianças reconhecidas pelo fértil ex-bispo, além dos filhos que supostamente ele gerou.

O sarcasmo paraguaio produziu uma série de camisetas que — vendidas pela internet — ostentavam os seguintes dizeres: "Papai Lugo, me reconheça"; "Papai, dom Fernando Lugo Méndez" e "Filhos meus!". Também havia camisetas para o nicho de mercado de pessoas que não consideram que o ex-monsenhor seja seu progenitor: "Não sou filho de Lugo".

Nas redes sociais também proliferaram grupos com alusões ao presidente do Paraguai, como: "Sou filho de Lugo, e daí?"; "Eu também tive um filho com Lugo". De forma menos tecnológica do que as ferramentas fornecidas pelo Facebook, os paraguaios também expressaram suas satíricas opiniões sobre o líder ex-celibatário com grafites de banheiro. O *top five* dos mictórios em Assunção era: "O garanhão do Paraguai"; "Pai de todos os paraguaios"; "Superpai"; "Também quero ser bispo. Onde é que eu me inscrevo?"; "Tem certeza de que seus filhos... são seus filhos?".

Um ex-colega de profissão de Lugo, o bispo da diocese de Caacupé, Claudio Giménez, aconselhou na época que Lugo se casasse com uma das mulheres que asseguram que tiveram um filho com ele. "Assim ele vai se tranquilizar", explicou o bispo.

Na época, em Buenos Aires, durante um coquetel de diplomatas sul-americanos, um animado grupo especulava sobre o número de mulheres com as quais o então bispo da Igreja Católica teria mantido intercurso sexual. As perguntas feitas eram: "Tendo em vista a próxima Cúpula do Mercosul, que será realizada em Assunção, o conclave presidencial deveria ser chamado de 'Cópula do Mercosul'?" e "Lugo pedirá uma redução da TEC (Tarifa Externa

Comum, aplicada aos produtos de fora do Mercosul) para importar fraldas, produto agora com alta demanda, a preços mais baixos?".

O grupo musical paraguaio Los Ángeles aproveitou a polêmica sobre o ex-bispo e imortalizou em uma canção o desdém do então clérigo pela invenção de um médico (de nome verdadeiro desconhecido, embora lendariamente chamado de "O Conde de Condom") da corte do rei Charles II da Inglaterra (1630–1685). A letra da música alardeia: *"Lugo tiene corazón, pero no usa condón"*, isto é, "Lugo tem coração" — em alusão a seu slogan de campanha — "mas não usa preservativos".

## Reeleições, Itaipu e Lava Jato

Em 2017, dezenas de milhares paraguaios foram às ruas impedir a manobra conjunta do então presidente Horacio Cartes, do Partido Colorado, e de parte da oposição, para mudar a Constituição e permitir as reeleições presidenciais, algo proibido na carta magna. Uma multidão enfurecida protestou durante uma semana no centro de Assunção e queimou parte da Câmara dos Deputados.

Uma sociedade que abomina a ideia de reeleições presidenciais é a paraguaia. Nesse país, os habitantes ficaram escaldados com a ideia de mais um mandato para cada presidente depois de terem padecido a ditadura do general Stroessner, que fazia reeleições presidenciais *fakes*. Após a queda de Stroessner, os paraguaios decidiram proibir o sistema de forma categórica. Nesse sistema, quem é presidente uma vez nunca mais pode assumir novamente o cargo. Porém, de brinde, os ex-presidentes paraguaios recebem o posto de senador vitalício, ainda que sem direito a voto, mas são livres para discursar à vontade no plenário. Essa medida implica o esvaziamento de poder de um ex-presidente, já que nem sequer pode ser decisivo em uma votação.

A ambição de reimplantar as reeleições havia tornado aliados circunstanciais Cartes e o ex-presidente e ex-bispo Fernando Lugo. Um sonhava em voltar ao poder, o outro, em se reeleger. O resto da oposição afirmou que essa reforma era um "golpe parlamentar". Perante a fúria popular, ambos os políticos recuaram.

Cartes é um dos homens mais ricos do Paraguai, dono de uma holding que conta com 25 empresas. Além disso, é influente no futebol, pois foi presidente do clube Libertad e diretor de seleções da federação paraguaia. Cartes tinha 53 anos quando entrou na política, isto é, quatro anos antes de ser eleito presidente. Sua anterior falta de interesse na política era significativa, já que nunca havia votado antes — a primeira vez que votou foi em 2013, quando votou nele próprio.

### Significativamente corrupto

Cartes esteve envolvido em várias situações irregulares. Em 1986, ficou preso por dois meses por fraudes envolvendo uma agência de câmbio de sua propriedade. No ano 2000, a polícia encontrou um avião carregado de cocaína em sua fazenda, mas Cartes alegou que a aeronave havia feito apenas um pouso de emergência ali e não tinha nada a ver com o assunto. E, segundo a WikiLeaks, ele foi investigado pela Administração Norte-Americana para o Controle de Drogas (DEA) por suposta lavagem de dinheiro proveniente do tráfico. O *curriculum vitae* do ex-presidente inclui um tio seu que esteve preso no Brasil por tráfico internacional.

Em 2022, o então secretário de Estado dos Estados Unidos, Anthony Blinken, em Washington, emitiu um comunicado no qual designava o ex-presidente Cartes "significativamente corrupto", mas poucas semanas depois também sobrou para o então vice-presidente do Paraguai, Hugo Velázquez, considerado "significativamente corrupto" por Marc Ostfield, embaixador dos Estados Unidos em Assunção. Cartes e Velázquez foram acusados por Washington de lavagem de dinheiro e de ter vínculos com integrantes do grupo terrorista islâmico Hizbollah.

### Uma mão lava a outra

Em agosto de 2018, Horacio Cartes, que deixava a presidência da República, não quis passar a faixa presidencial e — por uma birra infantil — não compareceu à cerimônia de posse, já que estava brigado com Mario Abdo Benítez, seu rival dentro do Partido Colorado. Nunca isso havia ocorrido desde a volta da democracia. Cartes desejava empossar um "discípulo". Por esse motivo, Abdo Benítez teve que prestar juramento perante o presidente do Senado.

Essa divisão entre os caciques criou problemas no Parlamento, porque parte do partido não se alinhou de forma automática com Abdo Benítez por continuar do lado do ex-presidente Cartes. Isso causou problemas ao longo do mandato de Abdo.

Mario Abdo Benítez tem o mesmo nome do pai, que foi secretário pessoal do falecido ex-ditador Alfredo Stroessner. Para diferenciar-se do progenitor, se faz chamar de "Marito", isto é, "Mariozinho".

Também em 2019, os paraguaios voltaram a manifestar-se nas ruas quando o juiz brasileiro Marcelo Bretas, por enquadrar Cartes na Lava Jato, solicitou sua captura internacional. No entanto, embora fosse seu inimigo, o presidente Abdo impediu que Cartes fosse extraditado ao Brasil. Um ano depois, Cartes devolveu o favor quando "Marito" estava com problemas. Na ocasião, veio à tona que o governo Abdo havia assinado uma ata secreta de Itaipu firmada meses antes com o governo de Jair Bolsonaro, que — segundo os paraguaios — prejudicava o sócio menor da hidrelétrica. O governo em Assunção tentou desesperadamente acalmar os ânimos anunciando que enviados especiais iriam a Brasília discutir com o governo Bolsonaro o cancelamento do acordo, mas, com a ameaça de impeachment, tudo se acelerou. Brasília cedeu e o novo chanceler paraguaio, Antonio Rivas, e o então embaixador brasileiro na capital paraguaia, Carlos Simas Magalhães, assinaram o cancelamento da ata. Imediatamente, a ala "cartista" do Partido Colorado desistiu de remover o presidente, considerando que "o dano havia sido revertido" com a anulação do tratado. O restante da oposição não somava votos suficientes para realizar o impeachment. Assim, Cartes devolveu o favor feito a Abdo e os dois podiam voltar a ser inimigos normalmente.

Contudo, outro fator que contou na salvação de Abdo Benítez havia sido quando Bolsonaro decidiu recuar no acordo. No entanto, o presidente paraguaio ficou irremediavelmente enfraquecido, já que Itaipu é um assunto muito sensível na opinião pública paraguaia.

## Centro-direita, direita e extrema direita

Em dezembro de 2022, foram realizadas as eleições primárias do Partido Colorado. O vencedor foi Santiago Peña, aliado de Cartes e, portanto, inimigo de Abdo. Em maio de 2023, os paraguaios foram às urnas para definir o novo presidente.

Ao contrário de outros casos de eleições nos anos prévios na América Latina, de disputas entre direita e esquerda, o caso paraguaio foi de direita, centro-direita e extrema direita. O vencedor foi o candidato governista Santiago Peña, do Partido Colorado.

Na centro-direita, estava seu rival, Efrain Alegre, do Partido Liberal Radical Autêntico. Alegre liderou uma coalizão opositora, na qual existia um pequeno setor de centro-esquerda. Os dois partidos são os grandes protagonistas da política paraguaia desde que ambos foram fundados em 1887.

Peña teve 42,7% dos votos e venceu (no Paraguai não existe segundo turno). Alegre ficou muito atrás, com 27,4%. Porém, em terceiro lugar, nos calcanhares da oposição tradicional, ficou um populista de extrema direita, o denominado "Bolsonaro" paraguaio, Paraguayo "Payo" Cubas, candidato do Partido Cruzada Nacional, com 22,9% dos votos. Cubas afirmava que "a democracia não funciona" e que, se fosse eleito, governaria com as forças armadas. De quebra, sustentava que o parlamento "não daria nem um pio". Ele ganhou notoriedade ao declarar em 2019 que "é preciso matar aqui pelo menos 100 mil brasileiros bandidos", em alusão aos migrantes do Brasil que moram no país. Por essas declarações, foi destituído do posto de senador.

## No Paraguai, Maquiavel está em guarani

O Paraguai é oficialmente um país bilíngue: 60% dos paraguaios falam guarani e 90% falam espanhol. No entanto, o "jopara", a mistura dos dois idiomas, é usado no cotidiano, o que torna o Paraguai, de fato, um país trilíngue! Entretanto, quando os paraguaios querem falar sobre as maracutaias e a complexidade da classe política, aí recorrem ao guarani, deixando Maquiavel no chinelo. Segue um pequeno glossário desses termos.

**Pokaré:** o termo, *ipsis litteris,* significa "mão retorcida", mas é usado para indicar um comportamento persistente das lideranças políticas paraguaias que consiste na mistura de astúcia, descaro, cinismo e traição, segundo definia o recentemente falecido sociólogo paraguaio Helio Vera. Segundo ele, é a valorização da esperteza em vez da coragem. "Sobrevivente por instinto, o paraguaio preferirá sempre os sigilos da raposa do que os ferozes rugidos do tigre", dizia Vera. Eis um exemplo dessa esperteza maquiavélica: a oposição afirma que o então presidente Duarte Frutos realizou um brilhante exercício de *pokaré* ao tirar o general Lino Oviedo da prisão, onde cumpria pena por tentar dar um golpe de Estado, só para roubar parte do eleitorado do ex-bispo Fernando Lugo. Segundo o cientista político José María Costa, na última campanha eleitoral, que envolveu uma feroz disputa, o *pokaré* foi muito presente.

**Yvytuísmo:** *yvytu* significa "vento". O termo *yvytuísmo* significa "estar a favor do vento que sopra". É aplicado para designar os políticos que mudam de posição de acordo com a conveniência, mesmo que isso implique trair o colega — ou seja, é uma espécie de sinônimo de "vira-casaca". "Tudo é questão de aderir fervorosamente à corrente eólica predominante", ironizava Vera. Desta forma, um político que ontem à noite podia ser um frenético liberal, hoje poderia ter acordado alardeando ser o mais fervoroso colorado. Segundo Costa, "de forma geral, no político paraguaio é difícil definir uma posição ideológica. A mimetização política é um esporte".

**Mongele'e**: a lisonja rasgada; o elogio exultante que os políticos de segundo escalão realizam aos donos do poder. "Aqueles elogios barrocos que Odorico Paraguaçu fazia em O *bem-amado* são amadores perto do que fazem aqui", me explicou um veterano diplomata paraguaio que conheceu bem o Brasil na década de 1980.

**Aájataaju:** sair de um grupo político e depois voltar como se nada tivesse ocorrido também faz parte do cotidiano político paraguaio. Nesses casos, usa-se ironicamente a expressão *"Aájataaju"*, que traduzida ao pé da letra apresenta uma complexa estrutura: "vou ir para vir". Isso quer dizer que a pessoa vai embora, mas que seu eventual retorno à sua anterior ala política não fica comprometido.

**Che ruvicha:** "meu chefe"; expressão muito útil para demonstrar obediência.

**Ijapú:** "mentiroso". É uma das palavras preferidas da oposição para referir-se ao presidente de plantão.

# Chile:

## Do cruel ditador de voz de falsete ao civil campeão de gafes

"Por trás de um filho da p..., existe sempre uma filha da...?" Esta foi a peculiar pergunta que o escritor e jornalista Juan Gasparini fez quando pensou em escrever *Mulheres de ditadores*, obra publicada na virada do século XX para o XXI na qual relata e analisa a vida das esposas de alguns dos homens fortes da política internacional das últimas décadas. Contudo, a resposta que encontrou foi outra: "Não. Por trás de um ditador existe um pouco de tudo".

Gasparini, um argentino que reside na Suíça desde que teve que partir de seu país por causa da ditadura militar (1976–1983), me disse que muitas dessas mulheres de ditadores às vezes "são mais malvadas que seus maridos. Em outras ocasiões vivem um conflito permanente. Algumas se arrependem e rompem com eles, mas todas, sem exceção, os apoiam, pelo menos no início".

Uma dessas mulheres foi Lucía Hiriart, que teve grande influência na ditadura de seu marido, o general chileno Augusto Ramón Pinochet. O livro trata dos casos das esposas de vários ditadores, mas Gasparini escolheu uma foto de Lucía para a capa, onde ela aparece passando batom, enquanto o general Pinochet, a seu lado, assiste a uma parada militar. "Como é possível manter a feminilidade ao lado destes homens brutais?", me perguntou o autor.

No decorrer de seu casamento, Lucía Hiriart, ou Lucía Hiriart de Pinochet, ou ainda "*señora* Lucía", sempre o empurrou para conseguir mais poder. Juntos, ela e Pinochet protagonizaram as maiores violações aos direitos humanos da história do Chile. Lucía era uma versão chilena de Lady MacBeth, de William Shakespeare, em um *mix* com Dolores Umbridge, a aliada de Voldemort na série "Harry Potter", de J. K. Rowling.

Lucía, nascida em 1924, era filha de um senador. Desde criança, sonhava ser esposa de um presidente. Durante anos, ela discutiu com Pinochet, dizendo — aos gritos e tendo como cenário a cozinha — que poderia estar melhor de vida se não tivesse casado com ele.

No final da década de 1940, o exército enviou Pinochet e sua família ao paupérrimo norte do país, na cidade de Iquique. Instalaram-se em uma casa austera. "Milico, mixuruca! Nunca vamos sair deste buraco", queixava-se Lucía, furiosa. Anos depois, morando em Santiago, a capital, Lucía voltava a reclamar. O militar retrucava, afirmando que poderia um dia ser ministro da Defesa. Ela, aos berros, lhe dizia: "Ministro, não. Você tem que ser presidente!".

## Lucía, mais dura que Augusto

Em 1973, o golpe contra o então presidente socialista Salvador Allende estava sendo elaborado. O projeto golpista era inicialmente obra da Marinha, ao qual a Aeronáutica havia aderido. Entretanto, faltava o Exército, cujos comandantes hesitavam — e parte deles não se interessava pelo assunto. Contudo, no dia 23 de agosto, o general Carlos Prats, comandante do exército do Chile, renunciou ao posto e recomendou a Allende que colocasse em seu lugar o general Pinochet, ao qual considerava um "apolítico". Por outro lado, vários militares pediram a Pinochet que aderisse à causa dos conspiradores, mas Pinochet vacilava sobre o assunto.

Uma biógrafa não autorizada de Lucía, a jornalista Alejandra Matus, afirma que "ela foi crucial para que Pinochet traísse seus camaradas, aceitando a morte de pessoas próximas, a tortura de parentes e até o exílio de sua própria prima".

Uma noite, poucos dias antes do levante militar, enquanto seus filhos dormiam, Lucía pegou o marido pelo braço e lhe disse: "Você é um covarde! Nossos filhos vão acabar vivendo sob o comunismo. Você não tem coragem de assumir suas responsabilidades!'". Pinochet respondeu-lhe nesse momento que não a decepcionaria (o próprio general, em entrevistas muitos anos depois, admitiu a existência dessa discussão).

Lucía tinha uma influência colossal nas decisões políticas de seu marido ditador. Sua biógrafa não oficial, Mónica González, afirmava que "Lucía ficava perguntando a Pinochet diariamente o que ia ocorrer no dia seguinte, dando opiniões sobre tudo e, dessa forma, determinando o destino de muitas pessoas, incluindo até os generais do regime. Eles eram um casal que tomava decisões em conjunto. Não era a mulher que estava atrás do trono... era a mulher ao lado do trono!".

Volta e meia, quando se irritava com a atitude de alguém, insistia com o marido-ditador: "Essa pessoa tem que pagar!". E cada vez que Pinochet reagia de forma "lenta" segundo sua opinião, ela aparecia em seu escritório para uma saraivada de broncas. O leque de exigências de Lucía era amplo, indo desde a prisão de um opositor até impedir que um general de Pinochet se separasse da esposa, algo que — segundo dizia — violava os "valores cristãos".

Pinochet criou o Departamento de Inteligência Nacional, mais conhecido pela sigla Dina, uma polícia política que era — *mutatis mutandis* — um clone sul-americano da Gestapo do Terceiro Reich de Adolf Hitler. Lucía tinha contato permanente com os integrantes da Dina, aos quais fazia discursos citando frases como: "Essa afronta será paga com sangue!".

No final dos anos 1970, quando o regime estava sofrendo problemas econômicos, segundo relatam Claudia Farfán e Fernando Veja no livro *A família*, um ministro assistiu, boquiaberto, a uma discussão do casal ditatorial durante o almoço. Pinochet estava falando sobre assuntos relativos ao dólar na economia chilena quando Lucía o interrompeu de forma direta: "Para com isso! O que é que você entende de economia?". O ditador respondeu, balbuciando: "Bom, algumas coisas eu sei...". E, na sequência, continuou almoçando. Segundo os autores do livro, Pinochet nunca contradizia a esposa em público. Se não concordava com algo que ela havia dito, ficava calado e olhava para o outro lado.

Durante um discurso em 1984, ano de fortes protestos contra o regime do marido, Lucía disparou: "Se eu fosse a chefe de governo, seria muito mais dura que meu marido! Teria colocado o Chile inteiro em estado de sítio". De acordo com Gasparini, anos depois, quando a ditadura estava no fim, o regime planejava realizar um referendo em 1988 no qual os chilenos tinham que dar "não" a Pinochet, ou aceitá-lo até 1997. A ideia havia sido elaborada por Lucía dois anos antes. E, para as eleições de 1990, ela até analisava a possibilidade de candidatar-se à presidência da República.

## Combatendo o "comunismo" com estupros

E, falando sobre mulheres, a ditadura pinochetista foi especialmente cruel com as prisioneiras. A Comissão Nacional sobre Prisão Política e Tortura indicou que, de um total de 3.621 mulheres detidas, 3.399 foram estupradas de forma individual ou coletiva pelos militares. Destas, pelo menos 13 mulheres ficaram grávidas. E, delas, seis deram à luz filhos indesejados de seus torturadores. Os militares chilenos também colocaram ratos vivos dentro das vaginas das prisioneiras e utilizaram cachorros para violá-las.

A cena mais marcante do golpe de 11 de setembro de 1973 é o momento em que, sob ordens de Pinochet, os aviões rebeldes bombardearam o Palácio de La Moneda, sede do governo, onde estava o presidente civil Salvador Allende. O palácio ficou semidestruído, de forma que documentos históricos, como a ata da independência chilena, e obras de arte se perderam para sempre. Naquele dia, para não ser aprisionado pelos golpistas, Allende suicidou-se.

O saldo desse regime, que durou dezessete anos, de 1973 a 1990, é tenebroso. A ditadura deteve e torturou pelo menos 40.280 civis. Desse total, segundo afirmou em 2011 o relatório da Comissão Valech (equivalente a uma comissão da verdade), 3.225 civis foram assassinados. Durante a ditadura, 1.765 corpos foram entregues às suas famílias ou encontrados jogados em terrenos baldios, entre outros lugares públicos, e só então enterrados oficialmente. Entretanto, uma parte considerável dos mortos, 1.469, permanecem desaparecidos. Alguns foram jogados no mar; outros, enterrados em fossas clandestinas. Com a volta da democracia, 307 deles foram encontrados, mas restam ainda 1.162 cujo paradeiro é desconhecido.

A ditadura torturou 1.080 menores de idade, dos quais 88 tinham menos de doze anos, mas, mesmo assim, eram acusados de serem "subversivos" por um regime mergulhado na paranoia. Pinochet dizia que estava informado sobre tudo: "Neste país, não cai uma folha de árvore sem que eu saiba!". Durante o regime militar, 200 mil chilenos partiram em exílio.

Nos últimos anos, com a revisão dos crimes de Pinochet e seus oficiais, mais de setecentos ex-integrantes da ditadura foram processados. Um deles, Miguel Krassnoff Martchenko, de 76 anos, tem o recorde do sadismo: acumulou oitenta condenações, que em 2022 lhe valeram um total de novecentos anos de prisão por crimes contra a humanidade.

## Terrorismo em Washington

Durante a ditadura, os censores militares nos jornais sempre se certificavam de que Pinochet aparecesse com as bochechas rosadinhas nas fotos. Assim mostravam o ditador como um homem de boa saúde. A obsessão por qualquer simbologia supostamente "comunista" era tão grande que uma vez uma edição completa do jornal *La Nación*, de Santiago do Chile, foi confiscada porque em uma enorme foto Pinochet aparecia realizando uma saudação com a mão esquerda.

Além da repressão interna, em 1974, Pinochet arquitetou para os colegas da região o "Plano Condor", como forma de coordenar operações de repressão dos regimes militares do Cone Sul para intercambiar informações sobre a denominada "subversão", além de trocar prisioneiros e colaborar em ações de sequestros e assassinatos de opositores políticos em outros países.

Em 1976, Pinochet ordenou o assassinato do ex-ministro Orlando Letelier — que estava no exílio — com uma bomba sob seu carro a menos de vinte quarteirões da Casa Branca, no Sheridan Circle, em Washington. Na explosão também morreu a secretária de Letelier, Ronni Moffit. Esse assassinato constituiu o primeiro atentado terrorista internacional com bomba e saldo de mortos na história da capital dos Estados Unidos.

Além disso, Pinochet ordenou algo que há poucos anos começou a ser denominado "genocídio cultural" com a queima de dezenas de bibliotecas. O próprio regime, em 1988, admitiu a queima de 15 mil livros, mas especialistas sustentam que foram muito mais. Um dos casos mais emblemáticos foi a queima de livros sobre pintura cubista, pois os militares achavam que tinha a ver com a Cuba comunista.

Após o fim do regime, Pinochet fez uma autoavaliação: "Isso nunca foi uma ditadura... foi uma 'dita-branda'".

## Privatizações para todos (menos para os militares)

Em 1980, Pinochet privatizou as aposentadorias dos chilenos, incluindo as dos funcionários públicos. O ditador também havia privatizado várias empresas estatais e despontava como um emblema do neoliberalismo na região. O regime prometia aos aposentados que receberiam o equivalente a 70% dos salários que tinham quando ainda estavam em atividade, mas, no mundo real, os aposentados receberam nas décadas seguintes em média 37% do que recebiam antes de se aposentarem. E, por esse motivo, segundo a Organização para a Cooperação e Desenvolvimento Econômico (OCDE), as pensões chilenas foram consideradas umas das mais baixas da região.

Pinochet foi neoliberal... *pero no mucho*, pois manteve estatizadas as pensões dos militares e dos policiais, que receberam desde a ditadura até os dias de hoje 100% dos seus últimos salários. Os privatizados civis chilenos se aposentam após os 35 e 40 anos de serviço. Já os estatizados militares podem ficar de pijama em casa bebendo cerveja após os 28 anos de serviço.

Em 1971, Salvador Allende havia estatizado as empresas de cobre, o principal commodity do Chile. O paradoxo é que Pinochet derrubou Allende argumentando, entre diversos motivos, a estatização. No entanto, apesar disso, Pinochet manteve a estatização do cobre. E foi além: unificou todas as estatais desse metal em uma única empresa, a megaestatal Codelco, que produz, até hoje, os maiores lucros das exportações chilenas. E o ditador determinou que uma parte desses lucros iria para o Exército.

## Ditadura e futebol

Logo após o golpe, o Estádio Nacional em Santiago transformou-se em uma megaprisão, onde foram detidos 7 mil civis contrários ao novo regime militar.

Muitos ali foram torturados e tantos outros, assassinados. Coincidia que na mesma época transcorria a repescagem das eliminatórias de 1973 para a Copa da Alemanha e o Chile tinha que jogar contra a União Soviética, o "berço do comunismo", ideologia abominada por Pinochet. O primeiro jogo aconteceu em Moscou dias depois do golpe no Chile. Pinochet havia proibido que qualquer chileno saísse do país, mas abriu uma exceção para a seleção. O jogo terminou em zero a zero. O segundo embate tinha que ser realizado em Santiago. O problema para o regime era que o Estádio Nacional estava entupido de prisioneiros. Então, começou a eliminação acelerada de civis. Os presos que não foram assassinados foram levados para outros lugares. A ideia, devido ao futebol, era a de "esvaziar" o estádio de forma rápida.

Entretanto, com o crescimento das denúncias sobre violações a direitos humanos e, mais especificamente, a morte de líderes comunistas chilenos, a URSS negava-se a jogar em Santiago. O Kremilin pedia que o jogo fosse em outro país. A Fifa não aceitou o pedido.

Apesar de os soviéticos nunca terem desembarcado em Santiago, no dia 22 de novembro, 18 mil torcedores sentaram-se nas arquibancadas onde dias antes haviam sido mortas e torturadas outras pessoas. No campo, os militares tocaram o hino do Chile. A seleção entrou no gramado sem o time rival. O árbitro apitou, dando início ao jogo. Dessa forma, a seleção chilena avançou pelo campo até chegar ao gol onde teria que ter estado o goleiro soviético. O jogador Francisco Valdéz Muñoz esperou que os fotógrafos o enquadrassem bem e chutou com a destra, fazendo o gol que deu ao Chile a classificação da Copa de 1974.

Paradoxos cromáticos: a seleção chilena tinha como uniforme a camiseta vermelha, mas a ditadura, para não frustrar os torcedores, que haviam pago o ingresso, havia preparado outro jogo. Nem bem concluiu o jogo "fantasma" contra a Rússia, entrou no gramado o time brasileiro do Santos. A seleção chilena perdeu para o Santos por cinco a zero.

### "Não vou embora!"

Em 1980, Pinochet preparou uma Constituição na qual ele ficaria no poder até 1997, mas um de seus ministros lhe disse: "Isso parece demais... Vamos realizar um plebiscito antes disso". O general e o resto do gabinete concordaram com a ideia. O ditador estava confiante de que a população, quando chegasse a hora, pediria que ele continuasse no poder.

Em meados da década de 1980, a ditadura já havia perdido o apoio de Washington e Pinochet era considerado um incômodo pela Casa Branca. Em 1988, o regime realizou o já mencionado referendo engendrado por Lucía dois anos antes, no qual os chilenos tinham que dar "não" a Pinochet ou aceitá-lo até 1997. Pinochet perdeu o plebiscito. Os chilenos preparavam-se para voltar à democracia.

Pinochet ficou surpreso ao ver que 55,9% dos chilenos haviam votado contra ele. "Eu não vou embora!", disse o ditador com sua voz fininha, que parecia em falsete. "Vou varrer os comunistas", ele insistiu, segundo relatou, anos depois, o general Fernando Matthei, integrante da Junta Militar. Na sequência, ele entregou aos integrantes da Junta Militar um decreto com o qual rejeitava os resultados adversos e — com um plano para dar um autogolpe — determinava que ficaria com todo o poder. No entanto, os integrantes da junta recusaram-se a aderir a um plano que consideraram "uma loucura" e rasgaram o decreto. Pinochet teve que se resignar.

No entanto, *"la señora* Lucía" não estava disposta a largar o poder. Em 1989, quando eram preparadas as eleições presidenciais, ela analisou a possibilidade de candidatar-se à presidência da República. No entanto, foi dissuadida pelo círculo de assessores do marido e, em 1990, foi eleito um presidente civil que derrotou o candidato pinochetista.

## DEMOCRACIA TUTELADA

Apesar do fim da ditadura, Pinochet continuou tutelando a democracia chilena como chefe do exército até 1998. Nesse ano, transformou-se em senador vitalício, o que lhe concedia imunidade parlamentar. Porém, seis meses depois, em uma visita a Londres, foi detido pela Interpol a pedido do juiz espanhol Baltasar Garzón, que o acusou de crimes contra a humanidade e terrorismo internacional, propondo o conceito de extraterritorialidade (isto é, crimes que podiam ser julgados em qualquer parte do mundo, e não necessariamente nos países onde haviam sido cometidos).

Pinochet permaneceu 503 dias na Grã-Bretanha, ao longo dos quais parecia estar em um crescente estado senil, sentado em uma cadeira de rodas. A detenção gerou uma polêmica internacional, com governos respaldando o ex-ditador (Estados Unidos e Grã-Bretanha), e outros a favor de seu julgamento (Alemanha, Espanha, França, entre outros). Quando os médicos o examinavam para atestar se estava realmente senil, o general respondia de forma desconexa, como se estivesse com Alzheimer. Analistas políticos em todo o planeta suspeitavam da acelerada decrepitude que Pinochet exibia e que foi o argumento definitivo de seus advogados para conseguir sua liberação para retornar ao Chile. O ex-ditador finalmente partiu de Londres como a expressão de um vegetal humano.

Pinochet desceu do avião em uma grua, sentado na cadeira de rodas e com uma bengala na mão. Quando a cadeira chegou ao chão, Pinochet se levantou, abraçou amigos e caminhou rapidamente pela pista do aeroporto. Os chilenos — e o resto do planeta — observavam a cena boquiabertos. O ex-ditador, longe de estar senil, exibia grande agilidade, enquanto conversava animadamente com os amigos que o receberam no aeroporto. Os críticos de Pinochet destacaram que ele havia gozado da Justiça e da comunidade internacional fingindo que estava senil.

Nos anos seguintes, o outrora poderoso ditador foi perdendo terreno e simpatizantes. Os jovens não haviam estado sob seu governo, seus contemporâneos simpatizantes morriam e a globalização ia enterrando a imagem de Pinochet. Simultaneamente, ele começou a ser processado por torturas e assassinatos cometidos durante seu regime. Além dos crimes da ditadura, foram surgindo dados sobre desvio de fundos, contas bancárias milionárias secretas e outros casos de corrupção.

## Corrupção

Um de seus vários affaires foi o Caso Riggs, que veio à tona em 2004 por intermédio de uma investigação do *Washington Post*. O jornal descobriu 125 contas bancárias, com um total de 17,86 milhões de dólares, que o ex-ditador tinha aberto com diversos passaportes com sua foto e impressão digital, embora com nomes falsos, no Riggs Bank dos Estados Unidos. Lucía também foi processada como cúmplice das maracutaias financeiras.

Em 2005, a ex-primeira-dama foi investigada pela Justiça a pedido do Fisco, que a acusou de cumplicidade no delito de sonegação de impostos pelo total de 2,3 milhões de dólares, mas seus advogados conseguiram a anulação dos processos. Em 2007, foi detida por vintes dias por desvio de fundos públicos.

Durante quase três décadas Lucía comandou a Fundação Cema-Chile, que na década de 1980 recebeu da ditadura 286 imóveis do Estado chileno sem nada pagar em troca. Posteriormente, Lucía revendeu boa parte desses imóveis a particulares, supostamente embolsando o dinheiro.

Em 1998, ao deixar o comando do Exército, Pinochet continuou bloqueando o funcionamento pleno da democracia, já que tomou posse como senador vitalício, junto a outros nove senadores designados pelas forças armadas. Eles bloquearam todo tipo de reformas até que esses cargos foram eliminados na reforma constitucional de 2005.

No ano 2000, Pinochet perdeu seu foro privilegiado por uma decisão da Justiça. E, em 2005, foi colocado em prisão domiciliar. Em 2006, morreu. Foi enterrado sem honras de chefe de Estado, já que havia violado a Constituição para chegar à presidência. A morte de Pinochet foi o principal assunto da mídia durante três dias, mas apenas 20 mil pessoas passaram pela Escola Militar, onde estava seu caixão, para dar-lhe o último adeus.

Após sua morte, surgiram mais dados sobre atos de corrupção do defunto ex-ditador, sua viúva, Lucía, e seu filho Augusto Pinochet Hiriart. A imagem de Pinochet entrou em declínio a tal ponto que, em 2018, a União Democrática Independente (UDI), partido de direita que desde a volta da democracia sempre respaldou o ex-ditador, chegando a elogiá-lo de forma quase permanente, se afastou da figura do ex-ditador. Nos últimos anos, as fotos de Pinochet foram removidas gradualmente das paredes da sede partidária, até não restar nenhuma. A presidente da UDI, Jacqueline van Rysselberghe, sustentou que era preciso *adequar* a identidade do partido "aos novos tempos". Por isso, decidiu eliminar da declaração de princípios do partido qualquer referência à derrubada do presidente Allende e à chegada de Pinochet ao poder.

Entretanto, nos últimos tempos, Pinochet voltou, no melhor modo *The Walking Dead*, devido a José Antonio Kast, fundador do Partido Republicano, de extrema direita, que trouxe à tona novamente a figura do ex-ditador.

Por uma dessas ironias da vida, Pinochet morreu em 10 de dezembro, o Dia Internacional dos Direitos Humanos. E, dupla ironia: Lucía Hiriart, sua viúva, a Lady Macbeth andina, havia nascido em 10 de dezembro de 1923.

A vez de Lucía pegar o ferryboat de Caronte para atravessar o Aqueronte — uma alusão à mitologia grega e à parte do Inferno na *Divina Comédia* de Dante — ou, como dizíamos outrora em Londrina, "ir bater alcatra na terra ingrata", aconteceu quando ela tinha 98 anos, no último dia de campanha eleitoral do segundo turno presidencial de 2021. Nas redes sociais, abundaram elogios a ela por parte de grupos da direita radical, ao mesmo tempo que proliferavam, da parte de seus críticos, memes e frases do estilo "Não há mal que dure cem anos".

## A rede de pedofilia nazista autorizada por Pinochet

Em 1961, o alemão Paul Schaefer, um pregador evangélico — e pedófilo — que fizera parte do partido nazista em Sieburg nas décadas de 1930 e 1940, fugiu da Justiça alemã e migrou para o Chile. Ali, acompanhado por dezenas de seguidores, criou a Sociedade Beneficente e Educacional Dignidade, na região de Maule. Anos depois, se tornaria um grande aliado de Pinochet.

Schaefer criou um feudo pessoal na Colônia Dignidade, uma espécie de pequeno "país" que continha em seus 17 mil hectares uma escola, uma padaria, um hospital, moradias, áreas de plantação, cinco empresas que funcionaram fora da legislação trabalhista e tributária do Chile durante décadas, além de uma rede secreta de túneis e *bunkers*. Cercada por arame farpado, a Colônia Dignidade havia ficado de fora de todos os censos realizados no Chile. Os habitantes tinham um contato mínimo com o exterior e eram doutrinados constantemente. As relações sentimentais tinham que passar pelo crivo de Schaefer e só podiam acontecer após sua autorização. As crianças dos lavradores da área de fora da Colônia eram entregues a Schaefer, que prometia a seus pais que seus filhos teriam "educação gratuita", mas, em vez de receber educação, eram sodomizados pelo ex-cabo nazista.

A partir do golpe de 1973 protagonizado pelo general Augusto Pinochet, amigo de Schaefer, o lugar transformou-se em um centro clandestino da Dina. Ali foram detidos e torturados centenas de prisioneiros. O estabelecimento também foi usado para a fabricação clandestina de gás sarin, que a ditadura utilizava em pequenas doses para realizar atentados contra exilados políticos no exterior. Com o fim do governo Pinochet em 1990, acabou também a proteção de Schaefer, que anos depois foi julgado e condenado à cadeia.

## Piñericosas

Em 2010, os chilenos elegeram como presidente o empresário Sebastián Piñera, um dos homens mais ricos do país. Embora tivesse grande déficit de carisma, o novo presidente exibia um permanente sorriso. Rapidamente começou a ser conhecido por ser "pé-frio". Na época, nos buscadores de internet, ao digitar "Piñera", o segundo assunto mais comentado é "Piñera mufa". *Mufa*, na gíria do Cone Sul falante de espanhol, quer dizer "pé-frio". Ou melhor, seria equivalente a um pé-frio de grande magnitude, capaz de causar ondas monumentais de azar.

Em 2010, ocorreu um terremoto na hora em que Piñera ia prestar juramento como presidente. Um grande terremoto havia ocorrido dez dias antes, quando ele já era presidente eleito, mas na hora da posse, com todos os presidentes da região a seu lado, houve um novo e forte tremor e todos tiveram que sair rapidamente do prédio do Parlamento, onde ocorria a cerimônia.

Em junho desse mesmo ano, Piñera foi ao aeroporto despedir-se da seleção chilena, que ia para a Copa do Mundo. Um dos jogadores, Humberto Suazo, o grande goleador chileno, a estrela da seleção, estava com uma lesão na perna, mas tudo indicava que já estaria tudo bem nos primeiros dias na concentração na África do Sul. Piñera, ao cumprimentar o jogador, colocou a mão sobre sua perna para desejar uma rápida recuperação. Na sequência, a lesão só piorou e Suazo quase nem jogou.

Depois, ocorreu uma tragédia em uma mina no norte do país que deixou 33 mineiros presos sob a terra. Piñera, para evitar um trágico desenlace, fez todo o possível para salvar os homens e, assim, desvencilhar-se da imagem de pé-frio. Com o salvamento dos mineiros, ele conseguiu elevar sua popularidade, mas a mesma voltou a cair um mês depois, quando foi acusado de ter levado à renúncia o técnico da seleção, o argentino Marcelo Bielsa. Piñera interferiu na eleição do então novo presidente da Federação Chilena de Futebol. Na época, quem ocupava o cargo era Harold Mayne-Nicholls, amigo de Bielsa. Piñera queria colocar na presidência da federação o empresário Jorge Segovia e fez pressão para a saída de Mayne-Nicholls. Bielsa (genial, mas temperamental), que não ia de forma alguma com a cara do candidato indicado por Piñera, pediu demissão. No fim das contas, porém, o presidente da federação escolhido acabou sendo outro, Sergio Jadue, que Bielsa tampouco topava. Coincidentemente, naquele mês de novembro de 2010, a aprovação popular de Piñera caiu de 63% para 50%, sem ter havido outro fator para essa queda.

Para completar, em junho de 2013, Piñera viajou aos Estados Unidos para uma reunião com o ex-CEO da Apple, Steve Jobs. Após o encontro, ele anunciou que Jobs iria ao Chile. Pouco tempo depois, Jobs morreria.

Alguns, no entanto, salvaram-se desse suposto azar do presidente. Foi o caso dos torcedores do time da Universidade do Chile, conhecida popularmente como a "U", que disputava a final da Copa Sul-Americana com o Liga, de Quito. Piñera disse que iria ao jogo, mas a reação da torcida foi em massa: imploraram que o presidente não fosse ao estádio, nem passasse perto, nem mesmo cumprimentasse os jogadores. Coincidência ou não, Piñera atendeu o pedido e a U ganhou seu primeiro título internacional.

Em 2012, Piñera estava na cidade de Arica inaugurando ao ar livre um centro de esportes. De repente, os espectadores viram que, atrás do presidente, como se saída de sua cabeça, surgia inesperadamente uma imensa coluna de fumaça preta. A somente cinco quarteirões dali, uma casa — vazia, ainda bem — estava ardendo em chamas.

Além da imagem de pé-frio, Piñera ficou famoso por suas gafes, a tal ponto que tornaram-se um verbete na Wikipédia, as *piñericosas* (ou piñerismos), isto é, "expressões linguísticas e gráficas para designar um conjunto de situações relacionadas a Sebastián Piñera, presidente do Chile".

Piñera costuma pronunciar mal uma longa série de palavras e de nomes e se confundia com vários termos. Depois do terremoto do Chile de 2010, falou em "tusunami" e citou o perigo de um "marepoto" (em vez de maremoto). O problema é que "poto", no Chile, é uma forma ordinária para designar "nádegas". E, ainda em relação ao mar, na costa do Chile está a ilha de Juan Fernández, onde naufragou no século XVIII o marinheiro Alexander Selkirk, que posteriormente inspirou o escritor Daniel Dafoe para escrever o livro *Robinson Crusoé*. Em um discurso, Piñera disse que Crusoé morou quatro anos nas ilhas. Depois, quando foi avisado do erro, tentou consertar e misturou Daniel Dafoe com William Dafoe, o ator americano.

O presidente cometia gafes geográficas sobre o próprio país que governaria: durante a campanha eleitoral, declarou que estava na cidade de Punta Arenas, sobre o estreito de Magalhães, no extremo sul do país, de onde, segundo ele, dava para ver a Antártida. No entanto, esse continente fica a mil quilômetros de distância. E encerrou o comentário com chave de ouro: afirmou que nessa região meridional do Chile o céu era tão limpo que era possível ver todas as estrelas da "galáctea", o que parecia ser um neologismo que juntava "galáxia" com "Via Láctea". E depois, usando o Twitter (ele era um dos raros presidentes que escrevia pessoalmente suas mensagens), tentou fazer poesia: "Nunca olharam as estrelas, a galáctea ou o fundo da alma?".

Pouco depois, durante uma visita ao Japão, falou de seu entusiasmo por estar visitando... a China. Durante uma conversa telefônica com o presidente mexicano Felipe Calderón, Piñera insistia em chamá-lo de "Rafael", repetindo três vezes o nome equivocado. Em uma visita à Alemanha, ele quis mostrar que sapecava um pouco o idioma de Johann Wolfgang von Goethe e escreveu no livro de ouro das visitas oficiais os versos "Deutschland, Deutschland über alles" (Alemanha, Alemanha, acima de tudo) do hino nacional. No entanto, esses versos não são mais usados desde o fim do Terceiro Reich.

Outra gafe, pronunciada perante 1 bilhão de telespectadores, ocorreu durante a transmissão internacional do resgate dos 33 mineiros. Piñera, que estava na saída do poço, esperava a saída do primeiro homem, cujo nome havia sido repetido milhares de vezes na mídia. Quando ele saiu, Piñera gritou, feliz da vida: "Florencio Cevallos está aqui conosco!". Florêncio Ávalos, nome real do mineiro, olhou para ele com cara de que não estava entendendo nada.

Durante uma homenagem aos poetas chilenos mortos, entre os quais Pablo Neruda e Gabriela Mistral, Piñera incluiu na lista Nicanor Parra. No entanto, meses depois, Parra ganhou o Prêmio Cervantes. E não era um prêmio póstumo, já que, pelo menos, esse poeta, longe de estar morto, ainda estava vivinho da Silva.

Além disso, durante uma visita à cidade de Curicó, Piñera fez um enfático discurso no qual dizia aos cidadãos curicoenses que deviam ser muito felizes por viverem na terra natal de Neruda. Os curicoenses olharam estupefatos para o presidente. Neruda nasceu em Parral, que fica a 160 quilômetros dali e foi criado a 500 quilômetros de Curicó, em Temuco. Os parralenses não gostaram nem um pouco da confusão.

Contudo, além do passado, Piñera gostava de olhar para o futuro: segundo ele, sua meta era que o Chile conseguisse o desenvolvimento da Tchecoslováquia. Só que esse país deixou de existir em 1992, quando partiu-se em dois: a República Tcheca e a Eslováquia.

Em 2013, em um discurso em homenagem ao maior atleta paraolímpico da história do Chile, Cristian Valenzuela, que é cego, Piñera disse: "Cristian, queremos que você fixe teu olhar nos jogos Paraolímpicos do Rio de 2016...". Piñera também cometeu gafes no âmbito bíblico-criminal quando, em um discurso perante policiais, afirmou que era difícil acabar com a criminalidade, já que os assassinatos já aconteciam desde o Gênesis, quando "Abel matou Caim". No entanto, segundo a Bíblia, foi Caim quem deletou Abel deste planeta.

Durante uma visita no interior, na cidade de Los Ángeles, no centro-sul do Chile, um menino loiro se aproximou para cumprimentá-lo. Piñera virou-se para o prefeito e declarou: "Está melhorando a raça daqui, hein!". Imediatamente foi alvo de intensas críticas na imprensa e nas redes sociais. Piñera protagonizou, ainda, uma cena que deixou Barack Obama estupefato: ao visitar a Casa Branca, depois de falar com o então presidente norte-americano, Piñera virou-se rápido e sentou na cadeira presidencial, como se fosse um turista fazendo pose. O chanceler chileno, Alfredo Moreno, que estava de pé ao lado de Obama, olhou a cena a três metros de distância e perguntou: "Quantos presidentes estrangeiros já fizeram isso?". Obama, estupefato, vendo o chileno ainda sentado confortavelmente em sua cadeira, respondeu de forma lacônica: "Esse foi o único...".

Segundo o sociólogo Pablo Huneeus, Piñera sofre de "incontinência verbal". Já o semanário satírico chileno *The Clinic* publicou um livro com uma antologia das gafes presidenciais chamado *Piñericosas* que ficou na lista de best-sellers no Chile durante quarenta semanas.

Em 2014, Piñera foi sucedido por Michelle Bachelet, que já havia sido presidente entre 2006 e 2010. Para esse novo mandato, Bachelet foi eleita com 62,16% dos votos válidos, derrotando a candidata da direita, Evelyn Matthei, que obteve somente 37,8%. Entretanto, a verdadeira estrela dessas eleições não foi nenhuma das duas candidatas, mas as abstenções, que somaram quase 59% dos votos. Isto é, 6 de cada 10 eleitores optaram por não dar seu voto a político algum.

Bachelet, que liderava uma coalizão de centro-esquerda, a Nueva Mayoría (nome com o qual se rebatizou a "Concertação" que dos 26 anos transcorridos entre 1990 e 2016 havia governado o Chile por 22 anos), iniciou seu governo com alta popularidade, mas, um ano depois, seu governo foi abalado por um escândalo que os chilenos ironicamente batizaram de "Nora Gate". O caso tinha como protagonista a nora presidencial, Natalia Compagnon, casada com o filho de Bachelet, Sebastián Dávalos.

Poucos dias antes da eleição de Bachelet, Dávalos e Compagnon pediram para sua empresa Caval — que tinha um capital de apenas 9 mil dólares — um crédito de 10 milhões no Banco do Chile. Um dia depois do triunfo da mãe e da sogra nas urnas, o banco deu o ok para a transação. Com o dinheiro, o casal comprou terrenos agrícolas vendidos pouco depois por 15 milhões de dólares. O motivo da valorização era o fato de o casal ter informações privilegiadas de que esses terrenos mudariam de categoria e seriam classificados como terrenos urbanos pela prefeitura.

A popularidade da presidente começou a cair de forma acelerada e a própria Bachelet — visivelmente constrangida — admitiu essa perda de aprovação popular. "Os fatos lamentáveis que todos conhecemos geraram uma perda de confiança da cidadania", disse. Os partidos da oposição criticaram o governo pelo escândalo, mas um deles, a UDI, também enfrentou problemas, já que vários de seus integrantes protagonizam o "escândalo Penta", que envolvia a holding Penta e diversos ex-integrantes do governo do ex-presidente Piñera. Tratava-se de uma sistemática e colossal sonegação de impostos em andamento desde 2008, envolvendo também subornos, além de financiamento ilegal da UDI. Os dois donos da holding Penta foram colocados na prisão por ordem da Justiça. Também foram presos Pablo Wagner, ex-vice-ministro da Mineração (que se tornou famoso durante o caso dos 33 mineiros), e Ivan Álvarez, ex-integrante do Fisco.

Enquanto isso, a crise política continuava abalando o governo Bachelet a tal ponto que ela decidiu pedir a renúncia de seu gabinete. No entanto, não fez o anúncio em rede nacional de TV, sequer em uma coletiva de imprensa. Bachelet surpreendeu ao fazer a revelação da demissão de seu gabinete a Don Francisco, nome artístico do apresentador de auditório Mario Kreutzberger, que além de seu programa dominical de calouros e sorteios, tem, no meio da semana, um *talk show* chamado O *que acontece com o Chile*. Vários ministros que estavam assistindo ao programa em suas casas ficaram estupefatos ao saber — ao mesmo tempo que todos os demais espectadores — que Bachelet estava pedindo suas renúncias por meio de um programa de entrevistas.

## EL ESTALLIDO

Há mais de um século, o famoso transatlântico *Titanic*, mesmo antes de fazer sua primeira (e derradeira) viagem, contou com uma imensa campanha de marketing que afirmava que o navio era um "modelo" para as outras embarcações. Os construtores sustentavam que não afundaria jamais devido à sua inovadora estrutura. A empresa exibia o *Titanic* como um exemplo de luxo e conforto. Isso era parcialmente verdade, já que a elite tinha à sua disposição excelentes camarotes e áreas de lazer, enquanto a maior parte dos passageiros — isto é, os pobres — iam espremidos como sardinhas nos conveses inferiores, com pouca ventilação e rala alimentação. Para o caso de um desastre, o navio tinha poucos botes salva-vidas... e todos ao alcance apenas da elite. Os pobres não eram a prioridade.

*Mutatis mutandis*, o Chile é uma espécie de *Titanic* social sul-americano, ou seja, um país com um excelente marketing que nas últimas três décadas conseguiu convencer boa parte dos vizinhos de que era um modelo a imitar. Porém, ao mesmo tempo, o Chile camuflava seus graves problemas socioeconômicos. Dessa forma, vários governos que comandaram o país empurraram os problemas para a frente, de forma muito similar à maneira como o capitão Edward Smith fez com o iceberg com o qual o *Titanic* se chocou. Primeiro, Smith achou que não era nada grave. Depois, demorou a iniciar a evacuação. E, desorientado, perdeu tempo dando ordens ambíguas. E afundou com o navio.

A explosão social que ocorreu em 2019 foi batizada de *El estallido* (A explosão). Uma miríade de manifestações sacudiu o Chile naquele ano, sendo iniciadas com a decisão do presidente Piñera de implementar um aumento na tarifa do sistema de metrôs da capital, Santiago. Nas primeiras horas do dia, jovens indignados pularam as catracas por não concordar com o aumento. A polícia começou a deter os infratores. O volume de pessoas pulando as catracas começou a crescer de forma exponencial. Os policiais começaram a reprimir a multidão. Os passageiros, revoltados, protagonizaram pancadarias com a polícia, além de um festival de depredação das estações do metrô. Em poucas horas, como se fosse pólvora, as manifestações se espalharam por toda a capital. Um dia depois, iniciavam os protestos em outras cidades, fora de Santiago, onde nem sequer existia metrô, já que, nesse ponto, a revolta contra o aumento da passagem do metrô já era coisa do passado. Nesse momento, várias partes da sociedade chilena estavam se manifestando contra o modelo econômico do país.

Naquele ano, o custo das moradias acumulava um aumento de 150% em dez anos, mas os salários haviam tido uma alta de apenas 25%. O ensino era caro, a saúde idem — e ambos de baixa qualidade. Para complicar, 1% da população controlava 33% da riqueza do país. O analista e diplomata chileno Gabriel Gaspar define seu país ironicamente: "O Chile é a Coreia do Norte do neoliberalismo".

O presidente Piñera, tal como um capitão Smith à frente do *Titanic*, apostou que, com o tempo, as manifestações se desgastariam e iriam se dissolvendo sozinhas, mas elas duraram meses. Inicialmente, os protestos eram compostos por estudantes, porém logo ganharam a adesão de operários e, finalmente, de profissionais da classe média. Os eventos pegaram de calças curtas os partidos tradicionais chilenos, desde os conservadores até os partidos comunistas. Todos eles eram acusados de viver em uma bolha, distante dos problemas dos cidadãos. O impacto foi tão grande que até a ex-candidata à presidência Evelyn Matthei, de direita, então prefeita do município elitista de Providencia, declarou que Piñera deveria colocar em seu gabinete ministros "provenientes da classe média, que tenham se formado em escolas públicas, que não sejam todos da Universidade Católica, e que não passem as férias em Zapallar" (o balneário da elite). O pano de fundo dessa crise foi o estado em que o país se encontrava, pois o Chile é a nação mais socialmente desigual da OCDE.

Os protestos levaram a classe política a prometer reformas e a convocação de uma constituinte, já que a carta magna em vigência era de 1980, criada pelo regime pinochetista — embora fosse uma espécie de Monstro de Frankenstein devido a todos os remendos e enxertos realizados em 31 reformas constitucionais feitas desde a volta da democracia.

## Reciclagem e usos lúdicos

Durante a constituinte, existia um entusiasmo no centro, na centro-esquerda e na esquerda, de que o país contaria com uma nova Carta Magna, que seria aprovada em um referendo e que seria progressista. Na época, a revista *The Clinic*, publicou uma lista de sugestões sobre o que fazer com as milhões de cópias impressas ao longo de quatro décadas da Constituição de Pinochet, que ficariam sem utilidade. Eis as alternativas propostas pela revista:

- Usar a velha Constituição para nivelar a máquina de lavar roupa (afinal, às vezes é necessário colocar um apoio extra em um dos pés).

- Usá-la como material inflamável para ajudar na preparação do churrasco dominical.

- Fazer uma experiência científica e verificar qual é o ponto de ignição da dita cuja.

- Outro teste científico: deixar dentro de uma bacia o exemplar mergulhado em algum refrigerante para ver se dissolve.

- Picar o exemplar e usar como confete para arremessar no estádio durante uma partida de futebol.

- Colocar uns elásticos e fazer uma máscara de Halloween com a capa.

- Jogar basquete mirando as páginas na cesta de lixo.

- Usar as folhas para fazer aviõezinhos ou barquinhos de papel. Também existe a possibilidade de realizar origamis.

- E, como última opção, *The Clinic* sugere anotar seu número de telefone na primeira página, deixar o exemplar apoiado no banco do ônibus e ver se algum dia alguém pega a velha e impopular Constituição, a abre e lhe telefona para devolver.

## As duas constituintes

Em 2021, foram eleitos os integrantes da Assembleia Constituinte, que foi composta com cerca de 75% de representantes da centro-esquerda, dos quais 64% eram independentes, ou sejam, não eram filiados a nenhum partido político. Isso foi um duro golpe aos partidos, da esquerda à direita, que não estavam acostumados a ficar sem o protagonismo.

Essa também foi a primeira constituinte do planeta a ser elaborada com uma paridade de um plenário composto por 50% de homens e 50% de mulheres. Essa também foi a primeira constituinte do mundo realizada desde o surgimento das redes sociais, fato que prometia turbinar os debates dentro do plenário e na sociedade. Foi uma espécie de reality show com os internautas elogiando e xingando os constituintes de forma simultânea aos debates no plenário. E essa foi a primeira Constituição do Chile escrita sem a tutela militar em seus mais de duzentos anos de vida independente. E, de quebra, tudo isso ocorreu neste novo mundo pós-pandemia.

Entretanto, havia um dado relevante para o qual poucos se atentaram. Sem o voto obrigatório, apenas 43,4% dos eleitores foram eleger os constituintes. Os outros 56,6% se abstiveram. Isto é, a constituinte tinha o respaldo de menos da metade dos eleitores chilenos. Isso acarretaria problemas um ano mais tarde.

Porém, o que essa falta de interesse significava? A mobilização política colossal de 2019 havia se diluído? Ou não havia sido tão grande como parecia? O somatório daquelas manifestações havia reunido 3,5 milhões de pessoas, um volume imenso, que lotou avenidas e praças em Santiago do Chile. No entanto, a população é de quase 19 milhões de pessoas, de forma que, tirando os 3,5 milhões de manifestantes, outros 15,5 milhões haviam ficado em casa.

Sobre as participações: em 1988, quando os chilenos votaram no plebiscito que definiu o fim da ditadura pinochetista, 97,5% do eleitorado compareceu às urnas. Em 1989, nas eleições presidenciais, 93,7% votaram. Com o fim do voto obrigatório, começou a queda abrupta na participação.

Voltando à constituinte: um ano depois do início dos trabalhos, a assembleia — marcada por escândalos e profundas divergências internas — apresentou o texto da nova Constituição para passar pelo crivo das urnas. Era uma carta magna que prometia ser radicalmente diferente, em vários pontos, vanguardista (talvez demais para a geralmente moderada sociedade chilena), em outros, intervencionista, dando uma enorme autonomia às comunidades de povos originários, fato que suscitou temores de separatismo. Esse projeto inicial desagradou a maioria da população, mas, ao mesmo tempo, os chilenos tampouco desejavam a permanência da Constituição criada pela ditadura do general Pinochet. Isto é, nem gostavam da vanguardista e intervencionista carta magna feita pela primeira constituinte nem queriam a neoliberal e hiperpresidencialista Constituição de Pinochet. Por isso, em maio de 2023, foi eleita uma nova constituinte, com um formato totalmente diferente da primeira tentativa, menor e mais ágil, com prazos mais curtos e que teria o trabalho finalizado para passar pelo crivo das urnas no dia 17 de dezembro do mesmo ano.

Entretanto, ao contrário dos 75% de constituintes de centro-esquerda da primeira assembleia constituinte, essa nova edição teve uma marcante presença da direita e da extrema direita, que conquistaram 66% das cadeiras. Essa foi a primeira vez na história chilena que a extrema direita, sob o comando de José Antonio Kast, superou a direita clássica em uma eleição.

## Eleições presidenciais

Entre as duas constituintes, o país teve eleições presidenciais. E, pela primeira vez desde a volta da democracia, os dois candidatos mais votados no primeiro turno não pertenciam a nenhum dos partidos tradicionais de esquerda, centro e direita que haviam se alternado no poder desde a volta da democracia. Eles eram o candidato da extrema direita José Antonio Kast, do Partido Republicano, e o esquerdista Gabriel Boric, do partido Convergência Social. Entretanto, 53% dos eleitores não foram votar. Aqueles que compareceram, por sua vez, votaram da seguinte forma: Kast ficou com a preferência de 27,9% deles e Boric ficou com 25,8%. Dado o total da população do país, isso significa que Kast foi para o segundo turno com 13% do total do eleitorado e Boric, com 12%. Ou seja, 75% do eleitorado total votou em outros candidatos ou simplesmente não foi votar. Era uma imensa massa. Os dois disputariam o segundo turno com uma base popular mínima.

## Campanha sem botar os pés no país

Em terceiro lugar nas eleições de 2021 ficou Franco Parisi, da direita populista, com um desses partidos com nomes que podem ser aplicados a qualquer ponto do leque ideológico: Partido das Pessoas. Parisi é um caso *sui generis* da política latino-americana. Ele fez toda a campanha online, não discursou em palanque nem beijou bebês. Nem sequer participou dos debates. O candidato, com um discurso simplista, fez toda a campanha no Alabama, Estados Unidos, onde mora, pois não podia voltar ao Chile pelo risco de ser detido pela Justiça por uma série de falcatruas.

No entanto, ele entrou para a história por fazer a primeira campanha presidencial chilena fora do país com resultados de peso para um desconhecido, já que obteve 13,1% dos votos.

Parisi era o candidato que não tinha chance alguma de vencer. Por isso, seus eleitores, mais do que votar em uma plataforma política para chegar ao poder, estavam — pela via do voto — mostrando seu desagrado com o sistema.

## Nazismo

Voltemos a José Antonio Kast, o líder da extrema direita chilena, que disputou contra Boric o segundo turno. Ele é um católico fervoroso, contra a legalização do aborto, chama de "ideologia de gênero" qualquer reivindicação de minorias, prega um Estado mínimo (o atual Estado chileno, talvez o menor da região, é considerado *grande* por Kast) e prometia implementar "a restauração da ordem". Ele não acredita nas mudanças climáticas e pretende impedir a entrada de imigrantes ilegais no país construindo um imenso fosso na fronteira norte do Chile.

Kast declarou em diversas ocasiões sua admiração por Pinochet, que durante seu regime militar teve colaboradores que décadas antes haviam sido nazistas na Alemanha do Terceiro Reich, entre eles, o já mencionado famoso pedófilo fundador da Colônia Dignidade. No entanto, quando falava sobre seu pai, Michael Kast, que migrou para o Chile no pós-guerra, o candidato sempre indicava que seu progenitor havia sido um mero soldado das tropas alemãs, jurando que ele nunca havia sido nazista. Entretanto, a realidade era outra. Uma investigação da Associated Press indicou que Michael Kast entrou para o partido nazista em setembro de 1942 com a carteirinha número 9.271.831.

Ser soldado era obrigatório na Alemanha. No entanto, não havia obrigatoriedade alguma de ser do partido nazista. Aliás, em 1945, quando o partido teve o maior número de afiliados — 10 milhões de pessoas —, esse número consistia em apenas 12% da população alemã.

Em 1950, Kast sênior saiu da Alemanha com documentos fornecidos pela Cruz Vermelha depois de destruir seus documentos de oficial do Exército alemão. E graças a Erik Wünsch, um ex-oficial do Terceiro Reich que havia migrado para o Chile, conseguiu os vistos para entrar no país. O livro *À sombra dos corvos*, do jornalista investigativo Javier Rebolledo, sobre a participação de civis na ditadura, indica que Cristian Kast, irmão do político, colaborou com a Dina, a tenebrosa polícia política da ditadura pinochetista. Além disso, a obra afirma que o próprio pai, Michael, colaborou na detenção de alguns opositores de Pinochet.

## Millennial

No segundo turno, Boric, graças aos "votos emprestados", isto é, os votos anti-Kast, teve 55,8% do total das urnas, enquanto Kast conseguiu 44,1%. Dessa forma, o Chile teve, por apenas um mês de vantagem, o presidente mais jovem desde a posse do primeiro presidente da história do Chile, Manuel Blanco Encalada, em 1826. E desde a volta da democracia, em 1990, ele é o primeiro presidente que não pertence a nenhuma das duas coalizões que governaram o Chile nos últimos 31 anos, uma de centro-esquerda e outra de centro-direita.

Boric ainda usava fraldas e estava começando a falar quando, em 1989, caiu o Muro de Berlim. Cito isso para destacar que ele é o primeiro líder de peso da esquerda sul-americana atual que cresceu após o fim da Guerra Fria. E essa visão diferente fica evidente nas críticas que faz aos regimes da Venezuela e da Nicarágua, na contramão das gerações mais "naftalínicas" da região.

Ele também é o primeiro presidente da região que tem como uma de suas principais bandeiras o combate às mudanças climáticas e à paridade de gênero. Outros líderes colocam essas pautas em segundo ou terceiro plano. Boric é um militante ambientalista, sendo o primeiro presidente que tem a ecologia entre suas prioridades, e não como tópico secundário; declara seu fervor musical pela cantora pop americana Taylor Switf e é frenético fã do desenho animado e dos games do Pokémon (ele gosta especialmente do Squirtle, o pokémon de tipo água da primeira geração). É também o primeiro presidente tatuado da história da América Latina — pelo menos, o primeiro que tenha admitido isso, com tatuagens em lugares visíveis. Outra diferença com os presidentes de esquerda da região, exceto os ultralaicos uruguaios, é que Boric é assumidamente agnóstico e defensor explícito do Estado laico, sem aliados religiosos.

Para a posse, Boric convidou o colombiano Gustavo Petro (na época candidato presidencial da esquerda), a ex-presidente Dilma Rousseff, sandinistas dissidentes da Nicarágua opositores do ditador Daniel Ortega, entre outras figuras proeminentes. No entanto, não convidou a ala autoritária, isto é, nem o venezuelano Nicolás Maduro, sequer Ortega, nem o autocrata cubano Miguel Díaz-Canel. No caso venezuelano, tampouco convidou o líder opositor Juan Guaidó.

## O Chile não terá mais primeiras-damas

Desde 2018, Boric mora com a namorada, a antropóloga Irina Karamanos, uma líder feminista. Seis meses depois da posse de Boric, Irina anunciou o fim do cargo de primeira-dama. Boric declarou que as presidências das diversas fundações que estavam sob o comando da primeira-dama, como coordenadora sociocultural da presidência da República, seriam absorvidas por vários ministérios. A partir daquele momento, as esposas (ou maridos) de presidentes não teriam mais nenhuma função no Chile.

Boric declarou que era necessário fazer uma "inovação institucional, reflexo do compromisso com a probidade e novas formas de fazer política". Karamanos declarou que continuará respaldando o governo de Boric, mas fora de espaços institucionais do governo.

Porém, como é que isto começou? Bom, Karamanos, na época da campanha eleitoral, havia dito que não seria primeira-dama, já que isso era uma coisa anacrônica, um posto ocupado por alguém que não havia sido eleito. Por uma questão formal, ao tomar posse, ela teve que ocupar o posto, mas se encarregou de desmontá-lo alguns meses depois. No fim das contas, tratava-se de um cargo por parentesco — isto é, nepotismo, uma herança do patriarcado.

## Esquerda de vanguarda

Boric é a voz da esquerda de vanguarda na América do Sul. Não esbraveja passionalmente nem recorre a surradas teorias da conspiração para tentar justificar problemas de seu governo. E, ao contrário de outros supostos esquerdistas que na vida real não passam de conservadores, Boric é realmente de esquerda, um progressista. É a favor da legalização do aborto e do casamento entre pessoas do mesmo gênero (e é a favor dessas aprovações pelo Parlamento, e não pela Suprema Corte, já que, dessa forma, as resoluções correm o risco de serem revertidas). Ele mantém uma posição oposta à de Ortega e Maduro, que são contra ambas as legalizações.

Boric, um cosmopolita, tampouco exalta o nacionalismo, nem é militarista. Além disso, é um crítico de ditaduras de direita e de esquerda, do passado e do presente. Por isso, ele se tornou uma pedra nos sapatos (e coturnos) de vários representantes da ala mais naftalínica da esquerda regional, pois, ao mesmo tempo que é um crítico da ditadura de extrema direita, tal como a que seu país sofreu, a do general Pinochet, também condena os regimes da esquerda reacionária como a da Nicarágua e da Venezuela.

Na maior parte de seu mandato, Boric teve um gabinete paritário entre homens e mulheres. Só ele e Gustavo Petro fizeram isso na região. E, como esquerdista de verdade, não tem medo das igrejas.

Em 2023, Boric teve dois quiproquós por vias indiretas com o presidente Luiz Inácio Lula da Silva. Em maio, Lula, como anfitrião de uma reunião de presidentes sul-americanos em Brasília, afirmou que não existia ditadura na Venezuela e que isso não passava de uma "construção narrativa". Boric retrucou: "Expresso, respeitosamente, que tenho uma discrepância com o que foi dito pelo presidente Lula no sentido de que a situação dos direitos humanos foi uma construção narrativa. Não é uma construção narrativa. É uma realidade, é grave. É uma questão que exige uma posição firme". Em julho, durante uma reunião de cúpula em Bruxelas da União Europeia e dos países da América Latina e Caribe, Boric voltou a condenar explicitamente a invasão ordenada pelo líder russo, de direita, Vladimir Putin. O chileno afirmou que, com essa invasão, "o direito internacional foi claramente violado. E não foi violado pelas duas partes. Foi violado por uma parte, que é a parte invasora, que é a Rússia". E ele se tornou mais uma pedra no sapato ao sustentar que existe uma "inaceitável guerra de agressão imperial" da parte russa e ao afirmar que seria importante que na América Latina os governos dissessem com clareza que aquilo que ocorre na Ucrânia é uma violação do direito internacional. Na ocasião, Lula, de 77 anos, chamou o presidente chileno, de 37, de jovem apressado: "A falta de costume de participar dessas reuniões faz com que o jovem seja mais sequioso, mais apressado". Boric respondeu calmamente: "Não me sinto ofendido. Tenho uma boa impressão de Lula, mas a posição do Chile é de princípios...".

## O VAMPIRO VOLTA

Pinochet, como contamos, exerceu um fortíssimo controle sobre a transição democrática. Ele faleceu impune, sem ter sido condenado por suas violações dos direitos humanos, não passou nem mesmo por um julgamento como o ditador argentino Jorge Rafael Videla, nem teve que partir para o exílio como o general paraguaio Alfredo Stroessner. O fim da ditadura pinochetista foi bastante *sui generis*, já que se deveu a um plebiscito realizado por um erro de cálculo do ditador, que se considerava o rei da cocada preta e acreditava que a vitória estava assegurada.

Na Argentina, a ditadura saiu derrotada no campo militar (graças à Guerra das Malvinas), político e econômico. Não puderam fazer a transição da forma como desejavam. Ou melhor, nem sequer houve transição. Na contramão, no Chile, Pinochet impôs suas regras para a transição. Como diz o cientista político Veit Strassner, os ditadores "deixaram o poder sem perder o poder". E, de quebra, deixaram uma Constituição, a de 1980, que permaneceu vigente por mais 43 anos.

No dia 11 de setembro de 2023, Boric presidiu uma série de cerimônias pelas vítimas da ditadura no 50º aniversário do golpe. Os partidos de direita e extrema direita se recusaram a assinar uma declaração respaldando a democracia e condenando o golpe de Pinochet. Esses partidos, em uma declaração própria, indicaram que era preciso "olhar para o futuro" e não "para o passado".

Entretanto, segundo uma pesquisa da consultoria Pulso Ciudadano–Activa Research, 70% dos entrevistados afirmaram que a data causa divisões entre os chilenos. Além disso, indicou que 42% condenam a realização do golpe de 1973, mas um terço da sociedade, 32,8%, considera que o golpe era necessário. E, para 25%, tanto faz.

Na mesma semana do 50º aniversário, o cineasta Pablo Larraín estreou seu filme *O conde*, uma ácida sátira *noir* que mostra Pinochet como um vampiro de 250 anos que iniciou sua carreira na França das guilhotinas e viajou pelo mundo como soldado, reprimindo as revoluções no Haiti, na Rússia e na Argélia, até chegar ao Chile e protagonizar o golpe na década de 1970, quando passa a ser ditador durante o dia e conde vampírico à noite, sempre em busca de hemoglobina fresca para se saciar. Depois de deixar o poder, ele se muda para uma mansão em ruínas no gélido extremo sul do país. Ali reclama da má imagem que tem. Não o preocupa a fama de assassino, mas sim a de ladrão. Sua esposa, que continua humana, mas que pede ao marido que finalmente a morda para ter vida eterna, retruca: "Você não é ladrão... E, como os generais ao longo da história, tem direito a ficar com o botim dos saques".

## Conexão Santiago–Rio
### (a troca que não existiu)

Existe uma lenda urbana no Brasil que é praticamente desconhecida no Chile que indica que o Palácio de La Moneda — o palácio presidencial em Santiago — na verdade teria que ser a Casa da Moeda do Rio de Janeiro. E que a Casa da Moeda do Rio de Janeiro dos tempos de Dom Pedro II seria o palácio presidencial do Chile. Tudo isso turbinado pelo fato de o minimalista e austero chileno Palácio de La Moneda não ter cara de palácio presidencial (muitos o comparam a uma "caixa de sapatos") e que a rebuscada e elegante Casa da Moeda do Rio de Janeiro, tem, sim, *physique du rôle* de sede do governo.

A lenda indica que os projetos de um edifício e do outro, supostamente encomendados à Europa (algumas versões indicam que os projetos vinham de Londres), teriam sido trocados no navio que ia da Europa rumo à América do Sul. Segundo a lenda, os rolos de papel com os detalhes do palácio presidencial chileno teriam sido entregues no Rio de Janeiro e os projetos da Casa da Moeda do Rio teriam desembarcado no porto de Valparaíso e dali, levados para Santiago.

Contudo, a lenda — apesar de divertida — não passa de uma fantasia. E é fácil de desmontá-la, já que os dois prédios são de épocas totalmente diferentes. A realidade foi bem mais prosaica, infelizmente.

As obras do prédio do Palácio de La Moneda começaram em 1786, em Santiago, ainda na época colonial. Esse edifício foi construído para ser a Casa da Moeda nessa cidade. O projeto é do italiano Gioacchino Toesca (que espanholizou seu nome para Joaquín Todesca). O italiano havia sido contratado para concluir a construção da catedral da cidade. Seis anos depois, lhe pediram o projeto de La Moneda. Ou seja, o projeto não veio de fora. As obras terminaram em 1812, no meio das guerras de independência do Chile e dos países da região. Em 1814, cunhou as primeiras moedas do Chile independente.

Em 1845, a imensa construção começou a ser utilizada também como sede do governo da República e residência dos presidentes chilenos. A Casa da Moeda chilena funcionou no Palácio de La Moneda até 1924. Nesse ano, essa função passou para outro edifício e La Moneda ficou de uso exclusivo presidencial.

# CUBA:
## CHANEL NA TERRA DE FIDEL

EM 1492, O GENOVÊS CRISTÓVÃO COLOMBO, navegante freelancer a serviço da Coroa espanhola, rumava na direção da China quando se deparou com um grupo de pequenas ilhas. Não era a Ásia, mas sim o hall de entrada de um continente que ficava no meio do caminho (e que poucos anos depois seria batizado com o nome de um amigo seu, o florentino Américo Vespúcio). As ilhas eram parte do arquipélago das Bahamas. Ali, uns indígenas lhe informaram que indo mais para o oeste encontraria uma ilha maior, que eles chamavam de "Colba". Colombo se entusiasmou, pois considerou que essa ilha grande seria "Cipango" (o Japão atual), que ficava antes da China. Dessa forma, o genovês partiu naquela direção e encontrou "Colba". A partir dali, a ilha tornou-se colônia da Espanha — uma rica colônia.

Os séculos passaram e, em 1805, o presidente americano Thomas Jefferson ofereceu à Coroa espanhola a compra de Cuba. No entanto, Madri respondeu um categórico "não". Outras sondagens foram realizadas em meados daquele século, mas a Espanha continuava sem interesse em abandonar a ilha. No entanto, os vínculos comerciais entre Cuba e os EUA cresciam sem parar, chegando ao ponto em que 75% das exportações agrícolas da ilha eram absorvidas pelos importadores americanos. Além do vínculo comercial também existia uma conexão política: os cubanos que organizavam movimentos independentistas na ilha fugiam do domínio espanhol e exilavam-se em Nova York. (Um século depois, seria a vez de cubanos partirem para o exílio durante o governo dos irmãos Castro.)

Em 1840, Narciso López exilou-se em Nova York, de onde planejou a independência da ilha e criou a bandeira do futuro país, que era uma "versão simplificada" da americana, com as mesmas cores, mas menos faixas e apenas uma estrela. A bandeira cubana foi hasteada pela primeira vez não em Cuba, mas na esquina das ruas Nassau e Fulton, em Nova York. Enquanto isso, os cubanos tentavam expulsar os espanhóis, mas não conseguiam. Foi somente graças à invasão dos Estados Unidos em 1898 que Cuba livrou-se da Espanha. Um dos drinques mais populares do planeta, o "Cuba Libre" é a fusão do rum cubano e a Coca-Cola. A bebida foi criada após a independência de Cuba em uma celebração entre soldados americanos e cubanos. (Cinco décadas mais tarde, outro americano, o escritor Ernest Hemingway que residiu na ilha durante vinte anos, escreveu em suas obras sobre o "daiquiri" e o "mojito", tornando-os mundialmente famosos.)

E até o futuro ditador comunista Fidel Castro, que tinha porte na juventude, deu uma de galã latino em 1944 e 1946, atuando como extra de produções de Hollywood no México, antes de tonar-se um enfático crítico do "imperialismo ianque". Fidel participou das comédias românticas *Easy to Wed*, *Holidays in Mexico* e *Bathing Beauty*. Em 1948, Castro até passou a lua de mel com a primeira esposa, Mirta, em Nova York. Ironias da vida, foi na cidade-emblema do capitalismo mundial que Fidel comprou seu primeiro exemplar de *O capital*, de Karl Marx. Castro voltaria a Nova York posteriormente, em diversas ocasiões — mas ideologicamente reconfigurado — como líder cubano para discursar na ONU.

## O DITADOR DE DIREITA

No entanto, nunca a influência política foi tão grande em Cuba como durante o período no qual Fulgencio Batista comandou o país. Militar, famoso por reprimir manifestações de estudantes, foi eleito presidente em 1940 pela Coalizão Socialista-Democrática. Em 1944, encerrou-se seu mandato.

Batista, porém, queria voltar ao poder. Assim, em 1952, apresentou-se novamente como candidato presidencial. Entretanto, as pesquisas de opinião pública (uma novidade que Cuba havia importado recentemente dos Estados Unidos) indicavam que Batista ficaria em terceiro lugar. Faltando quatro meses para as eleições, ele decidiu tomar um atalho: deu um golpe de Estado em pleno carnaval.

Batista suspendeu a Constituição e a maior parte das liberdades políticas, incluindo o direito à greve. O ditador realizou diversos acordos lucrativos (para ele e seus ministros) com a máfia ítalo-americana, que passou a controlar o tráfico de drogas, as casas de jogos e a prostituição em Havana. A poucos quilômetros de distância de avião de Miami (366 quilômetros), a capital cubana era visitada por milhares de turistas vindos dos Estados Unidos, que buscavam os cassinos e as casas de espetáculo da ilha, motivo pelo qual foi apelidada de "A Las Vegas Latina". E Batista foi apelidado de "Mister Yes", já que sempre diziam "sim" aos pedidos do Tio Sam.

## Cabarés e cassinos

Batista manteve uma longa relação de negócios com alguns dos emblemas do crime organizado dos EUA, entre eles Lucky Luciano e Meyer Lansky. O ditador favorecia os mafiosos com um decreto que determinava a licença para abrir casas de jogos a qualquer pessoa que investisse 1 milhão de dólares em um hotel ou 200 mil em um clube noturno. O investidor contaria, ainda, com dez anos de isenções de impostos, e o governo cubano se encarregaria do custo da construção do prédio. O jornalista americano David Detzer definiu, na década de 1950, a capital cubana como "o parque de diversões hedonístico da elite mundial".

Na época, a corrupção de Batista incomodava até mesmo seu maior aliado, o governo dos Estados Unidos, que pediu a assessoria do historiador e analista político Arthur Schlesinger Jr. sobre o assunto. Schlesinger, que anos depois seria um dos principais assessores do presidente John Fitzgerald Kennedy, declarou que "a corrupção de Batista, a brutalidade de sua polícia, a indiferença do governo com as necessidades da população de educação, saúde, moradia e justiça social e econômica são como um ostensivo convite à revolução em Cuba". Os ministros de Batista costumavam cobrar uma propina de 30% para fechar negócios com empresários privados.

Pelos favores que o ditador realizava para empresários de todo o mundo (especialmente americanos) Batista recebia uma ampla variedade de presentes. Um dos mais chamativos foi o telefone folheado a ouro dado de presente ao presidente cubano pela companhia telefônica ITT Corporation, que desde a queda de Batista está exposto no Museu da Revolução. O próprio presidente John Fitzgerald Kennedy disse em 1960 — quando Castro já estava havia mais de um ano e meio no poder — que esse tipo de presente a Batista era uma demonstração da miopia com que os EUA haviam encarado Cuba — criando, assim, as condições para uma revolução. Nesse mesmo discurso, Kennedy também afirmou que Batista havia assassinado 20 mil civis em seu "regime policial".

Em 1953, o cunhado de Fidel Castro, Rafael Díaz Balart, foi designado vice-ministro do Interior por Batista. Enquanto isso, Fidel treinava tiro com amigos no subsolo da universidade. Na época, ele não tinha uma ideologia definida, seguindo apenas alguns slogans do mentor intelectual da independência, José Martí. Genericamente, pregava "a fundação de um novo povo e o equilíbrio das forças sociais". Em julho daquele ano, sem dinheiro para comprar armas para fazer uma revolução, decidiu tomar o quartel de Moncada para roubar armamento. Entretanto, aquilo que pretendia ser um ataque épico, acabou em um colossal fiasco. Sessenta camaradas foram mortos e trinta presos, entre eles, Fidel. Sua esposa, Mirta — que era de uma família rica — pediu clemência ao ditador Batista e, assim, Fidel, embora condenado a quinze anos de cadeia, ficou instalado em uma confortável cela onde acumulava quinhentos livros. Sua esposa e sua sogra, que eram amigas dos pais de Batista, pediram sua anistia e o ditador concordou. Na época, a CIA considerou que Fidel era mais útil livre do que preso, assim evitava que se transformasse em mártir político. E o próprio governo Batista avaliava que era melhor um opositor supostamente não perigoso como Fidel do que alguém do Partido Comunista, embora Fidel nem flertasse com o comunismo na época. Fidel foi anistiado e partiu para o México.

Em 1954, Batista convocou novas eleições, mas sabotou os comícios do candidato opositor, Ramón Grau, causando distúrbios quando este discursava. Grau, informado de que o governo prepararia uma fraude eleitoral, renunciou à candidatura dois dias antes das eleições. Somente metade dos eleitores compareceram.

Em 1956, Fidel Castro desembarcou na costa cubana com um punhado de revolucionários e embrenharam-se na mata da Sierra Maestra, uma área montanhosa no interior do país. Batista intensificou a repressão e fechou a Universidade de Havana. Enquanto isso, o movimento revolucionário expandiu-se com a adesão de camponeses, operários, intelectuais, profissionais liberais, estudantes, soldados desertores das tropas de Batista, entre outros. Fidel fez uma aliança com quase todos os partidos políticos opositores, que assinaram um compromisso de que, nem bem fosse concluída a insurreição armada, seria implantado um governo civil, a Constituição de 1940 entraria novamente em vigor e novas eleições seriam convocadas. (Fidel, por sua vez, nunca cumpriu esse acordo.)

No final de 1958, as tropas rebeldes cercaram as principais cidades do país. O fim do regime de Batista era iminente.

## Réveillon e fuga

Entretanto, como se nada estivesse acontecendo, o ditador organizou uma megafesta de Réveillon em Havana para os integrantes do governo, o corpo diplomático e as altas lideranças das forças armadas. Na noite do 31 de dezembro, Batista anunciou a um grupo de amigos e ministros que o plano era fugir duas horas depois das doze badaladas e do brinde de Ano-Novo. Os "privilegiados" eram chamados um por um a um salão, de forma reservada. Estes embarcariam com Batista ou nos outros quatro aviões DC-4 que partiriam de forma simultânea para o exterior. Os outros convidados, que não estavam na lista para partir com Batista, observaram, estupefatos, a denominada "Caravana da Derrota" partir às pressas depois do brinde com champanhe e da troca de desejos de "feliz 1959". A esposa de Batista ainda tentou pegar a roupa dos filhos, seus vestidos, além de outros objetos no palácio presidencial, mas Batista a impediu.

O ex-ditador levou 100 milhões de dólares em seu avião, que seriam somados aos outros 200 milhões que mantinha em contas no exterior, resultado de propinas e extorsões. Os ministros e assessores que partiram com ele teriam levado, em conjunto, outros 400 milhões, segundo cálculos dos historiadores. Batista fez uma escala na República Dominicana, terra de seu antigo amigo, o ditador Trujillo. Dali, Batista partiria para Portugal, terra de outro ditador, Antônio de Oliveira Salazar. No entanto, já que Batista não tinha mais poder, Trujillo — que não perdia uma chance de ganhar um extra — comunicou ao "amigo" que ele só poderia sair do país depois de lhe pagar:

- 600 mil dólares por dívidas pendentes por armamentos que eram das forças armadas dominicanas, mas que Trujillo havia enviado a Batista para combater Castro.

- 800 mil dólares por ter autorizado que traficantes americanos usassem a República Dominicana como entreposto para repassar armas a Batista.

- 2,5 milhões de dólares de tarifas alfandegárias para deixar o país.

Batista, surpreso com seu suposto amigo ditador, pagou tudo no dia seguinte, mas aí Trujillo comunicou que faltava 1 milhão. O motivo: uma multa por permanecer 24 horas adicionais em solo dominicano. Era uma espécie de aplicação do velho ditado "ladrão que rouba ladrão tem cem anos de perdão". Dali, Batista partiu para Portugal e posteriormente foi morar na terra de outro ditador, o espanhol Francisco Franco.

Os últimos minutos do ditador, antes de fugir de Cuba, são de alta ironia histórica. Pouco antes de embarcar no avião que o levaria ao exterior, Batista afirmou aos assessores: "Castro vai durar um ano. Não mais do que isso".

## O ditador de esquerda

O ditador de esquerda Fidel Castro e seu irmão Raúl ultrapassaram a previsão do ditador de direita Batista em 6.300%, já que até 2023 acumulavam 64 anos no poder. Em 2006, Fidel deixou o cargo para ser substituído pelo irmão, Raúl, que anos depois deixou as funções formais, mas continuou dando ordens nos bastidores.

Fidel, no início, não se perfilava como comunista, mas, em 1961, aderiu à ideologia, transformando Cuba no primeiro Estado comunista da América Latina — o primeiro e único, já que até agora nenhum outro país no continente estatizou a totalidade dos meios de produção, nem combinou essa ação com a existência de um único partido político, o que é necessário para ser rigorosamente enquadrado como "comunista".

Logo de cara, tudo indicava que, após um breve período de reestruturação e de volta à paz, o novo governo convocaria eleições livres. Cinco meses após tomar o poder, em uma entrevista à jornalista americana Ruth Lloyd, Fidel declarou: "Não sou um ditador e não penso que me transformarei em um[...]. Não vou manter o poder com uma metralhadora". Contudo, as eleições nunca aconteceram.

Ao longo das décadas Castro impôs um regime totalitário que, por questões políticas (no início) ou por problemas econômicos (nos anos posteriores), levou mais de 2,5 milhões de cubanos ao exílio ou autoexílio. Setenta por cento dos cubanos que vivem no exterior estão concentrados nos Estados Unidos. Enquanto isso, Castro reprimia intensamente os opositores que haviam ficado no país. Segundo a ONG de defesa dos direitos humanos Cuba Archive, entre 1959 e 2014, o regime dos irmãos Castro foi responsável pela morte de 7.101 pessoas fuziladas, torturadas, mortas em greves de fome, suicídios ou afogados durante suas fugas da ilha. Ele aumentou o número de prisões de catorze em 1959 para duzentas na década de 1970. A censura em Cuba acumula quase um século, já que iniciou com o governo de direita do presidente Gerardo Machaco em 1925, continuou com os diversos governos de Batista, também de direita, e prolongou-se durante o regime castrista.

Em 1991, a URSS, principal patrocinadora do regime castrista, desapareceu do mapa político mundial. O muro de Berlim havia caído dois anos antes.

Castro, no entanto, não se intimidava com as críticas sobre a permanência do comunismo na ilha: "Eles falam sobre o fracasso do comunismo [...], mas onde é que está o sucesso do capitalismo na África e na América Latina?".

## "MARICONES, AGENTES DO IMPERIALISMO"

Em meados da década de 1960, Castro impôs a perseguição a homossexuais como política de Estado, que seria replicada de forma intensa por vários admiradores seus na América Latina e no Caribe ao declarar que "um homossexual jamais terá as condições de ser exemplo de comportamento. Um homossexual tampouco poderá ser um verdadeiro revolucionário, um militante comunista. Um desvio dessa natureza vai contra o conceito que nós temos sobre como deve ser um militante comunista!".

A Revolução mostrava os guerrilheiros barbudos como os "homens viris" que defenderiam os ideais do regime. Isto é, para ser um revolucionário de bem, era necessário ser heterossexual e patriota. Castro afirmava que os *"maricones"* (palavra chula em espanhol para designar os homossexuais), eram "agentes do imperialismo" e que eram pessoas sexualmente "desviadas". Assim, milhares de integrantes da comunidade gay foram enviados às denominadas "Unidades Militares de Ajuda à Produção", que eram campos de trabalhos forçados cujo lema era: "O trabalho os fará homens", uma espécie de "cura gay" em centros cercados de arame farpado e guardas de vigia. O protótipo para esses centros foi o campo de trabalho forçado da península de Guanahacabibes, criado por Che Guevara.

A socióloga cubano-americana Frances Negrón-Muntaner afirma que essa política foi um mix de machismo caribenho, estalinismo soviético e catolicismo espanhol que, juntos, criaram uma poderosa "homofobia de Estado". Durante quase duas décadas, ter relações homossexuais era contra a lei na ilha. Só em 2010 o regime finalmente admitiu que a Revolução havia oprimido os homossexuais por considerá-los desviados, mas a homofobia só começou a ser criticada oficialmente a partir de 2013. Nos anos seguintes, foi ocorrendo uma gradual mudança, especialmente graças à persistência de Mariela Castro Espín, a sexóloga filha de Raúl Castro, que por ter esse sobrenome conseguiu abrir espaço para o assunto dentro da cúpula do poder. No entanto, o regime nunca pediu perdão pelos campos de trabalhos forçados.

Em 2022, em um plebiscito, os cubanos votaram pelo novo "Código da Família", no qual 66% deram o "sim" à reforma que autorizou o casamento entre pessoas do mesmo gênero.

## Verborragia

Fidel Castro ficou famoso, entre vários fatores, por fazer discursos longuíssimos, dignos de entrar no *Guinness Book*. Em 1968, em Havana, fez um que durou doze horas — com apenas um brevíssimo *break*. No dia 26 de setembro de 1960, na sede da onu, em Nova York, ele bateu o recorde de duração de discursos da organização ao falar durante 4 horas e 29 minutos. Paradoxalmente, ele iniciou esse discurso da seguinte forma: "Embora eu tenha fama de falar muito, não se preocupem! Faremos todo o possível para ser breve!".

Em fevereiro de 1998, Fidel foi "reeleito" com 100% dos votos pelo Conselho de Estado de Cuba para outro período quinquenal. Em agradecimento, realizou um discurso de quase oito horas. Quando estava prestes a completar sete horas, seu irmão Raúl lhe disse: "Fidel, daqui a cinco minutos você completará sete horas falando…". Ao que Fidel retrucou para o público: "Se os cansei, perdoem-me". Entretanto, na sequência, indicou que se sentia animado para continuar fazendo algumas "reflexões". E, desta forma, refletiu em público para os membros do Partido Comunista por mais quarenta minutos. O público, evidentemente, evitava pegar no sono ou levantar para ir no banheiro. Pareceria contrarrevolucionário.

Quando concluiu o discurso, Fidel Castro encerrou com seu slogan tradicional: "Socialismo ou morte! Pátria ou morte! Venceremos!". E, na sequência, arrematou: "Bom dia!". Nesse momento já era madrugada em Havana.

Este discurso esteve direcionado aos integrantes do partido, mas seu recorde anterior havia sido em 1959, durante seus primeiros meses no poder, quando havia discursado durante sete horas em rede nacional de tv e rádio para toda a população cubana. Em 1998, existiam fortes rumores de que Fidel estava muito doente. Mesmo assim, ele fez um discurso de 6h40, deixando claro que sua saúde continuava de ferro.

O ditador cubano explicou uma vez como se dava a preparação para suas falas: "Se tenho que pronunciar um discurso de duas horas, dedico dez minutos para sua preparação. Porém, se tenho que dar um discurso de dez minutos, aí preciso duas horas para prepará-lo".

Além de falas longas, Fidel também ostenta marcas históricas de números de discursos. Seu biógrafo, Tad Szulc, afirmou em 1986 (quando a Revolução acumulava apenas 27 anos de vida) que Fidel já havia acumulado 20 mil *speeches* públicos.

Em julho de 2006, Fidel participou como convidado especial da cúpula dos países do Mercosul em Córdoba, na Argentina. Ele visitou Alta Gracia, cidadezinha onde Che Guevara passou parte da infância. À noite, fez um longo discurso ao ar livre na Universidade de Córdoba, no meio de um intenso frio. (Eu estava lá, cobrindo o evento, e vestia sobretudo, cachecol e chapéu.) O líder cubano partiu gripado, e — dizem as más-línguas — também com uma infecção no aparelho digestivo. O fato é que a saúde de Fidel piorou e ele teve que deixar o comando do país para seu irmão Raúl.

O discurso em Córdoba, no entanto, havia sido breve nos parâmetros castristas: teve pouco menos de três horas de duração.

## A MÃE DESAPROPRIADA

O pai de Fidel Castro, um camponês espanhol que migrou para Cuba e prosperou, tornando-se um grande produtor agrícola, com centenas de funcionários em suas fazendas, morreu 42 dias antes do desembarque de seu filho na costa cubana para iniciar a revolução que o levaria ao poder. No entanto, sua mãe — a qual Fidel adorava — viveu para ver o filho triunfar e se tornar o todo-poderoso líder da ilha.

Quando chegou a hora de fazer a reforma agrária, Fidel determinou que as propriedades de sua família, de forma simbólica, seriam as primeiras a serem confiscadas pelo Estado comunista cubano. O anúncio foi feito em alto e bom som, para ter impacto na opinião pública.

Neste ponto existem duas versões sobre a reação da mãe de Fidel. Uma delas, a oficial, do governo cubano, é que ela aceitou o confisco das terras sem problema algum. Outra versão, de Norberto Fuentes, ex-colaborador de Fidel, é que Lina — que era carinhosa com os filhos, mas dura na queda no que concerne aos esforços que havia feito na vida para reunir seu patrimônio — recebeu a notificação oficial de confisco da propriedade com uma espingarda nas mãos e uma lista de impropérios que dirigiu ao mensageiro do governo do filho. Fidel teve que enviar seu irmão Raúl à casa materna para acalmar a matriarca dos Castro e convencê-la a entregar a propriedade. Lina perdeu as terras, mas pôde continuar morando no casarão que ficava no meio da fazenda.

## Recordes

Cuba era uma enorme produtora mundial de cana-de-açúcar, herança dos tempos da colônia espanhola. Fidel ficou obcecado com a ideia de ser o principal fornecedor do planeta e em 1970 mobilizou boa parte do país para conseguir o objetivo de ter uma safra de 10 milhões de toneladas. O recorde era de 7,2 milhões, em 1952. O próprio Fidel participou de várias jornadas de corte de cana, de quatro horas cada.

Operários industriais, médicos, estudantes, entre os mais variados tipos de trabalhadores, tiveram que se transformar em cortadores de cana, deixando temporariamente seus trabalhos originais. Devido à falta de mão de obra, o resto da economia cubana registrou queda acima de 20%. No entanto, a produção de açúcar não atingiu a meta, ficando em 8,5 milhões. De toda forma, foi um valor recorde, embora tenha cobrado o preço na produção de café, entre outras atividades econômicas. De quebra, o próprio Fidel Castro, em um discurso em outubro de 1969 para estudantes de Agronomia, declarou que, se ficassem em 9,999 milhões de toneladas seria "uma derrota moral".

Passaram-se as décadas e Castro ordenou, em 2002, o fechamento de 60% das usinas, afirmando que a indústria do açúcar havia sido ruim para Cuba. Contudo, em 2006, os preços internacionais do produto voltaram a subir, mas já era tarde. A indústria açucareira cubana estava em decadência.

Em 2010, a ilha produziu sua menor safra em 105 anos, de apenas 1 milhão de toneladas. Em 2012, o regime acabou com o monopólio estatal e abriu o setor para o investimento estrangeiro.

Outro recorde que obcecou o ditador cubano foi a vaca leiteira Ubre Branca. Fidel desejava transformar Cuba em um abastecedor mundial de laticínios. Por isso, queria que a principal vaca leiteira da ilha ultrapassasse Arlinda Ellen, uma vaca dos Estados Unidos, que tinha batido o recorde de oitenta litros diários em 1975. Ubre Branca foi escolhida em um grupo de 118 vacas devido ao tamanho de suas tetas. Na sequência, foi alimentada de forma especial e sempre ouvia música. Fidel telefonava todos os dias para saber dos litros de Ubre. E, assim, no dia 25 de janeiro de 1981, Ubre Branca deu 109 litros. Entretanto, a indústria leiteira nunca emplacou na ilha.

Em 1985, a vaca faleceu. O *Granma*, o jornal do Partido Comunista, publicou um obituário de uma página inteira. Castro ordenou a instalação uma estátua de mármore em memória da quadrúpede.

## A GELADEIRA E O COCO

Após o desaparecimento da União Soviética, em 1991, Cuba ficou sem a substancial ajuda comercial e financeira da qual havia desfrutado por trinta anos. A fome começou a crescer de forma significativa ao longo da década de 1990. O governo Castro distribuiu cartões de racionamento, como se estivessem em plena guerra. A população fazia o possível para sobreviver, plantando legumes nos quintais e nos vasos nas sacadas, além de manter galinhas dentro dos apartamentos e leitões nas varandas.

Em dezembro de 1998, Miriam (minha esposa) e eu estivemos em Havana de férias. Visitamos o jornalista Raúl Rivero, que havia sido correspondente da agência Prensa Latina em Moscou e que havia respaldado a Revolução nos primeiros tempos, para posteriormente tornar-se um crítico do regime. Em seu apartamento, perto do centro, subitamente ouvimos o guincho de um leitão. Olhei pela janela e vi, alguns andares abaixo, um porco em uma sacada. Rivero percebeu nossa surpresa e nos explicou: "Cada uma das famílias deste prédio está encarregada de tomar conta do porco durante algumas semanas, e depois o repassa para outra, até que esteja de bom tamanho para o abate. Aí dividimos a carne e a banha".

A *nomenclatura* (a casta burocrática do partido comunista), enquanto isso, mantinha um bom padrão de vida, consumindo produtos inimagináveis para o cidadão comum.

Os cubanos, no entanto, encararam esse período com seu tradicional humor ácido. Uma das piadas que circulavam na ilha na época era a seguinte:

Pergunta: "Qual é a diferença entre uma geladeira cubana e um coco?"
Resposta: "Nenhuma. Ambas contêm apenas água."

Outra piada indicava que o típico cartaz dos zoológicos com os dizeres: "Não alimente os animais" precisava ser trocado por outro que dissesse: "Não se alimente com os animais".

Poucos dias depois do triunfo da Revolução, quando Fidel estava instalado em Havana, após dois anos de guerrilha pelas selvas e áreas agrícolas cubanas, um jornalista da rede americana CBS o entrevistou e lhe perguntou sobre o simbolismo de sua vasta barba, ao que Fidel respondeu: "Minha barba significa muitas coisas para meu país. Quando cumprirmos nossa promessa de um bom governo, vou me barbear!". Os cubanos, irônicos, lembravam que ele nunca abandonou a barba.

## Católico marxista

Em 2015, Raúl Castro visitou o papa Francisco no Vaticano. Ao sair do encontro, ele causou surpresa ao declarar aos jornalistas que estava "voltando a ser católico" graças ao pontífice argentino. Ele afirmou ter dito ao papa: "Caso o senhor continue falando assim, voltarei a rezar e voltarei à Igreja Católica. E isso não é piada". E continuou: "Sou comunista e vocês sabem que no passado a gente não podia ser membro do Partido Comunista se a pessoa fosse católica". Francisco é o primeiro papa de origem jesuíta. E, coincidentemente, Raúl e Fidel Castro na juventude frequentaram o Colégio Jesuíta de Dolores, em Santiago de Cuba.

Dias depois das declarações do presidente cubano, encontrei em Buenos Aires um diplomata cubano e conversamos sobre o assunto. Eu lhe perguntei: "Mas como Castro irá à missa? Ele é marxista-leninista [...] teoricamente, ele não teria que ser ateu?". E o cubano me respondeu: "Não há incompatibilidade... Somos marxistas caribenhos!".

Cuba declarou-se um Estado ateu na nova Constituição nacional de 1976, elaborada por Fidel Castro e seus ministros. No entanto, em 1992, depois da desintegração de sua aliada União Soviética, Fidel mudou o status e declarou que o Estado cubano passava a ser laico. Desta forma, os sacerdotes e pessoas religiosas deixaram de ser consideradas "contrarrevolucionárias". E, em 1997 — depois de 28 anos de proibição — o regime cubano autorizou a celebração do Natal. Em 2012 — já com Raúl Castro — as autoridades restituíram o feriado de Semana Santa. E, em março de 2014, o cardeal Jaime Ortega colocou a pedra fundamental de uma nova igreja, dedicada a João Paulo II, que, em um sinal da aproximação com o Vaticano, teve o terreno cedido pelo Estado cubano. Em 1996, João Paulo II tornou-se o primeiro papa a visitar Cuba. Em 2012 foi a vez de Bento XVI.

## PERESTROIKA À CARIBENHA

Entre 2010 e 2015, Raúl Castro deu autorização a setores da população para abrir pequenos negócios na área privada, que em cinco anos já representavam 30% da economia cubana. "Sem pausa, mas sem pressa", disse Raúl. Em 2016, o ditador cubano presidiu o congresso do Partido Comunista no qual se avaliou o que denominou de "atualização do socialismo", um eufemismo para a flexibilização econômica. Os analistas ironizaram a guinada que o regime estava dando na ilha, indicando que Cuba, para os Estados Unidos, saiu da "lista do terrorismo" para entrar na "lista do turismo".

Em dezembro de 2014, após meses de negociações patrocinadas pelo papa Francisco, Havana e Washington iniciaram o degelo que havia durado mais de meio século. O presidente americano Barack Obama visitou a capital cubana, algo inimaginável anos antes. Os irmãos Castro dividiram os papéis de *bad cop* e *good cop*: Fidel não apareceu, já que tinha que permanecer como o símbolo impoluto da Revolução. Raúl interpretou o papel do pragmático, isto é, o anfitrião, ciceroneando o visitante americano em uma visita à Praça da Revolução. A foto percorreu o planeta: o representante do "imperialismo ianque" posando para os fotógrafos, enquanto atrás dele estava a imensa imagem do líder guerrilheiro Ernesto "Che" Guevara de la Serna, o argentino que foi o braço direito de Fidel e transformou-se no ícone da Revolução Cubana — posteriormente também utilizado para decorar canecas, camisetas, chaveiros e todo tipo de merchandising.

Em 2016, analistas indicaram que o governo não repetiria a tentativa realizada por Mikhail Gorbatchov na União Soviética durante a década de 1980, a *perestroika* (reforma econômica) e *glasnost* (abertura política). Gorbatchov fracassou, a cúpula comunista ficou sem emprego e a União Soviética se desintegrou. Por isso, a especulação é que Cuba faria uma saída à moda chinesa, a *"Gǎigékāifàng"* ou a *"Doi Moi"*, que foi a saída à vietnamita. Isto é, reforma econômica — capitalismo para o povo —, mas com a hierarquia comunista permanecendo com o poder político. Seria como um restaurante vegetariano radical que abre o menu para galinha ao molho pardo, *baby beef* e quibe cru, mas o cartaz na porta continuasse anunciando "restaurante vegetariano".

A velha guarda, que lutou em Sierra Maestra na década de 1950 e que já está octogenária, não aprecia a aproximação a Washington. A nova geração, de meia-idade, como o vice-presidente Miguel Díaz-Canel, era composta por pessoas que não passaram pelos campos de batalha e que foram burocratas das empresas públicas, sem o idealismo do pessoal das guerrilhas.

Há duas expressões cubanas típicas para ilustrar o cenário de divisões: a velha guarda comunista, perante essa aproximação com os denominados "imperialistas ianques", bufa, dizendo: *"Me zumba el mango!"*, algo equivalente a "O fim da picada!". Entretanto a nova geração considera que, como diz um velho ditado local, chegou *"La hora de los mameyes"*, expressão usada para indicar que chegou a hora de tomar medidas, decisões importantes.

## Marxista-chanelista

Quatro dias depois da visita do presidente Obama, outros símbolos do "capitalismo decadente e burguês" desembarcaram na ilha. Um deles foi o grupo Rolling Stones, que realizou o "Concerto da Amizade", encerrando sua Olé Tour 2016. Meio milhão de pessoas assistiu ao show na Cidade Esportiva de Havana. Outro meio milhão de cubanos ouviu do lado de fora do estádio. Ou seja, quase 10% da população de Cuba compareceu, de uma forma ou de outra, à apresentação, uma proporção fora do normal, mais ainda levando em conta que durante meio século o regime comunista chamou o rock 'n' roll de gênero musical "decadente".

Em 1963, Fidel Castro havia desatado uma cruzada contra o rock, chamando os roqueiros de "homossexuais vagabundos, filhos de burgueses, que andam por aí com calças muito apertadas, alguns deles com uma guitarra com atitudes elvis-preslianas, e levaram sua libertinagem a extremos de querer ir a lugares públicos para exibir seus shows feminoides".

Empreendedores cubanos aproveitaram a visita dos roqueiros para vender camisetas com o rosto do Che Guevara "adaptadas", ou seja, com a língua rollingstoniana de fora.

Raúl Castro também permitiu outro símbolo do "imperialismo ianque", autorizando a entrada das estrelas de um dos filmes da franquia de ação *Velozes e furiosos*, que rodaram parte do longa em Havana. De quebra, dias depois, também foi realizado na capital da ainda formalmente comunista Cuba o lançamento mundial da coleção da grife Chanel assinada pelo designer de moda Karl Lagerfeld. Para horror dos comunistas mais ortodoxos, um neto de Fidel Castro — Tony Castro — foi um dos modelos cubanos que participaram do desfile. "Agora somos marxistas-chanelistas", me disse no dia do evento, por telefone, um amigo cubano de Morón, na área central da ilha. O neto do líder revolucionário mais famoso no Ocidente declarou que era "um orgulho para todos os cubamos que um grande evento como este seja realizado aqui". Tony é filho de Alina Fernández, que é filha de Fidel em um caso extramatrimonial com uma cubana que em 1963 partiu da ilha rumo a Miami, onde trabalhou como modelo.

Um dos filhos de Fidel, Antonio Castro Soto del Valle, sempre vestido com caras marcas italianas e inglesas, para horror da velha guarda da Revolução, faz lobby pela volta do beisebol nos Jogos Olímpicos. Como vice-presidente da Confederação Mundial do Beisebol e Softbol, viaja com empresários americanos para tentar convencer as autoridades dos comitês olímpicos em todo o mundo. O beisebol — levado pelos americanos à ilha no começo do século xx — é o principal esporte de Cuba, país que foi três vezes campeão olímpico da categoria (1992, 1996 e 2004), além de duas vezes vice-campeão (2000 e 2008).

Antonio Castro, seguindo a linha de abertura de seu tio Raúl, também negociou com empresários chineses investimentos em Cuba para a instalação de "burgueses" campos de golfe. Simultaneamente, os Castro também negociaram com investidores britânicos desse esporte.

Apesar das críticas comunistas ao golfe, as duas maiores figuras da Revolução Cubana, Fidel e Ernesto Guevara de La Serna, protagonizaram em 1962 um histórico jogo de golfe em Havana. O Che, que na juventude havia jogado rúgbi na Argentina, adorava golfe. Fidel levou um jornalista para cobrir o jogo. A crise dos mísseis havia ocorrido pouco tempo antes e ele estava tentando enviar sinais de simpatia para os Estados Unidos. (Nos anos seguintes, a coisa com os americanos degringolou de vez, mas essa é outra história.) Por isso, queria que os jornais do dia seguinte dessem a manchete: "Fidel convida o presidente Kennedy para um amigável jogo de golfe".

O fato é que o Che e Fidel começaram a jogar de forma passional, e nenhum queria perder. Resultado: o argentino ganhou e o cubano perdeu. O jornalista Lorenzo Fuentes preparou uma matéria para o jornal *Granma* sobre a derrota de Fidel. No dia seguinte — ameaçado de uma eventual prisão — teve que partir de Cuba.

## Tentativas de assassinato

Fidel Castro acumulou dois tipos de *necro-recordes*: por um lado, foi o alvo de uma longa lista de tentativas de assassinato, basicamente por parte de agências de inteligência dos Estados Unidos e também por opositores cubanos. Por outro, foi protagonista involuntário de centenas de rumores sobre sua morte. Cuba contabilizou um total de 638 tentativas de assassinato de Castro entre 1959 e 2007, nas mais diversas fases de desenvolvimento. Destas, 167 teriam alcançado a etapa de execução, sem sucesso.

Entre as modalidades fracassadas estiveram a tentativa de colocar charutos explosivos com capacidade suficiente para destruir o crânio do ditador, envenená-lo com uma caneta-seringa, explodir o palanque onde daria um discurso no Panamá, usar uma ex-amante para assassiná-lo, ou metralhá-lo com uma arma disfarçada de câmera durante uma coletiva de imprensa no Chile. Além disso, a CIA bolou planos peculiares para acabar com a imagem de Fidel, em vez de matá-lo. Na lista estiveram a colocação de um pó dentro dos sapatos para que sua barba e todo seu cabelo caíssem, deixando o líder com uma imagem ridícula; a colocação de LSD em spray dentro de um estúdio de TV para que o líder perdesse a compostura enquanto falava à população, fazendo com que os cubanos achassem que o líder havia enlouquecido. Esses planos foram elaborados por diversos agentes, mas, posteriormente, foram engavetados por decisão da chefia da agência, que consideraram que não teriam a eficácia necessária.

## Mortes virtuais e a morte real

A eventual morte de Castro sempre gerou frisson na imprensa mundial. Desde seu segundo ano no comando da Revolução, isto é, desde 1960, os rumores sobre seu óbito são constantes. No entanto, eles aumentaram a partir de 2006, quando Fidel foi internado por graves problemas de saúde após visitar a Argentina. De 1960 até 2016, as estatísticas mais modestas indicam que seu falecimento já tinha sido anunciado nas redes sociais mais de trezentas vezes. Um dos rumores teve toques *sui generis* em janeiro de 2015, quando nas redes e sites de notícias publicou-se a morte de Fidel Castro.

Fidel Castro havia morrido mesmo. Porém, não era Fidel Alejandro Castro Ruz, líder cubano que residia em Havana. O Fidel que faleceu, aos 41 anos, era Fidel Castro Odinga, filho do líder da oposição no Quênia, Raila Odinga, em Nairóbi, a 13 mil quilômetros de distância de Havana.

Entretanto, finalmente, depois de ter morrido tantas vezes nas redes sociais e no mundo dos rumores, o ex-ditador cubano morreu no mundo real no dia 25 de novembro de 2016. Horas depois, seu irmão e presidente Raúl Castro anunciou sua morte e decretou um período inédito de luto de nove dias. Ao longo desse período, as estações de rádio e os canais de TV, segundo instruções do governo, mantiveram uma "programação informativa, patriótica e histórica". Os apresentadores não podiam dar "Bom dia" nem "Boa noite", porque isso poderia ser visto como uma violação ao luto. Dessa forma, a opção foi a de dizer "Saudações".

Fidel foi cremado. Suas cinzas, ao longo de vários dias, foram transportadas em ritmo de procissão entre Havana e Santiago de Cuba, o berço da Revolução. Dessa forma, o trajeto tinha um simbolismo especial, já que em 1959 Fidel avançou de Santiago a Havana para derrubar o regime de Fulgencio Batista e, 57 anos depois, as cinzas deste outro ditador fizeram o caminho inverso. Milhões de cubanos assistiram à passagem do cortejo fúnebre.

Fidel foi sepultado no cemitério de Santa Ifigênia, em Santiago de Cuba. Ao contrário de outros famosos líderes comunistas como Lênin, Mao e Ho Chi Min, ele havia determinado que não queria ser embalsamado nem colocado em um mausoléu monumental. Suas cinzas foram colocadas dentro de uma enorme pedra trazida de Sierra Maestra, onde fez sua guerrilha. Um detalhe peculiar: o ex-ditador, autor de longuíssimos discursos, foi enterrado em silêncio. Não houve discursos na hora de depositar suas cinzas no lugar. E, depois de nove dias de luto, os cubanos puderam ver novamente pela TV as telenovelas e o beisebol, atividades que haviam sido proibidas durante o funeral. Os habitantes da ilha também puderam voltar a beber seus cubaníssimos daiquiris e mojitos, pois o país estivera em lei seca desde que Fidel havia ido para o além.

## Validade biológica

Tal como os iogurtes, que — por questões biológicas — têm data de validade, Raúl Castro, que em abril de 2021 estava com 89 anos, deixou formalmente o posto de secretário-geral do Partido Comunista Cubano. O PCC, além de ser o poder real na ilha, é o único partido político do país. Raúl esteve 62 anos dentro da alta hierarquia do poder na ilha, desde que seu irmão entrou em Havana em janeiro de 1959, depois dos breves — mas intensos — anos de guerrilha em Sierra Maestra.

Porém, o *update* do partido foi mais além de Castro, já que também deixaram a cúpula do poder outros históricos integrantes do atualmente octogenário/nonagenário núcleo duro de "La Revolución", entre os quais o comandante Ramiro Valdés, de 88 anos, que ocupava o posto de vice-presidente do Conselho de Estado, equivalente ao cargo de vice-presidente, e José Ramón Machado Ventura, de 90, que foi o segundo-secretário-geral do PCC.

Saíram os veteranos militares, ex-guerrilheiros que derrubaram o regime de Fulgencio Batista na década de 1950, e entraram os civis tecnocratas, todos nascidos após o triunfo da Revolução. Esse foi o caso do novo secretário-geral do PCC, Miguel Díaz-Canel, ao qual, em 2018, Raúl Castro já havia repassado o cargo de presidente do Conselho de Ministros, posto equivalente ao de presidente da República.

A troca de figuras do poder foi realizada durante o Oitavo Congresso do PCC. Com isso, Díaz-Canel passava a acumular os dois cargos, tal como Raúl havia feito até três anos antes e Fidel fizera durante décadas.

O problema de marketing político, afirmam os analistas, é que Díaz-Canel não conta com a "mística revolucionária" de ter estado em Sierra Maestra, epopeia que permitia à velha guarda justificar qualquer tipo de medidas. Para complicar, Díaz-Canel teve que lidar com uma economia que despencou, com o embargo americano em vigência e a ilha ainda tentando se recuperar dos devastadores furacões dos anos prévios, que causaram graves danos à agricultura e à infraestrutura. E, como se fosse pouco, houve ainda a ausência de turistas estrangeiros devido à pandemia da Covid-19.

## Castro-less (ou quase)

Com a partida de Raúl, o sobrenome Castro desapareceu pela primeira vez desde 1959 da alta burocracia. No entanto, um Castro permanecia, de forma mais *low profile*, mas muito poderosa: Alejandro "O Caolho" Castro Espín, coronel do Exército que comandava o serviço de inteligência e contrainteligência do regime. Alejandro é filho de Raúl, mas durante toda sua vida esteve mais próximo do tio Fidel, com o qual compartilhava uma visão mais ortodoxa do regime, ao contrário de seu mais "flexível" pai.

O apelido de "O Caolho" é decorrente das feridas que teve durante a Guerra de Angola. (Alejandro, porém, não foi ferido no olho em combate, mas sim durante um treinamento militar naquele período.)

Durante anos, os analistas especularam que Alejandro seria o "herdeiro" que daria continuidade à dinastia Castro. Porém, seu próprio pai teria considerado que era necessário deixar o nepotismo explícito de lado para que não se assemelhasse à Coreia do Norte e à família Kim. Dessa forma, decidiu colocar um civil não Castro no cargo. No entanto, Alejandro continuou sendo um membro poderoso da inteligência cubana, informando o pai sobre todos os movimentos de Díaz-Canel e da nova cúpula.

## Eufemismos

O setor privado cresceu de forma gradual e persistente, e em 2019 já empregava 15% da mão de obra. Entretanto, seu peso é maior, já que produz 33% do PIB da ilha. Naquele ano, o regime aprovou uma nova Constituição nacional que reconhece a "propriedade privada" e o "mercado". E Cuba deixou de ser um país — tal como determinava a lei anterior — que tinha que ser uma "sociedade comunista". No entanto, a nova carta magna determinou que o PCC é "a vanguarda da sociedade", e é quem estabelece as diretrizes para governar o país.

Dias antes do Congresso do PCC, aconteceu algo inimaginável poucos anos antes, já que o regime autorizou os camponeses a comercializar carne bovina e leite livremente, sempre que o produtor rural cumprisse a cota devida ao Estado cubano. E pela primeira vez o presidente e o primeiro-ministro reuniram-se com representantes do setor privado. Ou, como o regime prefere denominar as empresas particulares, usando outro eufemismo, "formas de gestão não estatal".

Dias depois, Díaz-Canel declarou que era necessário atrair investimentos estrangeiros e que era "hora de apagar os preconceitos do passado [...] é preciso assegurar um novo estilo de negócios".

Porém, na política, o PCC continua aferrado ao poder. O regime deixou isso claro em março de 2023, quando foram realizadas eleições para os novos integrantes da Assembleia Nacional do Poder Popular, como é chamado o Parlamento cubano. Existiam 470 candidatos para exatamente 470 cadeiras. Todos são, obviamente, membros do Partido Comunista. Os dissidentes políticos criticam o regime, afirmando que os eleitores se resignam a confirmar os candidatos únicos.

O sistema de candidaturas tampouco passou pelo crivo dos eleitores. Metade dos candidatos ao Parlamento foi indicada pelos atuais deputados. E a outra metade dos candidatos foi definida pelos comitês municipais. Desta forma, os resultados eram previsíveis. A única variável era o grau de abstenção que poderia ocorrer. Durante décadas, a abstenção nessas eleições esteve abaixo dos 10%, mas, em julho de 2022, ocorreram diversas manifestações contra o regime, pela primeira vez desde a década de 1990. A irritação popular foi ficando mais evidente. Na sequência, foi realizado o plebiscito pelo "código das famílias", em setembro, no qual 25,8% dos eleitores não compareceram. Nas eleições municipais de novembro, a abstenção subiu para 31,5% e, nas parlamentares de 2023, segundo as autoridades, foi de 29,66%.

Em 2023, pela primeira vez, o regime fez campanha eleitoral. Entretanto o marketing consistiu basicamente em afirmar aos cidadãos que "uma democracia não precisa de mais do que um único partido".

# Suriname:

## O país do presidente condenado por tráfico de drogas

Trocar Willoughbylândia por Nova Amsterdã: na época parecia uma medida justa para consolidar a paz entre a Inglaterra e a Holanda determinada pelo Tratado de Breda, assinado em 1667. Dessa forma, os holandeses, que haviam fundado Nova Amsterdã, a entregaram aos ingleses. E os ingleses entregaram Willoughbylândia aos holandeses. Nova Amsterdã, na foz do rio Hudson, foi rebatizada de "Nova York". E Willoughbylândia, na tórrida Costa Sul do Caribe, virou "Suriname" (que, de forma paralela, foi chamada de Guiana Holandesa até a independência).

O Suriname é o menor país em área e população da América do Sul e também o último dessa região a conquistar a independência. Dois anos após a separação dos holandeses, o novo governo e a oposição engalfinharam-se em polarizações étnicas, corrupção e violência política.

### Golpe do telefone

Em 1980, o país debutou no sistema ditatorial com o tenente-coronel Desiré "Desi" Delano Bouterse. Ele, outro oficial e catorze sargentos — denominados como "Grupo dos Dezesseis" — derrubaram o governo, alegando que o país estava em estado de caos, e colocaram o civil Hendrick Chin A Sen simultaneamente como primeiro-ministro e presidente. Chin A Sen dissolveu o Parlamento, suspendeu a Constituição e proibiu todos os partidos políticos. Bouterse e seus colegas aplaudiram as medidas.

Só que Chin A Sen logo depois anunciou que limitaria o papel das forças armadas. Imediatamente, Bouterse derrubou Chin A Sen e virou ditador. Pouco depois, assassinou quinze pessoas — jornalistas, advogados e sindicalistas — que protagonizavam um movimento para implantar a democracia.

O *outfit* de Bouterse era o clássico dos jovens ditadores militares da época: óculos escuros, quepe e uniforme com estampa camuflada.

Durante longos anos, seu arqui-inimigo foi Ronnie Brunswijk, que depois de ter sido guarda-costas do ditador, fugiu para o interior do país, onde liderou uma guerrilha para derrubar seu antigo chefe. Brunswijk pregava a "libertação do Suriname da ditadura militar".

Mais tarde, Bouterse deixou o poder formal e transformou-se no manda-chuva extraoficial do país. Para manter as aparências, autorizou eleições presidenciais em 1987, mas, insatisfeito com o presidente eleito Ramsewak Shankar, Bouterse mandou seu aliado, o chefe da polícia Ivan Graanoogst, lhe telefonar. No meio da conversa, Graanoogst passou o recado de seu chefe, informando Shankar que podia considerar-se deposto. A derrubada do presidente ficou conhecida como "O Golpe do Telefone". Bouterse colocou no poder Johannes Samuel Petrus "Johan" Kraag, outro de seus títeres. No entanto, por pressões diplomáticas dos Estados Unidos e da Holanda, teve que se afastar do poder, fato que abriu espaço para seus opositores. Ele foi proibido de entrar na ex-metrópole, que ainda tem fortes vínculos culturais e comerciais com o Suriname.

Uma denúncia de envio de meia tonelada de drogas para a Holanda, ocorrida em 1997, fez com que Bouterse fosse condenado à revelia a onze anos de prisão no ano 2000 pela Justiça da antiga metrópole. Nunca um presidente sul-americano havia sido condenado por tráfico de entorpecentes.

Depois disso, Bouterse foi impedido de sair do Suriname devido a um pedido de captura internacional emitido pela Interpol. Entretanto, depois de idas e vindas, Bouterse foi eleito presidente — pelas vias democráticas — em 2010. Com esse cargo obteve a imunidade de que necessitava. Na sequência, decretou uma Lei de Anistia por crimes ocorridos na época da ditadura. Coincidentemente, o principal beneficiado foi o próprio Bouterse.

Na linha de tal pai, tal filho, Dino, o filho de Bouterse — que já havia sido preso no próprio Suriname por tráfico, em uma época na qual o pai não estava no poder — tentou entrar *in loco* no mercado norte-americano de drogas. Contudo, sua operação acabou mal e ele foi preso pela polícia dos Estados Unidos em 2005. Dino, porém, foi solto em 2008, e o pai presidente o designou para o Departamento de Antiterrorismo do Suriname.

Em 2015, Bouterse lançou sua reeleição. O principal representante da oposição foi Chan Santokhi, ex-ministro da Justiça e ex-presidente da Comissão Interamericana para o Controle do Abuso das Drogas. Entretanto, esse embate — mais do que uma disputa eleitoral — tinha tom de *thriller*, já que, segundo documentos vazados pelo Wikileaks, Bouterse, anos antes, havia tentado assassinar Santokhi. Com uma oposição fragmentada em 24 grupos políticos (metade dos quais partidos de orientação marxista, cada um deles com uma interpretação diferente da doutrina), Bouterse foi reeleito.

Além de controlar a máquina do Estado, Bouterse contava com grande popularidade graças à construção de moradias populares e escolas. Além disso, o país tinha na época estabilidade macroeconômica, com um PIB que cresceu mais de 3% nos anos anteriores. No entanto, a oposição destacava que o déficit fiscal era substancial, que o país sofria problemas de liquidez e que a corrupção batia recordes.

Bouterse convidou a população e seus opositores a esquecer o passado: "Vamos deixar o passado para trás. Assim, poderemos construir o país juntos".

O presidente, autor de assassinatos de opositores políticos e de massacres de quilombolas no interior do país, tentou nos últimos anos exibir-se como um líder "pacífico", dando de presente a outros presidentes com os quais se reunia quadros de Mahatma Gandhi e Martin Luther King. Os simpatizantes de Bouterse, quando ouviam críticas a seu líder, relativizavam seus crimes, afirmando no idioma Sranan Tongo: "*Neks no fout…*". Isto é, "Não é um problema…".

## De guerrilheiro a cartola milionário

E o que ocorreu com Ronnie Brunswijk, o líder guerrilheiro que pregava uma luta ética pela liberdade e se voltara contra Bouterse, atazanando o ditador com seus persistentes ataques do meio da selva?

Brunswijk — tal como Bouterse — também tem mandatos internacionais de prisão. Em 1999, a Justiça da Holanda o condenou à revelia por tráfico de drogas. A Justiça da França também quer sua detenção por narcotráfico.

O ex-Robin Hood do Suriname transformou-se em um empresário do setor futebolístico ao comprar um clube, o Moengotapoe. Ele se tornou um dos homens mais ricos do país e fundou um partido político.

E o ódio mútuo que ele e o ex-ditador tinham no passado? Em 2015 Brunswijk tornou-se parte da base aliada de Bouterse. Ironias da vida: durante anos, o policial Chan Santokhi caçou Brunswijk sem sucesso. Em 2020, porém, eles se aliaram em nome de uma causa comum: derrubar Bourterse, que também se lançou candidato. Santokhi se elegeu presidente e Brunswijk, seu vice. O presidente eleito, por sua vez, também havia sido guarda-costas do antecessor. O novo vice também era um conhecido traficante de drogas. E o ex-presidente havia tentado assassinar o presidente eleito. Nessa eleição Bouterse tentou se reeleger, mas perdeu, pois, apesar de ainda ter certa popularidade, a aliança entre Santokhi e Brunswijk mobilizou os eleitores.

Em 2021, aos 60 anos, Brunswijk transformou-se no jogador mais velho da história a participar de um jogo oficial de um campeonato internacional, durante as oitavas de final da liga da Concacaf. Dono e capitão do time, esteve por 53 minutos no gramado e fez 17 passes, errando apenas 3. O embate foi contra o Olímpia, de Honduras. O time de Brunswijk levou uma goleada: seis a zero. No entanto, ele não esteve no jogo de volta em Tegucigalpa, capital de Honduras. O problema é que Brunswijk não podia sair do Suriname, pois, caso contrário, a Interpol o deteria. O jogador/vice-presidente é acusado de também traficar drogas do Suriname para a Holanda. Por isso, um tribunal holandês espera alguma hora ter Brunswijk no banco dos réus.

A Concacaf, por sua vez, abriu uma investigação sobre ele, porque, quando terminou o jogo contra o time de Honduras, Brunswijk foi ao vestiário dos hondurenhos com uma maleta e distribuiu dinheiro.

# Guiana:

## O país que corre o risco de encolher em 75%

Guiné? Gana? Não, Guiana. Nem a outrora Guiana Holandesa, rebatizada de Suriname, nem a Guiana Francesa, departamento d'além-mar da França — e que Jânio Quadros planejou invadir. Estamos falando da antiga Guiana Inglesa, que se tornou independente em 1966 e desde então é conhecida simplesmente como Guiana.

O país teve uma vida institucional menos turbulenta do que a do vizinho Suriname, mas também foi marcado pela corrupção, ficando em 2015 em uma posição bastante negativa (119) no ranking mundial elaborado pela ONG Transparência Internacional. Já em 2022, as coisas haviam melhorado e a Guiana ficou no posto 85. O Brasil, por exemplo, ficou em 94.

A Guiana foi o segundo país da América Latina e do Caribe governado por um cidadão proveniente dos EUA. O primeiro foi a Nicarágua, quando um aventureiro americano, William Walker, tomou o poder de forma ditatorial em meados do século XIX. No entanto, no caso da Guiana, a americana em questão era uma estudante de enfermagem que morava em Chicago e conheceu um estudante de odontologia indo-guianês, Cheddi Jagan. Eles se casaram, embora a união não tenha agradado os pais judeus dela e a família hindu dele, e foram morar na terra do noivo. Ali, os dois fizeram carreira política.

Cheddi Jagan foi eleito presidente em 1992. Janet já era deputada enquanto também escrevia os mais famosos livros infantis do país, que moldaram várias gerações de guianeses. Quando o presidente faleceu, em 1997, pouco antes do final de seu mandato, sua esposa foi eleita primeira-ministra. Meses depois, foi designada vice-presidente. E, nas eleições daquele ano, conquistou a presidência, tornando-se a primeira presidente mulher eleita na América do Sul. Antes dela, na Argentina, havia sido presidente Isabelita Perón (1974-76), mas que chegou ao cargo porque era a vice-presidente de Perón, seu marido, que morreu. A outra presidente mulher, embora não eleita, foi Lidia Gueiler de Tejada, presidente do Congresso da Bolívia, que assumiu o poder depois da renúncia do ditador Alberto Natush Busch em 1979. Uma curiosidade: Lidia Gueiler era tia da atriz americana Raquel Welch, cujo pai era boliviano.

Além disso, essa foi a primeira — e única — vez que uma pessoa judia se tornou presidente de um país no continente americano. Jagan foi uma das três mulheres judias que foram chefe de governo, junto à israelense Golda Meir e à suíça Ruth Dreifuss, que em 1999 assumiu a presidência rotativa da Confederação Suíça.

Janet e o marido eram marxistas, mas não interromperam as políticas de livre mercado existentes no país. Ela foi presidente de 1997 a 1999 e renunciou no meio do mandato por graves problemas de saúde. Faleceu em março de 2009.

## A crise de Esequibo

Além dos recordes que poderiam colocar a Guiana no *Guinness Book* graças à Janet Jagan, o país também pode entrar nessa lista por ser o alvo de uma exigência territorial sem paralelos no mundo atual: a vizinha — e grande — Venezuela exige a entrega de 75% do território da Guiana, uma proporção inédita. Ou seja, o pequeno país seria reduzido a 25% de sua área na hipótese de vitória da reivindicação venezuelana. Em Caracas chamam a área de "Guiana Esequiba", já que esse imbróglio começou quando o imperialismo espanhol colonizava boa parte da América Latina e Esequibo era uma localidade que pertencia à Capitania Geral da Venezuela apenas no papel, porque os espanhóis não se deram ao trabalho de se instalar ali. Eles consideravam que Deus havia lhes dado essa área, já que o papa Alexandre VI (antes cardeal Rodrigo Bórgia), patrocinador do Tratado de Tordesilhas, em nome dos poderes que lhe foram concedidos, havia dividido o mundo exclusivamente entre espanhóis e portugueses.

Os holandeses, que estavam no vizinho Suriname (antigamente Guiana Holandesa), ocuparam a área de Esequibo. Porém, tempos depois chegaram os ingleses e expulsaram os holandeses em 1814, tomando posse dos territórios à leste e oeste do rio Esequibo, formando a Guiana Inglesa. Na mesma época, os independentistas venezuelanos tentavam expulsar os colonizadores espanhóis, algo que só conseguiram em 1823, ano no qual a Venezuela concretizou sua independência.

Em resumo: o imperialismo espanhol dizia que era dono de Esequibo. Mas aí vieram os imperialistas holandeses. No entanto, estes foram expulsos pelos imperialistas ingleses. E desde 1844 os venezuelanos, dizendo-se herdeiros dos imperialistas espanhóis (e dos imperialistas poderes celestiais de Tordesilhas), começaram — "imperialisticamente" — a dizer que eles eram os donos de três quartos da Guiana.

Em 1962, a Venezuela entrou com sua reivindicação na ONU. Quatro anos depois, a Guiana tornou-se independente, fato que não mudou a exigência venezuelana. Em 2007, quatro dezenas de soldados venezuelanos entraram em águas territoriais da Guiana e destruíram duas barcaças de mineração. Caracas pediu desculpas pelo incidente, mas, na época, o governo da Guiana afirmou que a pequena força de defesa de seu país, embora não possuísse capacidade para evitar a entrada de tropas do país vizinho, indicou que "se os venezuelanos abrirem fogo, nós responderemos". Pouco depois, o presidente Hugo Chávez, em conversa com um grupo de jornalistas, mostrou um mapa da América do Sul e, com uma caneta, marcou a área de Esequibo. "Esta é a área em reivindicação", ressaltou.

No entanto, Cuba teve durante décadas uma excelente relação com a Guiana, cujo nome completo é "República Cooperativa da Guiana", já que teve um viés socialista em seus primeiros anos de independência. Inclusive, Havana respalda oficialmente a integridade territorial da Guiana e ignora a reivindicação territorial de Caracas, mesmo os venezuelanos sendo seus intensos aliados. Cuba é uma espécie de "mentora" da Revolução Bolivariana em vários aspectos. Por isso, o governo chavista evitou durante duas décadas irritar o regime cubano com a reivindicação sobre Esequibo, reduzindo os decibéis diplomáticos sobre o assunto. Na contramão do regime, quem insistia — e de forma persistente — na reivindicação de Esequibo era a oposição venezuelana. Os opositores, inclusive, acusavam Maduro de "traição à pátria" por não ser enfático sobre Esequibo.

Em 2015 Maduro, deslanchou uma campanha de reivindicação, que coincidiu com a descoberta de petróleo nas águas da área disputada. Na época, Maduro desmentiu qualquer intenção de agressão, mas admitiu que as forças armadas venezuelanas estavam realizando exercícios militares em todo o território.

O cenário mudou radicalmente em 2023.

Nas primárias opositoras venezuelanas de novembro foi eleita Maria Cordina Machado como a candidata da oposição. A repercussão foi imensa. Pela primeira vez em muito tempo a oposição se unia ao redor de uma candidata única. Um dia depois, com um *timing* maquiavélico, Maduro deu um golpe de efeito ao anunciar a realização, em apenas um mês, em dezembro, de um plebiscito sobre a região de Esequibo.

A consulta popular era para saber a magnitude do respaldo dos eleitores venezuelanos à velha reivindicação territorial. O referendo continha cinco perguntas. E a quinta delas era a mais preocupante para os guianeses, pois indagava se o eleitor estava de acordo com a criação do estado "Guiana Esequiba" e com o desenvolvimento de um plano acelerado para incorporar o dito estado ao mapa do território venezuelano. Este ponto era ambíguo, pois não especificava se era algo puramente cartográfico ou se abria o caminho para uma conquista de fato.

Na ocasião, o governo da Guiana alegou que o referendo era uma "ameaça à existência" do país e que foi preparado para abrir caminho para a anexação de grande parte da já diminuta nação.

Dias depois, Maduro foi além ao designar Esequibo um estado venezuelano. E designou um militar como governador dessa área que ele não controlava. Maduro decretou o ensino do espanhol em Esequibo, a distribuição de documentos de identidade venezuelanos para os habitantes dessa região, entre outras bizarras medidas, como se Esequibo estivesse de fato sobre administração venezuelana.

O secretário-geral da Organização dos Estados Americanos (OEA), Luis Almagro, acusou Maduro de provocar a Guiana. A oposição venezuelana, costumeira aliada de Almagro, disse ao secretário-geral para não interferir no assunto. Dessa forma, Maduro conseguiu unir chavistas e opositores pela primeira vez. Isso recordava parcialmente a aventura suicida de 1982 do então ditador argentino Leopoldo Galtieri, que invadiu as Malvinas para distrair a atenção do povo de mais uma das graves crises econômicas que assolavam o país, unindo quase todos os setores políticos na ação de expandir a ditadura ao gélido arquipélago.

Maduro aproveitou para colocar o uniforme militar e fazer enfáticos discursos nacionalistas, em um ato clássico do populismo expansionista mundial. As medidas de Maduro foram apenas simbólicas, mas carregavam uma ameaça de invasão. Por esse motivo, o presidente da Guiana, Irfaan Ali, afirmou na ocasião que não cederá nem uma polegada sequer de sua nação à Venezuela.

### O PAÍS ONDE SER GAY PODE LEVAR À PRISÃO PERPÉTUA

Outro fator que colocaria a Guiana no *Guinness Book* é que é o único país das Américas onde a homossexualidade é oficialmente considerada crime, com penas de até prisão perpétua. Mais especificamente, a homossexualidade é proibida não somente em público, mas também nas residências. Além disso, o país possui uma legislação que proíbe que transexuais possam se vestir com roupas de acordo com o gênero com o qual se sentem identificados, uma lei da época da colônia britânica. Casais de pessoas do mesmo sexo não podem adotar filhos, casar-se ou doar sangue. No entanto, os gays podem se alistar nas pequenas forças armadas do país.

## Suicídio coletivo de norte-americanos

A Guiana também entrou no noticiário mundial pelo insólito suicídio coletivo de fanáticos religiosos ocorrido em 1978, na cidade de Jonestown. A seita criada pelo pastor evangélico norte-americano Jim Jones levou centenas de fiéis dos EUA para a Guiana. No dia 18 de novembro daquele ano, por ordens do líder religioso, 909 seguidores, entre eles 304 crianças, ingeriram cianeto. Antes dos suicídios, Jones assassinou o deputado norte-americano Leo Ryan, que estava investigando denúncias de sequestros e abusos sexuais realizados pelo pastor e havia viajado à Guiana para averiguar o assunto de perto. Foi a única vez que um parlamentar americano foi assassinado no cumprimento do dever.

Jones, que havia ficado famoso pelo uso que havia feito da mídia e por um dízimo que cobrava a seus fiéis — que na realidade não eram 10%, mas sim 25% dos salários que recebiam — deu origem a filmes e documentários em todo o mundo devido ao massacre. No Brasil, sua figura inspirou o humorista Chico Anysio a criar o personagem Tim Tones. O grupo de rock Titãs cita o pastor que ordenou o suicídio coletivo na canção "Nome aos bois", de 1987.

## O país mais diverso do continente

A Guiana é o país mais diverso do continente, já que conta com cinco grupos étnicos principais: os indianos, que chegaram como operários nos tempos da colônia britânica; os afro-guianeses, que foram levados à força como pessoas escravizadas; os chineses, os europeus e os povos originários. Além disso, há três grandes grupos religiosos: cristãos, hinduístas e muçulmanos.

Nos últimos anos, a descoberta das já mencionadas grandes bacias de petróleo próximas ao litoral da Guiana gerou um crescimento sideral do PIB do país. A Guiana tinha uma economia baseada na produção de arroz e de cana-de-açúcar e na extração de ouro, mas, em 2015, sofreu uma guinada quando a Exxon encontrou petróleo, produto que se transformou em 70% de suas exportações.

Com apenas 800 mil habitantes em 2022, se tornou o país com as maiores reservas de petróleo *per capita* do mundo, ultrapassando Brunei, Kuwait e os Emirados Árabes Unidos. O pequeno país poderá se transformar, em dez anos, no quarto maior produtor de petróleo em alto-mar. O PIB da Guiana foi de 5,4% em 2019 para 43,5% em 2020. Em 2021, aumentou 20,1% e alcançou insólitos quase 60% em 2022.

O país tem dois imensos desafios pela frente. Um deles é o de não se transformar em uma espécie de Venezuela, onde a renda petrolífera foi desperdiçada — e roubada. E o segundo é encontrar uma forma de suavizar a polarização étnico-política de sua sociedade, dividida entre os indo-guianeses, aglutinados no Partido Progressista do Povo; e os afro-guianeses reunidos no Congresso Nacional do Povo. Entre 2015 e 2020, governou o afro-guianês David Granger, mas, nas eleições seguintes, foi eleito o indo-guianês Irfan Ali.

# Porto Rico:
## O país (?) de status *sui generis*

Porto Rico conta com um *status quo sui generis*. A ilha não é uma nação independente, sequer uma colônia, mas tampouco é um estado de um país (nesse caso, dos Estados Unidos). Dessa forma, tem uma denominação diferenciada, a de "Estado Livre Associado de Porto Rico". A ilha tem o mesmo diferenciado — e nada frequente — status das Ilhas Marianas do Norte, um minúsculo arquipélago controlado pelos Estados Unidos no Oceano Pacífico. A escritora porto-riquenha Ana Teresa Toro resumiu com ironia o status da ilha: "É um país ao qual não deixam sequer perder".

Porto Rico foi descoberta pelo navegante genovês a serviço da Coroa espanhola, Cristóvão Colombo, em sua segunda viagem de exploração, realizada em 1493 — um ano depois de sua chegada ao continente —, transformando-se em uma colônia da rainha Isabel e do rei Fernando. Naquela época, os indígenas tainos, que eram os habitantes da ilha, denominavam sua terra de "Boriquén". Por esse motivo, os porto-riquenhos também se autodenominam de "boriquas".

Em poucas décadas, o porto da principal cidade, San Juan, tornou-se o *pit stop* dos navios que saíam das costas continentais das colônias espanholas (que no futuro seriam México, Panamá e Colômbia, entre outros) e passavam pela ilha antes de sair do Caribe e entrar no Atlântico, levando as riquezas das Américas para a Espanha. Nesses primeiros tempos, a capital da ilha foi batizada de Puerto Rico. A ilha denominava-se San Juan. Porém, em poucas décadas, essa denominação foi invertida: a ilha passou a ser Puerto Rico e a cidade, San Juan.

O poderio da Espanha durou até 1898, quando Madri perdeu a Guerra Hispano-Americana para os Estados Unidos. A partir dali, a ilha ficou sob o controle de Washington.

## É dos Estados Unidos, mas não faz parte dos EUA

Em 1917, os porto-riquenhos tornaram-se cidadãos norte-americanos, *pero no mucho*. Eles só têm o direto de votar para presidente se tiverem residência oficial em território dos Estados Unidos. Além disso, os porto-riquenhos só contam com um representante no Congresso, no entanto, ele não tem direito a voto. Só tem direito a falar.

Após a incorporação da ilha aos EUA, as autoridades locais tiveram a permissão de Washington a redigir uma Constituição relativa a seus assuntos internos. No entanto, sua soberania depende do Congresso Nacional Norte-Americano. Os habitantes da ilha geralmente são bilíngues. O espanhol é o primeiro idioma oficial, enquanto o inglês é o segundo.

Em 1948 os porto-riquenhos puderam pela primeira vez eleger seu governador por voto popular. E, em 2017, foram às urnas para um plebiscito sobre sua soberania. A maioria avassaladora — 97% — foi a favor de transformar a ilha em um estado americano. Apenas 1,5% desejava que se tornasse independente. E somente 1,32% aspiravam manter o mesmo *status quo* de Estado associado.

Contudo, até agora, nada mudou, já que o Congresso em Washington ainda precisa aprovar a incorporação. Um dos opositores da ideia era o então presidente Donald Trump, que em diversas ocasiões expressou que era contra a transformação de Porto Rico no estado 51 dos EUA.

# O CHATGATE

Crises econômicas, catástrofes naturais e administrações públicas incompetentes acumularam-se nos últimos anos na ilha. Porém a cada vez menor paciência dos habitantes desse Estado Livre Associado dos Estados Unidos foi abalada em 2019 por um escândalo político. O protagonista do caso foi o então governador Ricardo Rosselló (o "Ricky"), estrela do "chatgate", irônica denominação das mensagens de texto pelo aplicativo Telegram de intenso conteúdo chulo, homofóbico, misógino — e com comentários depreciativos sobre a população da ilha de forma geral — que ele e outros onze homens entre políticos, assessores e empresários trocavam diariamente.

O estopim deste *affair* político foi a filtração desses chats (que geraram 899 páginas de conversas) nos quais Rosselló se referia com gozações sobre as vítimas do furacão Maria, que em 2017 destruiu uma parte considerável da ilha. As conversas, fornecidas anonimamente — e publicadas pelo prestigiado Centro de Jornalismo Investigativo (CPI), e vários outros veículos —, também revelavam negociatas entre os participantes dos chats, desvios de fundos públicos, negligências em suas funções e aproveitamento ilícito de serviços estatais. Além de rir dos porto-riquenhos, Rosselló e seus amigos também os estavam roubando.

Os membros do CPI ironizaram, afirmando que eles eram os responsáveis pelo surgimento do "Watergate tropical". A opinião pública, cansada de vários anos de sacrifícios, reagiu indignada a essas conversas e foi às ruas protestar, exigindo a renúncia do crescentemente impopular governador. Essas manifestações, todas pacíficas, foram as maiores da História da ilha, e contaram com o respaldo de artistas porto-riquenhos de fama mundial, como os cantores Ricky Martin e Jennifer López, que nasceu em Nova York mas é filha de migrantes porto-riquenhos.

A Justiça ordenou a apreensão dos telefones do governador e dos outros participantes do chat. Na quarta-feira, 24 de julho, o governador anunciou sua renúncia. A população festejou nas ruas. Entretanto, Rosselló em seguida acrescentou que só deixaria o posto na sexta-feira da semana seguinte, dia 2 de agosto. Os boriquas, desconfiados de que Rosselló mudaria de ideia e não renunciaria, continuaram nas ruas. O governador anunciou que seria substituído pela secretária de Justiça, Wanda Vázquez Garced. No entanto, isso só turbinou as manifestações, pois os integrantes dos protestos consideram que uma pessoa suspeita de corrupção como Garced não deveria ocupar o governo de Porto Rico. Apesar das desconfianças, pelas ruas o povo organizou a "Festa de Despedida de Ricky", embalada pelo reggaeton e uma de suas vertentes, o perreo.

Por fim, Vázquez Garced tomou posse em meio a novos protestos. Os problemas, entretanto, continuaram. Quando o país tentava sair da crise do furacão Maria e dos escândalos políticos, veio o terremoto de 6.4 graus de janeiro de 2020. E, na sequência, a pandemia do coronavírus.

Em um contexto de descrédito da população com a classe política, em 2020 foram realizadas eleições para governador. Pedro Pierluisi foi eleito com apenas 33% dos votos.

## Bancarrota histórica

Em 2017 a ilha caribenha estava sendo assolada por uma dívida pública de 69 bilhões de dólares que asfixiava a economia boriqua, já que equivalia a 102% do PIB. Sem condições de cumprir seus compromissos financeiros, o governo declarou o calote geral. Na sequência, o Senado dos EUA aprovou um pacote de medidas de resgate financeiro a Porto Rico, com a criação de uma junta federal de controle fiscal, que ficou encarregada de negociar com os credores uma reestruturação da dívida pública.

Devido à crise, nos dois anos prévios, mais de 200 mil pessoas haviam deixado Porto Rico, migrando majoritariamente para os Estados Unidos. Levando em conta que a ilha tinha 3,5 milhões de habitantes, a partida de 200 mil pessoas era uma perda considerável. Simultaneamente, o movimento independentista praticamente desapareceu e deu lugar ao movimento que solicita a anexação aos Estados Unidos, como uma forma de tentar salvar a economia.

Na época, Roselló considerava que a crise estava amarrada ao status da ilha como Estado livre associado. Segundo ele, se Porto Rico se transformasse em um estado pleno dos Estados Unidos, a situação de subordinação desigual seria corrigida e a economia se recuperaria. O problema, afirmava Roselló, é que devido a seu estado de subordinação, Porto Rico não podia fazer acordos comerciais diretos com outros países, mas, ao mesmo tempo, não tinha todas as vantagens do orçamento federal norte-americano.

Desde 1920, a chamada Lei Jones determina que Porto Rico não pode ter livre comércio, já que obriga que o transporte de todos os bens transportados entre a ilha e os portos americanos seja feito em navios construídos nos Estados Unidos de propriedade americana ou de empresas de capital americano. Dessa forma, os produtos na ilha apresentam preços elevados.

A grande migração de porto-riquenhos acrescenta outro problema ao longo rol de reveses enfrentados pelo governo da ilha, já que as autoridades arrecadam menos impostos com o encolhimento da população.

Quase 40% da população de Porto Rico é pobre. A receita média por família porto-riquenha em 2017 foi de 19.775 dólares.

## Furacão Maria

Após o calote da dívida, a ilha foi assolada pelo furacão Maria, que provocou prejuízos de 90 bilhões de dólares. O furacão deixou 95% de Porto Rico sem energia elétrica. Além disso, segundo o Departamento de Agricultura, 80% das plantações da ilha foram destruídas. As perdas, só nessa área, foram estimadas em 780 milhões de dólares. As principais lavouras atingidas foram as de banana e café. A maioria dos coqueiros foi derrubada pelo furacão. As perdas, nesse caso, foram mais dramáticas, já que a ilha só voltará a produzir seus cocos novamente daqui a uma década, já que esse é o tempo que essas plantas demoram para crescer e darem frutos.

Segundo um levantamento elaborado pela Universidade de Harvard, pelo menos 4.645 pessoas morreram por causa do furacão. Devido ao desespero que tomou conta de muitos ilhéus, o índice de suicídios aumentou 20% em 2017 em comparação com 2016.

Além dos 200 mil porto-riquenhos que migraram entre 2015 e 2017 devido à crise econômica que levou ao calote da dívida, outros 200 mil teriam migrado nos meses seguintes ao furacão. No total, incluindo os porto-riquenhos que haviam migrado nas décadas anteriores, atualmente residem nos Estados Unidos 5,5 milhões de boriquas.

# Colômbia:
## As narcoextravagâncias

Julio César Turbay Ayala (1916-2005) foi presidente da Colômbia entre 1978 e 1982. Como presidente, foi criticadíssimo. O escritor colombiano e Nobel de Literatura de 1982 Gabriel García Márquez o classificou como "o pior governo da história" de seu país. O desemprego cresceu, o déficit fiscal aumentou e a violação aos direitos humanos foi significativa enquanto a ação da guerrilha se expandia, com ataques ousados — um deles, com morteiros contra o próprio palácio presidencial. Em diversas pesquisas realizadas nos dias seguintes à sua morte, a opinião pública o classificava como "deixava a desejar".

No entanto, como ex-presidente, Ayala foi muito elogiado, já que teve várias ações conciliadoras entre grupos antagônicos.

## Testiculado

Turbay Ayala — que sempre usava gravata borboleta — ficou famoso por uma série de observações que indicavam uma aceitação tácita das irregularidades no Estado, entre elas, a de que todo governo "requer" um certo grau de ilegalidade para funcionar. Mas o auge de suas falas controversas aconteceu durante a campanha eleitoral: "Temos que reduzir a corrupção às suas justas proporções". Em outra ocasião, tentou explicar que seu gabinete era "macho": "meu governo é hormonado e testiculado".

Em agosto de 1961, Turbay Ayala era chanceler da Colômbia quando, viajando em um avião da Panamerican do México para Honduras para conversar com vários governos da região sobre o combate ao comunismo, o aparelho foi sequestrado por um terrorista argelino que desviou a rota para Havana, onde o governo de Fidel Castro havia suspendido relações diplomáticas com vários países e fuzilava inimigos da Revolução, tanto estrangeiros como cubanos.

A comissária comunicou o sequestro somente ao grupo do chanceler colombiano. Rapidamente, Turbay Ayala pediu à funcionária da Panamerican que distribuísse uísque para todos os passageiros. "É para que relaxem antes de receberem a péssima notícia", explicou-lhe. Na sequência, virou-se para Hernando Manrique Álvarez, diretor de protocolo da chancelaria colombiana, e perguntou-lhe: "Meu querido embaixador, de acordo com o protocolo, caso o terrorista nos fuzile, a quem corresponde ir em primeiro lugar?". Ao que Manrique Álvarez respondeu: "Caro chanceler, dependerá de qual protocolo ele utilize. Se for pelas normas ao estilo inglês, lamento lhe informar que o primeiro que fuzilarão será o senhor…".

Horas depois, o avião pousou em Havana, onde Raúl Castro, então chanceler e futuro presidente (quase meio século depois) ficou surpreso ao vê-lo. O argelino havia agido de forma isolada, sem vínculos com os cubanos, e foi deportado por Castro para o México.

### Ateu no barco

Outros presidentes colombianos foram famosos por suas gafes, confissões inesperadas ou comentários irônicos. Um deles foi José María Rojas Garrido (1824–1883), cujo mandato durou apenas dois meses em 1866. Anticlerical fervoroso, rezava em momentos de perigo, especialmente quando envolviam travessias por rios ou pelo mar. Esse foi o caso de uma travessia em um bote pelo rio Magdalena, um dos principais do país, quando as ondas balançaram perigosamente a pequena embarcação. Rojas Garrido começou a tremer e rezar. A reação dele tornou-se pública, fato que lhe valeu críticas de outros críticos da Igreja Católica, ao que Rojas Garrido retrucou: "Sou um ateu convicto, podem acreditar! Mas sempre que seja em terra firme…".

Outro ateu militante foi o general Tomás Cipriano de Mosquera (1798–1878), presidente quatro vezes da Colômbia. Já era octogenário quando decidiu se casar com María Ignacia Arboleda, sobrinha de sua primeira esposa, na cidade de Popayán. O embaixador dos EUA, que visitava a cidade, propôs casá-lo no rito protestante. Cipriano de Mosquera declinou o convite recordando suas convicções de forma peculiar: "Obrigado, embaixador, mas não acredito na religião católica, que é a verdadeira, e muito menos vou acreditar nas bobagens dos protestantes!".

Mosquera casou-se com María Ignacia aos 74 anos e teve seu último filho aos 80, quatro meses antes de falecer.

O ex-presidente estava em seus últimos dias de vida quando foi procurado pelo bispo de Popayán, que lhe perguntou: "Senhor general, o senhor perdoa seus inimigos?". Cipriano de Mosquerda lhe respondeu: "Eminência, não tenho inimigos, já que fuzilei todos os que eu tinha".

## A perda do Panamá

Em 1903, a Colômbia perdeu uma de suas regiões, o Panamá, que — com respaldo dos EUA, que pretendiam ali construir um canal — se tornou independente. Foi a principal perda territorial da Colômbia desde a independência. Na ocasião, o presidente José Manuel Marroquín (1827–1908) foi intensamente criticado por setores que sustentavam que ele deveria declarar guerra aos americanos. No entanto Marroquín optou por não enfrentar a maior potência militar da área e resignou-se à criação da República do Panamá. Ao deixar a presidência, um ano depois, Marroquín reuniu-se com produtores de cacau, com os quais tentou defender sua atitude: "Os colombianos não podem me criticar. Eu recebi um país e entreguei dois!".

# Narcotráfico

No final do século xx, outro presidente colombiano deu o que falar: Ernesto Samper. Durante a campanha eleitoral de 1994, a Justiça recebeu gravações que indicavam que a candidatura de Samper contaria com financiamento de narcotraficantes. No entanto o conteúdo só veio à tona quando ele já havia sido eleito. O escândalo marcou o governo Samper desde o início. O novo presidente retrucava as acusações afirmando que tudo não passava de uma "conspiração" de seus inimigos políticos e que estes "mentiam". No entanto, em 1995, o ex-tesoureiro da campanha presidencial, Santiago Medina, confessou a existência de dinheiro ilícito. O escândalo cresceu a tal ponto que o governo dos Estados Unidos cancelou o visto de entrada no país do presidente Samper.

O caso teve o efeito colateral de gerar centenas de denúncias que envolviam dezenas de políticos, jornalistas e celebridades com o mundo do narcotráfico. O clímax ocorreu quando o ex-chefe de campanha e ministro da Defesa, Fernando Botero (filho do artista plástico Fernando Botero) depôs perante os tribunais afirmando que o presidente Samper tinha total conhecimento de que parte do dinheiro utilizado em sua eleição vinha do narcotráfico.

Samper mudou o discurso e começou a dizer que não sabia de nada e que tudo havia sido feito sem seu conhecimento. O escândalo continuou crescendo e, em 1996, o Parlamento decidiu — pela primeira vez na história da Colômbia — abrir uma investigação contra o presidente da República. Samper quase foi alvo de impeachment. Foi salvo por seu ministro do Interior, Horacio Serpa, que convenceu os parlamentares do próprio partido de Samper, o Liberal, a votar a favor dele. Dessa forma, o caso foi arquivado. Samper salvou-se. O presidente da Câmara de Deputados, seu aliado, ao sair da votação, declarou à imprensa: "Francamente, não encontrei prova alguma para culpar o presidente [...] mas, tampouco, prova alguma para absolvê-lo".

Após ser absolvido, Samper, que era integrante da elite colombiana, descendente de nobres espanhóis e políticos colombianos, foi eleito secretário-geral da União das Nações Sul-americanas (Unasul) com o apoio dos governos de Nicolás Maduro, Evo Morales, Cristina Kirchner, Dilma Rousseff, entre outros dirigentes da região.

## O NARCOTRAFICANTE QUE QUERIA SER PRESIDENTE DA REPÚBLICA

O colombiano Pablo Escobar Gaviria, o mais famoso narcotraficante da História mundial, nasceu em 1949 em uma família de lavradores no estado de Antioquia, cuja capital é Medellín. Ele se destacou dos outros narcotraficantes devido à sua crueldade extrema, já que mandava assassinar amigos, juízes, empresários, ministros, deputados, candidatos presidenciais e até derrubar um avião de carreira lotado. Seu saldo foi de pelo menos 5 mil assassinatos. No entanto, paradoxalmente, há alguns anos se transformou em um ícone pop.

Ele estava meio esquecido quando sua vida foi alvo de algumas séries veiculadas em plataformas de streaming. Uma delas, a colombiana *O patrão do mal*, que pretendia destacar a maldade de Escobar, o transformou em uma pessoa adorável. Outra delas, *Narcos*, o mostra como um sujeito bonitão e bom de cama. Isso acabou estimulado "*narcotours*" em Medellín, com turistas que querem conhecer onde viveu e morreu o famoso traficante, além dos pontos onde realizou atentados. No entanto, a prefeitura demoliu a casa-museu de Escobar para tentar combater o culto ao mito do líder narco.

Desde jovem dedicou-se ao roubo de lápides de cemitérios e contrabando de eletrodomésticos. Depois, passou à produção e comercialização de maconha e cocaína para exportação. Escobar começou a ficar rico de forma acelerada, especialmente a partir de 1976, quando um grupo de pequenos narcos decidiu fazer uma *joint-venture*, criando o Cartel de Medellín.

No apogeu, essa organização mafiosa teve o monopólio do business da cocaína na Colômbia, controlando toda a linha de produção, desde o plantio da coca nas áreas de selva do país até a industrialização da cocaína. O Cartel de Medellín ostentava 80% da produção mundial da droga. Nos Estados Unidos, no início dos anos 1980, dominava 60% do mercado.

Escobar rapidamente eclipsou seus aliados, tornando-se o *primus inter pares*. Na década de 1980, foi um dos homens mais ricos do mundo, segundo o ranking da revista *Forbes*, com uma fortuna estimada em 8 bilhões de dólares (embora cálculos posteriores indicavam que chegaria a 30 bilhões). Entretanto Escobar precisava "lavar" sua fortuna e gerar alguma explicação sobre o dinheiro, já que tinha aspirações públicas. Dono de um imenso ego, não queria ser uma figura clandestina. Portanto, começou a fazer milionárias obras de caridade nas favelas e bairros operários de Medellín. Enquanto isso, aplicava a política do *"plata o plomo"* (grana ou chumbo) para integrantes da polícia, políticos e militares. Quem não aceitava os subornos para fazer o que o Cartel queria, era eliminado.

Nesse período, ninguém publicamente desconfiava que Escobar fosse um líder do narcotráfico. Ele considerava que, por mais dinheiro que tivesse, se não se tornasse um político não teria um poder real. Desta forma, tornou-se suplente do senador Jaime Ortega Ramírez, do Movimento Político de Renovação Liberal, de direita. Com esse status, foi até um dos representantes oficiais da Colômbia na posse do primeiro-ministro da Espanha Felipe González, em 1982. Pouco depois, Ortega Ramírez deixou o cargo e Escobar assumiu como senador.

Escobar aspirava, é claro, ser presidente da República. Quando assumiu o posto de parlamentar, disse à sua esposa, Victoria Eugenia: "Querida, se prepare para ser primeira-dama. As portas do palácio presidencial se abrirão para nós". No entanto esse sonho durou pouco, já que no ano seguinte, em 1983, o ministro da Justiça, Rodrigo Lara Bonilla, durante uma investigação, descobriu, surpreso, que Escobar tinha vínculos com o narcotráfico... e posteriormente, que era o maior narco do país... e do mundo! O governo encontrou e destruiu o Complexo de Tranquilândia, uma imensa instalação de produção de droga no meio da selva amazônica, que contava com dezenove laboratórios e oito pistas de pouso.

Um ano mais tarde, Bonilla foi assassinado por ordens de Escobar, dando início à guerra entre o Estado colombiano e o Cartel de Medellín. Escobar também ordenou o assassinato do candidato presidencial Luis Carlos Galán em 1990 e de diversos jornalistas, além do atentado do voo 203 da companhia Avianca, que explodiu no ar devido a uma bomba em 1989. Escobar acreditava que o então candidato presidencial César Gaviria estava nesse avião, mas Gaviria havia viajado em um voo particular. Cento e dez pessoas morreram no atentado ordenado por Escobar.

Em 1984, ele tentou negociar uma anistia, oferecendo-se para pagar a totalidade da dívida externa da Colômbia, que na época era de 13 bilhões de dólares. Mais uma vez, Escobar fazia uma cartada política. O governo declinou a oferta, já que não ficaria bem nas manchetes internacionais "Narcotraficante paga dívida da Colômbia", sem contar o poder e a popularidade que o ato traria para Escobar.

Em 1981, ele deslanchou uma guerra contra as guerrilhas de esquerda, como o grupo M-19, um grupo que tinha uma ala política e uma ala de guerrilha de esquerda nos anos 1980 (do qual participava o futuro presidente Gustavo Petro). Entre 1986 e 1993 houve uma guerra de cartéis, enquanto cada cartel também lutava contra o Estado colombiano. O motivo do conflito foram algumas ações do M-19 na tentativa de sequestrar integrantes narcotraficantes.

Em 1991, com garantia do governo a Escobar de que poderia ficar tranquilamente preso na Colômbia sem correr risco algum de ser extraditado para os Estados Unidos, já que o Parlamento havia aprovado um artigo na Constituição Nacional que impedia a extradição de cidadãos colombianos, o líder narco se entregou. Porém, antes disso, obrigou o governo a construir uma prisão especial para ele, chamada de La Catedral, que posteriormente descobriu-se que havia sido erguida em um terreno de sua propriedade. La Catedral contava com salas de sinuca, quartos amplos com quadros e móveis importados, bar, campo de futebol, entre outras *amenities*. Na prisão, Escobar também organizava orgias para amigos narcos e jagunços. A imprensa chamava o lugar, ironicamente, de "prisão de máxima comodidade".

No entanto, em 1992, Escobar descobriu que seus subordinados o estavam traindo e ordenou diversos assassinatos. O presidente Gaviria reagiu, determinando o envio de Escobar para uma cadeia de verdade em uma base militar. Escobar então fugiu de La Catedral literalmente chutando um de seus muros dos fundos. Sim, o muro era de gesso. Ele saiu sem dar um tiro e perante centenas de soldados. Os analistas políticos locais costumam dizer que "os colombianos desenvolveram uma tolerância normal ao absurdo". Após fugir de La Catedral, Escobar viveu dezesseis meses na clandestinidade, perseguido pela polícia e pelos narcotraficantes rivais. Por fim, foi morto a tiros pela polícia de Medellín após uma tentativa de fuga espetacular pelos telhados da cidade.

O saldo de vítimas do narco que quis ser presidente foi de 4 mil mortes, dos quais trezentas ele teria perpetrado pessoalmente. Além dos mil policiais assassinados por seu cartel, Escobar também ordenou a morte de duzentos juízes.

Eis algumas curiosidades da organização de Escobar: eles faziam tanto dinheiro que gastavam mensalmente 2.500 dólares apenas em elásticos para prender os maços de notas. Pelo fato de ser um narcotraficante, Escobar não podia depositar sua fortuna em bancos. Desta forma, tinha que guardar o dinheiro em vários depósitos espalhados pela Colômbia. Esses esconderijos eram locais improváveis, como caixas d'água e porões de casas em bairros humildes. No entanto a umidade e as ratazanas devoraram parte das notas. Calcula-se que Escobar perdia em média 10% de seu dinheiro devido aos roedores e ao clima úmido da Colômbia. Quando ele jogava Banco Imobiliário com sua família, usavam dólares reais. Contudo ele era conhecido por trapacear, deixando notas debaixo da almofada do sofá onde sentava para que pudesse pegar dinheiro extra de forma discreta durante o jogo.

## A epidemia paquidérmica, uma herança de Escobar

Em 1981, Pablo Escobar trouxe de zoológicos dos Estados Unidos quatro filhotes de hipopótamos africanos. Eram três fêmeas e um macho. Escobar, que era apaixonado por esses paquidermes, os instalou em um minizoológico em sua fazenda, chamada Nápoles, onde tinha uma mansão, na companhia de muitos outros animais bem menos exóticos. Ali também existia uma área para touradas e uma manada de dinossauros de concreto armado.

Porém, em 1993, quando Escobar abotoou o paletó de madeira, além de deixar para a Colômbia a herança do flagelo das drogas e das máfias, também deixou um problema ecológico: os hipopótamos.

A polícia, ao entrar na fazenda para confiscar documentos e dinheiro, também levou alguns animais exóticos — aves basicamente, como pavões. Dias depois, os moradores da área pegaram alguns bichos do zoológico, mas ninguém quis adotar os hipopótamos. O problema é que esses pets paquidérmicos ficaram sem vigilância e, pouco depois, famintos, fugiram. Na sequência, foi um "crescei e multiplicai-vos". Em três décadas desde a morte de Escobar e a fuga dos hipopótamos, o número desses animais subiu de 4 para 215. No entanto, segundo uma pesquisa da revista científica *Biological Conservation*, os hipopótamos poderiam chegar a 1.400 em 2034. Ainda assim essa taxa de crescimento é considerada "conservadora" por diversos outros biólogos.

Na Colômbia não há predadores naturais para esses paquidermes, como os leões e jacarés, que na África fazem um banquete com os hipopótamos bebês. Assim, eles se expandiram pela área rural — alguns chegaram até cem quilômetros de distância da fazenda Nápoles — e ocuparam lagos e pequenos afluentes do rio Magdalena, o principal do país. O temor é que, ao chegar ao Magdalena, cuja bacia representa 24% do território da Colômbia, se espalhem rapidamente por áreas densamente povoadas. Eles se transformaram em uma espécie de versão caribenha do monstro do lago Ness.

A espécie é famosa por sua agressividade e ameaça a agricultura com a destruição que causa nas lavouras. De quebra, os pescadores da região agora morrem de medo de chegar perto dos rios. Os hipopótamos pisoteiam a flora local, e ainda expulsam os mamíferos fluviais nativos. Devido a Escobar, a Colômbia se transformou no único país fora da África no qual os hipopótamos vivem em estado selvagem.

Nos últimos anos, perante a transformação dessa espécie em uma ameaça para os moradores, a flora e a fauna locais, as autoridades tentaram diversas medidas, entre as quais a de esterilizar os animais, mas pegar um bicho desses não é tão fácil como pegar um gato angorá e castrá-lo, além de cada cirurgia custar no mínimo 50 mil dólares. Até mesmo a morte por injeção letal foi cogitada. Além disso, as autoridades ofereceram os animais de presente para os cada vez menos numerosos zoológicos no exterior. No entanto não conseguiram gerar grande interesse pelos paquidermes.

Em 2023, o Conselho de Estado, a pedido da Procuradoria-Geral, declarou os hipopótamos de Escobar uma "espécie estrangeira invasora". O biólogo colombiano Pablo von Hildebrand, que dirigiu o documentário *Pablo's Hippos*, financiado pela bbc e o Sundance Channel, sugeriu, anos atrás, que os hipopótamos podem render excelentes bifes. Segundo um artigo da revista *The News Scientist*, cada paquiderme adulto rende mais de meia tonelada de carne comestível com baixa gordura e alto valor proteico.

O sabor é parecido ao de carne de porco — pelo menos foi isso foi o que comentaram os moradores de um vilarejo colombiano quando um dos paquidermes de Escobar encostou em uma cerca eletrificada e morreu. O animal, já defunto, foi esquartejado, preparado como churrasco e serviu de alimento por vários dias para os habitantes da área.

## Nobel e Odebrecht

Outro descendente de figuras históricas da Colômbia foi o presidente Juan Manuel Santos, sobrinho-neto de um ex-presidente da República, e integrante de uma poderosa e influente família. Depois de uma carreira no jornalismo e na política, em 2006 foi designado pelo então presidente Álvaro Uribe para o Ministério da Defesa. Nessa pasta, Santos infligiu duros golpes à guerrilha, entre elas, o cinematográfico resgate da senadora Ingrid Betancourt, sem disparar uma bala. Em 2010, foi eleito presidente com 10 milhões de votos, a maior votação da história do país. Foi reeleito em 2014.

Santos é sobrinho-tetraneto de uma guerrilheira, Maria Antonia Santos, uma heroína da independência da Colômbia, que criou a Guerrilha de Coromoro para lutar contra os colonizadores espanhóis. Santos teve outra experiência com uma guerrilha: no final dos anos 1970, ele morava em Londres e uma bomba plantada pelo grupo terrorista irlandês IRA dentro de uma lata de lixo explodiu perto dele. Santos foi derrubado no chão, mas não se feriu. Em 2012, já presidente da Colômbia, viu a rainha da Inglaterra apertar a mão de Martin McGuiness, um dos ex-líderes do IRA, cena que lhe serviu de inspiração para o acordo de paz com a guerrilha das Forças Armadas Revolucionárias da Colômbia (Farc), encerrando 52 anos de guerra interna. Por essa iniciativa, Santos recebeu em 2016 o Prêmio Nobel da Paz.

Em 2017, no entanto, sua imagem foi abalada pelos efeitos do *affair* Odebrecht d'além fronteiras brasileiras quando surgiram provas de que sua campanha eleitoral em 2014 havia recebido dinheiro da empreiteira brasileira. Entretanto, o escândalo foi amainado quando surgiram provas de que a campanha de seu principal inimigo naquelas eleições, o candidato da direita Óscar Iván Zuluaga, também havia recebido fundos irregulares da Odebrecht.

## A inevitável crise colombiana

Ao longo das últimas sete décadas, a Colômbia passou pela mais prolongada e sanguinária guerra interna da América do Sul. Grupos guerrilheiros de esquerda controlavam mais de um terço do país (basicamente zonas de selva), rivalizando com grupos paramilitares de direita que assolavam outras regiões. Todas essas áreas ainda continuam cravejadas de minas explosivas deixadas por esses grupos. De quebra, durante boa parte dessas décadas, organizações de narcotráfico dominaram áreas periféricas de algumas das grandes cidades. Enquanto isso, a outra "metade" do país que estava livre desses bandos vivia na institucionalidade democrática, com eleições regulares e pluralidade de partidos, embora sofresse periodicamente com a violência dos grupos que invadiam a área "normal" da Colômbia.

Em outros países com um cenário similar, a República teria sido alvo de diversos golpes de Estado, com trocas constantes de ditadores no poder argumentando que estavam assumindo o comando para a "pacificação nacional". No entanto o último golpe de Estado protagonizado por militares colombianos foi no distante 1953, quando o general Gustavo Rojas Pinilla derrubou o presidente Laureano Gómez com o argumento de liquidar o período denominado de "La Violencia" (fase de confrontos com uma saraivada de mortes entre os principais partidos políticos do país). Rojas Pinilla foi substituído por uma breve junta militar que em 1958 convocou eleições. Nunca mais os militares voltaram à presidência da República.

Contudo, a partir dos acordos de paz com a guerrilha das Farc em 2016 e com a desativação de boa parte dos grupos paramilitares nos anos anteriores, a outra "metade" do país começou a se "normalizar" gradualmente.

Naquela época, despontou uma euforia (embora muitos permanecessem céticos) de que o fim da guerra interna permitiria um rápido desenvolvimento de várias áreas abandonadas do país.

O otimismo que despontava desde 2016 em vários setores da sociedade escondia, no entanto, uma série de problemas que os diversos governos colombianos haviam empurrado com a barriga de forma persistente. Entre eles estavam a enorme desigualdade social no país; a falta de punições explícitas dos integrantes dos diversos bandos (de esquerda e direita) que haviam protagonizado massacres, estupros, sequestros, torturas durante essas décadas; a falta de segurança das grandes comunidades indígenas, a grilagem de terras, e o frequente (frequentíssimo) assassinato de líderes comunitários em áreas afastadas dos grandes centros urbanos.

## Protestos

Em 2019, o vizinho Equador foi o cenário de intensos protestos quando o presidente Lenín Moreno acabou com os subsídios aos combustíveis em vigência desde 1974. Dias depois, foi a vez do Peru, onde multidões foram às ruas protestar contra o discutível impeachment do presidente Martín Vizcarra, que na época tinha alta popularidade por sua cruzada anticorrupção. Semanas depois iniciaram os protestos no Chile, que começaram como uma manifestação contra o aumento da passagem do metrô de Santiago, mas que imediatamente se ampliaram para reclamações contra o sistema previdenciário vigente, entre outras reivindicações.

A Colômbia também foi o cenário de protestos em 2019, mas, naquela época, o presidente Ivan Duque, de direita, desativou as manifestações com negociações, propondo medidas que foram sendo gradualmente engavetadas. No entanto, em 2021, o projeto de lei de reforma tributária do presidente desatou uma explosão social, turbinada pela tensão tonificada da pandemia. O projeto de reforma do sistema de saúde também irritou a população.

Além disso, também protestaram os indígenas, que pediam respeito à sua cultura, exigiam o fim das ações dos grileiros e pediam segurança perante a guerrilha de esquerda, os grupos paramilitares de direita e dos grupos de narcotraficantes.

Entretanto Iván Duque (cujo mentor político era o ex-presidente Álvaro Uribe, apologista da mão de ferro) reprimiu os manifestantes com ferocidade, fato que só intensificou a magnitude dos protestos. A polícia matou dezenas de manifestantes, enquanto estes atearam fogo em diversos policiais.

O presidente Duque tentou recuperar o protagonismo político oferecendo diálogo aos líderes das manifestações. No entanto não existia um único interlocutor, já que os protestos eram organizados por uma miríade de grupos com as mais diferentes reivindicações, fato que complicava uma negociação rápida. Essa, porém, é a consequência de empurrar os problemas para a frente: quando eles explodem, dificilmente podem ser resolvidos de forma rápida.

## Estátuas

Para ilustrar como o cardápio das reivindicações e reclamações era amplo, relembrarei o caso dos indígenas da comunidade Misak, que pediam justiça histórica. Os misak derrubaram uma estátua do conquistador espanhol Sebastián de Belalcázar na cidade de Cali. Os indígenas argumentaram que essa era uma forma de reivindicar a memória de seus antepassados assassinados e escravizados pelas elites. Isso desatou uma onda de derrubada de várias outras estátuas. Além disso, em diversas regiões começaram movimentos para exigir a retirada das estátuas dos conquistadores espanhóis que agiram no território colombiano, como Pedro de Heredia, localizada na histórica cidade colonial de Cartagena de Índias. E também exigiam a retirada de estátuas de Cristóvão Colombo. Nesse caso, o problema é mais profundo, já que o nome do próprio país é "Colômbia", uma homenagem ao navegante genovês a serviço da Coroa espanhola.

## O velhinho do TikTok *versus* o "ex-guerrilheiro"

Em 2022, os colombianos foram às urnas para escolher o novo presidente. Gustavo Petro rapidamente despontou como o favorito. Petro foi militante do M-19, que ficou famoso com a sangrenta invasão do Palácio da Justiça em 1985. Embora retumbante, esse ataque foi uma das poucas ações militares do M-19, que foi mais marcado pela atividade estudantil nas grandes cidades do país. No entanto não classifico Petro como ex-guerrilheiro, já que ele nunca participou de combates. Petro se dedicava aos discursos políticos em assembleias estudantis e distribuição de panfletos, mas ficou preso por um ano e meio por ter sido integrante do grupo.

Posteriormente partiu para o exílio na Bélgica, onde se especializou em assuntos ambientais. Em 1990, o M-19 e o governo colombiano fizeram um acordo de paz. Ao voltar para seu país, Petro retornou à vida política, sendo eleito deputado federal. Mais tarde, foi prefeito de Bogotá, a capital do país (ainda que com uma gestão considerada "sem brilho"), e senador.

Seu principal rival, ao que tudo indicava, seria Federico "Fico" Gutiérrez, candidato da direita tradicional, prefeito de Medellín. A única credencial de Gutiérrez era sua gestão como prefeito de Medellín. Durante seu governo, foi apelidado de "xerife". Volta e meia participava de perseguições a criminosos durante as patrulhas policiais noturnas. E não em uma viatura policial normal pelas ruas, mas dos céus, em um helicóptero que tinha o irônico apelido de "Ficóptero". No entanto esse jeitão "pasteurizado" não causava frisson. Fico evitava autorrotular-se como um representante da "direita", preferindo dizer, de forma colossalmente genérica, que era um integrante da "ideologia do senso comum".

Nesse contexto, nas semanas prévias ao primeiro turno, começou a subir nas pesquisas um candidato desconhecido, Rodolfo Hernández, que tinha 77 anos na época. Ele era um empresário do setor da construção civil que fez fortuna com a construção e venda de casas populares. Ao mesmo tempo que era o empreiteiro, também atuava como um "banco", já que oferecia crédito para a compra dessas residências. Seus pais eram camponeses. Ele se apresentava como um *outsider* da política, mas na realidade havia sido prefeito da cidade de Bucaramanga. Portanto, ele era totalmente parte do sistema.

Enquanto isso, o presidente Iván Duque, com péssima popularidade, não conseguiu emplacar seu candidato, Oscar Zuluaga, já que este acabou desistindo de sua candidatura meses antes das eleições.

Candidato da direita populista, Hernández era chamado de "El Trump colombiano", cujas características deixariam qualquer insólito personagem do falecido Gabriel García Márquez no chinelo. Seu perfil renderia abundantes teses de ciência e marketing políticos (e também de psicologia) e pode marcar o surgimento de um tipo de grupo político difícil de enquadrar nos padrões tradicionais.

Hernández é de direita, populista. Ele ficou famoso por um vídeo quando era prefeito de Bucaramanga e deu um tapa em um vereador. Autodefinia-se como "antissistema" e dizia que era crítico dos partidos tradicionais de direita. Ele propunha reduzir o tamanho do Estado, algo que muitos direitistas pregam, mas, ao mesmo tempo, na contramão da direita, apostava em legalizar a maconha medicinal (porém de olho apenas no business que isso poderia gerar para o país... ou seja, sua atitude era totalmente neoliberal). Hernández aceitava o aborto, "mas dentro dos prazos estipulados". Ele era a favor das forças armadas, mas queria eliminar o serviço militar e, para isso, desejava profissionalizar mais os militares. Era um crítico das guerrilhas, mas queria fazer um acordo de paz com o grupo que ainda remanescia, o Exército de Libertação Nacional (ELN). Era um crítico do regime do autocrata venezuelano Nicolás Maduro, mas desejava reatar relações com a Venezuela.

## O candidato que se automemificava

Hernández, de 77 anos na época, foi chamado popularmente de "O Velhinho do Tiktok" devido a seu uso *sui generis* da rede social, com edições de vídeo feitas de forma totalmente amadoras — ou que pelo menos pareciam assim. Nas redes, aparecia equilibrando-se em cima de um patinete elétrico, enquanto atrás passavam imagens do país. Sua cabeleira, explicitamente tingida de ruivo, completava o estilo.

Fernanda Olejua Pico, responsável pelas redes sociais de Hernández, declarou na época que "Rodolfo é um excelente produto e nós o vendemos... o vendemos no bom sentido". Hernández havia conseguido se transformar em meme. Ou melhor, ele se automemificava, e isso conquistava mais eleitores. Aliás, os jovens repetiam seus bordões. Hernández é um caso da nascente cultura da política do entretenimento na América do Sul. Já não é a militância política clássica. Começa a ser a cultura de se tornar seguidor de um político "divertido".

Com o discurso de "a Colômbia não cresce porque os políticos roubam o país" ele disparou nas pesquisas. Os analistas indicavam que Hernández tentava reduzir tudo à corrupção. Se em uma entrevista lhe perguntavam sobre educação, ele levava o assunto para a corrupção. E usava o mesmo *modus operandi* com mineração, ecologia, entre outros assuntos. Até mesmo o nome da coalizão de Hernández tinha só a ver com esse tema: "Liga dos governadores anticorrupção". Por isso, propôs remunerar juízes de acordo com o número de corruptos que colocassem na cadeia. Uma espécie de salário por "produtividade".

Ele sustentava que a Colômbia sofria uma "sangria" realizada por "100 mil ladrões" (ele cita o número como específico) e prometia vender os aviões e automóveis usados pelas autoridades, além de transformar o palácio presidencial em um museu. Uma de suas filhas foi sequestrada em 2004 pela guerrilha das Farc e nunca mais foi vista. Na época, ele afirmou que não pagaria o resgate de forma alguma. Hernández diz que tem uma fortuna de 100 milhões de dólares.

Para completar, sua campanha foi embalada por uma forma que ele denominava de "jeito espontâneo de ser", que consistia em declarações marcadas por um arsenal de palavrões, além das entrevistas vestindo pijamas. Hernández se recusou a participar dos debates dos candidatos presidenciais. A desculpa era que isso era "perda de tempo".

Hernández também se declarou fã de Adolf Hitler, a quem chamou de "grande pensador alemão". Dias depois, perante a repercussão negativa, tentou consertar seu ato, dizendo que havia confundido Hitler com Albert Einstein. No entanto não existe nem mesmo uma sonoridade similar entre esses sobrenomes.

Os partidos de Petro e Hernández não governaram a Colômbia nos últimos duzentos anos. Os presidentes do país sempre foram de centro, centro-direita e de direita. Nunca houve um de esquerda. E nem existiu um presidente de direita que não estivesse vinculado estreitamente a um dos partidos tradicionais.

Essa foi a terceira vez que Petro disputou a presidência da República. Para Hernández, foi a primeira. No primeiro turno 45% dos eleitores se abstiveram de votar, demonstrando o desprezo pela classe política de forma geral. No segundo turno, Petro venceu com 50,4% dos votos. Do total do eleitorado, 42% optaram por não comparecer perante as urnas.

# Clichês

Muitas pessoas tentaram reduzir Petro e Hernández a clichês, mas a política colombiana é complexa (e eu adoro aniquilar clichês). Hernández, embora fosse chamado de "El Trump colombiano" tinha muitas diferenças em relação ao ex-presidente dos Estados Unidos. Por exemplo, Trump contava com toda a estrutura do Partido Republicano, mas o partido de Hernández, a Liga dos Governadores Anticorrrupção, é minúsculo, pois tinha apenas dois deputados. Tampouco dá para compará-lo com Bolsonaro, pois Hernández não desperta o fanatismo religioso do bolsonarismo — e ele ainda queria reatar relações com a Venezuela!

Petro também era alvo de clichês. Diziam que era como Nicolás Maduro e que transformaria a Colômbia em uma Venezuela. Bom, o chavismo se respalda nos quartéis para sobreviver e os militares mandam na Venezuela. Entretanto, na contramão, os militares colombianos não gostavam de Petro. Portanto, sem o exército, não teria como "venezuelizar" a Colômbia. E Petro não se autorrotula de "esquerda". Ele se autoclassifica como "progressista".

# Francia

O verdadeiro símbolo das mudanças de Petro é sua companheira de chapa, a vice-presidente Francia Márquez, de quarenta anos, que foi mãe solo aos dezesseis e que teve que fugir da cidade onde nasceu por ameaças de morte devido à sua precoce militância ambiental. Ela trabalhou como empregada doméstica e estudou Direito. Na sequência, tornou-se ambientalista e ficou famosa por seu combate à entrega indiscriminada de licenças de mineração. Por seus trabalhos em defesa da natureza, recebeu o Prêmio Ambiental Goldman, informalmente chamado de "o Nobel ecológico". Devido a seu trabalho em defesa do ambiente, foi alvo de um atentado com granadas em 2019. Sua chegada à vice-presidência é um marco, já que a Colômbia é um país de forte racismo. Nunca o país havia tido uma vice afro-colombiana. Aliás, é a primeira vice-presidente de origem africana na história da América do Sul. Ela costuma dizer que *los nadie*, isto é, "os ninguém", em espanhol, mudarão a política do país.

## Montanha-russa à moda colombiana

Quando Petro foi eleito o primeiro presidente de esquerda da História da Colômbia, contava com apenas com 20% do Senado e 17% da Câmara. O cenário de governabilidade parecia dificílimo, mas, entre o fim do segundo turno e sua posse, graças a um senador de origem na direita dura, Roy Barreras, que se transformou em seu principal articulador, conseguiu costurar uma eclética coalizão que reunia esquerda, centro-esquerda, centro-direita e direita, algo inédito. Com essas alianças, ele aprovou sua ambiciosa reforma tributária, cujos fundos decorrentes do aumento da arrecadação serão destinados ao combate à fome e à pobreza. Nesse período, Petro também conseguiu um acordo histórico com a maior associação de pecuaristas da Colômbia para comprar 3 milhões de hectares em diversas regiões. O objetivo: implementar a reforma agrária que havia sido prometida no acordo de paz feito em 2016 entre o Estado colombiano e a guerrilha das Farc.

No entanto Petro começou a querer acelerar e implementar várias reformas de forma simultânea, fato que desgastou a coalizão. Os pontos dessa costura tão delicadamente planejada começaram a estourar nos primeiros meses de 2023. E, assim, vários partidos começaram a votar contra o presidente. A coalizão caiu por terra e Petro se deparou com o cenário de ter que negociar cada lei que deseje aprovar. E sua situação se tornou ainda mais complicada após as eleições para governadores e prefeitos realizadas em outubro de 2023. Petro perdeu a eleição na maior parte do país. De um total de 418 deputados estaduais em todas as assembleias legislativas, o governo obteve apenas 17.

## Babá-gate

Para complicar, em maio do mesmo ano, o embaixador de Petro em Caracas, Antonio Benedetti, que havia sido no ano anterior um dos principais articuladores da campanha presidencial, protagonizou o escândalo do *"Niñera-gate"* ("Babá-gate"), caso investigado pela Procuradoria-Geral da União e a Justiça Eleitoral colombianas, sobre a origem de um volume de dinheiro equivalente a 3,5 milhões de dólares doados para a campanha eleitoral de Petro.

Tudo começou quando Laura Sarabia, que era a poderosa chefe de gabinete de Petro, denunciou o desparecimento de 7 mil dólares de seu apartamento e acusou Maribelys Meza, babá de seu filho recém-nascido. A babá afirmava que havia sido levada ao palácio presidencial e submetida a três testes do detector de mentiras — o que é considerado abuso de poder. E, para completar, o que faz um detector de mentiras no palácio presidencial? Na sequência, a ex-babá pegou um jatinho e foi para Caracas, onde se reuniu com o embaixador colombiano na Venezuela Armando Benedetti.

Detalhe 1: ela já havia trabalhado para Benedetti e sua esposa como babá. Detalhe 2: ela havia sido despedida também por suspeitas de roubo. Detalhe 3: apesar desse suposto roubo, Benedetti a havia recomendado a Sarabia. E, de quebra, veio à tona que a Polícia Nacional havia ilegalmente grampeado a babá! No entanto, no meio desse imbróglio, um dos policiais envolvidos no relatório sobre o grampo declarou que pretendia prestar depoimento à Justiça sobre o assunto. No dia seguinte, porém, ele recebeu ameaças de morte. E, um dia depois, misteriosamente apareceu "suicidado" com um tiro na cabeça.

Voltando aos dois políticos: Benedetti e Sarabia foram grandes amigos durante um longo tempo, mas passaram a não se suportar. Benedetti queria ser ministro e não embaixador, mas a poderosa Sarabia não mexeu os pauzinhos para ajudar Benedetti.

Tudo se complicou para valer quando vieram à tona áudios de Benedetti xingando Sarabia. Na conversa, Benedetti se gabava de ter conseguido muito dinheiro para a campanha eleitoral. Além disso, afirmou que sabia muitos "podres" do governo e que, se abrisse o bico, todo mundo — incluindo ele próprio — iria para a cadeia. Ele ainda reclamou de ter sido colocado de escanteio na estrutura de poder, apesar dos recursos que havia angariado. Segundo disse ironicamente, esses fundos não vieram de "empreendedores".

Dias depois, em uma entrevista, quando a repórter perguntou se os narcotraficantes deram dinheiro a Petro, Benedetti a interrompeu, assustado, ordenando: "Cale a boca, cale a boca!".

O rebu foi colossal. E tanto Benedetti quanto Sarabia foram demitidos pelo presidente. O ex-embaixador disse que as declarações haviam sido causadas por um momento de fraqueza e tristeza, e arrematou: "Eu me deixei levar pela bebida e uns drinques". O escândalo paralisou as tentativas — que já eram difíceis — do governo de implementar algumas reformas e acelerou a fuga de aliados, que já estava em curso desde o início do ano.

## O *AFFAIR* EXTRACONJUGAL DO PROBLEMÁTICO FILHO DO PRESIDENTE

Se até esse momento os capítulos da crise política do governo Petro já eram dignos de uma telenovela colombiana (o país produz ótimas novelas, embora muitas das quais tenham toques melodramáticos e enredos mirabolantes, mas não tanto como as mexicanas), na sequência começou uma nova "temporada" de tons mais turbinados.

A nova fase da crise, que atingia diretamente o presidente Petro, foi quando sua ainda nora, Daysuris Vázquez, foi, em fevereiro de 2023, até a Casa de Nariño, o palácio presidencial, falar com o sogro. Daysuris havia descoberto que Nicolás Petro Burgos estava tendo um tórrido romance com uma amiga sua, Laura Ojeda, uma modelo e ex-participante de um *reality show*, que, por sinal, estava grávida. Furiosa, contou ao sogro que o filho presidencial havia ficado com parte do dinheiro arrecadado para a campanha eleitoral. Na sequência, ela deu alguns detalhes à imprensa. O escândalo cresceu lentamente.

Na época, quando começavam os primeiros capítulos desse escândalo, o presidente declarou que não havia sido responsável pela criação de Nicolás, já que ele foi educado por sua ex-esposa, Kátia Burgos. Ele também afirmou que as décadas passaram e nunca tiveram a oportunidade de conviver, até o ano anterior, quando o filho se envolveu ativamente na campanha.

Porém, em julho, vieram à tona as conversas entre Nicolás e sua agora ex-esposa Daysuris. Nessas conversas, Nicolás afirmava que recebeu dinheiro de narcotraficantes e de paramilitares de direita, grupos que o pai combate. Para complicar, os movimentos bancários de Nicolás indicam que ele gastava em média 8 mil dólares por mês em restaurantes, roupas de grife, tratamentos estéticos e hotéis cinco estrelas, enquanto seu salário como deputado equivale a 3 mil dólares.

Os dois foram indiciados. Nicolás, por suposto envolvimento em lavagem de dinheiro e enriquecimento ilícito. E sua ex-esposa Daysuris por lavagem de dinheiro e violação de dados pessoais. Ambos foram detidos. Nunca na história da Colômbia o filho de um presidente havia sido detido durante o governo do pai.

Os áudios das conversas de Nicolás e Daysuris eram altamente comprometedores. O presidente Petro não recorreu a teorias da conspiração e nem disse que seu filho era inocente, como em outros casos de presidentes que enfrentaram esse tipo de circunstâncias. Na ocasião, Petro declarou: "Como pessoa e como pai, me dói muito tanta autodestruição e que um de meus filhos vá para a cadeia. Como presidente da República, garanto que a Procuradoria terá todas as garantias de minha parte para proceder de acordo com a lei". Na sequência, completou: "A meu filho, desejo sorte e força. Que esses eventos forjem seu caráter e o faça refletir sobre seus próprios erros". Nicolás se sentiu abandonado pelo pai e começou a contar mais detalhes sobre o financiamento irregular.

Esse escândalo se transformou na pior crise política do governo Petro, que estava a ponto de completar um ano de existência. Essa situação desastrosa pegou Petro em um momento de grande fraqueza política. Sua desaprovação, que no primeiro semestre de governo estava em apenas 20%, subiu para 62%.

Nesse caso, tal como nas telenovelas, houve sexo, escândalos extraconjugais, dinheiro, corrupção, mafiosos, poder e até um suicidado.

# Venezuela:
## A conexão ornitológica com o além

"Vamos embora, pois os pescoços não voltam a crescer!" Essa foi a frase pronunciada de maneira ofegante, na correria, pelo general Marcos Pérez Jiménez a um de seus assessores durante seus derradeiros minutos como ditador da Venezuela. O general se referia aos temores que tinha de ser degolado pelos militares que haviam iniciado uma rebelião contra seu regime. Pérez Jiménez percebeu que não conseguiria ficar no poder, já que uma coalizão de partidos de esquerda, de centro e também de direita havia se organizado para derrubá-lo, com apoio de militares. Era o dia 23 de janeiro de 1958.

Pérez Jiménez governou a Venezuela entre 1952 e 1958. Foi a última ditadura que comandou o país até o regime cívico-militar de Nicolás Maduro. O general enriqueceu no cargo graças ao desvio de fundos públicos. O ditador morava em uma mansão em forma de bolo que contava com piscina em formato de violão. A mansão tinha um *plus*: tenebrosas *amenities* constituídas por uma série de celas. Isso mesmo: piscina e celas. Ora, era uma forma prática de ter a família alegre no verão e cuidar pessoalmente dos assuntos de governo, entre os quais, tortura de opositores, uma espécie de "home office".

Porém, com a rebelião militar em andamento, sem vacilar, o ditador e sua família fizeram as malas às pressas e — ao lado de diversos colaboradores — foram até a base de La Carlota para pegar o avião presidencial, que ostentava o nome de *La Vaca Sagrada*, e dali fugir para o exílio.

O primeiro problema surgiu quando viram que o aparelho, um C54 Skymaster, não tinha combustível. Pérez Jiménez pretendia escapar para a República Dominicana, onde governava outro ditador que era seu amigo, Rafael Trujillo. Encontraram combustível perto do aeroporto, mas cidadãos contrários ao então ex-ditador queimaram os recipientes que armazenavam o querosene. No entanto, horas depois, conseguiram um caminhão-tanque. Estavam a ponto de embarcar quando perceberam que não havia copiloto. Finalmente, às três da madrugada estavam prontos para partir... mas aí perceberam que não existiam luzes de baliza. Isto é, o aeroporto não estava preparado para pousos e decolagens noturnas. A culpa desse atraso tecnológico era do governo. *Ops...* do governo do ditador que tentava fugir. A saída foi ligar os faróis dos carros dos fugitivos e, assim, iluminar a pista.

Mas quase tudo termina mal, pois o avião estava sobrecarregado com as malas do então ex-ditador e de seus amigos, carregadas de dinheiro, joias e diversos pesados bens.

Dias depois, o telefone tocou no palácio presidencial de Miraflores. Era a mulher de Pérez Jiménez, ligando da República Dominicana. Ela exigia que lhe enviassem uma valise que seu marido havia esquecido. Meses depois, foi a vez de o ex-ditador pedir que lhe enviassem a valise perdida na correria da fuga. Ninguém nunca achou a tal valise e nunca se soube o que havia lá dentro.

Quando o general estava em seu milionário exílio em Madri, muitos anos depois, descreveu para um grupo de antigos aliados como costuma ser a sequência de um golpe de Estado: "Como antigo conspirador, minha experiência me diz que tudo começa com murmúrios, algo muito básico, um burburinho de pessoas que dizem coisas que não dá para entender muito bem, mas que, pelo tom no qual são ditas, indicam que são expressões de irritação. Depois vem o rumor, que são as falsas informações e notícias sobre fatos adversos ao governo, que não são verdade, mas indicam aquilo que as pessoas gostariam que fosse. Depois, vem um ensaio de rebelião, que é uma explosão muito isolada de um golpe, um fato muito localizado que geralmente o governo dissolve sem maiores consequências. No entanto, isso indica sintomas de decomposição nas Forças Armadas. E depois vem o motim, que é um golpe que fracassa porque alguns dos comprometidos dão marcha a ré no último minuto. E aí, depois disso, é que vem o grande *caralhaço...*".

Embora fosse um ditador de direita, Pérez Jiménez era admirado pelo presidente Hugo Chávez.

Pérez Jiménez foi embora da Venezuela, mas durante décadas persistiram pequenos grupos políticos que defendiam suas ideias, batizadas de "perezjimenismo". Mais tarde, houve brigas internas e surgiram grupos que defendiam o neo-perezjimenismo.

## Bronca política e *ringtone*

"*¿Por qué no te callas?*" A frase, pronunciada em 2007 pelo então rei da Espanha, Juan Carlos I, ecoou no plenário da XVIII Cúpula Ibero-Americana de Chefes de Estado na cidade de Santiago do Chile. O destinatário da frase era o presidente da Venezuela, Hugo Chávez, que estava interrompendo o discurso do primeiro-ministro espanhol José Luis Zapatero com uma série de críticas às empresas da antiga metrópole. Chávez — pego de surpresa — ficou sem saber o que responder. Esse foi um dos raros casos nos quais o fundador do "socialismo do século XXI" e do "chavismo", dono de uma língua viperina, não emitiu uma resposta imediata. A frase tornou-se um hit mundial — e foi estampada em camisetas, canecas e cachecóis e até se tornou *ringtone* — e ainda está em uso uma década mais tarde para indicar que alguém está dizendo uma miríade de bobagens e que deveria ficar calado. Um ano depois, Chávez e o monarca se reencontraram e, brincando, o rei deu de presente ao líder venezuelano uma camiseta com os famosos dizeres.

Ficar calado, ou ao menos ser conciso no momento de se expressar, não eram marcas do presidente Hugo Chávez. O tenente-coronel do corpo de paraquedismo, que ficou famoso em 1992 ao tentar dar um golpe de Estado — com o saldo de dezenas de mortos — no governo civil da época (ironias da vida, Chávez, um ex-golpista, foi alvo de uma tentativa de golpe de Estado dez anos depois, em 2002), posteriormente foi eleito presidente pelas vias democráticas e tomou posse em 1999.

Chávez fez da presença midiática ostensiva uma marca característica de seu governo. Com uma frequência nunca vista em governos anteriores, ele aparecia na TV discursando verborragicamente quase todos os dias. Além disso, tinha um programa televisivo semanal, o *Aló presidente*, uma espécie de *talk show* altamente personalista. O programa iniciava às onze da manhã dos domingos e não tinha hora para terminar, embora geralmente se estendesse até as cinco da tarde.

O programa era uma extensão de seu gabinete presidencial, pois Chávez também dava ordens ao vivo, tal como ocorreu em 2009, quando determinou qual teria que ser o *modus operandi* no qual seus compatriotas deveriam proceder com a higiene pessoal: "Há pessoas que cantam no banheiro por meia hora. Ora, mas que comunismo é esse? Contei o tempo: três minutos é mais do que suficiente, não fiquei fedendo. Um minuto para se molhar, outro para ensaboar e um terceiro para enxaguar. O resto é desperdício". Na ocasião, Chávez também sustentou que as banheiras de hidromassagem eram inimigas do socialismo.

O sistema ideológico de Chávez era um mix de catolicismo fervoroso (Chávez era categoricamente contra a descriminalização do aborto e o casamento entre pessoas do mesmo sexo), nacionalismo, exaltação das forças armadas e intervencionismo estatal.

Nas cúpulas presidenciais do Mercosul, nas assembleias da ONU em Nova York e em outros âmbitos, Chávez costumava disparar contínuas críticas contra *"El Imperio"*, tal como denominava os Estados Unidos (país que, apesar das críticas, foi durante a maior parte do governo chavista o principal destino das vendas de petróleo da estatal venezuelana PDVSA, que tinha refinarias e centenas de postos de gasolina em território norte-americano). Ao discursar na ONU, em 2006, com o estilo venenoso que lhe era peculiar, ironizou a presença na véspera, naquele mesmo local, do então presidente George W. Bush: "Sinto cheiro de enxofre!", em alusão à denominação que dava ao presidente americano: *"Mister Devil"* (Senhor Diabo).

## Verborragia

Um livro sobre o presidente Hugo Chávez, *A presidência midiática*, do sociólogo Andrés Cañizales, fez uma detalhada pesquisa sobre os discursos do líder bolivariano. No discurso de dez horas que o presidente fez no dia 13 de janeiro de 2013 perante o Parlamento venezuelano, ele disse a palavra "eu" um total de 586 vezes. Em 75% das vezes que Chávez falou sobre políticas públicas, ele falou de si próprio em terceira pessoa.

A Comissão Interamericana de Direitos Humanos fez uma medição dos discursos de Chávez realizados nos primeiros dez anos de seu governo, entre 1999 e 2009. Nesse período, os canais de TV e as estações de rádio venezuelanos transmitiram 1.992 redes nacionais de TV e rádio. Isso representou um total de 1.252 horas e 41 minutos. Essas horas todas equivalem a 52 dias! Seria um cenário similar a um presidente falando pela TV, nas casas de seus cidadãos, durante quase dois meses sem parar.

Nesse discurso em janeiro de 2013, ele pronunciou 60 mil palavras. Citou a expressão "falta de segurança" duas vezes e apenas uma vez a palavra "desemprego". Segundo Cañizales, Chávez aplicou durante seu governo o "decisionismo midiático", já que muitas decisões governamentais — estatizações, acordos internacionais, entre outros — eram tomadas na hora, para toda a nação, para surpresa dos próprios ministros, ocasionalmente.

Os líderes da oposição venezuelana não poupavam críticas sobre a presença ostensiva de Chávez e acusavam o presidente de tentar uma virtual onipresença midiática. Enquanto Chávez estava presente discursando de forma constante, não faltaram irônicas alusões ao "Grande Irmão", o personagem do livro *1984*, do britânico George Orwell, que estava de forma quase permanente nas telas dos habitantes de Oceania, um Estado ditatorial.

Nos discursos, Chávez falava sobre os mais variados assuntos, cantava e declamava poesias, além de fazer autoelogios, criticar a oposição, a imprensa e os Estados Unidos. Mas, principalmente, falava sobre a política venezuelana, a política regional e mundial e sobre si mesmo. Polifacético, também fazia alusões político-astronômicas, tal como a ocasião na qual sustentou que "o capitalismo" deveria ter acabado com "a vida em Marte".

Na época circulava uma piada em Caracas que contava que um ministro que estava recebendo uma visita, após uns minutos, dizia: "Olha, daqui a pouco vem o presidente me ver aqui". A visita perguntava: "Que legal! E eu posso ficar?". Então, o ministro respondia: "Olha, o escritório é muito pequeno. Entre mim, o presidente e seu ego, não sobra espaço...".

Em 2008, o então presidente Hugo Chávez, por intermédio da Comissão de Telecomunicações, ordenou ao canal de TV Televen que retirasse o desenho animado *Os Simpsons* do horário em que transmitia o cartum, às onze horas da manhã, já que o declarou proibido para menores de idade. *Os Simpsons*, que volta e meia ironiza a classe política mundial, foi retirado desse horário, já que o governo considerou que o desenho era um atentado contra a moral, os bons costumes e os valores familiares. Na época, no lugar dos imorais Simpsons, o horário foi ocupado pela série *Baywatch*, com suas curvilíneas salva-vidas vestidas com minúsculos maiôs.

## Esqueleto

Em 2010, o presidente Hugo Chávez exumou o cadáver de seu herói, Simón Bolívar, para fazer uma autópsia e assim poder verificar se o comandante da independência venezuelana havia sido assassinado com arsênico, tal como indicavam diversas lendas. Segundo Chávez, a oligarquia havia assassinado Bolívar.

A exumação foi transmitida ao vivo, pela TV, durante dezenove horas. Chávez até disse que sentia as "chamas" do esqueleto "glorioso" de Bolívar.

No mesmo fim de semana da exumação de Bolívar, operação à qual estavam dedicados *full time* cinquenta cientistas, a cidade de Caracas registrou quarenta assassinatos. Mais de 90% desses crimes ficaram impunes, já que a Justiça venezuelana comum não tinha o dinheiro nem o pessoal suficientes para fazer os exames realizados no corpo de Bolívar, falecido em 1830. Bolívar já havia passado por outras duas autópsias: em 1830 e 1842.

Em 2011, Chávez admitiu que os resultados da autópsia não propiciavam indícios de assassinato. "Mas", ele afirmou "sei que o mataram!" Em 2012 saíram os resultados que indicavam que Bolívar havia falecido de desidratação associada a problemas decorrentes de uma infecção no cólon, algo pouco "marcial" para o herói da independência. Chávez omitiu declarações sobre o assunto que envolvia o trecho final das vísceras de seu ídolo.

Bolívar estava sempre presente nas viagens de Chávez, já que o presidente venezuelano exigia que o quarto onde se hospedasse tivesse um quadro representando seu herói. No livro *Hugo Chávez sem uniforme*, os jornalistas Alberto Barrera e Cristina Marcano relatam que, durante as reuniões, Chávez costumava manter uma cadeira vazia à mesa, para que esta fosse "ocupada por Bolívar".

Em 2016 o escritor e jornalista venezuelano David Placer lançou em Madri o livro *Los brujos de Chávez* [Os bruxos de Chávez], que relata como Chávez recorria a médiuns, "feiticeiros" e afins com a ideia de acumular mais poder graças a uma hipotética ajuda do além. O livro mostra cartas de Chávez a seus médiuns e como todo seu *entourage* embarcou nos delírios místicos do chefe. Já antes de chegar ao poder, ele fazia sessões nas quais os espíritos dos "libertadores da pátria" falavam através dele.

Os "assessores espirituais" recolhiam informações para o governo chavista por intermédio das sessões que faziam com líderes políticos e empresários. Os chavistas não negam o peso do lado "espiritual" dentro da cúpula do poder. Em outros países, os delírios místicos poderiam gerar uma imagem cômica dos líderes políticos. Mas, na Venezuela, isso é encarado como uma coisa até normal. Chávez acreditava nessa espécie de "consultoria" do além para suas decisões políticas.

## O mortal "abscesso"

Um dia de maio de 2011, Chávez cancelou um tour alegando que tinha uma lesão no joelho, devido à época de paraquedista e à prática do beisebol, e ficou três semanas de repouso. Mas, um mês depois, Chávez estava em Cuba para tratar um "abscesso", isto é, o acúmulo de pus em uma cavidade inflamada. Durante meses afirmaram que era um mero "abscesso", mas sem dizer onde.

Depois, o governo venezuelano afirmou que o tal "abscesso" era na pélvis. Quando a imprensa revelava que se tratava de um câncer, o governo acusava os jornalistas de "golpistas". Depois os ministros de Chávez mudaram o termo para "lesão". Mas, finalmente, o governo chavista confessou que era "câncer", embora sem jamais ter dito em que parte do corpo e qual tipo de tumor era.

Em 2011 Chávez apresentou sua teoria de que "El Império" — "O Império" —, isto é, os Estados Unidos, estaria por trás dos casos de câncer que afetaram diversos presidentes e ex-presidentes sul-americanos desde 2009.

O líder bolivariano disse na ocasião que suspeitava que os americanos teriam desenvolvido uma arma de raios — como se fosse Flash Gordon — com uma "tecnologia para induzir ao câncer".

Chávez citou a "lei das probabilidades" e disse que é muito difícil encontrar explicações para "o que está acontecendo" com os políticos da suposta esquerda sul-americana, como os presidentes do Paraguai Fernando Lugo e o próprio Chávez, além de Cristina Kirchner, Dilma Rousseff, quando ainda era ministra, e também Luiz Inácio Lula da Silva, já na categoria de ex-presidente.

No entanto, poucas semanas depois, o governo Kirchner — que havia afirmado categoricamente que a presidente padecia de câncer — teve que admitir que Cristina não tinha câncer algum, fato que gerou a irônica denominação de "o não câncer" presidencial.

Dilma havia tido câncer quando era ministra e ainda não era cotada para presidente. Lula já não era presidente quando teve câncer. Dessa forma, apenas dois presidentes denominados de "esquerda" naquele momento tinham câncer: o próprio Chávez e Lugo. Os outros colegas, como José Mujica, do Uruguai; Evo Morales, da Bolívia; Rafael Correa, do Equador, Daniel Ortega, da Nicarágua, e Raúl Castro, de Cuba, não tinham câncer. Chávez não incluiu na lista seu inimigo, o ex-presidente colombiano Álvaro Uribe, de direita, que sofria de uma queratose actínica que poderia se transformar em um câncer de pele.

Em fevereiro de 2012, depois de fazer um de seus mais longos discursos no Parlamento, Chávez anunciou uma recaída e foi de novo para Havana, para a terceira operação. Depois, voltou para começar a campanha eleitoral. As pesquisas indicavam que o chavismo teria menos intenções de voto se o candidato não fosse o próprio Chávez, com garantias de boa saúde. Coincidentemente, o presidente começou a dizer que havia vencido totalmente o câncer e ridicularizou os jornalistas que afirmavam que sua doença permanecia. No entanto, após vencer as eleições, confessou que a realidade era outra e que teria que passar por uma nova operação. Antes de partir, designou como vice-presidente — e herdeiro político — o fiel Nicolás Maduro, que era seu chanceler.

# Havana

Dias depois das eleições, Chávez foi para Cuba de novo. Ele desembarcou em Havana no dia 9 de dezembro. No dia 11 daquele mês foi operado. Depois disso, nunca mais surgiu uma imagem em movimento de Chávez. No entanto, abundaram comunicados ou recados enviados por escrito por Chávez (segundo o governo). Mas, apesar de ele estar "em recuperação" e "falando" com os médicos e seus assessores (e até fazendo algumas ligações telefônicas), além de estar "lendo relatórios", "dando ordens" e "assinando decretos", segundo dizia o governo, não foram feitos vídeos de Chávez.

Informações extraoficiais circulavam por todo o planeta indicando que Chávez estava em coma ou que já havia morrido. Irritado, sem dar detalhes clínicos, Maduro afirmou que Chávez havia encerrado seu pós-operatório e que estava "em uma nova fase do tratamento". Maduro até exibiu uma pasta de cartolina com o brasão presidencial que continha um documento assinado por Chávez como prova de que ele estava vivo. O argumento para desmentir os rumores sobre sua suposta morte foi: "Olhem aqui, esta é a pasta com o brasão presidencial!".

O tempo transcorria e Chávez não voltava ao país para tomar posse no dia 10 de janeiro, tal como determinava a Constituição.

Diosdado Cabello, presidente do Parlamento, dizia que Chávez não necessariamente tinha que tomar posse nessa data e que sua ausência não determinava ausência absoluta. Cabello sustentava que a Constituição deixava claro que, se o presidente não podia comparecer à Assembleia no dia da posse, podia prestar juramento no Tribunal Supremo de Justiça. Mas Chávez estava em Havana, e o Supremo localizava-se em Caracas. No entanto, Cabello argumentava que as normas não especificavam nem quando, nem onde deveria ser essa posse perante a Justiça. Isto é, deixava o caminho aberto para os rumores que indicavam que Chávez poderia prestar juramento na embaixada venezuelana em Cuba. Na época, uma especulação foi a de que Chávez poderia ir até a embaixada da Venezuela em Havana. Mas, apesar das tentativas do governo chavista de minimizar a gravidade do estado de saúde do presidente, a alternativa de sair do hospital estava descartada.

Por isso, o governo em Caracas cogitou transformar a UTI do Centro de Investigaciones Medico Quirúrgicas (Cimeq) de Havana, por algumas horas, em território venezuelano. Isto é, seguindo um precedente peculiar — a "Manobra Karageorgevich": quando, em 1945, o rei Pedro Karageorgevich, da Iugoslávia, estava exilado em Londres por causa da invasão nazista a seu país mas precisava que seu filho nascesse em território iugoslavo, ou perderia o direito à coroa. A saída foi a Grã-Bretanha ceder temporariamente a soberania territorial, fazendo da suíte 212 do Hotel Claridge, onde aconteceu o parto do príncipe Alexandre, um pedaço da Iugoslávia em Londres.

No entanto, o Supremo Tribunal da Venezuela encontrou uma saída, adiando por três meses a posse de Chávez.

Em meados de fevereiro de 2013 o governo divulgou quatro fotos mostrando o presidente Chávez sorridente, deitado no leito hospitalar, acompanhado por duas de suas filhas, Maria Gabriela e Rosa Virginia. A oposição argumentava que, se Chávez estava "assinando decretos", poderia receber um representante opositor ou filmar um vídeo com uma mensagem. O governo não respondeu aos pedidos.

Diversos presidentes latino-americanos estiveram em Havana durante a internação de Chávez, entre eles Cristina Kirchner, Evo Morales e Rafael Correa. Mas, misteriosamente, nenhum deles o visitou no hospital. O uruguaio José Mujica cancelou a viagem ao saber que não poderia falar com seu colega venezuelano.

Ainda em fevereiro de 2013, o governo anunciou a volta de Chávez à Venezuela. Na ocasião, ele desembarcou de madrugada em Caracas e (afirmou seu então vice-presidente Nicolás Maduro) — deitado em sua maca — tuitou três mensagens seguidas para o planeta. A última dizia: "Continuo aferrado a Cristo e com confiança em meus médicos e enfermeiras. Até a vitória sempre! Viveremos e venceremos!".

Duas semanas depois, o governo anunciou oficialmente sua morte. Dias mais tarde, o presidente Nicolás Maduro sustentou que o câncer foi "inoculado" em Chávez pelo imperialismo internacional.

Em 14 anos de governo, Chávez denunciou 63 supostas tentativas de assassiná-lo. Isto é, uma denúncia a cada dois meses e meio.

Mais de 2 milhões de pessoas acompanharam o funeral de Chávez e participaram do velório de nove dias de duração. Maduro anunciou que Chávez seria embalsamado. No entanto, devido ao estado do cadáver, não foi possível realizar o embalsamamento.

## Lobby bolivariano-celestial

No dia 13 de março de 2013, 8 dias após a morte de Chávez, o mundo se surpreendeu com a eleição de um papa argentino, o cardeal Jorge Bergoglio, que assumiu como pontífice com o nome de Francisco. Horas depois, Maduro afirmou que essa eleição devia-se a Chávez. Segundo Maduro, o defunto líder bolivariano, nem bem havia desembarcado no Céu, tinha feito um decisivo lobby celestial para a eleição do papa Francisco, um latino-americano.

"Nós sabemos que nosso comandante subiu às alturas (o Céu) e que, junto a Cristo, ele influenciou para que fosse eleito um papa sul-americano", disse o presidente da Venezuela. Na sequência, Maduro arrematou: "Cristo disse a Chávez que chegou a hora da América do Sul". E, ainda segundo Maduro, Jesus Cristo, no Céu, concluiu com a forma majestática: "Assim nos parece".

Com essas declarações, Maduro deu início à transformação da figura de Chávez em um ser "sobrenatural". Isto é, além do culto ao fundador do chavismo, Maduro incluiu um forte condimento religioso na glorificação do líder morto. Isto é, uma espécie de *branding* sobrenatural-político.

## Ornitologia e espiritismo

Maduro continuou apostando no uso da figura de Chávez como uma espécie de *Deus ex machina* político. No dia 2 de abril de 2013, já em plena campanha eleitoral, Maduro relatou uma experiência pessoal — e de caráter ornitológico-celestial — ao contar em público, perante as câmeras de TV, que um "passarinho pequenininho" havia aparecido enquanto rezava em uma pequena capela católica no estado de Barinas (a região natal de Chávez) e que esse plumífero era o próprio Chávez reencarnado.

Maduro relatou que estava completamente sozinho quando a ave surgiu e se comunicou com o presidente por intermédio de seu canto. Maduro contou que respondeu assobiando. O presidente (o vivo, não o defunto) argumentou que sentiu que Chávez, em forma de pássaro, havia lhe dado sua bênção, dizendo-lhe: "Hoje começa a batalha. Caminhem rumo à vitória!". Assim, a ornitologia — em um mix inédito com o espiritismo — entrou pela primeira vez na política mundial.

### Teologia bolivariana

O presidente voltou à área da teologia ao declarar que Chávez, quando esteve vivo, era Cristo reencarnado, isto é, que Cristo havia reencarnado nele durante 58 anos. "Cristo redentor fez-se carne, fez-se carne, fez-se verdade em Chávez." Isso gerou ironias em Caracas sobre a eventual candidatura de Maduro a "apóstolo". Pouco depois, Maduro começou a usar para si próprio a denominação de "apóstolo de Chávez". Dessa forma, o chavismo havia criado uma espécie de Santíssima Trindade bolivariana: o Padre seria Simón Bolívar, o Filho seria Chávez e o Espírito Santo, o passarinho que comunicou-se com Maduro como Chávez transmutado. Maduro seria o representante de "Deus" na Terra, um pontífice. Ou seja, a pessoa com a missão de interpretar como se deve implementar o *corpus* bolivariano.

### Sono e necromania

Maduro também entrou na área da necromania (a obsessão pelos corpos dos mortos) ao confessar em público que — volta e meia — passava noites dormindo ao lado do caixão do presidente Chávez no Quartel da Montanha, em Caracas. O presidente não deu mais detalhes sobre esse repouso ao lado do presidente que descansa eternamente.

## Topografia e o além

Em várias ocasiões, Maduro citou a onipresença do finado bolivariano na geografia venezuelana ao afirmar que via sempre o perfil de Chávez nas montanhas ao redor de Caracas.

## O além pluviométrico e o secador de cabelo como inimigo da revolução

A Venezuela repousa sobre um oceano energético. É o país com as maiores reservas de petróleo do planeta. No entanto, desde meados da primeira década deste século, vive de forma intermitente em crise de energia, com frequentes apagões em suas cidades. No primeiro semestre de 2016, a Venezuela estava à beira do colapso de energia, e Maduro declarou guerra contra os secadores de cabelo, que se tornaram o novo inimigo da Revolução Bolivariana.

Além do argumento energético, Maduro tentou justificar sua convocação a desligar os secadores apelando para suas preferências estéticas: o presidente sustentou que as mulheres ficam mais bonitas quando se penteiam com os dedos, pois — segundo ele — o cabelo seca de forma "natural". Ou seja: menos tecnologia e mais falanges. Na sequência, pediu que as venezuelanas só usassem o secador elétrico para "momentos especiais". Além do secador de cabelo, Maduro criticou o uso intenso dos ferros de passar roupa e das máquinas de lavar roupa, agora transformados em símbolos contrarrevolucionários.

A irritação popular crescia, com marchas de protesto cada vez mais frequentes. Em dado momento, nuvens escuras aproximaram-se de Caracas, criando expectativas de iminentes chuvas. Maduro afirmou que os poderes mágicos do presidente Chávez haviam levado essas nuvens à cidade. Horas depois, as nuvens finalmente chegaram a Caracas. No entanto, passaram por cima da capital sem derramar uma única gota d'água.

## Geologia e transportes com *touch* sobrenatural

O lado místico misturou-se com a geologia quando Maduro mostrou na TV a foto de uma diluída mancha na rocha do túnel do metrô de Caracas, encontrada pelos operários. Maduro disse que era a cara do presidente Chávez. Maduro, depois de afirmar que havia ficado todo arrepiado, disse que essa "aparição" era um fenômeno sem explicação. "Chávez está em todos os lugares", declarou.

Ele relatou que os operários tinham feito a foto com um celular, mas explicou que, horas depois, a mancha havia desaparecido da rocha.

## Oração chavista

Em 2014, a transformação de Chávez em mito religioso continuou quando, na presença do presidente Maduro, os integrantes do partido governista PSUV rezaram a oração "Chávez nosso", nos moldes do pai-nosso católico: "Chávez nosso que estás no céu, na terra, no mar, em nós, teus representantes, santificado seja teu nome, venha a nós teu legado para levá-lo aos povos daqui e de lá". A oração continua pedindo a orientação do defunto líder: "dá-nos hoje tua luz para que nos guie a cada dia… Não nos deixes cair na tentação do capitalismo, mas livra-nos da maldade da oligarquia, do delito do contrabando, pois nossa é a pátria, a paz e a vida. Pelos séculos dos séculos, amém. Viva Chávez".

## Clone de Chávez

Em 2013, o Movimento Raeliano da Venezuela propôs clonar Hugo Chávez. A ideia foi anunciada pelo porta-voz da organização no país, Alan Rojas Sánchez, que disse que seria positivo trazer ao mundo — novamente — um líder com as características do finado bolivariano. Para este "remake" de Chávez, os raelianos propuseram usar o ventre de uma das duas filhas do falecido líder para gestar o clone.

Os raelianos constituem um movimento internacional surgido na França em 1974, fundado por Claude Vorilhon, cujos integrantes acreditam que uns extraterrestres, os "Elohim", criaram a vida na Terra por intermédio da manipulação genética milhões de anos atrás. Os raelianos — que são o maior grupo do mundo organizado ao redor de uma crença específica sobre OVNIS — também defendem a criação de um governo mundial denominado "geniocracia", isto é, o governo de uma elite de gênios. Em 2002, os raelianos haviam dado a Chávez o título de "presidente honorário" da organização. No entanto, Maduro não fez comentários sobre esta proposta de clonagem.

## Nomenclaturas e efemérides

Em novembro de 2013, o presidente Maduro decretou que o dia 8 de dezembro (naquele ano e em todos os anos) seria o "Dia da Lealdade e do Amor a Hugo Chávez". Segundo Maduro, os dias 8 de dezembro servirão para "exaltar o pensamento bolivariano [...] para declarar "o amor infinito" do povo venezuelano pelo "gigante eterno" (Chávez) e "honrar com ação e pensamento" o líder bolivariano.

Em 2013, a escolha da data foi dupla:

1) No dia 8 de dezembro do ano anterior, Chávez havia feito seu último discurso em rede nacional de TV, pouco antes de partir para Cuba, onde esteve internado vários meses. Naquele discurso, Chávez designou Maduro como seu herdeiro político.

2) No dia 8 de dezembro de 2013 — coincidentemente — seriam realizadas eleições para prefeito em todo o país.

Além de "gigante eterno", Maduro se refere a Chávez com uma vasta miríade de denominações, dentre as quais: "comandante"; "comandante supremo"; "líder eterno"; "messias dos esquecidos"; "presidente eterno dos humildes"; "Chávez das vitórias"; "presidente invicto"; "pai".

Os analistas afirmavam que esse formato se assemelhava àquele usado na Coreia do Norte para se referir a Kim Il-Sung como "presidente eterno da República".

Maduro também criou algumas autodenominações: "presidente operário"; "filho de Chávez"; "apóstolo de Chávez".

E Maduro também encontrou uma forma de designar sua mulher, Cilia Flores, que não é "primeira-dama", ela é a "primeira-combatente da Revolução".

Em meio a esse infinito palavreado, no final de 2013 o líder da oposição Enrique Capriles havia comentado ironicamente que Chávez foi o "comandante galáctico". No entanto, o prefeito chavista de Caracas, Jorge Rodríguez, levando em conta a afirmação como algo sério, respondeu: "Sim, Chávez é nosso comandante galáctico, celestial e universal".

Em outubro de 2014, Maduro decidiu turbinar a exaltação da imagem do falecido líder bolivariano com a fundação do Instituto de Altos Estudos do Pensamento do Comandante Hugo Chávez, com a sigla IAEPCHC. Maduro afirmou que o objetivo dessa entidade era o de "de aprofundar o estudo e a difusão do pensamento e dos valores" do Comandante Supremo.

O organismo tem a função de compilar as ideias de Chávez, pois, ao contrário de outros líderes, como o ditador líbio Muammar Kadafi, o presidente venezuelano nunca preparou um livro que condensasse seus pensamentos. Dessa forma, os integrantes do IAEPCHC precisam ouvir e transcrever dezenas de milhares de horas de discursos do defunto bolivariano. Além disso, o IAEPCHC fiscaliza o correto uso da imagem de Chávez nas homenagens, como nas ruas ou instituições batizadas com seu nome. Também fiscaliza se as estátuas de Chávez estão "corretas" ou não.

Adán Chávez, governador do estado de Barinas e irmão do finado líder, afirmou que o objetivo é divulgar o pensamento de Chávez "por toda a pátria… e por toda a Terra!". Paralelamente ao IAEPCHC, também foi criada a fundação privada Comandante Eterno Hugo Chávez Frías, que ficou sob o comando de Rosa Virgínia Chávez, a filha mais velha do defunto líder. Nesse caso, a fundação tinha a missão de organizar museus para "preservar o legado" de Chávez.

## Chávez como cartum

Cento e um dias depois do anúncio oficial de sua morte, o presidente Chávez voltou à TV venezuelana na forma de desenho animado. Tratava-se do programa *Chávez nosso que estás nos céus*, exibido pelo canal vtv. O desenho mostrava Chávez indo para o Céu em teleférico, onde era recebido nas nuvens pelo herói da independência Simón Bolívar, além do presidente socialista chileno Salvador Allende, do líder guerrilheiro Ernesto Che Guevara e do ex-presidente Néstor Kirchner, entre outros.

O desenho mostrava como o Tio Sam tentava subir aos céus, mas era chamado de "Mister Danger" por Chávez — afirmando que ele cheirava a enxofre — e caía de novo na Terra. Chávez também foi desenho animado em uma versão satírica no YouTube, no programa *Ilha Presidencial*, feita por desenhistas venezuelanos críticos do governo. Nesse desenho, presidentes latino-americanos estão naufragados. Em um episódio, Chávez ressurge da morte: o presidente Obama usa o corpo de Chávez para criar um cyborg, no melhor estilo *O exterminador do futuro*. Mas tudo dá errado devido a um curto-circuito e Chávez fica descontrolado, travado no modo "Messias", eletrocutando peixes e, assim, alimentando os outros presidentes, que estavam passando fome.

Tempos depois, quem "naufragou" na Ilha Presidencial foi Maduro, acompanhado por um passarinho. Nesse episódio, há várias ironias: os outros presidentes não reconhecem Maduro e acham que ele é Freddie Mercury ressuscitado, mas gordo. Outro presidente diz: "Não, é o vaqueiro do Village People obeso". Além disso, ironizam os erros idiomáticos e a tentativa de falar de forma rebuscada de Maduro, que toda hora fica falando com o passarinho, que dá ordens ao presidente.

Maduro não gostou da caricatura. O presidente venezuelano disse que o desenho era ruim e que não era sua cara. "Nem o bigode nem a voz", reclamou Maduro.

## Talk shows

Cilia Flores, "la primera combatiente", debutou em 2015 com seu programa semanal de tv, o *Cilia em família*. Cilia foi presidente do Parlamento e procuradora-geral da República. Na época do programa, não tinha cargo algum. Segundo os organizadores, no programa Cilia "resgata os valores da família, do amor dos pais com os filhos" e conta as histórias de pessoas que lutam pela Revolução Bolivariana. Uma das primeiras histórias foi a de uma mulher que recebeu uma casa do governo.

O presidente Maduro, seguindo os passos de Chávez em seu programa semanal *Aló presidente*, também se transformou em apresentador de TV com o programa *En contacto con Maduro*, desde março de 2014. Outra figura importante do chavismo, o então presidente do Parlamento Diosdado Cabello, também tinha um programa, denominado *Con el mazo dando*, isto é: *Batendo com o tacape*. O motivo do nome: Cabello apresentava o programa com um tacape na mão. Não faltavam ironias indicando que, dessa forma, ele parecia um neandertal.

Além de dar um programa para sua mulher, Maduro também colocou seu próprio filho (de um casamento anterior), Nicolás Jr., de 24 anos, no posto de diretor do Instituto Nacional do Cinema da Venezuela, embora "Madurito" — como é conhecido — não tenha experiência alguma nas artes cinematográficas. Antes desse posto, Madurito havia ocupado o posto de diretor do Corpo Especial de Inspetores da Presidência, que consistia em um grupo de pessoas que fazia blitz em ministérios para verificar se alguém estava filtrando informações para "o inimigo".

Entre o dia 5 de março de 2013 e o dia 1 de janeiro de 2016, segundo a contabilidade realizada pela ONG Monitoreo Ciudadano, Maduro chegou à marca de 499 horas falando em redes nacionais de TV (uma contabilidade que exclui outros discursos, desde os informais até longas declarações à imprensa). Isto é, duas horas a cada dia. Em todos os discursos, ele citou o nome de Chávez, como se fosse um mantra.

## GALINHEIRO PRESIDENCIAL

Em 2015 a inflação superou os 270%, o maior índice do planeta, mais que o dobro do paupérrimo Sudão do Sul. E, para 2016, a perspectiva era que a inflação fosse de 720%. Nesse contexto de crise econômica, o desabastecimento de alimentos disparou. No entanto, para enfrentar a escassez de comida, Maduro criou o Ministério do Poder Popular para a Agricultura Urbana e recomendou que as pessoas cultivassem plantas e criassem peixes em barris, além de reservar um espaço de um metro de altura por sessenta centímetros de largura onde caberiam três galinhas em um apartamento.

Maduro disse que ele e Cilia Flores haviam montado um poleiro com cinquenta patrióticas galinhas na residência presidencial.

## Plano Coelho

Em 2017, foi a vez do Plano Coelho, anunciado como a saída para a crise alimentícia. Maduro admitiu que houve uma experiência preliminar do plano com a distribuição de coelhos em favelas. O problema, ele apontou, era que, devido à "dominação cultural yankee", as pessoas não comeram os coelhos, pois os primos de Pernalonga não fazem parte da culinária local. Por isso, a tendência era que se tornassem mascotes no colo, e não quitutes no prato. Maduro disse que isso era coisa da cultura americana, na qual "nos ensinaram que o coelho é bonitinho". Mas o enfoque seria diferente dali em diante, explicou, argumentando que o coelho, "desde o ponto de vista da guerra", é alimento. O discurso promete entrar para a antologia da TV mundial, pois, pela primeira vez na história, um presidente dedicou tempo em rede nacional para explicar a vida reprodutiva leporina. O líder chavista explicou a milhões de telespectadores que "os coelhos se reproduzem como coelhos". Em tom professoral, afirmou que, de cada coelha, nascem doze coelhinhos, "dos quais sobrevivem uns oito".

## Natal antecipado

Em novembro de 2013, Maduro decretou o início antecipado do Natal, celebração que, desde o ano 354 de nossa Era, por determinação do papa Libério, está marcada para o dia 25 de dezembro. Na prática, a decisão de Maduro era uma espécie de antecipação do início do "clima" natalino, com grupos entoando cânticos natalinos (segundo o presidente, o melhor antídoto para problemas de forma geral), entre outras atividades quase dois meses antes da data. O motivo do decreto, segundo Maduro, era seu desejo de "felicidade e paz para todo o mundo", além do objetivo de "derrotar a amargura". A antecipação ficou conhecida como "Navidad-temprana" ("Natal-cedo").

### Chip bolivariano

No meio do colapso econômico em 2016, Maduro anunciou que destinaria fundos para distribuir um carnê para identificar os "chavistas autênticos". O presidente também batizou essa identificação com o nome de "Carnê dos Patriotas". Cada carnê, segundo explicou Maduro, teria um "chip do século XXI". Sem aprofundar no lado técnico, o presidente venezuelano explicou que esse chip serviria para "passar instruções em tempo real" e para armazenar as informações das atividades das quais participassem seus portadores, incluindo as compras nos mercados comunitários.

### Boné-bigode e defesa mundial

Em abril de 2014, Maduro lançou um boné de beisebol — o esporte nacional da Venezuela — que, segundo ele, vinha com o valor agregado de um bigode postiço (idêntico ao do presidente) e que tinha um adesivo. Maduro, pela TV, mostrou o funcionamento do denominado *la gorra del bigote*, ou o "boné-bigode", descolando o bigode do boné e colocando-o em cima de sua própria pilosidade sobre o lábio superior. Na sequência, afirmou que era o "bigode da revolução".

O boné foi distribuído entre os militantes com o objetivo de tornar-se o novo símbolo do chavismo, já que todos os seus simpatizantes, independentemente de serem homens imberbes ou mulheres, poderiam ter o bigode do líder. Porém, a tentativa fracassou. A oposição disparou ironias sobre o assunto, afirmando que o governo passaria o boné para pedir dinheiro e tentar se esquivar do crescente déficit fiscal e comercial da Venezuela.

O lançamento do boné-bigode surgiu horas depois do anúncio de outra criação, embora no âmbito burocrático: o "Ministério da Defesa Mundial da Venezuela". Apesar do título, que parecia filme de ficção científica para a defesa planetária contra a invasão de aliens, essa era a denominação de uma nova repartição pública destinada a rebater as notícias que circulavam no mundo a respeito dos fatos na Venezuela e que o governo considera negativas.

## Conspirações

As constantes denúncias por parte de Maduro sobre supostas conspirações provocaram o surgimento de um neologismo na Venezuela: a "conspiranoia", mix de conspiração e paranoia. Entre as várias conspirações que Maduro denunciou entre 2013 e 2016, estão quase três dezenas de planos de assassinato do próprio presidente. Nesse quesito, Maduro segue a linha do falecido Chávez, que, em quase catorze anos de governo, denunciou a existência da preparação de 52 atentados contra sua vida. Em diversas ocasiões, durante os anos de governo de Maduro, as forças de segurança prenderam uma dezena de pessoas. No entanto, todas foram liberadas, já que o governo, apesar do alarde, nunca encontrou provas contra os supostos "assassinos".

## A esfinctérica crise

Em 2013, os esfíncteres venezuelanos estiveram no olho do furacão de uma insólita crise de escassez de papel higiênico. O desabastecimento do produto gerava filas nos supermercados e farmácias, enquanto a Revolução Bolivariana anunciava que acabaria com a suposta "campanha midiática" que a oposição e a "oligarquia" estavam fazendo sobre esse visceral assunto.

O governo acusava a oposição e os empresários de estocarem e provocarem o sumiço de papel higiênico (entre outros produtos) para tentar derrubar o presidente Maduro, que havia tomado posse pouco tempo antes. *Nunca antes na história da humanidade o papel higiênico havia estado presente nas teorias de conspiração de um governo.*

Na ocasião, a administração Maduro deixou claro que não se intimidaria, pois o ministro do Poder Popular para o Comércio, Alejandro Fleming, sustentou que "a Revolução trará ao país 50 milhões de rolos de papel higiênico para que nosso povo se tranquilize".

Segundo as autoridades chavistas, o objetivo era o de "saturar" o mercado local com papel higiênico. Dessa forma, derrotariam os agentes do imperialismo. Para dissipar dúvidas sobre a capacidade industrial nacional para a produção dessa mercadoria, o ministro Fleming destacou que "não existe deficiência na produção de papel higiênico".

Posteriormente, Maduro mudou sua estratégia e deixou de acusar a oposição e os Estados Unidos para alegar que o produto estava escasso por um motivo positivo: os venezuelanos estavam comendo mais, logo, requeriam, momentos depois — e no meio do caminho, os costumeiros movimentos peristálticos — mais papel higiênico.

## Aracnofobia e criminalidade

Além dos inimigos de carne e osso, os desenhos animados também entraram na mira do governo Maduro, com foco especial em Peter Parker, o jornalista que se transforma no Homem-Aranha no cartoon da Marvel Comics. Em 2013, Maduro contou que tinha assistido ao terceiro filme da série, dirigido por Sam Raimi, e que estava impressionado pela violência "do começo ao final" da obra. Maduro, que condena o que chama de "fábrica de antivalores" nos desenhos animados e filmes provenientes do lado de fora das fronteiras venezuelanas, disse que, infelizmente, o Homem-Aranha era "muito atraente para as crianças pelas cores e pela forma como dispara teias de aranha". Ele mesmo admitiu que ficou até as quatro da manhã assistindo às aventuras de Peter Parker.

Segundo Maduro, um jovem que pega uma arma de nove milímetros e comete um crime na Venezuela tem "no cérebro milhares de horas de filmes nos quais pessoas são mortas".

## Disk-traidor

Em setembro de 2013, Maduro lançou uma linha telefônica especial, o "0800-Sabotaje" (0800-Sabotagem), o 0-800-72268253, número de telefone para que os venezuelanos que desconfiassem de algo ou de alguém ligassem e acusassem a pessoa suspeita de realizar sabotagens. Maduro o definiu como um "centro de informação" para que as pessoas pudessem fazer as acusações em "tempo real" sobre as "sabotagens" do "fascismo".

## Câncer "inoculado"

Em 2013, poucas semanas após a morte de Chávez, Maduro anunciou que criaria uma comissão mundial de cientistas para investigar suas suspeitas de que Chávez teria sido assassinado por jagunços internacionais que teriam "inoculado" o câncer que seu líder havia tido. No entanto, apesar do anúncio feito em tom retumbante (e que foi repetido ao longo dos meses), comissão alguma foi formada. Tempos depois, Maduro também denunciou que existiam conspiradores que tentaram inocular um veneno nele próprio. "Não para que morra em um dia, mas sim para que a doença dure meses!", exclamou, explicando o suposto *modus operandi* dos supostos assassinos.

## Assassinato do rival

Pouco depois de convocar as eleições presidenciais de 2013, Maduro afirmou que o presidente americano Barack Obama, membros do Pentágono e membros da CIA estavam por trás de um plano para matar seu rival, Enrique Capriles, a quem acusa de ser representante dos EUA e da CIA. Segundo Maduro, a ideia dos EUA era matar o opositor Capriles para criar "caos" e "induzir" um golpe de Estado. Capriles continuou vivo. Nunca foram apresentadas provas sobre essa conspiração.

## Salvadorenhos e colombianos

Maduro afirmou também que a "direita salvadorenha" havia pagado mercenários para assassiná-lo. Os jagunços nunca apareceram. Maduro continuou vivo e não falou mais no caso. No entanto, optou por acusar outra nacionalidade, os colombianos, aos quais também acusou de tentar um magnicídio. Segundo o presidente venezuelano, o ex-presidente colombiano Álvaro Uribe havia organizado um grupo de mercenários que ia entrar na Venezuela pela selva com o plano de enviá-lo para o além. Mercenário algum foi detido, apesar da denúncia de Maduro.

Em 2016, o ex-presidente do Uruguai — e ex-líder guerrilheiro — José Mujica, declarou: "Tenho grande respeito por Maduro, mas isso não exime que lhe diga que está louco... louco como uma cabra". A metáfora caprina é usada no mundo hispano-falante para indicar que alguém está doido de pedra. Mujica é um ícone da esquerda regional, e Maduro ficou em silêncio durante dias, até que respondeu, diplomaticamente: "Sim, sou louco... louco de amor pela Venezuela".

### Do passarinho ao equino

Em 2021 Nicolás Maduro se preparava para dar um discurso sobre os nove anos da morte de Chávez em uma verde colina. Ao ver um cavalo ali pastando, Maduro se aproximou e, ao chegar ao lado do equino, o ditador disse ao animal: "Estou te vendo e você me vê. Vamos para a frente. Sim? Caminhamos juntos?".

Maduro continuou falando sobre conceitos de pátria enquanto o cavalo olhava, arredio. Não caminhou com o autocrata caribenho, tal como Maduro havia convidado. Na hora que o autocrata citou Chávez, o cavalo, em rede nacional de TV, só se mexeu para limpar certas partes íntimas. Na sequência, quando Maduro falava sobre "Deus pai, que criou tudo", o animal cheirou a retaguarda de Maduro. O líder chavista então encerrou, gritando "Música! Até a vitória sempre!".

### Papai Noel venezuelano

Em dezembro de 2022, milhões de crianças venezuelanas receberam brinquedos fornecidos pelo regime de Nicolás Maduro. Entre os presentes, estava o boneco "Super-Bigode", uma versão Ken/super-herói do autocrata venezuelano. Mas, como muitos super-heróis têm seus *partners*, também havia a boneca da "Super-Cilita", a deputada e primeira-dama Cilia Flores. Pessoas vestidas como Super-Bigode entregaram os brinquedos. A oposição criticou essa entrega de produtos às crianças como um "ato de propaganda".

O Super-Bigode tem todo um merdhandising, pois é capa de cadernos e desenho animado. Aliás, o Super-Bigode surgiu exatamente um ano antes, quando a TV estatal venezuelana, VTV, apresentou uma versão em desenho animado de Maduro marombado, vestindo um uniforme vermelho-chavismo com um *slip* por cima e uma capa. Além disso, um punho de ferro (ele costuma dizer que combaterá os problemas, os opositores, os Estados Unidos etc. com "mão de ferro").

## Nobel de Economia

Em março de 2022, Maduro afirmou que merecia receber o Nobel de Economia. Isso seria equivalente ao ex-presidente Jair Bolsonaro afirmar que merece o Nobel de Medicina depois da pandemia que matou 658 mil brasileiros. Maduro sustentou que o país recuperou o crescimento e que estava indo para a frente. Paradoxalmente, Maduro falou em recuperação, mas nunca havia dito que o país tinha problemas. O fato é que, no momento em que reivindicou o Nobel, a Venezuela acumulava oito anos de recessão.

Entre 2013 e 2023, Maduro eliminou 11 zeros das notas de bolívares para maquiar a desvalorização. Durante essa década, 7 milhões de pessoas partiram em êxodo devido à pobreza. Os aliados de Maduro fora da Venezuela costumam dizer que a culpa da crise é das sanções aplicadas por Washington. No entanto, durante anos, as sanções foram exclusivamente contra os ministros do regime, para bloquear as contas bancárias que eles tivessem nos Estados Unidos (com certeza, como todos eram patriotas chavistas, jamais teriam contas em bancos norte-americanos...). A crise vem desde 2013. Mas só de 2018 em diante foram aplicadas sanções contra determinadas operações com títulos da dívida pública e comércio petrolífero. Algo que na realidade era parcial, já que a Venezuela continuou tendo operações com grandes potências como a Rússia e a China.

Desde a posse de Maduro, a Venezuela perdeu 80% de seu PIB. Por trás disso está a colossal incompetência dos militares que Maduro colocou nos principais cargos do país — dentre eles, os responsáveis pela gestão do petróleo —, além da alastrada corrupção. Desde a posse dele até 2022, segundo os cálculos do próprio Banco Central, o país acumulou uma inflação de 823 bilhões por cento. Nem Gabriel García Márquez com seu realismo fantástico teria ousado colocar um número desses em um livro.

A única boa notícia é que nas semanas prévias a essa declaração de Maduro, o país havia saído da cataclísmica faixa hiperinflacionária e passou ao patamar de apenas desesperante inflação de 246% acumulados em doze meses. E ainda é a pior do planeta. Essa era a boa notícia. A notícia ruim é que Maduro reduziu a inflação com medidas para semidolarizar a economia venezuelana. Isto é, amarrou a economia do país à moeda americana, o que limitou mais ainda a política econômica. O próprio Maduro havia dito nos meses prévios que "não existe contradição entre dolarização e revolução".

Em setembro de 2023, o salário mínimo e as aposentadorias equivaliam a 3,92 dólares mensais. Isso mesmo. A vírgula está colocada no lugar correto. E, de quebra, apesar da inflação, tanto os salários como as pensões estavam congelados havia um ano e meio.

## Procriar a granel

"Uma das grandes tarefas da vida da mulher é parir." A frase foi pronunciada por algum líder católico conservador de direita sul-americano? Bem poderia ser. Mas o autor da misógina e antiquada forma de pensar é Maduro. Contudo, o mais impressionante é que ele pronunciou a frase durante o Congresso Venezuelano de Mulheres 2022 (e que foi transmitido em rede nacional de TV, como quase todos os discursos dele).

Além da área de obstetrícia, o líder chavista ressaltou a área moral... Segundo Maduro, as mulheres têm a responsabilidade de "construir valores". Dias antes, ele já havia causado indignação entre setores feministas ao afirmar que sua esposa, Cilia Flores, era sua "única propriedade".

Em 2020 Maduro havia afirmado que "as mulheres são feitas para dar à luz". Na ocasião, ele convocou "todas" as venezuelanas a terem "seis filhos". Segundo disse na ocasião, o objetivo era "fazer que a pátria cresça!". Depois, como se estivesse em um leilão, exclamou: "A parir, ora! A parir!".

A última vez que a média de filhos das venezuelanas foi de seis crianças foi no distante ano de 1967. Depois, graças ao controle de natalidade, aos anticoncepcionais e ao maior nível de educação da população, a média caiu e, atualmente, é de 2,4. Mas ainda é alta. É que as adolescentes engravidam sem que exista uma política de prevenção da gravidez. Ao pedir às venezuelanas que estejam na contramão da tendência mundial de ter menos filhos e colaborar com o controle da natalidade, Maduro ressuscita a política do ditador espanhol Francisco Franco, ultracatólico, de direita, que governou a Espanha entre 1936 e 1975. Franco queria que as espanholas fossem donas de casa e tivessem muitos filhos. Por isso, instituiu prêmios e medalhas para as mulheres com mais de cinco filhos. De preferência, mais de oito, segundo Franco.

### Cassino com apostas em petros

Em janeiro de 2020 Maduro anunciou com toda a pompa a instalação de um cassino de luxo em Caracas. A medida vai na contramão da decisão de seu mentor e antecessor, o presidente Hugo Chávez, que considerava que os cassinos eram antros de corrupção e lavagem de dinheiro, símbolos do capitalismo. Chávez, em 2011, dois anos antes de morrer, ordenou o fechamento de todos os cassinos e bingos do país, deixando 100 mil trabalhadores na rua.

Maduro fez o anúncio no prédio do antigo cassino do hotel Humboldt, nas serras ao redor de Caracas. Ele declarou que nas apostas desse cassino seriam utilizados dólares, yens, yuans... e o petro.

O petro é o bitcoin chavista, a criptomoeda criada por Maduro há dois anos, que está totalmente encalhada, já que ninguém (exceto o regime chavista) se interessa por ela.

Apesar da crise econômica sem precedentes e do êxodo de pauperizados venezuelanos, a elite venezuelana conta com muito dinheiro. Boa parte da elite tradicional foi embora do país. Uma parte permanece. Mas a elite que cresceu nestes últimos 20 anos é a dos "enchufados" (plugados), gíria para designar membros do regime e os empresários "boliburgueses" (os bolivarianos burgueses).

A oposição criticou a decisão de Maduro de reabrir o Humboldt, afirmando que servirá de grande máquina de lavagem de dinheiro, algo que o regime precisa desesperadamente para continuar aferrado ao poder.

## "Maduraço", um autogolpe em temporadas, parte 1

Em 1992 o então presidente peruano Alberto Fujimori deu um golpe de Estado, fechando o Parlamento, colocando senadores, deputados e jornalistas na prisão. Decretou a intervenção do Poder Judiciário e implantou a censura à imprensa. Esse autogolpe, batizado "O Fujimoraço", foi realizado em um dia. No entanto, o autocrata venezuelano Nicolás Maduro optou por um autogolpe — um "Maduraço" — em parcelas, que iniciou em março de 2013, quando o governo em Caracas anunciou a morte oficial do presidente Hugo Chávez.

Maduro, que era o vice-presidente, anunciou que seriam convocadas novas eleições. E, coincidentemente, ele seria candidato. No entanto, a lei (criada por Chávez) estipulava que, por Chávez não ter completado um ano de seu novo mandato (ele havia sido reeleito meses antes), a presidência da República teria que passar para o presidente do Parlamento, Diosdado Cabello, enquanto fosse realizada a campanha eleitoral.

Mas Cabello era o maior rival de Maduro dentro do chavismo (além de contar com maiores vínculos com o exército) e o vice não quis correr o risco de perder o poder. Na sequência, Maduro violou a Constituição, ignorando a norma. Ele permaneceu como presidente enquanto realizava a campanha. Cabello ficou a ver navios e nunca assumiu a presidência da República.

## Maduraço, temporada 2

Em dezembro de 2015, pela primeira vez desde 1999, a oposição venceu as eleições parlamentares. Além disso, conseguiu dois terços das cadeiras, fato que lhe conferia poderes quase equivalentes ao do Poder Executivo. Maduro, rapidamente, antes da posse dos novos deputados, pressionou treze juízes à aposentadoria antecipada. E, com um plenário que por alguns dias ainda seria de maioria governista, designou os novos juízes da Corte Suprema de Justiça, todos alinhados com o chavismo (entre os quais estavam ex-deputados chavistas e advogados de ministros do governo). E colocou como presidente do Supremo o advogado Maikel Moreno, que esteve preso no início dos anos 1990 por feminicídio e homicídio. Ao sair da prisão, estudou Direito e transformou-se em advogado defensor de líderes chavistas, antes que estes chegassem ao poder.

## Maduraço, temporada 3

No dia 5 de janeiro de 2016 tomou posse o novo Parlamento, de inédita maioria opositora. Maduro imediatamente impugnou a posse de três deputados indígenas opositores (as comunidades indígenas têm uma relação tensa com o regime) e a oposição ficou sem os dois terços, embora continuasse com ampla maioria. A oposição insistiu em empossar os três parlamentares e Maduro revidou declarando o Parlamento em estado de "desacato". Desta forma, com o Poder Legislativo formalmente anulado, Maduro começou a governar totalmente por decreto, ignorando todas as leis aprovadas pelo Parlamento. Mais uma fase do autogolpe.

## Maduraço, temporada 4

A Constituição da Venezuela não conta com a figura do impeachment no mesmo formato que a do Brasil ou dos EUA. O modelo venezuelano, criado por Chávez, é o de um mecanismo de consulta popular, por intermédio de um referendo, para a remoção do presidente.

Primeiro a oposição precisa conseguir as assinaturas de 1% do eleitorado. Depois, em uma segunda fase, necessita 20% das assinaturas. E, se obtém esse patamar, a Justiça Eleitoral tem que convocar o referendo. Em

2016 a oposição concluiu a primeira fase e estava pronta para deslanchar a segunda etapa. Maduro, rapidamente, cancelou a realização dessa fase, impedindo o referendo previsto na Constituição que o poderia retirar do poder.

A oposição insistiu em 2017 improvisando um plebiscito por conta própria. De forma artesanal a oposição conseguiu um plebiscito. Para os organizadores e os eleitores, votar foi uma epopeia, já que enfrentaram ameaças de grupos governistas. No entanto, Maduro ignorou a votação, dando continuidade ao "Maduraço".

## Maduraço, temporada 5

O Parlamento se transformou no bastião da oposição para resistir aos decretos de Maduro. Ou melhor, tentar resistir. Em 2017 os deputados opositores começaram a organizar marchas de protestos para reclamar do regime. Além disso, tornou-se uma ativa base para expor o autoritarismo e para investigar os casos de corrupção do chavismo.

Maduro, furioso com o Parlamento, optou por criar uma Assembleia Constituinte, destinada à elaboração de uma nova carta magna. Isso chocou os chavistas históricos, já que Maduro pretendia acabar com a sacrossanta Constituição feita por Chávez. Maduro também ordenou que a Assembleia Constituinte, além dos poderes constituintes, teria simultaneamente poderes para legislar no dia a dia. Isto é, com a Constituinte de superpoderes, o Parlamento ficava duplamente anulado.

Para convocar a Constituinte, segundo a lei venezuelana, é preciso que o Parlamento decida a realização de um plebiscito para verificar se os eleitores desejam a elaboração de uma nova carta magna. No entanto, Maduro "pulou" essa norma e convocou a eleição de uma assembleia. A oposição não concordou com a realização da constituinte fora da lei e se recusou a participar. Era o que Maduro desejava. Desta forma, elegeu uma constituinte 100% chavista, além de ilegal.

## Maduraço, temporada 6

Em 2017 o Parlamento, considerando que os juízes da Corte Suprema de Justiça chavista estavam violando a carta magna em uma saraivada de pontos, designou uma nova corte. Maduro reagiu com a prisão de vários juízes novos. Mas a maioria conseguiu fugir para a Colômbia, EUA e Espanha. No exterior formaram um novo Supremo. Mas era um Supremo no exílio, sem poder real algum. No mesmo ano a procuradora-geral da República, Luísa Ortega, que havia sido uma chavista de carteirinha, começou a criticar Maduro e teve que fugir do país. Ela declarou que a Procuradoria-Geral partia para o exílio. Mas Maduro a substituiu rapidamente. Ortega teve presença na mídia internacional durante uns meses e depois foi esquecida.

## Maduraço, temporada 7

Maduro, ao longo dos últimos anos, colocou diversos deputados na prisão, outros foram intimidados e partiram para o exílio. Diversos foram inabilitados, impedidos de disputar eleições. Outros foram comprados em troca de milionárias propinas e trocaram de bando.

## Maduraço, temporada 8

Em dezembro de 2018 o país, segundo a lei, teria que ter eleições presidenciais. No entanto, Maduro as antecipou para maio. Simultaneamente determinou que a maior parte dos partidos políticos opositores estavam proibidos de participar.

O autocrata só teve que enfrentar candidatos que eram opositores "pero no mucho", já que eram três chavistas dissidentes, dois dos quais totalmente desconhecidos do grande público.

A abstenção foi recorde: segundo os números oficiais, do total de 20 milhões e meio de eleitores, somente 9,3 milhões compareceram às urnas. Maduro teve 6,2 milhões de votos. Isso significou 67% dos votos úteis. Mas, na realidade, levando em conta o total do eleitorado, Maduro foi reeleito com apenas 30% do total dos votantes habilitados da Venezuela.

### Maduraço, temporada 9

No dia 5 de janeiro de 2019 o deputado Juan Guaidó foi eleito presidente do Parlamento opositor. Isto é, um Parlamento que era simbólico, mas não tinha poder algum na prática. No dia 11 Guaidó anunciou que, levando em conta que Maduro havia "usurpado" a presidência por impedir a participação da oposição, o cargo de presidente ficava vago, de acordo com a Constituição.

E, desta forma, Guaidó explicava que assumia "as responsabilidades dos artigos 233, 333 e 350 da carta magna" venezuelana. A declaração desatou uma série de dúvidas. Mas, nas horas seguintes, a oposição deixou claro que se tratava de assumir a presidência, fato que popularizou a expressão de "presidente autoproclamado".

No entanto, doze dias mais tarde Guaidó foi aprovado nesse posto e empossado formalmente presidente interino da República pelo Parlamento no dia 23 de janeiro, data simbólica por ser a efeméride do fim da ditadura militar anterior, do general Pérez Jiménez, derrubada em 1958. Maduro, obviamente, não reconheceu o governo Guaidó. E internacionalmente teve mais repercussão sobre Guaidó o termo "autoproclamado" do que sua posterior oficialização pelo Parlamento. Esse era o começo de uma nova série de problemas da oposição.

### Maduraço, temporada 10

No domingo 5 de janeiro de 2020 o Parlamento preparava-se para reeleger Guaidó como presidente do Parlamento (e assim, renová-lo como presidente interino da República). Teoricamente, no papel, segundo as normas clássicas, a oposição não teria tido problemas para reeleger Guaidó, já que contava com maioria de dois terços. No entanto, isso era no papel. Na prática, para reeleger Guaidó precisava um quórum de 84 deputados de um total de 167 cadeiras no Parlamento. Oficialmente, a oposição contava com 112 cadeiras. Ou seja, deputados de sobra. Mas vários deputados estavam no exílio, outros presos e vários destituídos de seus cargos.

Uma alternativa era a de fazer um voto via teleconferência com os deputados que tiveram que fugir para o exterior.

Restava uma centena de deputados, número suficiente, acima do quórum. No entanto, estes parlamentares foram impedidos de entrar no prédio do Parlamento pelas forças militares chavistas.

Os militares somente permitiram a entrada no plenário dos governistas e de um punhado de opositores que haviam mudado de bando semanas antes. E, sem ter o quórum necessário de 84 parlamentares, com 73 deputados (os 55 deputados chavistas e os 18 opositores que na realidade são aliados de Maduro), elegeram Luis Parra (um opositor que debandou para o governo recentemente) para o posto de presidente do Parlamento.

Os opositores decidiram ir à sede do jornal *El Nacional*, que na época era o derradeiro jornal crítico do regime, onde realizaram a sessão parlamentar. Ali Guaidó foi reeleito.

No entanto, sem poder fazer nada concreto, o respaldo que Guaidó tinha de diversos governos estrangeiros foi se diluindo gradualmente.

Ele permanecia dentro da Venezuela. Maduro o chamava de "criminoso" mas não o colocava na cadeia. Em janeiro de 2023, sem conseguir avanços nas tentativas de reinstalar a democracia, o Parlamento opositor (aquele que não tinha poder real) não renovou Guaidó como presidente e se autodissolveu como governo interino.

## Maduraço, temporada II

Luis Parra, o novo presidente do Parlamento chavista, pertencia formalmente ao partido "Primeiro Justiça". Era um deputado do baixo clero, com escassa relevância parlamentar, que integrava a Comissão de Ambiente, à qual ninguém dava bola no 0% ambientalista governo Maduro. Mas Parra ficou famoso meses antes quando seu nome apareceu na lista de deputados opositores que haviam aceitado suculentas propinas para fazer lobby a favor de um empresário chavista envolvido no esquema estatal de distribuição de caixas de alimentos do regime de Maduro.

Quando o jornalista Roberto Deniz perguntou a Parra durante uma visita sua à Colômbia as circunstâncias de sua viagem, o deputado lhe respondeu: "não tenho motivos para te contar se vou em um avião com 5 deputados e 10 putas!"

Parra aparece na lista de deputados da denominada "Operação Escorpião", um esquema do regime para comprar deputados opositores para que debandassem para o lado de Maduro. Parra foi expulso do "Primeiro Justiça". Mas, para manter sua pose de suposto opositor, ele continua afirmando que pertence ao partido.

Seus vínculos de submissão a Maduro ficaram claros quando na sessão para elegê-lo presidente do Parlamento, o chefe do bloco chavista, o deputado Francisco Torrealba, em tom categórico, lhe ordenou: "Senta aí! Daqui a gente não vai embora!". Parra, obediente, sentou-se calado na cadeira da presidência do Parlamento. Parra ocupou o escritório que era de Guaidó. Era o símbolo que o regime queria para mostrar o controle do derradeiro poder público que restava fora de seu alcance.

## MADURAÇO *BACK TO THE FUTURE*, EPÍLOGO

Em 2020 o regime realizou eleições para renovar o atual Parlamento. Só os governistas, com o controle da máquina do Estado para fazer campanha eleitoral e um punhado de opositores que mudaram de bando, passando para o lado do regime, foram autorizados a candidatar-se. Maduro declarou que viajou ao futuro e que viu que o chavismo "conseguia 105 cadeiras do Parlamento" nas eleições parlamentares. "Fui ao futuro e voltei", disse Maduro. O autocrata caribenho não especificou qual sistema de viagem no tempo utilizou.

Na realidade, graças às limitações colocadas aos opositores, Maduro ficou com 253 cadeiras de um total de 277. Todos os outros deputados são de partidos formalmente opositores, mas que na prática sempre votam a favor do governo.

## Maduro em mode Stroessner

Nicolás Maduro está aplicando uma versão venezuelana do sistema implementado por um ditador de direita, o general Alfredo Stroessner, que chegou ao poder em 1954 no Paraguai, prometendo ficar "pouco tempo" no poder, só para colocar o país "em ordem". Mas Stroessner decidiu ficar por tempo indeterminado.

Para isso, implantou uma ditadura que contava com reeleições indefinidas que eram meras encenações, pois sempre vencia com 90% ou até 98% dos votos. Os candidatos opositores que disputavam a eleição paraguaia eram mera *mise en scène*, pois os líderes de peso da oposição estavam no exílio, presos ou haviam sido executados.

Stroessner foi deposto em 1989, a democracia voltou e, em 1992, o Parlamento em Assunção — para evitar novas aventuras caudilhescas — determinou a extinção total das reeleições presidenciais.

## Bolívar, rebatizado, perdeu 14 zeros em 13 anos

A Venezuela conseguiu sua independência da Espanha em 1811 (se bem que isso foi concretizado totalmente em 1821). A primeira moeda foi o "peso venezuelano". Mas em 1871 foi substituído pelo "venezuelano". Este, por seu lado, foi extinto em 1879, quando criaram o "bolívar".

Esta nova moeda, apesar de todos os altos e baixos da economia, passou com seu nome incólume até 2008, quando o então presidente Hugo Chávez criou o "bolívar-forte", que extirpou 3 zeros das cédulas anteriores.

Mas esta moeda durou apenas uma década, já que foi eliminada por Nicolás Maduro, que cortou 5 zeros e lançou o "bolívar-soberano", que entrou em vigência em 2018. Desta forma, em apenas uma década, o bolívar perdeu 8 zeros.

Esta moeda tem o suposto respaldo do "petro", uma espécie de bitcoin chavista, criado por Maduro em 2018, que foi ignorado pelos investidores internacionais. O governo Maduro foi o único comprador desta criptomoeda.

Em 2021 Maduro acabou com o bolívar-soberano, que era o sucessor do bolívar-forte, e criou mais uma nova moeda, o "bolívar-digital", que apesar do nome é uma moeda física. Para isso, decepou 6 zeros. Ou seja, todos os valores tiveram que ser divididos por 1 milhão.

Desta forma, em 13 anos a moeda venezuelana perdeu 14 zeros. Mais de um zero por ano. Isto é, 100 trilhões de bolívares em 2008, antes do primeiro corte de zeros equivalem a 1 bolívar-digital em 2021.

Mas foram tomadas medidas complementares para combater a hiperinflação? Não, era só essa maquiagem, esse botox monetário. E, para ilustrar o descalabro financeiro venezuelano, darei este exemplo: dias antes do corte de zeros de Maduro de agosto de 2018, um café com leite nos bares de Caracas custava 2 milhões de bolívares-fortes.

Mas com a nova extirpação de zeros, passava a custar 2 bolívares-soberanos. No entanto, com a inflação o preço subiu, e em outubro de 2018 estava em 70 bolívares-soberanos. Em janeiro de 2019 era de 800 bolívares-soberanos. Em agosto de 2019 o preço da xícara de café com leite era de 7,8 milhões de bolívares-soberanos. Mas hoje, com o corte de seis zeros, passa a ser de 7,8 bolívares-digitais. Se nem Chávez, nem Maduro tivessem cortado zeros, o preço desse café com leite seria de 780 trilhões bolívares.

## De "importador" a "exportador" de pessoas

Durante cinco séculos a Venezuela se caracterizou por ser um país receptor de migrantes, desde os colonizadores espanhóis e as pessoas escravizadas africanas, passando pelos europeus que fugiam da Primeira e Segunda Guerras Mundiais, os portugueses que escapavam da pobreza gerada em Portugal pela ditadura de Salazar, os espanhóis que fugiam da fome da Espanha comandada por Franco e milhares de sul-americanos exilados das ditaduras militares.

Nos anos 70, 80 e 90 a Venezuela recebeu centenas de milhares de colombianos que fugiam dos ataques das guerrilhas das Farc e dos grupos paramilitares de direita. No entanto, nestes últimos anos a situação se inverteu, com os venezuelanos transformando-se em protagonistas da migração.

A ACNUR, a agência da ONU para refugiados, calcula que 7,7 milhões de pessoas abandonaram o país, a imensa maioria desde 2013. A maioria delas estabeleceu-se nos países da América Latina, principalmente na Colômbia, onde, em 2023, residiam 6,5 milhões de venezuelanos. Estas pessoas equivaliam a 12% dos habitantes em território colombiano.

## Chavismo persegue comunistas

Em 2023 Maduro realizou a intervenção no Partido Comunista, o mais antigo do país, que completa um século em 2031. Pode soar diferente, mas é uma ação anticomunista de Maduro. Os comunistas venezuelanos, anos atrás, se afastaram do ditador, por considerar que ele havia se "aburguesado" e "traído os ideais da Revolução Bolivariana", além de protagonizar ações ditatoriais.

Os comunistas, que no passado haviam se alinhado a Chávez, afirmaram que Maduro não passava de neoliberal que liberou preços dos produtos e que permitiu o uso do dólar no cotidiano, além de ter chamado empresas privadas para gerenciar empresas estatais. Os comunistas sustentam que a intervenção do partido na Venezuela é uma "usurpação".

## Economia capitalista (sim, apesar de tudo)

Ao contrário do que se lê nas redes sociais e em colunas sensacionalistas, a Venezuela não é um país "comunista". Um dos requisitos básicos para ser "comunista" é que 100% da atividade econômica esteja nas mãos do Estado, desde o porteiro, passando pela quitanda, o escritório de advogados, as oficinas mecânicas, o escritório de engenharia, a consultoria financeira, a fábrica de espaguete, a academia de fitness, entre outros. Mas não é o caso. Na Venezuela, apesar de quase um quarto de século de governo chavista — que estatizou e confiscou a granel —, mais de 60% das empresas ainda são do setor privado. Portanto, embora a Venezuela tenha políticos "socialistas" no comando do país, a economia venezuelana continua sendo majoritariamente "capitalista".

Em 1999 existiam 600 mil empresas privadas na Venezuela, de micro-empresas a grandes holdings. Em 2022, segundo a principal federação empresarial do país, a Fedecámaras, restavam 300 mil, reunidas em 346 câmaras empresariais. Uma queda à metade ao longo de quase duas décadas e meia.

Paralelamente, existem, segundo o levantamento da Transparência Internacional, 914 empresas estatais.

Além disso, em 2021 Maduro negociou a entrega da gerência de estatais a administradores particulares. Mas um ano depois foi um passo além: desesperado para capitalizar as empresas estatais, em estado de sucata por descaso das autoridades, da burocracia galopante e uma horda de militares como gerentes incompetentes, Maduro deu início a uma inédita venda de ações das estatais, começando com uma faixa de 5% a 10% das ações.

Na lista estavam empresas petrolíferas, de gás, mineração, telecomunicações, entre outras. Isso vai na contramão do projeto do falecido Hugo Chávez, que, entre 1999 e 2013, turbinou as estatais venezuelanas já existentes e confiscou 1.200 empresas particulares nacionais e estrangeiras, criando novas estatais. Pela primeira vez Maduro admitiu, de forma direta: "precisamos de capital". E depois afirmou que seu governo teve o que chamou de "relações extraordinárias" com o setor privado.

## O morto muito vivo e o vivo muito morto

Em março de 2023 completaram-se 10 anos da morte de Chávez. Apesar de defunto, sua figura paira sobre a política venezuelana. Os políticos citam suas frases (e Chávez tinha muitas, já que era verborrágico) para justificar qualquer tipo de medida. A face do "Comandante Supremo" está em uma miríade de murais por Caracas e quase todas as cidades venezuelanas.

Mesmo morto, Chávez continua sendo um sucesso entre os venezuelanos. Uma pesquisa da consultoria Datanálisis indica que o falecido fundador do chavismo tem 56% de aprovação. Mas Maduro, seu sucessor, amarga apenas 22%.

Ou seja, mais da metade dos venezuelanos seriam chavistas em algum grau. No entanto, bem menos da metade dos chavistas são "chavistas-maduristas". Os "chavistas-chavistas" são os denominados "chavistas-dissidentes", quase um terço do eleitorado. Pessoas que não gostam de Maduro, que o consideram um traidor dos ideais de Chávez, mas que ao mesmo tempo não vão com a cara da oposição tradicional.

O diretor da Datanálisis, Luis Vicente León, me disse na época dos 10 anos da morte de Chávez que "ele morreu no apogeu de sua popularidade e por isso sua imagem ficou congelada na plenitude, tal como a de Marilyn Monroe ou James Dean. Não envelhece... e só é lembrado pelas coisas boas. Das coisas ruins os venezuelanos botam a culpa em Maduro".

A crise venezuelana havia começado na época de Chávez. Mas o então líder caribenho tinha grande habilidade para esconder as fraquezas da Revolução Bolivariana, problemas que foram herdados por Maduro... e que este, com sua proverbial incompetência, agravou de forma sideral. De quebra, ao ter endeusado Chávez, Maduro não pode colocar a culpa dos problemas em seu antecessor, só restando colocar a culpa de tudo na oposição, na imprensa e nos países estrangeiros.

## García Márquez

Duas semanas antes de sua primeira posse, em janeiro 1999, Chávez foi à Havana, Cuba, para reunir-se com Fidel Castro. Lá também estava o escritor colombiano Gabriel García Márquez. O Nobel de Literatura estava curioso para conhecer o verborrágico presidente eleito venezuelano. E Chávez queria falar com o escritor. Mas, devido a suas agendas, não foi possível fazer isso na capital cubana. No entanto, Chávez lhe pediu que o acompanhasse no voo que o levaria de volta a Caracas. O colombiano topou.

No voo de três horas os dois tagarelaram. Mais Chávez do que "Gabo". Ao voltar para sua casa, García Márquez escreveu um artigo com o título "O enigma dos dois Chávez", que na época foi publicado pela revista colombiana *Cambio* e o jornal espanhol *El País*. O escritor dizia no texto sobre a dupla personalidade do fundador do bolivarianismo atual: "havia viajado e conversado à vontade com dois homens opostos. Um ao qual a sorte empedernida lhe oferecia a oportunidade de salvar seu país. E o outro, um ilusionista, que poderia passar à História como mais um déspota".

García Márquez nunca mais colocou os pés na Venezuela. Manteve silêncio sobre Chávez, sem dizer jamais qual dos "dois Chávez" havia prevalecido. Um dia, o jornalista venezuelano Teodoro Petkoff lhe perguntou por que nunca mais havia voltado a Caracas nem encontrado Chávez novamente. O Nobel respondeu: "não quero que me usem".

## Glossário do imbróglio venezuelano

A seguir, um breve tutorial de substantivos, adjetivos e epítetos usados no cotidiano pelo regime de Nicolás Maduro e a oposição.

BALEIA: não se refere ao imenso cetáceo. Trata-se de uma referência irônica sobre esse mamífero oceânico que os críticos de Maduro deram aos veículos lança-jatos utilizados frequentemente pela Polícia Nacional Bolivariana para dispersar os manifestantes.

BOLIBURGUÊS: denominação irônica aplicada pelos opositores aos bolivarianos que viraram burgueses. Isto é, os militantes chavistas que enriqueceram, virando empresários ou abastados funcionários dos governos de Chávez e Maduro.

BACHAQUEO: contrabando. Especificamente, o contrabando miúdo de produtos básicos. A palavra provém de "bachaco", que é uma formiga grande.

CHAVISTOIDE: pessoa que imita as políticas de Hugo Chávez e se comporta tal como fazia o defunto líder venezuelano.

ESCUÁLIDO: significa "esquálido" mesmo. Mas essa é a forma como Chávez denominava os opositores que em 2004, 2005 e 2006 reuniam poucas pessoas. Eram manifestações "magrinhas". No entanto, após a morte de Chávez a coisa mudou, já que manifestações não são mais raquíticas, pois contra Maduro — em um contexto de descalabrada crise econômica — são enormes multidões "marombadas". No entanto, a denominação referente a "magrinhos" permaneceu.

**GUARIMBA:** ação de protesto que tem como elemento protagonista as barricadas para bloquear ruas e avenidas. As "guarimbas" apareceram pela primeira vez na Venezuela em 1958, como modalidade de protesto contra o ditador de plantão da época, o general Marcos Pérez Jiménez.

As "guarimbas" tornaram-se um símbolo da resistência ao regime Maduro. São feitas com escombros, madeiras, pedras e pneus em chamas para evitar a passagem da Guarda Bolivariana, paramilitares e afins. Elas assemelham-se às barricadas realizadas na França durante a revolução de 1848, já que são altas e levam tempo para serem destruídas. O intuito é o de impedir a passagem de veículos das forças de segurança e de policiais (e não somente o de dificultar seu trânsito).

**MAALOX:** esse é o nome de uma marca de remédio vendido nas farmácias venezuelanas para problemas de acidez estomacal. Mas, nos últimos anos o uso deixou de ser gástrico. Os manifestantes começaram a misturar maalox com água para aspergi-lo no rosto, como forma de mitigar os efeitos do gás lacrimogêneo.

**MAJUNCHE:** palavra usada para designar alguém panaca ou bobo. Também tem o sentido de "medíocre" ou algo de qualidade inferior. O termo foi muito usado por Hugo Chávez para referir-se a uma das principais figuras da oposição, o então ex-candidato presidencial Enrique Capriles. Também poderia equivaler à expressão brasileira "de meia-tigela".

**MIRAFLORES:** palácio de Miraflores, a sede da presidência da República. O palácio foi inaugurado em 1897. As manifestações dos opositores nunca chegam até seus portões, já que o regime sempre prepara vários anéis de forças policiais para impedir essas ações.

**PITIYANQUIS (PITI-IANQUES):** palavra utilizada pelos chavistas para referir-se aos venezuelanos pró-EUA (ou supostamente pró-EUA). O termo, que surgiu em Porto Rico — um estado associado dos EUA — no início do século XX, deriva do francês "petit" (pequeno) e de "yanqui" (ianque, em espanhol, forma de referir-se despectivamente aos nascidos nos EUA), isto é, um "americano pequeno".

A palavra é utilizada para designar os imitadores dos americanos e foi divulgada na Venezuela pelo escritor Mario Briceño Iragorry nos anos 1950 para ilustrar uma "atitude antinacional". Outros ensaístas indicam que o termo é também aplicado para aqueles que aspiram ser "ianques". Para os defensores da Revolução Bolivariana, o piti-ianque é qualquer opositor, e pode ser aplicado como sinônimo de "oligarca".

O termo popularizou-se e é mais usado que expressões tradicionais com os mesmos fins, tais como "lacaios dos americanos", "cachorrinhos de estimação do império" e "vende-pátrias".

RINOCERONTE: outro termo relativo à fauna. Mas, no contexto do cotidiano repressivo venezuelano, em vez do africano paquiderme trata-se do veículo blindado utilizado pelas forças de Maduro para lançar bombas de gás lacrimogêneo sobre a população.

TERRORISTAS: expressão utilizada de forma genérica por Nicolás Maduro e seus ministros para referir-se a qualquer tipo de manifestante que proteste contra o regime chavista. Menores de idade e idosos também são englobados na categoria de "terroristas" pelo chavismo.

# Uruguai:

## Do presidente que virou verbo ao presidente mais pobre do planeta

Desde o início do século XX, o Uruguai caracterizou-se por ser um país de leis de vanguarda na América Latina. Em 1907, aprovou a lei de divórcio sete décadas antes de todos seus vizinhos. Em 1915, implementou a jornada de oito horas de trabalho e em 1932 tornou-se o segundo país das Américas a conceder o direito de voto às mulheres. Um século depois de sua primeira lei de vanguarda, transformou-se em 2007 no primeiro Estado latino-americano a contar com uma lei de união civil entre pessoas do mesmo sexo em todo seu território. Em 2008, o Parlamento uruguaio aprovou uma lei que castiga pais que inflijam punições físicas a seus filhos. Em 2009, esse Parlamento abriu as portas para a adoção de crianças por casais homossexuais. A comunidade gay uruguaia também foi beneficiada em 2010 com o fim das restrições à entrada de homossexuais nas Forças Armadas.

Em 1934, o Parlamento aprovou a primeira lei que permitia o aborto. A norma, porém, foi abolida um ano depois pelo ditador Gabriel Terra. O assunto voltou ao Parlamento e, em 2012, o Uruguai tornou-se o primeiro país da América do Sul a aprovar a descriminalização da interrupção da gravidez. Já em 2013, o Parlamento aprovou uma lei inédita no mundo que regula a produção, comercialização e o consumo da maconha voltada exclusivamente para uruguaios residentes no país. Somente os residentes no país, tanto nativos quanto estrangeiros, podem comprar maconha pelas vias legais. Os uruguaios que não residem no Uruguai (1,5 milhão vive no exterior) não têm direito de comprar maconha quando estão no país. Os estrangeiros turistas tampouco têm esse direito.

O Uruguai é considerado o país mais laico das Américas. O juramento de posse do presidente exclui qualquer referência a Deus, já que quem assume faz um juramento por sua honra pessoal e pela Constituição. Não há crucifixos no Parlamento, sequer nas repartições ou hospitais públicos. Os católicos "formais" (a maioria não é praticante) restringem-se a 47,1% da população. Outros 40,4% não têm religião alguma.

Há mais de meio século o país é considerado a "Suíça da América do Sul", já que seus bancos são requeridos pelos habitantes de outros países como refúgio seguro para suas economias. Além do perfil financeiro, o país também é o paraíso das empresas estatais na América do Sul. A maior dessas empresas é a Administração Nacional de Combustíveis, Álcool e Portland (Ancap), onde "Portland" é sinônimo de cimento. A origem desse nome curioso vem de 1824, quando o cimento foi inventado pelo construtor Jospeh Aspdin. O novo produto se parecia muito com as rochas existentes nas ilhas Portland, no sul da Inglaterra, que ficaram famosas por terem sido usadas na fachada do palácio de Buckingham. A Ancap é responsável pela distribuição de gasolina, gás e energia elétrica no país, além de, é claro, do cimento. A empresa também produz o único uísque estatal do continente americano, o Mac Pay.

O Uruguai — que tem o menor índice de percepção da corrupção da América Latina, segundo o relatório anual do Programa das Nações Unidas para o Desenvolvimento (PNUD) — ocupa o topo latino-americano do ranking do "Índice de Democracia" elaborado pelo jornal britânico *The Economist*. O país apresenta o mais elevado índice de liberdade de imprensa na América Latina segundo a organização Jornalistas Sem Fronteiras. É também o país que mais publica livros em toda a região em relação ao número de habitantes.

## Presidente neologismo

O Uruguai desfrutou de estabilidade na maior parte do último século. Porém na década de 1970 foi o cenário de uma ditadura que provocou o atraso institucional e econômico do país durante mais de uma década. O pontapé inicial desse período foi dado por um presidente medíocre cuja principal contribuição ao país e ao mundo foi o neologismo de ciência política "bordaberrização", que deu origem ao verbo "bordaberrizar".

Juan Maria Bordaberry, um civil integrante do partido conservador Colorado, foi eleito presidente em 1971 nas urnas, em meio a uma crise econômica e à intensificação da guerrilha dos Tupamaros. Em 1972, tomou posse. No ano seguinte, apesar da guerrilha já estar praticamente derrotada, decidiu dar um autogolpe que inaugurou uma ditadura que duraria doze anos. Ele dissolveu o Congresso, eliminou as liberdades civis e colocou militares nos principais postos de seu gabinete. No entanto o governo ditatorial foi caótico, pois a crise econômica agravou-se e as tensões políticas internas aumentaram. Em 1975, o presidente propôs aos militares a substituição total dos partidos políticos por corporações. Bordaberry, fã do ditador espanhol Francisco Franco, queria criar um Estado inspirado no falangismo e no fascismo.

A ideia extrema deixou os próprios militares golpistas preocupados, pois eles pretendiam fazer uma transição ordenada para uma democracia tutelada no futuro, em que os partidos seriam mantidos. Os militares consideravam que tentar acabar com todos os partidos era uma jogada muito arriscada para a permanência do poder militar.

Os militares ficariam uma dúzia de anos no poder. No entanto o prazo de validade de Bordaberry foi menor, já que em 1976 foi deposto por suas próprias fileiras. Bordaberry e seu modelo de poder inspiraram a criação de um termo ocasionalmente utilizado na política internacional, a "bordaberrização", neologismo que designa um presidente civil que é títere de militares — que seriam os verdadeiros donos do poder — e que transformam um regime democrático em uma ditadura encoberta, com rosto civil.

Bordaberry foi substituído por outro civil, o "bordaberrizado" Alberto Demicheli, que ocupava na época a presidência do Conselho de Estado. Demicheli durou dois meses e meio. Outro civil bordaberrizado, Aparício Méndez, o sucedeu, ocupando o cargo até 1981, quando os militares decidiram assumir de vez o regime, sem terceirizar o governo com intermediários ou figuras decorativas. Na ocasião, foi designado presidente o general Gregório Alvarez.

Bordaberry foi detido em novembro de 2006 por acusações de graves violações aos direitos humanos, entre eles, sequestros, torturas e assassinatos de civis. Em 2010, foi condenado por crimes contra a nação, crime sem antecedentes na história uruguaia, já que tinha como base a violação da Constituição. Na ocasião, Bordaberry recebeu uma pena de trinta anos de prisão — a maior prevista pela lei uruguaia, já que o país não conta com a prisão perpétua. Ou seja, Bordaberry, que teria que cumprir a pena até 2040, sendo posto em liberdade apenas quando já tivesse 112 anos, morreu muito antes disso, aos 83, em 2011. O déficit que surge dessa contabilidade é de 29 anos.

### Floricultor ex-guerrilheiro

Um dos torturados pela ditadura de Bordaberry se tornaria presidente décadas depois: o floricultor ex-guerrilheiro José "Pepe" Mujica.

Na década de 1960, Mujica foi um dos líderes do Movimento de Liberação Nacional Tupamaros, grupo guerrilheiro que aglutinava socialistas, maoistas e anarquistas com uma visão heterodoxa do marxismo. Em 1972, foi preso após ser alvejado com seis tiros (vários dos quais ainda estão em seu corpo). Dos treze anos como prisioneiro da ditadura, onze foram na solitária.

Nos dias de bom humor dos guardas da prisão, Mujica só podia ir ao banheiro uma vez a cada 24 horas, mas somente com um capuz que o impedia enxergar, além de ter as mãos algemadas. Nos dias de má vontade dos carcereiros, Mujica não tinha outra opção além de fazer suas necessidades na própria solitária. Seu colega de guerrilha Eleuterio Fernández Huidobro indicou que Mujica — que durante a prisão sofreu o agravamento de um problema de rins —, em diversas ocasiões, quando os guardas passavam dias sem lhe dar água, precisou recorrer aos próprios fluidos corporais. "É a primeira vez que temos um presidente que teve que beber sua própria urina", ilustrou. Durante anos, a mãe de Mujica pediu aos militares que permitissem que seu filho pelo menos tivesse um penico em sua cela, mas os oficiais sempre negavam o pedido.

Certo dia, em 1976, Mujica ouviu um barulho diferente na cela onde havia sido colocado no quartel do exército em Santa Clara de Olimar, proveniente do pátio de armas. Na época, estava sem o capuz e as algemas e conseguiu ver pela exígua janela que os militares haviam organizado um coquetel para civis que aparentavam ser da classe alta. Subitamente, começou a gritar: "Estou fazendo xixi nas calças! Estou trancado aqui como um animal e nem sequer me deixar urinar! Senhores, senhoras, gostariam de por acaso fazer xixi em cima de mim?". Os gritos desesperados de Mujica tiveram efeito, pois os escandalizados civis indicaram que "apesar de subversivo" o prisioneiro tinha direito a um urinol. Dessa forma, os militares concederam um penico a Mujica. Oito anos depois Mujica saiu da prisão, liberado com a volta da democracia. Nas últimas semanas havia podido usar o banheiro no fundo do corredor das celas. Por isso, deu outro uso para o penico. Ao sair pelos portões da prisão, todos puderam ver Mujica carregando o penico, dentro do qual havia plantado flores.

Em 1985, com a volta da democracia, Mujica recuperou a liberdade. Adaptado aos novos tempos, deixou de pregar a luta armada e transformou o grupo de ex-guerrilheiros em um coeso partido político — o Movimento de Participação Popular (MPP) — que integra a coalizão Frente Ampla, uma colcha de retalhos que também reúne socialistas, democratas-cristãos e comunistas.

Eleito deputado e senador nas décadas de 1980 e 1990, Mujica foi designado em 2005 pelo presidente Tabaré Vázquez — socialista e médico oncologista — para o cargo ministro da Agricultura.

## O leitão que assobia

Desde que foi eleito ministro, Mujica começou a planejar a conquista da presidência, embora sem confiar muito em si próprio. "Presidente? Isso é tão difícil quanto um leitão assobiar", dizia pouco antes do início da campanha eleitoral em 2009.

A austeridade é uma marca da classe política uruguaia, da direita à esquerda, mas Mujica foi além quando, ao ser eleito, decidiu continuar morando em sua chácara onde planta flores e hortaliças. O terreno era impecável, mas a casa era praticamente um barraco espartano de alvenaria.

Um dia, em 2012, a tampa do vaso sanitário de sua casa quebrou. O próprio Mujica entrou em seu fusca e foi dirigindo até uma loja localizada em um bairro da periferia próximo à sua chácara. Pela calçada, passava caminhando o time de futebol Huracán de Paso de la Arena, da segunda divisão. Ao ver o presidente saindo da loja com a tampa do vaso sanitário sob o braço, os jogadores lhe perguntaram se poderia lhes dedicar alguns minutos de "conversa motivacional". Mujica falou durante uma hora com os rapazes e o técnico do time.

## Locomoção

Os meios de locomoção de Mujica também ilustram seu *modus vivendi* austero. Durante duas décadas, teve uma lambreta que — segundo depoimentos de amigos — "caía aos pedaços". Quando foi eleito senador, foi nesse escangalhado veículo até o Senado. Ao entrar no estacionamento, o policial achou que se tratava de um velhinho que havia se confundindo de lugar e lhe perguntou: "O senhor vai deixar esse veículo aí por muito tempo?". Ao que Mujica, tirando o capacete, respondeu: "Enquanto dure meu mandato...". Já no governo de Tabaré Vázquez, quando foi designado ministro, Mujica optou por incrementar sua forma de transporte. Vendeu a lambreta e adquiriu um Fusca modelo 1982. Para não assustar a classe média e alta, indicou — com uma metáfora bovina — que não pretendia mais combater a burguesia: "Não quero mais esmagá-la. De jeito algum. Eu quero é ordenhar a burguesia!". Mujica, apesar do passado de guerrilheiro tupamaro, é considerado pelos economistas como um político pragmático e "simpatizante do mercado". A coalizão Frente Ampla é classificada como de "centro-esquerda moderada" dentro do leque ideológico. O próprio Mujica me disse em 2009 que "a esquerda uruguaia tem peculiaridades que só funcionam no Uruguai". Em 2014, Mujica visitou o presidente americano Barack Obama a quem disse: "Somos amigos dos empresários, mas não vendemos nossa alma para eles".

## Cachorrinha política

Mujica adora cães. Em 2018 faleceu sua cachorrinha, Manuela, que durante anos o acompanhou nos comícios e carreatas. Manuela teve a perna direita dianteira amputada após um acidente quando era filhote e foi adotada pelos Mujica. Ele ressalta que foi a única "cachorra política" da história de seu país. Em 2009, em plena campanha eleitoral, Mujica estava descansando em sua chácara e não queria dar entrevistas. Eu, na porteira, insistia. Aí apareceu Manuela, que se aproximou e começou a pedir afagos e ficou brincando comigo. Aí Mujica disse: "Ah, mas se a Manuela gostou de você, te dou entrevista! E não vou falar com mais ninguém".

## Salário

Durante seu mandato presidencial, Mujica recebia um salário de 10 mil dólares por mês. No entanto, doava 90% a projetos sociais, tal como já havia feito antes com seus salários de ministro e senador. Um levantamento internacional na época o apontou como "o presidente mais pobre do mundo" (embora em 2014 tenha sido deslocado desse posto pelo primeiro-ministro do Nepal, cujas únicas posses eram três celulares, um dos quais não funcionava).

O ex-presidente Mujica não usava cartão de crédito e durante anos não teve perfis no Facebook ou no Twitter.

## Presidente e *cannabis*

Desde 1930 o consumo da maconha não era proibido no Uruguai. A liberação foi mantida até mesmo durante a ditadura militar. No entanto, a lei punia a produção e venda. Em 2013, porém, o governo Mujica aprovou a lei de regulação da produção e comercialização da maconha, que atualmente é vendida em farmácias para consumidores registrados. O assunto tornou-se notícia mundial. Apesar de tudo isso, Mujica jamais experimentou maconha.

Pouco depois da legalização um jornalista fumou um cigarro de *cannabis* diante do então presidente e lhe ofereceu uma "pitada". Mujica declinou o convite, afirmando: "Se para ser livre preciso fumar ou beber uma droga, estou lascado. A liberdade está aqui, em minha cabeça. Se não está aqui em minha cabeça, não tenho liberdade".

## Desenho animado

Em 2015, Mujica virou desenho animado para um *spot* da campanha de sua esposa, Lucía Topolansky, candidata na ocasião a prefeita da capital uruguaia. O título era *A vida de Pepe com Lucía prefeita*. Mujica acorda, estende a mão para o outro lado na cama… e Lucía não está lá. Claro, ela foi trabalhar. Aos pés da cama, em uma própria caminha, Manuela, a cachorrinha (que no desenho aparece apenas com suas três patas). Mujica vê um recado de Lucía, dizendo que tem uma série de reuniões ao longo do dia e que não a espere acordado. Mujica solta um *"Que lo tiró!"* — o equivalente a "putz grila!" — e depois reflete: "Bom, pelo menos tenho esta foto de Lucía que está muito bonita… Terei saudade dela, mas Montevidéu estará fenomenal!". No entanto, Lucía não foi eleita prefeita.

## Crua sinceridade

Mujica é famoso por sua crua sinceridade. No final de seu mandato, essa característica do então presidente uruguaio coincidiu com um momento de complicações comerciais com a vizinha Argentina, governada pela presidente Cristina Kirchner, que restringia a entrada de produtos do pequeno Uruguai com medidas protecionistas.

"Essa velha é pior que o caolho." Essa foi a frase que desatou a crise. A "velha" em questão é uma referência à então presidente Cristina. E o "caolho", que na realidade era estrábico, é uma alusão ao defunto ex-presidente Néstor Kirchner. Mujica fez essas declarações durante uma reunião com o prefeito da cidade uruguaia de Florida e outros políticos, mas não percebeu que os microfones estavam ligados e que toda a imprensa ouviu seus comentários relativos às dificuldades de relação com os governantes argentinos, que foram transmitidos ao vivo pelo próprio site da presidência da República.

Depois, Mujica arrematou: "O caolho era mais político. Essa velha é mais teimosa", ressaltando algo que era comentado extraoficialmente no âmbito diplomático do Mercosul: Kirchner era difícil, mas Cristina muito mais. E, para não deixar dúvidas de que se tratava da presidente Cristina, Mujica ainda fez outro comentário, com ironias sobre a visita que ela fez ao papa Francisco, o cardeal argentino Jorge Bergoglio, a quem a presidente levou uma cuia, uma bomba e uma garrafa térmica para que Francisco pudesse beber chimarrão. Essa cena chamou a atenção, pois Cristina não parecia lembrar que o papa é portenho do bairro de Flores e toda a vida bebeu chimarrão. "Por que raios ela resolveu explicar a um papa argentino o que é uma cuia?", perguntou o presidente uruguaio, estupefato.

Mujica, ao perceber que havia sido ouvido, desconversou, indicando que não estava falando de Cristina. E ressaltou que não ia esclarecer coisa alguma. O fato é que sua frase original em espanhol, *"Esta vieja es peor que el tuerto"*, virou hashtag no Twitter e fez amplo sucesso nas redes sociais não somente nas terras de ambos os presidentes, mas também no resto do mundo. No entanto, em Buenos Aires, o chanceler Héctor Timermam convocou o embaixador uruguaio para lhe dar uma duríssima bronca e ressaltar seu desgosto com os comentários etários sobre Cristina e a órbita ocular do falecido Kirchner.

## Fusca cobiçado

Pouco antes de deixar a presidência, o famoso Fusca escangalhado de Mujica chamou a atenção de um xeque árabe que ofereceu 1 milhão de dólares pelo veículo. O então presidente até avaliou aceitar a oferta, pensando em doar o dinheiro para fins sociais, mas grupos de uruguaios lhe pediram que não o vendesse, já que era um "símbolo nacional". E, assim, o velho Fusca ficou estacionado ao lado da casa de Mujica, que, por sua vez, tem manchas de umidade nas paredes tomadas por fotos coladas com fita adesiva e poltronas puídas. Ali também havia alguns documentos oficiais, colocados dentro de uma prosaica caixa de madeira que em sua encarnação anterior abrigava laranjas.

## Aposentadoria

Em 2020, durante a pandemia, Mujica, então senador, declarou em uma entrevista: "Adoro a política, mas gosto muito mais da vida". Meses depois, durante uma sessão do Parlamento em Montevidéu ele formalizou sua renúncia. Ele explicou que a decisão se devia a dois motivos. O primeiro deles era a biologia. Com a pandemia, não podia mais fazer encontros, reuniões, visitas, ver o povo de perto. Por isso, considerou que não tinha mais condições de cumprir corretamente seu papel de funcionário público, de legislador. O segundo motivo foi dar espaço para novas gerações, para que construíssem o futuro.

Um ponto interessante: com Mujica, também renunciou o ex-presidente (e, na época, senador) Julio María Sanguinetti, do Partido Colorado, que foi o primeiro presidente uruguaio após a volta da democracia. Sanguinetti declarou que a humanidade "não pode cair na intolerância" e sustentou que "a democracia se baseia na ética da derrota". Os dois fizeram uma despedida conjunta. O Parlamento aplaudiu os dois octogenários presidentes de pé.

## O mais prolongado piquete da América do Sul

Entre 2005 e 2010, argentinos residentes nas cidades da fronteira com o Uruguai fizeram ininterruptos piquetes nas pontes que ligam seu país ao território uruguaio com a cumplicidade do governo argentino do casal Kirchner. O pivô dos piquetes argentinos era a construção da fábrica de celulose Botnia, localizada do lado que dá nome ao rio Uruguai. Os argentinos exigiam a remoção da fábrica, alegando que poluiria a via fluvial e causaria um "apocalipse" ambiental na cidade argentina de Gualeguaychú.

Apesar dos anos transcorridos, nunca foi constatado um nível de poluição que colocasse em risco a população.

O piquete — o mais prolongado na história dos protestos nas Américas — desatou a partir de 2006 a maior crise diplomática e comercial entre o Uruguai e a Argentina em mais de meio século. O bloqueio argentino — que impedia a passagem de mercadorias e turistas — causou só no ano de 2007 um prejuízo de 700 milhões de dólares ao Uruguai. Na ocasião, o governo do então presidente Tabaré Vázquez comparou a situação de seu país com o bloqueio aplicado pelos Estados Unidos contra Cuba. O bloqueio só cessou em 2010 graças ao desgaste dos piqueteiros e depois que um parecer emitido pela Corte Internacional de Haia constatou que a fábrica não era poluente.

Depois de meia década de piquetes, a relação entre os dois países nunca voltou a ser totalmente boa. E rendeu uma hilariante paródia: o livro *A guerrinha, uma novela rioplatense sobre uma guerra idiota*, do humorista argentino Santiago Varela, no qual ele narra um cenário em que os dois países entram em guerra devido à crise das fábricas de celulose.

# O ARGENTINO CEO DE DEUS NA TERRA

"Buonasera!", ou seja, "boa noite" em italiano. Com esta inusitada informalidade para o rígido protocolo do Vaticano, o cardeal argentino Jorge Bergoglio, com um amplo sorriso — algo raro nos pontífices que vieram antes dele — saudou, em março de 2013, a multidão na praça de São Pedro em seu primeiro discurso. Segundos depois, Bergoglio mostrou outra característica — o humor — ao afirmar que os cardeais do conclave "haviam ido buscá-lo no fim do mundo", alusão aos confins meridionais do planeta onde está localizada a Argentina. Desta forma, ele deixava de ser "Bergoglio" e transformava-se em "Francisco". E, para surpresa geral, em vez de abençoar as pessoas que o viam, foi na contramão, pedindo a elas que rezassem por ele. Francisco é o primeiro papa nascido em uma das Américas e também o primeiro não europeu desde Gregório III, nascido na Síria, no século VIII.

Nas horas seguintes, ficou clara a austeridade de Francisco quando o mundo viu que ele usava, em um dos dedos, um anel de prata, e não de ouro, como era de praxe até então. No peito, estava uma cruz do mesmo metal escurecida pela ferrugem. E, nos pés, os sapatos pretos portenhos que levou à Roma.

Entretanto, se o escritório do pontífice fica em Roma, e não na América Latina, que é o objeto deste livro, por qual motivo está aqui este capítulo sobre o papa Francisco? Simples: ele é líder latino-americano dos mais relevantes, mesmo que a sede da multinacional que gerencia esteja fora da região.

Nos primeiros dez anos de seu papado, Francisco fez uma reforma profunda no sistema financeiro do Vaticano, implementando inéditos ajustes de gastos. Ele também deslanchou investigações sobre casos de pedofilia e destituiu sacerdotes por esse crime. Além disso, se aproximou dos protestantes e recompôs as relações com muçulmanos. Francisco também foi o primeiro papa a dizer que não podia julgar os homossexuais e afirmou que deveriam ser recebidos no seio da Igreja. No entanto, embora tenha criticado países onde a homossexualidade é crime, na sequência, afirmou que a homossexualidade é um pecado. Mesmo assim, Francisco foi o primeiro papa a não xingar ou discriminar ateus. E também foi o primeiro a escrever um livro em conjunto com um rabino (Abraham Skorka, com quem assina *Sobre o Céu e a terra*).

Bergoglio é idolatrado pela ala jovem do clero argentino, que aprecia sua proximidade com o povo. Quando morava em Buenos Aires, o cardeal batia papo com pessoas comuns enquanto se deslocava de metrô ou de ônibus. Seus admiradores afirmam que fazia isso "para estar perto do povo". Já os críticos sustentam que era "puro populismo". Os parlamentares da esquerda, que se confrontaram com frequência com Bergoglio por questões como a legalização do aborto, o definem como "o pior dos inimigos, porque é um inimigo muito inteligente". No entanto, o cardeal também os desconcerta ao realizar furiosos ataques contra o neoliberalismo. Francisco diz que quer padres com "cheiro de ovelha", isto é, com o "cheiro de povo".

Boa parte dos novos cardeais que designou são de países africanos, latino-americanos e asiáticos — regiões do mundo onde o catolicismo ainda ganha adeptos.

O papa argentino também chama a atenção da juventude. Francisco, quando esteve no Rio de Janeiro em 2013, soltou a seguinte frase durante um encontro com jovens peregrinos argentinos: *"Hagan lío"*, isto é, "façam bagunça". Na ocasião, ele disse que queria que os jovens fizessem bagunça nas dioceses, que saíssem às ruas, já que, se a Igreja se abre para o que acontece do lado de fora de seus templos, se transforma em uma ONG. E, em seguida, completou: "Não fiquem na varanda da vida", aconselhando os jovens a mergulharem de cabeça na vida em vez de serem meros observadores dos fatos.

Como lema do seu papado, Francisco escolheu *"Miserando atque eligendo"*. O termo em latim significa "Com misericórdia o escolheu". A frase é da 21ª homilia de São Beda (672–735), que faz referência à vocação de São Mateus. A frase inteira é: "Viu Jesus um arrecadador de impostos e, olhando-o com misericórdia, o elegeu e lhe disse: 'Siga-me'".

### Saldando a dívida com o jornaleiro

Em 2013, o sociólogo Alberto Quevedo, da Faculdade Latino-americana de Ciências Sociais (Flacso) lembrou que nos primeiros meses após sua eleição, Francisco fez uma série de pequenos gestos muito bem calculados, como pagar a conta do hotel com seu próprio dinheiro após ser eleito papa; trocar o latim pelo italiano em sua primeira missa; e dispensar o papa-móvel blindado utilizado por seus dois antecessores, locomovendo-se em um jipe branco. Posteriormente passou a usar um pequeno Fiat.

Durante mais de uma década, o cardeal Bergoglio leu — em papel — o jornal portenho *La Nación*, de posições conservadoras. O jornal era entregue todas as manhãs em seu modesto apartamento na cúria pelo jornaleiro Daniel Loregno, que tinha uma banca do outro lado da Praça de Maio. Bergoglio só ia buscar o jornal pessoalmente nos domingos, logo de manhã cedo, antes da missa. Poucos dias após ser eleito papa, telefonou para a casa da família Loregno, para avisar que, por causa de seu novo emprego, não poderia mais ser cliente da banca de Daniel. E ressaltou que pagaria o mês que estava devendo.

Diversos vaticanólogos afirmaram no início do papado que esses gestos de Francisco poderiam debilitar o poder simbólico da Igreja Católica, já que aproximavam o papa da população. No entanto, Quevedo argumentou que a estratégia utilizada por Bento XVI de "aproximar-se de Deus e afastar-se do mundo terreno foi um fracasso. O problema é que o catolicismo disputa o terreno com figuras do cristianismo que tentam estar com o povo na Terra sem tanta solenidade na doutrina" — como os evangélicos, por exemplo.

## Químico e jesuíta

Filho de um imigrante italiano, o ferroviário Mario Bergoglio, e de uma neta de imigrantes vindos também da Itália, Regina Sívori, Jorge Mario Bergoglio nasceu no dia 17 de dezembro de 1936. Sua família morava em uma área conhecida como "Bonorino", parte do bairro de classe média de Flores, em Buenos Aires. Foi batizado no Natal daquele ano. Dos quatro irmãos que teve, uma ainda estava viva quando foi eleito papa, Maria Elena Bergoglio.

Passou sua juventude em Flores e nos bairros vizinhos, onde saía com os amigos e apreciava dançar tango. Ele ouve até hoje as canções de Carlos Gardel, Julio Sosa, Ada Falcón e Azucena Maizani (a quem administrou a extrema-unção em 1970). Em 1957, formou-se como técnico químico. De forma quase simultânea, deixou a única namorada de sua vida e se tornou noviço da Companhia de Jesus, ordem caracterizada por sua obediência e disciplina ascética — que alguns historiadores preferem definir como "militar".

Em 1969, aos 33 anos, foi ordenado sacerdote. Aos 36, em 1973, já era o comandante dos jesuítas na Argentina.

## Ditadura

Durante a ditadura militar argentina (1976–1983), Bergoglio se envolveu em diversas controvérsias. O jornalista investigativo argentino Horacio Verbitsky, do jornal *Página 12*, sustenta que Bergoglio colaborou com a ditadura ao delatar dois jovens sacerdotes, que foram sequestrados pelos militares.

No entanto, dois referenciais mais à esquerda de Verbitsky, o frei brasileiro Leonardo Boff e o Nobel da Paz de 1980, o argentino Adolfo Pérez Esquivel, rejeitaram as acusações e sustentaram que Bergoglio não delatou sacerdote algum. Na contramão, ambos afirmaram que o futuro papa teria ajudado discretamente vários perseguidos políticos a escapar do país.

Os dois jesuítas eram Orlando Yorio e Francisco Jalics, que trabalhavam nas favelas de Buenos Aires. Em maio de 1976, eles foram sequestrados pela ditadura militar e selvagemente torturados. Liberados cinco meses depois, os dois sacerdotes partiram para o exílio. Yorio faleceu no ano 2000 em Montevidéu. Jalics, que morreu em 2021 em Budapeste, afirmou na época da eleição do papa que Bergoglio não os delatou.

Nos anos 1980, Bergoglio foi estudar na Alemanha. Ao voltar à Argentina, manteve atividades acadêmicas e pastorais de forma bem *low profile*. No entanto, em 1992, o poderoso cardeal Antonio Quarracino o convocou para ser seu bispo auxiliar em Buenos Aires. Em 2001, Bergoglio deu um salto internacional, quando ocupou o posto de relator-geral do Sínodo dos Bispos em Roma. A partir dali, seria uma figura com crescente peso internacional.

Em dezembro do mesmo ano, Bergoglio viu da catedral os intensos protestos populares na frente da Casa Rosada. Era o final do governo do presidente Fernando De la Rúa e o início da maior crise econômica e social da história da Argentina. Nesse ano — e mais ainda em 2002 — Bergoglio foi crucial para evitar a fome de dezenas de milhares de pessoas ao criar uma rede de refeitórios populares para alimentar os empobrecidos argentinos.

A partir de 2003, o cardeal teve uma série de confrontos com o casal Néstor e Cristina Kirchner, que governava a Argentina. Sem papas na língua, Bergoglio não vacilou em criticar intensamente a retomada do crescimento da pobreza, a corrupção, a divisão da sociedade e a falta de tolerância política.

Em 2005, com a morte de João Paulo II, Bergoglio transformou-se em um dos "papáveis" da América Latina, mas, na ocasião, ficou em segundo lugar no conclave, conquistando quarenta votos. O vencedor foi Joseph Ratzinger, que foi entronizado Bento XVI.

## Papável

Bergoglio permanecia cotado como "papável" para um eventual novo conclave. No entanto, em 2010 sofreu um duro revés político quando o Parlamento argentino aprovou um projeto de lei do Partido Socialista (mas respaldado pelo governo da peronista Cristina Kirchner) de casamento entre pessoas do mesmo sexo. Bergoglio deixou de lado seu estilo sóbrio e perdeu as estribeiras de uma forma tão ostensiva que até mesmo o conservador jornal *La Nación* criticou as atitudes do cardeal. Bergoglio desferiu um furioso sermão contra o projeto, que foi aprovado com ampla maioria.

Muitos integrantes do clero acharam que essa derrota implicaria a perda de pontos como "papável" em um novo conclave. Porém, no fim das contas, isso não lhe gerou problemas.

Ao ser entronizado como o papa Francisco, Bergoglio quebrou a restrição — implícita — de que um jesuíta fosse transformado em papa. Desde que foi criada, há quase cinco séculos, a Companhia de Jesus jamais havia conseguido que um representante seu chegasse a líder da Igreja Católica, principalmente pela oposição de outras congregações que temiam seu crescimento.

Na época de sua eleição o fato de ser jesuíta gerou rebuliço entre os supersticiosos que acreditam que o "papa negro" será o último papa. Francisco não é afrodescendente. No entanto, os supersticiosos diziam que o "negro" se referia à cor da ordem dos jesuítas.

Desde a eleição de Francisco voltaram à tona os especialistas sobre profecias apocalípticas. Entre elas, a de Nostradamus, sobre o papa Francisco como o eventual derradeiro santo padre da história. O médico e astrólogo francês, em suas profecias, fala sobre a existência de um derradeiro "papa negro", após o qual viria o "fim do mundo". Durante anos, os especialistas em Nostradamus afirmaram que essa previsão estaria relacionada a uma eventual eleição de um papa africano. No entanto, quando Francisco assumiu o trono papal, esses especialistas adaptaram a profecia, afirmando que Nostradamus se referia a um papa jesuíta, já que os membros da Companhia e Jesus são famosos pela cor preta de suas vestimentas. Além disso, o supervisor-geral da ordem, o chefe de todos os jesuítas, foi sempre chamado informalmente de "papa negro".

Já São Malaquias cita a existência de apenas mais 112 papas desde a época em que vivia (o século XI) — e Bento XVI foi o 111º papa. Por fim, Zacarias mencionava um papa que seria ferido, mas não morto, e que isso indicaria o início do fim dos tempos. A falta de preocupação de Francisco com sua segurança aumentou as apostas de que ele seria o alvo dessas profecias.

## A SAÚDE DO MAIS *WORKAHOLIC* DOS PAPAS

O papa Francisco é o mais hiperativo pontífice dos últimos tempos. Quando era cardeal em Buenos Aires, não usava o carro oficial e, portanto, além de usar o transporte público, caminhava muito. Ele não era um burocrata, tal como outros papas do passado, acostumados ao trabalho de escritório. E, mesmo depois de ser entronizado, continuou com seu ritmo frenético. Ele é um *workaholic*. Quando outros papas entravam em férias, iam para a residência de verão de Castel Gandolfo, mas Francisco "descansa" em seu lugar de trabalho, o Vaticano!

No momento em que escrevo este capítulo, em setembro de 2023, Francisco tem 86 anos. Ele completará 87 em dezembro. João Paulo II tinha 84 quando faleceu, mas estava com graves problemas de saúde desde que estava na casa dos 70. Bento XVI renunciou ao pontificado aos 85 e também andava mal. Desta forma, Francisco, comparativamente a seus antecessores, está em ótima forma.

Existe uma fake news há anos que indica que os médicos extirparam há décadas um pulmão inteiro de Francisco, mas isso é a mais pura mentira. Quando ele tinha 21 anos, em 1957 e ainda nem era sacerdote, somente o lóbulo superior de seu pulmão direito foi removido em uma cirurgia, porém isso nunca foi um problema em sua carreira.

Nos anos 1980, removeram sua vesícula. E em 2004 teve um pré-enfarte por um estreitamento moderado na coronária. No entanto, logo em seguida começou a se cuidar e nunca mais teve problemas cardíacos. Em 2021, foram extraídos alguns pólipos de seu cólon. Ele também tem problemas no nervo ciático, o que causa dores na coluna, especialmente se tiver aumento de peso.

Em 2022, com problemas no joelho, teve que usar cadeira de rodas. Uma alternativa era operar, mas isso requereria uma anestesia geral. Após a operação do intestino de 2021, o papa declarou que a anestesia geral é algo que ele não gosta E, por esse motivo, dedicou-se a sessões intensas de fisioterapia e voltou a caminhar parcialmente.

Em março de 2023 foi internado por conta de uma infecção respiratória. No dia seguinte, já estava trabalhando no quarto do hospital. Em junho do mesmo ano operou mais uma vez o intestino, dessa vez graças a uma hérnia. Horas depois, o médico responsável pela intervenção, Sergio Alfieri, deu uma entrevista coletiva e sustentou que a cirurgia transcorreu sem intercorrências. O médico comentou, resignado: "E o papa já está trabalhando...".

Poucos meses depois, Francisco realizou viagens a Lisboa, Budapeste e Ulan Bator (Mongólia).

Os "bergogliólogos", isto é, os especialistas em Jorge Bergoglio, afirmam que ele é um paciente difícil, mas que não é birrento. Quando os médicos lhe dão ordens, ele é obediente. No entanto, é preciso usar bons argumentos para convencê-lo.

## Papa João xxiv?

Em 2022, durante uma entrevista, ao ser perguntado se participaria da Jornada Mundial da Juventude que seria realizada na cidade de Lisboa em agosto de 2023, o papa Francisco pronunciou uma frase que de novo gerou suspeitas de que estaria pensando em se aposentar. Ele disse: "Eu penso em ir… o papa irá. Ou vai Francisco ou irá João xxiv, mas o papa irá".

No fim das contas, Francisco acabou indo a Lisboa. No entanto, o tal "João xxiv" seria um hipotético próximo ocupante do trono papal. O pontífice gosta de imaginar que ele terá esse nome, como se fosse uma continuidade da política de abertura que João xxiii realizou no início da década de 1960 com o Concílio Vaticano ii. Francisco, depois de João xxiii, é o grande reformista da Igreja e pretende que sua política continue após sua aposentadoria ou sua morte. Nos últimos tempos, ele tem sugerido várias vezes que não seria algo anormal uma eventual aposentadoria. E, ao mesmo tempo, indicou que continuará sentado no trono de São Pedro.

Os vaticanistas sustentam que existem três grandes grupos nas elites eclesiásticas em relação ao papa Francisco: os "francisquistas", os "antifrancisquistas" e aqueles que "franciscaneiam". Os "francisquistas" são maioria e constituem o grupo de respaldo ao papa Francisco, embora não omitam algumas divergências específicas. Os "antifrancisquistas" são minoria, embora sejam poderosos, e disparam críticas, que — de forma reservada — incluem até xingamentos aos palavrões. Alguns membros desse grupo afirmam que "logo que este papado se encerrar, voltaremos à normalidade". Em seguida, vêm aqueles que "franciscaneiam", ou seja, os que respaldam o papa atualmente, mas que podem virar a casaca caso a maré mude.

O fato inegável, porém, é que cada vez mais existem cardeais vinculados a Francisco.

## Aumenta a presença da juventude e da "periferia" do mundo

Em 2022, o papa formalizou vinte novos cardeais. Desses, dezesseis terão direito a votar em um futuro conclave para eleger — sabe-se lá quando — o sucessor de Francisco. O pontífice argentino, por sua vez, está preocupado em deixar uma marca bem não europeia para o futuro da Santa Sé. Desses dezesseis novos cardeais, dois são brasileiros (o franciscano Leonardo Ulrich Steiner e Paulo Cézar Costa, respectivamente arcebispos de Manaus e Brasília), um paraguaio, dois africanos, seis asiáticos (sendo dois deles da Índia), um americano (o bispo McElroy, defensor dos direitos dos homossexuais), um italiano, Giorgio Marengo, de 48 anos, que se tornou o cardeal mais jovem do mundo, e outros três europeus.

Em dez anos de pontificado Francisco designou 83 novos cardeais. Atualmente existem 132 cardeais eleitores. E desses, os cardeais "francisquistas" constituem quase dois terços, uma proporção mais que suficiente para definir um futuro papa que siga a mesma linha de Francisco.

Outros 11 cardeais eleitores foram designados por João Paulo II. E os 38 restantes, por Bento XVI.

Em 2013, na Jornada Mundial da Juventude realizada no Rio de Janeiro, o recém-entronizado papa Francisco, em sua primeira viagem internacional, deu o tom de como seria seu pontificado: "façam bagunça". Nunca na História da conservadora Igreja Católica a autoridade máxima havia passado um recado assim.

Uma década depois, Francisco está acelerando sua agenda de reformas, fazendo viagens de ritmo frenético, tal como a Jornada Mundial da Juventude de Lisboa, organizada por Américo Aguiar, que toma posse como cardeal em setembro, e será o segundo mais jovem cardeal do mundo. Sobre essa Jornada, o papa havia declarado meses antes: "em Lisboa gostaria de ver uma semente para o futuro do mundo". E esse contato com 1 milhão de jovens ali, que o tratam como se fosse um rock star, pretendeu amplificar sua influência nas novas gerações de católicos.

Na Europa as religiões de todo o tipo perdem força. Na América Latina, a perda de terreno do catolicismo é enorme e difícil de reverter. Assim, Francisco está de olho na expansão da Igreja Católica na Ásia, especialmente na Índia e na China. Por isso, seu favorito como "papável" é o cardeal filipino Luis Antonio Tagle, chamado de "o Francisco asiático". No país de origem do cardeal Tagle há 98 milhões de católicos.

O papa, ao iniciar sua segunda década no cargo, designou bispos mais jovens, algo raro na Igreja nos últimos séculos. Os vaticanistas afirmam que essas nomeações de jovens a cargos importantes farão com que eles tenham vários anos de experiência quando Francisco não estiver mais neste plano. Os analistas sustentam que os problemas de saúde apresentados pelo pontífice nos últimos anos o preocuparam, de forma que sua intenção é deixar "a casa em ordem" para seu sucessor. Ou melhor, a ideia de Francisco é deixar a casa "em ordem" para que se faça mais 'bagunça". Ele precisa consolidar as reformas que estabeleceu para evitar que um eventual novo papa volte atrás.

## Aborto

Até 24 de novembro de 2009, o então cardeal Jorge Bergoglio e o então prefeito portenho Mauricio Macri tinham uma relação cordial. Nesse dia, porém, o jesuíta ficou furioso ao ser informado que Macri — apesar de suas prerrogativas — não havia apelado contra a sentença judiciária para impedir a realização do primeiro casamento gay na cidade que governava. Bergoglio, que na época era categoricamente contra qualquer espécie de união legal homossexual, reuniu-se com Macri para apontar o dedo no prefeito, acusando-o de "faltar gravemente com seu dever de governante".

Macri, ao sair da reunião, declarou: "Sou católico, mas, nesse caso, meu dever é representar todos os cidadãos, e expressei ao cardeal Bergoglio que isso tinha a ver com minha convicção pessoal de defesa das liberdades individuais". Na época, pessoas do *entourage* do cardeal indicaram que nunca haviam visto Bergoglio tão furioso.

Três anos depois, em outubro de 2012, houve um novo confronto, quando Macri anunciou que seria realizado o primeiro aborto legal na cidade. Posteriormente, Macri voltou atrás e proibiu o aborto na capital argentina. Entretanto, esse passo atrás não foi suficiente para recompor a relação com o futuro papa.

Em março de 2013, dias depois da entronização de Francisco, Macri eliminou os subsídios estatais a escolas privadas católicas, fato que criou um novo curto-circuito.

E, em 2018, quando era presidente, Macri abriu — pela primeira vez na história do Parlamento argentino — o debate para a legalização do aborto. Francisco, furioso com o então presidente, fez uma campanha ativa para que a legalização fosse derrubada. E conseguiu. No entanto, em 2020 o novo presidente, o peronista Alberto Fernández, pressionado por setores feministas, aceitou levar o assunto ao Parlamento mais uma vez. Francisco, vendo que desta vez as chances de aprovar a lei poderiam ser maiores, telefonou pessoalmente a deputados e senadores para impedir a legalização, mas não teve sucesso. A lei foi aprovada. A Argentina entrava em sincronia com o século XXI e mostrava-se independente das pressões da Igreja.

O papa perdeu pontos nos setores progressistas de sua terra natal.

## Fake news, Adão e Eva

Nem bem foi entronizado, Francisco foi alvo de uma saraivada de fake news. Embora elas tenham sido mais intensas no início de seu papado, volta e meia surge alguma nova. E, com certeza, aparecerá uma miríade delas quando ele se for deste plano.

Nos primeiros dias após o conclave, jornais e sites em todo o mundo, além de milhares de internautas, publicaram durante meses fotos datadas de 1976 que mostravam o ditador argentino Jorge Rafael Videla junto a um septuagenário cardeal, o qual insistiam se tratar de Bergoglio. No entanto, as fotos eram de outro clérigo, pois naqueles tempos o futuro papa tinha somente quarenta anos e era um sacerdote jesuíta. Ou seja, Bergoglio somente usaria as vestimentas de cardeal um quarto de século mais tarde. O único ponto em comum é que o cardeal dos anos 1970 que aparecia nas fotos era levemente parecido ao Bergoglio de 2013 por conta das bochechas e do modelo de óculos.

Umas dessas fotos mostrava o suposto cardeal Bergoglio dando a hóstia a Videla. No entanto, quem aparece nessas fotos é o arcebispo Octavio Derisi. Outra imagem mostrava Videla com um "Bergoglio" vestido de cardeal em 1978, mas este outro na realidade era o cardeal italiano Antonio Samoré, que morreu em 1983. Outra imagem trazia Videla com um "Bergoglio" muito mais alto, com nariz aquilino e olhos azuis, sem óculos e sem suas tão peculiares bochechas. Esse outro era o cardeal Pio Laghi, que não tinha nada de parecido com Bergoglio. Era como mostrar uma foto de Tom Cruise e dizer que era o Lima Duarte.

Na ocasião, muitos sites de esquerda acusaram o novo papa de ser "fascista" e "colaborador" de ditaduras militares. Uma das celebridades que acreditaram nessa fake news foi o cineasta americano Michael Moore, diretor do documentário *Tiros em Columbine*, que não prestou atenção nas diversas incongruências gritantes exibidas nas fotografias, entre elas, a idade do clérigo; as roupas do sacerdote em questão e as diferenças físicas.

Dois anos depois, o foco das fake news não era a ditadura, mas a suposta notícia de que o papa Francisco havia dito que "Adão e Eva nunca existiram". Uma declaração desse tipo teria sacudido os alicerces da Igreja, além de provocar baitas complicações em outras religiões — a judaica e a muçulmana — já que elas também contam em seus textos sagrados com a presença dessa famosa dupla do Gênesis como ponto de partida do relato religioso. De quebra, as declarações do papa sobre a inexistência de Adão e Eva teriam sido capa dos principais veículos de comunicação do planeta. No entanto, a origem desse rumor foi o site satírico Diversity Chronicle, que, por sua vez, ostenta em sua página inicial o seguinte *disclaimer*: "o conteúdo deste site é amplamente satírico".

O fato é que, tal como dizia o diretor de cinema Pier Paolo Passolini (1922–1975) "as teorias da conspiração geram delírios porque liberam as pessoas de confrontar-se com a verdade".

## O PONTÍFICE MAIS FUTEBOLÍSTICO DA CRISTANDADE

Desde o surgimento do futebol, há mais de um século e meio, o mundo teve doze papas... Mas a proporção de papas fãs de futebol é baixa: apenas três — João Paulo II, Bento XVI e, claro, Francisco. O polonês Karol Wojtyla (JP2) até havia sido goleiro do Cracóvia antes de ser padre, quando a Segunda Guerra Mundial nem sequer havia iniciado. E Josef Ratzinger (B16), que era bávaro, era torcedor do Bayern. No entanto, nunca um papa havia agitado a camisa de seu time na Praça de São Pedro ou havia falado tanto sobre o assunto em público como costuma fazer Francisco.

Volta e meia o papa argentino recebe times que pedem sua bênção no Vaticano. Ele já organizou jogos com celebridades para arrecadar fundos para os pobres e consegue até misturar o futebol em seus sermões, fazendo comparações entre o esporte e a solidariedade cristã que prega. Esse foi o caso de um sermão proferido na Colômbia, país no qual usou o futebol como parábola para explicar sua mensagem religiosa perante 25 mil jovens que urravam seu nome na Praça Bolívar em Bogotá. Ele elogiou os fiéis por "se reunirem no prazer da música, de tomar um café... e de uma final entre Atlético Nacional e o América de Cali. Tudo é ocasião para estar juntos!". Nesse momento, os jovens ovacionaram o pontífice. Os dois times citados agradeceram pelas redes sociais. E a federação de futebol na Colômbia decidiu não realizar jogos no fim de semana em que o papa esteve no país, de forma a permitir que os canais de TV pudessem se dedicar plenamente à transmissão ao vivo da visita do papa.

Francisco costuma usar expressões relativas ao futebol em seus discursos e sermões para se aproximar dos jovens e ser mais didático em suas mensagens. Nestes anos de pontificado, ele já usou expressões como "Jesus nos pede que o acompanhemos, que sejamos seus discípulos, que joguemos em seu time"; "Suar a camiseta tentando viver como cristãos é uma grande experiência"; "Sejam protagonistas, chutem para a frente, construam um mundo melhor".

\*\*\*

Os "*cuervos*" (corvos, como são chamados os torcedores do San Lorenzo) não dão importância ao título de "o primeiro papa argentino". Nem sequer se importam com o fato de Francisco ser "o primeiro papa nascido nas Américas". Muito menos especulam chamá-lo de "o primeiro papa jesuíta". Para eles, é "o primeiro torcedor do San Lorenzo que chegou ao Vaticano". Jorge Bergoglio tornou-se torcedor do San Lorenzo quando era menino em Flores, que fica próximo ao bairro de Almagro, onde se localizava a sede do clube. Como seminarista, padre jesuíta, bispo e cardeal, ele sempre continuou acompanhando seu time e frequentando os estádios.

A paixão de Francisco pelo San Lorenzo não ficou de lado quando teve que assumir as responsabilidades de CEO de Deus na Terra, já que, semanas após ser eleito sumo pontífice, mandou buscar um objeto que guardava em seu modesto apartamento na cúria portenha: uma das tábuas das arquibancadas do Viejo Gasómetro (o antigo estádio do San Lorenzo) que ele guarda como relíquia esportiva.

Nestes anos de papado, Francisco já agitou a camiseta do San Lorenzo em plena Praça de São Pedro e fez gestos ironizando resultados negativos de times rivais, como o Boca Juniors. A diretoria do San Lorenzo ressaltou que o papa paga todos os meses — por débito automático — sua mensalidade de sócio-torcedor. E garante: "O papa paga religiosamente!".

O papa não vê TV desde 1990. Naquele ano, pedindo pela cura de uma jovem fiel que se encontrava gravemente doente, fez uma promessa à Virgem do Carmo que implicava, entre outras coisas, deixar de assistir os jogos de seu amado time. Mas ele os acompanhava pelo rádio e pelos jornais. No entanto, com sua mudança para Roma em 2013, e, consequentemente, sua agenda lotada, Bergoglio não teve mais chances de ler o caderno esportivo dos jornais ou ouvir o rádio.

Então, como ele fica sabendo dos jogos? Aí entra em cena a Guarda Suíça, corpo de defesa do papa, criado há 510 anos. Nestes cinco séculos, os guardas tiveram que executar todo tipo de missões, várias delas mortais. Mas agora eles têm uma nova incumbência: informar o papa sobre os jogos. Dessa forma, várias vezes por semana, um dos oficiais leva ao pontífice um resumo dos jogos, a posição dos jogadores nas escalações, além dos resultados e os autores dos gols. E, com essas informações, o pontífice recria o jogo em sua mente. O argentino Francisco deve ser o único fanático de futebol no planeta que não é cego e nunca viu Lionel Messi em campo. Toda promessa tem seus sacrifícios.

Assim, a famosa cena final do filme *Dois papas*, que mostra Bento XVI como pontífice emérito e Francisco torcendo cada um por sua seleção na final da Copa do Mundo do Brasil, é divertidíssima, mas colossalmente falsa; é tão irreal como dizerem que Frédéric Chopin compôs um funk.

O papa é líder espiritual de todos os católicos, mas, no que concerne ao futebol, que não é uma área teológica/espiritual, ele tenta favorecer a Argentina em suas orações? Como ele se posiciona futebolisticamente perante o Brasil?

O único dado que temos sobre isso é dos tempos da Copa do Mundo do Brasil, quando ele expressou sua neutralidade. Poucas semanas antes do início do campeonato, a então presidente Dilma Rousseff esteve em Roma, visitando o pontífice. Na ocasião, levando em conta que o papa é argentino, a presidente brasileira lhe pediu "neutralidade". Traduzindo: que não emitisse orações aos poderes sobrenaturais dos católicos de forma a interferir nos resultados da seleção brasileira, uma (das várias clássicas) rivalidade da seleção argentina.

Havia motivos para esse pedido, pois, na época, o San Lorenzo estava na crista da onda, coincidentemente depois que um de seus torcedores havia sido eleito como representante de Deus na Terra. E era bastante comum o comentário de que esse sucesso do San Lorenzo devia-se às rezas fervorosas do pontífice.

"Seja neutro em suas orações, pois a copa é do Brasil", teria dito a presidente. O papa prometeu que seria imparcial. E foi fiel à promessa. No dia seguinte ao apocalíptico 7 a 1, o pontífice telefonou à presidente Dilma Rousseff para expressar sua solidariedade. Francisco disse a Dilma: "Presidente, acredite em mim: eu teria rezado pelo Brasil e não pela Alemanha, mas a senhora não me deixou! Não rezei a favor de ninguém!".

# Piadas

O papa Francisco tem muito senso de humor... e em relação aos mais variados tópicos, ele faz muitas piadas — carinhosas, destaquemos! — com o Brasil. Esse foi o caso em 2013, nem bem o cardeal argentino Bergoglio recebeu o *upgrade* para o posto de papa, viajou ao Brasil para sua primeira viagem internacional. Na visita, brincou sobre as expectativas brasileiras, meses antes, de eleger um papa brasileiro, pois um dos nomes mais cotados para o cargo era o cardeal gaúcho Odilo Scherer. Francisco declarou: "Deus já é brasileiro e vocês também queriam um papa?".

Em 2020, ao receber integrantes brasileiros do comitê organizador da Jornada Mundial da Juventude, Francisco disse: "Vocês são uns ladrões!", o que fez todos ficarem boquiabertos. E aí o pontífice completou: "Vocês roubaram meu coração! O Brasil tem meu carinho!".

Em 2021, ao caminhar pelo Pátio de São Damaso, no Vaticano, o pontífice foi abordado pelo padre João Paulo Souto Victor, de Campina Grande, que pediu orações para seus conterrâneos. "Santo padre, reze por nós, brasileiros", disse o sacerdote. Sorrindo, Francisco retrucou: "Vocês não têm salvação. É muita cachaça e pouca oração!".

Poucas semanas depois, o pontífice brincou com um seminarista de São Paulo, que estava na praça de São Pedro. Quando o papa passou ao lado, o seminarista gritou: "Papa, dê uma bênção para um brasileiro!". O papa respondeu: "Ah, sim, um brasileiro!". E, sem vacilar, lhe deu uma "bênção musical", cantarolando: "Se você pensa que cachaça é água...".

Uma dica: não adianta contar a um argentino uma piada sobre argentinos. Eles conhecem todas, e até algumas que a gente não sabe. É que essas piadas não foram feitas no Brasil ou outros países... elas foram criadas na própria Argentina pelo ácido humor que os argentinos têm sobre si mesmos. E o papa é um dos maiores divulgadores mundiais desse gênero de gracejos sobre seus compatriotas. Em uma ocasião, ele declarou: "Sabe como um argentino se suicida? Ele sobe em cima de seu ego e depois pula lá de cima".

Nos primeiros anos de papado, em uma reunião com o então presidente equatoriano Rafael Correa, o pontífice contou que surpreendeu todo mundo ao escolher o nome de Francisco, já que por ser argentino, esperavam que ele escolheria o nome de "Jesus II".

Em 2015, ao então diretor-executivo do Congresso Judaico Latino-americano, Claudio Epelman, também argentino, Francisco contou a seguinte piada: "Em uma cidade existia um padre antissemita que toda hora que podia atacar os judeus, partia para cima deles. Um dia, em um sermão, como sempre, deslanchou ataques contra os judeus de forma feroz. E, em uma pausa, atrás dele, Jesus desce da cruz, olha para a Virgem no altar e diz: 'Mãe, vamos embora, pois aqui não gostam da gente...'".

Francisco faz piadas, mas também é alvo delas. Uma das maiores fontes de piadas sobre o papa é o humorista italiano Maurizio Crozza, que faz um esquete no qual imita o papa Francisco. Em uma delas, o pontífice carrega uma geladeira nas costas. Acontece que, naqueles telefonemas que o papa faz às vezes para pessoas que lhe enviam cartas pedindo ajuda, soube de uma velhinha que precisava de uma geladeira. Aí, vai o papa pelas ruas de Roma levar o pesado eletrodoméstico para essa aposentada. No meio do caminho, encontra um grupo de jovens, que entoam cânticos religiosos, lhe pedem uma selfie e depois vão embora, sem ajudá-lo. Na sequência, aparecem dois cardeais, que dizem que vão acompanhá-lo nessa caminhada, mas, quando o papa pede para compartilhar o peso da geladeira, os cardeais respondem: "Nãoooo... Não queremos interromper seu trabalho, santidade!".

# Durante a pandemia de Covid-19, a América Latina turbinou seu lado "Macondo"

A PANDEMIA DE COVID-19 desatou em todo o planeta as mais tresloucadas teorias da conspiração, os comportamentos mais surrealistas por parte de alguns setores da sociedade e as reações mais delirantes da classe política — especialmente dos presidentes. Foi, de certa forma, muito útil para saber como boa parte deles reage perante situações totalmente inesperadas. Alguns reagiram como baratas tontas; outros, como avestruzes, que escondem a cabeça em um buraco. E vários presidentes reagiram como se tivessem ingerido algum alucinógeno. Isso aconteceu no mundo inteiro, com todas as ideologias, mas, principalmente, por parte de ditadores ou presidentes com uma quedinha pelo autoritarismo.

Em Belarus, o presidente/ditador Aleksandr Grigórevitch Lukashenko, que comanda o país com mão de ferro desde 1994, dizia que o vírus não estava em seu país ("Tem alguém vendo o vírus voando aqui?", perguntou a estupefatos jornalistas em Minsk). Lukashenko afirmava que, se fosse necessário algum tratamento, era só andar um pouco em um trator (sic), passar uns minutinhos em uma sauna, ou jogar um pouco de hóquei sobre o gelo (sic, sic, sic mesmo!).

No Turquemenistão, o ex-dentista, autor de livros sobre chás e ditador Gurbanguly Berdymukhamedov, que está no poder desde 2007, achou que tudo não passava de uma histeria e decidiu tomar uma medida simples:

proibiu o uso das palavras "coronavírus" e "Covid-19". Nesse país da Ásia Central, onde o culto à personalidade do líder supremo é algo cotidiano, ninguém andava com máscaras pelas ruas de Asjabad, a capital, nem de outras cidades turcomenas, já que quem usasse uma ia preso. Outra medida tomada por parte do ditador turcomeno foi a queima de toneladas de fumo para "destruir vírus invisíveis". Ele fez isso perante os olhos de estupefatos representantes da Organização Mundial da Saúde (OMS).

Outro caso que faria Sigmund Freud ter uma overdose de material para novos livros foi o presidente John Magufuli, da Tanzânia, que, em 2020, afirmou que as vacinas contra a Covid-19 nunca seriam utilizadas em seu país. Ele optou por recorrer ao sobrenatural e convocou três dias de orações para impedir a entrada da doença em seu país. Após esse prazo, anunciou que a Tanzânia estava "blindada contra o coronavírus". Seu argumento foi: "O coronavírus é o diabo... e o diabo não pode sobreviver no corpo de Jesus". Além disso, Magufuli proibiu campanhas de prevenção e não repassou nenhum dado para a OMS, de forma que ninguém sabe qual foi a dimensão da pandemia no país.

Nos Estados Unidos, Donald Trump chocou cientistas ao recomendar que as pessoas injetassem desinfetantes para tratar a Covid-19.

Em março de 2021, Magufuli bateu as botas supostamente devido à Covid-19. Isso pelo menos foi o que noticiou a imprensa da maior parte dos países africanos e da oposição tanzaniana, embora o governo negasse a informação. O vice-presidente Seif Shatif Hamad não o sucedeu, já que ele próprio havia morrido de Covid-19 um mês antes. Depois, morreu seu secretário pessoal. Aí, de forma muito morna, Magufuli comentou que "seria melhor" usar máscaras.

Enquanto isso, na América Latina existiam presidentes com políticas e comportamentos que rivalizavam com os casos de Lukashenko, Berdymukhamedov, Magufuli e Trump.

## Protegido por um trevo e uma nota de dois dólares

No início da pandemia, o presidente mexicano López Obrador minimizou a gravidade da Covid-19. Ele saía às ruas para abraçar e beijar simpatizantes.

"É preciso que as pessoas se abracem. Não vai acontecer coisa alguma!", sustentava. Obrador claramente pertencia ao grupo dos negacionistas. Ele dizia que falar sobre "pandemia" era um "exagero" e que a genética dos mexicanos era forte o suficiente para enfrentar o vírus. Ele até afirmava que estava protegido por uma imagem de um santo, um trevo de quatro folhas e uma nota de dois dólares que carregava na carteira.

No entanto, a pandemia chegou no México com impacto. López Obrador, assustado, mudou de ideia, mas já era tarde. Os contágios dispararam. Apesar da expansão da doença, o presidente resistiu persistentemente à vacinação, dizendo sempre que "alguma hora" se vacinaria. Um dia, pressionado pelo secretário de Saúde, López Obrador declarou que seria vacinado na mesma semana. No entanto, dois dias depois indicou que havia mudado de ideia. Ele sustentou que não seria vacinado, argumentando que já havia tido Covid-19 meses antes. López Obrador afirmou que, em seu caso, não era preciso se vacinar. "Não há risco algum de contágio nem chances de contagiar outras pessoas", dizia, na contramão dos cientistas.

Ele sempre se recusou a usar máscara. Um dia, irritado com as perguntas dos jornalistas por seu rechaço, ele respondeu: "Sabem quando vou colocar uma máscara? Quando não houver mais corrupção no México!". Finalmente, porém, aceitou ser vacinado em abril de 2021.

## Dos santinhos ao "não saiam de casa"

Durante semanas, o presidente mexicano López Obrador relativizou a pandemia. Ele sugeria à população que fosse a restaurantes e bares para se divertir. Em Ometepec, no sul do México, ele levantou nos braços uma menina e lhe deu um beijo e uma mordida na bochecha.

Na mesma *vibe* de Bolsonaro, afirmava que os mexicanos tinham uma capacidade física para resistir ao coronavírus. E considerava que estava protegido pelas forças sobrenaturais. Esse foi o caso do dia no qual, em público, López Obrador mostrou dois cartões com imagens de santos impressas que carrega em sua carteira e disse que eles forneciam proteção contra a Covid-19.

Segundo uma pesquisa realizada pela consultoria mexicana Gabinete de Comunicação Estratégica, 68,5% dos entrevistados afirmaram que o presidente não estava preparado para enfrentar a pandemia. Outra pesquisa, da consultoria Mitofsky indicou que sua aprovação caiu para 49,6%. Foi a primeira vez em um ano e meio que a popularidade de Obrador caiu para abaixo dos 50%.

Entretanto, no fim de março o presidente mexicano mudou de opinião. Ele começou a prestar atenção nos cientistas e se assustou. Seu discurso se transformou e ele rogava para que as pessoas permanecessem em casa para prevenir a expansão da pandemia: "Não saiam às ruas a não ser que seja extremamente necessário".

Enquanto isso, a fronteira entre o México e os Estados Unidos foi o cenário de uma situação insólita quando manifestantes mexicanos na cidade de Nogales, no estado de Sonora, bloquearam a estrada para impedir a entrada de americanos no México. O motivo: o temor de que os americanos levassem ao vizinho do sul mais coronavírus.

### Marcha de protesto para afugentar a Covid-19

"Ele supera os personagens mais bizarros do realismo mágico latino-americano." A frase, da escritora Gioconda Belli, é sobre Daniel Ortega, o autocrata nicaraguense. Caudilho militarista que colocava a culpa dos males do país na imprensa, na oposição ou em algum bode expiatório externo, no início, Ortega tentou negar a epidemia, dizendo que era um exagero dos jornalistas.

Os cientistas nicaraguenses alertavam sobre o perigo da Covid-19, ressaltando que em breve o vírus chegaria ao país. No entanto o governo ia contra eles, chamando-os de "cérebros deformados" que "querem caluniar e difamar a Nicarágua".

Mais tarde, porém, com a expansão da epidemia no mundo, o presidente teve que aceitar a realidade. Ortega começou a afirmar que estava protegido por Deus, que atuava como se fosse uma espécie de guarda-costas celestial, como Kevin Costner protegendo Whitney Houston no filme de 1992. Portanto, não precisava se preocupar com a Covid-19.

No entanto, com os primeiros contágios surgindo no país, Ortega decidiu tomar uma medida ostensiva contra o vírus organizando uma megamanifestação de seus militantes nas ruas de Manágua contra a entrada da pandemia. Ou seja, em vez da clássica incineração da bandeira dos Estados Unidos e os cartazes que alardeavam "YANKEES GO HOME", o lema era "COVID, SUMA DAQUI". A marcha reuniu dezenas de milhares de pessoas que se acotovelaram — causando uma imensa aglomeração em plena pandemia — para "batalhar com amor" contra a Covid-19.

Ortega se recusava a atender os apelos para que decretasse o isolamento social e manteve as fronteiras do país totalmente abertas. O líder nicaraguense dizia que queria estimular o turismo estrangeiro naquele momento. Nesse contexto, organizou um festival nacional de dança, que reuniu milhares de pessoas.

A Nicarágua foi o único país do continente onde um campeonato nacional de futebol continuou (e com torcidas nos estádios), por ordens estritas do ditador, embora os jogadores estivessem com medo de entrar em campo. Professores e alunos, assustados, deixaram de ir às escolas, mas o ditador obrigou os docentes a voltar às aulas.

Quando a pandemia começou a crescer dentro do país, o regime simplesmente não anunciava as mortes. Ou, quando o fazia, era em uma proporção muito menor que a realidade. Desta forma, obrigava os parentes das vítimas da Covid-19 a realizar os funerais à meia-noite, sem velório, para que passassem desapercebidos.

Enquanto isso, a vice-presidente Rosario Murillo, afirmava que a Nicarágua tinha uma arma climática: "Aqui o coronavírus não chega porque faz muito calor!".

## AS GOTAS "MILAGROSAS" DE UM BEATO MORTO HÁ UM SÉCULO

Na Venezuela, a primeira reação pública do ditador Nicolás Maduro sobre a pandemia foi a de comparar a Covid-19 com outras gripes. Ele sustentou que estava protegido com uma poção que misturava pimenta, limão e outros ingredientes. Dias depois, apelou ao nacionalismo medicinal — e ao sobrenatural — afirmando que contava com um produto que "neutralizaria a Covid-19 em 100% dos casos". Tratava-se de um remédio chamado "Carvativir". Na ocasião, o presidente explicou que o medicamento havia sido inventado há mais de um século pelo dr. José Gregório Hernández, um médico venezuelano que foi beatificado anos antes pelo Vaticano. O autocrata sustentou que eram "goticas" (gotinhas) milagrosas. Ao vivo, pela TV, em rede nacional, deu a posologia: "Tem que pingar dez gotas sob a língua a cada quatro horas".

A eficácia do produto não tinha nenhuma comprovação científica, mas Maduro afirmou que o Carvativir contava com a aprovação das autoridades sanitárias venezuelanas, jurando que o regime fez testes em massa com o remédio.

Enquanto alguns presidentes delirantes afirmavam que a China havia criado o vírus para "dominar o mundo", Maduro, aliado de Pequim, tinha uma teoria da conspiração com os protagonistas invertidos. Segundo ele, o coronavírus havia sido criado para destruir a China — uma "conspiranoia" que nem os chineses propagaram, de tão delirante que era, como se um vírus não ultrapassasse fronteiras.

## Olivos-gate e funeral maradoniano

No dia 25 de novembro de 2020, Diego Armando Maradona faleceu. A família do ex-astro do futebol (as filhas de seu primeiro casamento e sua ex-esposa, Claudia Villafañe) queriam fazer um funeral privado, só com a presença de parentes e amigos próximos. Nas primeiras horas, os entristecidos torcedores, pelas redes sociais e nas entrevistas transmitidas pela TV, concordavam com a decisão familiar.

No entanto, o governo do presidente Alberto Fernández propôs a realização de um funeral público, organizado pelas autoridades. Isso foi uma forma de pressionar a família a mudar de ideia. Imediatamente surgiram as mais variadas propostas, entre as quais realizar um velório em algum parque.

As primeiras sugestões eram a de realizar algo em um espaço amplo, fora da capital, para evitar aglomerações. No entanto, em poucas horas o governo Fernández impôs seu plano, o de realizar o velório em pleno centro da maior metrópole do país, Buenos Aires, mais especificamente, na Praça de Maio. E, para disparar todas as chances de contágio, dentro da Casa Rosada, o palácio presidencial, que não conta com grandes espaços.

Organizar o velório de Maradona propiciava altos dividendos políticos, mesmo correndo o risco de causar uma disparada dos casos de Covid-19 (que foi o que ocorreu nas semanas seguintes). Até a semana da morte de Maradona os velórios estavam proibidos devido à pandemia. Milhares de famílias não puderam despedir-se de seus parentes. Porém, para o caso de um astro de fama mundial como Maradona, o interesse político prevalecia sobre os protocolos sanitários. Os membros do governo aproveitaram o cadáver maradoniano para darem declarações retumbantes e mostrarem-se como os mestres de cerimônias do último adeus ao ídolo nacional do futebol.

Coincidentemente, um par de horas antes da notícia da morte de Maradona as autoridades determinaram uma flexibilização das medidas de isolamento que incluíam a autorização de velórios, embora com duração máxima de duas horas, distanciamento social de dois metros, uso de máscaras, limpeza com desinfetantes do recinto após cada cerimônia, medição da temperatura corporal de todos os presentes, além de refeições e abraços seguirem proibidos. No entanto, no velório de Maradona, que teve a participação de 1 milhão de pessoas e durou doze horas, não houve distanciamento, não foi realizado nenhum tipo de desinfecção, boa parte das pessoas não usava máscara e havia venda de alimentos ao longo das avenidas de Maio e Nove de Julho, onde os fãs do ex-astro se acotovelavam. O consumo de álcool era ostensivo desde o raiar do sol. O caos predominou. E ficaria pior.

Para complicar ainda mais a situação, às 16h30, o governo anunciou que o velório, que inicialmente tinha previsão de durar até o início da noite, seria encerrado abruptamente. Dezenas de milhares de pessoas, desesperadas por perder a vista do caixão, começaram a correr na direção da Casa Rosada. Vendo que as portas seriam fechadas, torcidas organizadas subiram pelas grades, destruíram portões e depredaram partes do térreo da Casa Rosada. A polícia tentou reprimir os atos de vandalismo, mas eram poucos homens das forças de segurança contra imensos grupos de torcedores encolerizados. Alguns deles, em fervor místico, gritavam que levariam o corpo de Maradona dali. A situação só se acalmou quando um veículo removeu o caixão de Maradona a toda a velocidade da Casa Rosada e a multidão começou a ir embora da área, espalhando o vírus por outros bairros da capital e municípios da área metropolitana.

No entanto o governo argentino protagonizaria outra violação das leis que causaria mais polêmica.

Em meados de 2021 surgiu uma foto do aniversário da primeira-dama, Fabíola Yáñez, realizado com uma dezena de convidados, todos sem máscara, com nulo distanciamento social, na residência presidencial de Olivos. Era uma imagem de um ano antes, de julho de 2020, quando o país governado por Alberto Fernández estava no primeiro pico da pandemia. Na época, estava em vigência um decreto que proibia as reuniões sociais, fossem dentro de casas ou em praças. A população, de forma geral, havia acatado as determinações. As poucas festas clandestinas que ocorriam eram denunciadas por vizinhos indignados com a quebra do protocolo sanitário. Só que quem não havia obedecido o próprio decreto era o presidente Fernández. O caso foi chamado popularmente de "Olivos-gate".

A primeira atitude do governo foi dizer que a foto era *fake*. Porém, logo ficou sem argumentos e teve que admitir que era real. Na sequência, o presidente criticou sua mulher em público pela festa, mas alguns dias depois surgiram mais fotos que mostravam que o próprio Fernández participara da festa. A saída foi relativizar a situação, dizendo que ex-deputados e vereadores opositores tinham feito reuniões similares. No entanto o escândalo cresceu. Os parentes de pessoas que morreram na pandemia e que não puderam visitá-los durante suas internações estavam furiosos e indignados.

O presidente, por sua vez, declarou que não existia delito, já que, segundo ele, ninguém foi contagiado, em uma saída no melhor estilo "dirijo bêbado um carro a toda a velocidade por uma rua lotada... mas, se não atropelar ninguém, não é delito". Dias depois, com a aprovação popular em queda, ele alegou que "às vezes esqueço que sou o presidente".

Fernández reconheceu que foi um "ato de imprudência e negligência", mas insistia que não havia violado a lei. Ah, e há um detalhe peculiar: o presidente, antes de tomar posse, era professor de Direito Penal na Universidade de Buenos Aires.

Outro escândalo teve o nome de "Os vacinados VIP". O caso veio à tona quando Horacio Verbitsky, um famoso e veterano jornalista aliado do governo, declarou em um programa de rádio que havia pedido ao "amigo Ginés", isto é, Ginés González García, o então ministro da Saúde, para ser vacinado. García enviou até mesmo uma equipe especial só para vacinar Verbitsky. O governo teve que admitir que foram setenta o número de "vacinados VIP" e também secretários do ministro da Economia, com idades que oscilavam entre os trinta e os quarenta anos, entre outras pessoas que não faziam parte dos setores prioritários. O "amigo Ginés" teve que renunciar.

## Mais vacinados vip

Em fevereiro de 2021 o Peru acumulava mais de 1,2 milhão de infectados e quase 44 mil mortos. Além disso, sofria uma nova onda de escassez de oxigênio nos hospitais. Para complicar, a pandemia fez a economia despencar, pois o PIB havia caído 11%. O país enfrentava uma grande tensão política pela campanha para as eleições presidenciais. E, de quebra, o Peru começou a vacinação muito depois de vários países na região. Nesse contexto tenso, de extremo sofrimento, surgiu o "Vacina-gate", nome dado ao escândalo que trouxe à tona um esquema de privilégios destinado a políticos para que fossem vacinados antes do restante da população.

O imbróglio andino começou quando o laboratório chinês Sinopharm enviou a Lima doses da vacina que deveriam ser aplicadas em 12 mil voluntários nos testes organizados pela Universidade Cayetano Heredia. Mais tarde, enviou um carregamento extra de 3.200 doses destinadas às pessoas vinculadas aos estudos. No entanto, dessas doses extras, sobraram seiscentas unidades que, em vez de serem destinadas a médicos ou idosos, foram secretamente aplicadas como "cortesia" em diversos políticos.

A lista dos VIPs contou com quase quinhentas pessoas, entre elas o núncio apostólico (uma espécie de embaixador do Vaticano) Nicola Girasoli, que de forma nada cristã passou na frente de idosos para ser vacinado. No entanto, o monsenhor Girasoli alegou que foi vacinado na categoria de "consultor de assuntos éticos". A Conferência Episcopal peruana não quis afundar com Girasoli e se apressou em se diferenciar do núncio, exigindo que o caso fosse investigado. O arcebispo de Lima, Carlos Castillo, declarou que "esse tipo de privilégios leva o povo a criticar a Igreja". No entanto, a frase que explicitou bem a situação foi pronunciada, no melhor modo "sincericídio", por Germán Málaga, o diretor de testes clínicos da vacina: "Não se trata de privilégios. A questão é que as coisas funcionam assim aqui no Peru".

## "Não entendo de política"

No início de 2021, o Equador foi abalado pela notícia de que o ministro da Saúde, Juan Carlos Zevallos, havia desviado vacinas de um hospital público para um hospital particular e ali — furando a fila da prioridade de profissionais sanitários e pessoas da terceira idade — vacinou toda sua família.

Isso é grave em qualquer país, mas no Equador existia um fator adicional, já que, meses antes, o mundo inteiro se chocou com imagens dantescas feitas na cidade de Guayaquil, com centenas de cadáveres empilhados nas calçadas devido à pandemia. Zevallos declarou que estava surpreso com a reação das pessoas e tentou justificar sua atitude com uma frase insólita: "Não entendo de política…".

# Epílogo

Quando o genovês Cristoforo (Cristóvão) Colombo desembarcou nestas bandas em outubro de 1492, denominou a área de "Índias" por achar que estava na Índia, mas, posteriormente, os espanhóis perceberam que não era a Índia, e portanto, começaram a denominar a região de "Índias Ocidentais". A Índia oriental seria a Índia real, a de Gandhi, Bollywood e o rio Ganges. Aliás, na Espanha esse termo foi usado até o século XVIII e, por isso, começaram a chamar os povos originários de "índios" e "indígenas".

Em 1504, Amerigo (Américo) Vespucci (Vespúcio), navegador florentino — que participou de diversas viagens exploratórias na época — ao voltar de um de seus rolês marítimos na região, escreveu uma carta em Lisboa na qual afirmou: "Vi um continente habitado por mais variedade de povos e animais do que nossa Europa". E, principalmente, o chama de "Mundus Novus" (Mundo Novo). Colombo havia sido o primeiro habitante da Europa do Renascimento que comprovadamente chegou ao nosso continente, mas foi Vespúcio quem disse que este era um lugar novo, desconhecido pelos europeus da época. E essa diferenciação gerou ainda mais interesse e curiosidade nos habitantes do "Velho Continente", afinal, já havia diversos relatos sobre a Ásia e suas mentes, mas o fato de haver um mundo totalmente novo seria o mesmo que o lançamento de uma nova série com uma temática totalmente inédita por algum serviço de *streaming*!

Meses depois, um tipógrafo de Veneza publicou uma pequena coleção de relatos sobre o Novo Mundo, incluindo o de Vespúcio. Na sequência, em 1507, um tipógrafo de Vicenza (atual Itália), publicou uma antologia maior, que trazia as descobertas de Vasco da Gama, Cabral, Colombo e outros. Só que como o artigo de Vespúcio, "Novo mundo e novas terras encontradas por Alberico Vespúcio de Florença" era o mais interessante, deu nome ao livro. No entanto esse título é ambíguo. Trata-se das terras encontradas por Vespúcio? Ou é um relato escrito "por Vespúcio"?

As novas edições do livro seguiram o mesmo caminho. E as pessoas esqueceram temporariamente de Colombo (que só voltaria a ter destaque mais tarde) e começaram a considerar Vespúcio como se fosse o primeiro a ter chegado ao continente. Vespúcio, é preciso destacar, nunca se autoatribuiu a descoberta europeia do "Novo Mundo".

No entanto, o golpe de misericórdia (golpe temporário, que fique claro) em Colombo ocorre no mesmo ano com a publicação de "Introdução à Cosmografia", de Martin Waldseemüller, cidadão do Sacro-Império Romano-Germânico, publicada na pequena Saint-Diés-des-Vosges (atual França) no qual o nome do navegante genovês nem sequer aparece. E, nele, o mérito de tudo é atribuído a Vespúcio. No livro, Waldseemüller sugere, como opinião pessoal, que esse continente, já que foi "descoberto" por Américo Vespúcio, poderia se chamar "Terra de Américo" ou "América". Waldseemüller chegou até mesmo a estampar no volume um mapa do Novo Mundo, sobre o qual escreve a palavra "América". Como disse o escritor austríaco Stefan Zweig, essa é a certidão de batismo da América.

O famoso teólogo e cronista frei Bartolomé de las Casas chegou a acusar Vespúcio de tentar usurpar as "descobertas" de Colombo. E, como fã de Colombo, De las Casas sustentou que o "Novo Mundo" deveria se chamar "Columba". Porém, já era tarde.

E lembram que em Vicenza, em 1507, havia sido publicado um livro com o nome "Novo mundo e novas terras encontradas por Alberico Vespúcio de Florença"? Sim, foi usado o nome "Alberico". Esse erro não foi repetido em outros livros posteriores, caso contrário seríamos hoje "latino-albericanos". Em Washington, os trumpistas diriam "Let's make Alberica great again". E Rita Lee teria nascido na cidade de "Albericana", no estado de São Paulo.

E, se "América" é um nome de um veneziano, importado por um germânico, o termo "América Latina" tampouco foi criado na América Latina. Foi inventado em Paris em 1836, quando o francês Michel Chevalier em seu livro *Lettres sur Amérique du Nord* (Cartas sobre a América do Norte), usou pela primeira vez a expressão *"Amérique Latine"* (América Latina) para diferenciar os países ao sul dos EUA dos próprios Estados Unidos. No entanto, ele só elaborou melhor os detalhes desse conceito duas décadas depois, em 1856, no livro *Des intérêts matériels en France* (Os interesses materiais na França).

Nessa época, Chevalier já era um dos ideólogos do imperador Napoleão III, que se apresentava na esfera internacional como o defensor dos interesses católicos (e dos países de influência católica), em contraposição aos protestantes. O intelectual afirmava que era preciso criar uma "América Latina" para ir na contramão do conceito de "América Hispânica", isto é, a América colonizada pela Espanha — e que havia se liberado da Coroa de Madri poucas décadas antes.

A França é um país "latino", ou seja, uma nação onde se fala um idioma que tem raízes no latim, da mesma forma que a Espanha, Portugal, a Itália e a Romênia. Com o termo "América Latina" os franceses pretendiam colocar de escanteio o termo "Panamérica", usado pela Doutrina Monroe instaurada pelo presidente dos Estados Unidos James Monroe em 1823, segundo a qual qualquer intervenção europeia no continente seria vista como uma agressão que implicaria a intervenção dos EUA. Os Estados Unidos se apresentavam como "defensores do continente", uma forma de camuflar que posteriormente poderiam intervir na região quando lhes desse na telha.

Com o termo *"Amérique Latine"* a elite francesa argumentava que existiam duas Américas, com duas civilizações. Uma, a saxã e protestante, branca, que respeitava as instituições, mas que discriminava as sociedades e as culturas diferentes da sua. A outra América era a "latina", católica, "mestiça", com instituições bastante capengas... mas uma sociedade sem medo de experimentar coisas novas. Chevalier, Benjamin Pourcel e outros intelectuais consideravam que o conceito de *"Amérique Latine"* colaborava para uma maior presença da França "latina" na região. O imperialismo francês pretendia impor a ideia aos habitantes dos países da região de que eles eram todos iguais e que a França era igual a eles. E, ao mesmo tempo, era como dizer algo como "os EUA não são latinos e não têm que interferir na região, enquanto nós franceses, que somos latinos, podemos interferir, pois somos parte do mesmo grupo".

Chevalier argumentou: "só a França pode prevenir que toda esta família [latina] fique submersa nessa dupla enchente de germânicos, anglo-saxões e de eslavos". E, em nome dessas ideias, a França ocupou o México entre 1861 e 1867, colocando no trono na Cidade do México Maximiliano de Habsburgo, católico, príncipe da Áustria-Hungria. Maximiliano não era um "latino", mas era um católico. E, principalmente, um títere dos franceses, que o respaldavam ali com um exército vindo de Paris.

Nesses tempos, na capital francesa foi publicada *La Revue de Races Latines* (A Revista de Raças Latinas), que exaltava a superioridade "espiritual" dos "latinos". Nos anos seguintes, intelectuais dos países da América Latina adotaram a expressão francesa. No entanto, ela ficaria famosa com *Ariel* (sim, meu pai pegou meu nome daí), livro do escritor uruguaio José Enrique Rodó. A obra foi um best-seller em diversos países da região até meados do século XX e destaca a necessidade crucial de defender a "latinidade" regional do "materialismo" cultural dos EUA. O livro se chama *Ariel* por causa de um personagem da peça *A tempestade*, de William Shakespeare. Ariel é um jovem e valente espírito do ar, que sempre desfaz os planos malévolos do monstruoso Caliban. Na obra de Rodó, um professor tem uma estátua de Ariel em sua sala e o evoca com símbolo da latino-americanidade.

Já o termo "hispânico", usado para se referir a pessoas "da América Latina", se tornou popular durante o governo do presidente norte-americano Richard Nixon, que começou a utilizar a expressão para designar de forma genérica os grupos de pessoas que eram imigrantes ou descendentes de centro-americanos ou sul-americanos. Desta forma, o termo se popularizou nos anos 1980.

Na verdade, "hispânico" se refere a alguém cujos antepassados vieram da Espanha. Assim, teoricamente, teriam que entrar na categoria os filipinos, da Ásia, porque têm sobrenomes espanhóis. Porém, para não complicar as coisas, o termo é usado somente para os descendentes dos colonizadores e imigrantes espanhóis que se instalaram nos países ao sul do rio Grande até o cabo Horn. Neste caso, o Brasil não entra nesse grupo por ter sido colonizado por portugueses.

O outro termo, "latino", é de uma extrema generalização, porque aí entrariam pessoas de sobrenome espanhol ou português que podem ser brancos, de povos originários, negros, ou uma mistura deles. E aí entram tanto os descendentes das ex-colônias espanholas nas Américas, como os da única ex-

-colônia portuguesa na região (o Brasil). No entanto, muitos "latino-americanos" não têm sobrenomes espanhóis, sequer portugueses. De quebra, vastas populações de descendentes das pessoas escravizadas levadas da África para as Américas, e também dos povos originários, não têm nada de "latinos".

Paradoxalmente, o berço da cultura latina, onde surgiu o latim, Roma, atual Itália, não é considerada "latina" nestas bandas! Nos Estados Unidos, por exemplo, os descendentes de italianos são denominados "ítalo-americanos".

Não posso me referir à região como "Tudo isso que está localizado entre o rio Grande e o cabo Horn. É muito longo. Então, enquanto não aparecer outra denominação mais pragmática, continuarei usando "América Latina", apesar de sua dupla origem imperialista.

E este livro, com sua antologia de bizarrices, absurdos, atos *cringe* e comportamentos esdrúxulos de líderes latino-americanos de todo o leque ideológico, termina aqui. Porém, como serão os políticos das próximas décadas? As crianças de hoje terão que lidar com *freaks*, desequilibrados, grosseiros, autoritários camuflados (e nem tão camuflados assim) e faunas do gênero?

Gostaria que elas não tivessem que conviver com isso, mas, infelizmente, suspeito que terão, já que ao longo da última década e meia — após um punhado de anos de respeito (ou relativo respeito) às instituições e ao decoro presidencial, vimos o ressurgimento em grande estilo de lideranças bizarras, de tom autoritário, que geraram um desatado frenesi em multidões.

Isso não ocorreu apenas em países da América Latina, mas também no resto do planeta. E muitas dessas lideranças que assumem o modo "salvadores da pátria" aprenderam a se vender no Instagram e TikTok como "personalidades", em vez de "líderes políticos". Despontam perigosíssimos sociopatas por todos os lados. E, com as redes sociais, esses líderes ficam turbinados, expandindo-se mais além do que se expandiam os birutas — ou os perversos — de décadas (e séculos) prévios. Boa parte dessas novas lideranças chega ao poder por intermédio das fake news (acreditadas cegamente por milhões de seguidores).

Umberto Eco, o semiólogo e filósofo italiano, em uma entrevista ao jornal *La Stampa* em 2015, disse que "as redes sociais dão o direito de fala a legiões de idiotas que primeiro falavam só no bar depois de uma taça de vinho, sem prejudicar a comunidade, e que agora têm o mesmo direito de fala que um Prêmio Nobel. É a invasão dos idiotas!".

Já ouvi as mais variadas opiniões sobre diversos presidentes e candidatos presidenciais peculiares, indicando que alguns "fazem de conta que estão doidos", mas que, na verdade, de doidos não têm nada. Porém vale fazer o alerta: não subestimemos a capacidade de birutas reais chegarem ao poder. Em vários países o exame psicotécnico é obrigatório para que todos os trabalhadores sejam formalmente contratados. Esse exame é também necessário para tirar a licença de motorista. Para dirigir um carro é preciso estar bem da cabeça e comprovar isso. No entanto, para dirigir um país — infelizmente — não é preciso passar nesse tipo de exame.

Desta forma, deixo aqui, a modo de recomendação na hora de escolher vereadores, prefeitos, governadores, deputados estaduais e federais, presidentes, assim como seus vices, que vêm juntinhos na chapa, e primeiros-ministros, que tenham em mente as "Cinco leis dos Buracos", atribuídas ao político britânico Denis Winston Healey:

1º – Se você está no fundo do buraco, pare de continuar cavando.

2º – Mesmo que você tenha parado de cavar, você ainda continua dentro do buraco.

3º – Um buraco que não foi coberto causará mais problemas no futuro.

4º – Não pule dentro do buraco de outra pessoa.

5º – Coloque a Lógica acima de seu Ego.

Bom resto de século a todos!
Do meu escritório atrás do cemitério da Recoleta,

Buenos Aires, 18 de janeiro de 2024,

Ariel

# Posfácio

Se você chegou até aqui, pôde experimentar a alegria de "bater um bom papo" com o querido Ariel Palacios. As histórias que ele sempre compartilhou, de forma generosa e apaixonada, com amigos ou ao vivo na GloboNews, agora estão reunidas aqui, contadas com o mesmo fascínio. Histórias saborosas dos líderes da região, especialmente aquelas mais peculiares ou, como ele mesmo gosta de dizer, bizarras.

Mas o livro não se resume às excentricidades de líderes latino-americanos, que Ariel conta como ninguém. Ariel usa, de forma envolvente e perspicaz, os causos e a trajetória de personagens marcantes para costurar a história de uma região. História marcada por instabilidade política, crises sociais, golpes, violência e corrupção, construída por alguns líderes que não chegaram a completar os seus mandatos e por outros tantos que se perpetuaram — ou tentaram se perpetuar — no poder, exaltando o culto à personalidade e desvirtuando instituições. Por esses e tantos outros motivos, este livro é uma preciosidade.

Na redação, nós chamamos o Ariel de enciclopédia. Eu o conheci em 2017. A conexão foi instantânea. Não poderia ser diferente. Apesar do sotaque, Ariel foi criado no interior do Paraná, em Londrina, cidade que está a cerca de cinquenta quilômetros de Apucarana, onde nasci. Nós dois somos "pés vermelhos", expressão usada para identificar quem vem do norte do Paraná, em referência à cor da terra que sujava nossos pés.

Da identificação inicial surgiu a vontade de trabalharmos juntos. Foi uma tentativa de unir nossas paixões. A minha, a política brasileira; a dele, a América Latina. Eu estava começando na profissão. Era um menino de 21 anos, no meu primeiro ano como repórter em Brasília. Ariel, um jornalista já consagrado, desde 1996 reportava o que de mais importante acontecia em toda a região ao vivo na GloboNews, diretamente de Buenos Aires. Idealizamos alguns projetos, mas a oportunidade veio mesmo em 2019, quando dividimos algumas coberturas jornalísticas, como a cúpula do Mercosul, em Santa Fé, na Argentina.

Fiquei encantado com o conhecimento e a paixão do Ariel. Os olhos dele brilham quando o assunto é América Latina e ele tira da cartola inúmeras histórias. Alguns causos hilários e surreais, outros dramáticos; alguns relatos históricos, outros mais prosaicos e despretensiosos, como a explicação da origem das fantásticas medialunas.

De forma brilhante, com o estilo inconfundível que nos acostumamos na TV e com o conhecimento de quem viveu a história da região nos últimos trinta anos, Ariel monta um verdadeiro mosaico da América Latina, com toda a sua diversidade e complexidade, desde a colonização ibérica, passando pelas independências, as ditaduras simultâneas, a redemocratização e por todos os capítulos seguintes que contam a história dos países da região. O livro nos aproxima dos nossos vizinhos, revela questões comuns e, assim, nos dá instrumentos para entender o contexto no qual estamos inseridos, além de nos fazer refletir sobre a nossa formação como país.

Muito obrigado por tanto, querido Ariel.

**Nilson Klava**

Este livro, composto na fonte Fairfield,
foi impresso em papel Lux Cream 60 g/m² na Grafilar.
São Paulo, Brasil, maio de 2024.